GSAT

온라인 삼성직무적성검사

기출이 답이다

시대에듀

2025 최신판 시대에듀 기출이 답이다
삼성 온라인 GSAT 7개년 기출 + 무료삼성특강

Always **with you**

사람의 인연은 길에서 우연하게 만나거나 함께 살아가는 것만을 의미하지는 않습니다.
책을 펴내는 출판사와 그 책을 읽는 독자의 만남도 소중한 인연입니다.
시대에듀는 항상 독자의 마음을 헤아리기 위해 노력하고 있습니다. 늘 독자와 함께하겠습니다.

머리말 PREFACE

삼성 경영철학의 최우선순위는 '인간존중' 이념이다. 이를 구현하기 위해 삼성은 1995년에 개인의 능력과 무관한 학력, 성별 등의 모든 차별을 배제한 '열린채용'을 실시함으로써 채용문화에 변화의 바람을 일으켰다. 이때 삼성 직무적성검사(SSAT ; SamSung Aptitude Test)를 도입, 단편적 지식과 학력 위주의 평가 방식에서 과감히 탈피했다.

20년 동안 채용을 진행하면서, 입사 후 우수 직원들의 업무성과 요인 등을 분석한 결과 직군별 성과요인에 차이가 있었다. 또한 미래 경영환경의 변화와 글로벌 주요 기업들의 사례를 통해 창의적이고 우수한 인재를 효과적으로 확보할 필요성이 생겼다. 이에 삼성은 2015년 하반기 공채부터 시험 위주의 획일적 채용방식을 직군별로 다양화하는 방향으로 채용제도를 개편했다. 이와 더불어 SSAT(국내)와 GSAT(해외)로 혼재되어 사용하던 삼성 직무적성검사의 명칭을 GSAT(Global Samsung Aptitude Test)로 통일시켰다.

실제 삼성 직무적성검사 기출문제를 살펴보면 평소 꾸준히 준비하지 않는 이상 쉽게 통과할 수 없도록 구성되어 있다. 더군다나 입사 경쟁이 날이 갈수록 치열해지는 요즘과 같은 상황에서는 더욱 철저한 준비가 요구된다. '철저한 준비'는 단지 입사를 위해서뿐만 아니라 성공적인 직장생활을 위해서도 필수적이다.

이에 시대에듀는 수험생들이 GSAT에 대한 '철저한 준비'를 할 수 있도록 다음과 같이 교재를 구성하였으며, 이를 통해 단기에 성적을 올릴 수 있는 학습법을 제시하였다.

도서의 특징

❶ 최신 기출유형을 반영한 기출유형 뜯어보기를 수록하여 풀이방법과 이에 따른 팁을 학습할 수 있도록 하였다.

❷ 2024～2018년 삼성 GSAT 7개년 기출복원문제를 수록하여 삼성그룹만의 출제경향을 한눈에 파악할 수 있도록 하였다.

❸ 2024～2023년 2개년 주요기업 기출복원문제를 수록하여 다양한 기업의 출제유형을 학습할 수 있도록 하였다.

끝으로 본서로 삼성 채용을 준비하는 여러분 모두의 건강과 합격을 진심으로 바란다.

SDC(Sidae Data Center) 씀

삼성그룹 기업분석 INTRODUCE

◇ 경영철학과 목표

1. 인재와 기술을 바탕으로

- 인재 육성과 기술 우위 확보를 경영 원칙으로 삼는다.
- 인재와 기술의 조화를 통하여 경영 시스템 전반에 시너지 효과를 증대한다.

2. 최고의 제품과 서비스를 창출하여

- 고객에게 최고의 만족을 줄 수 있는 제품과 서비스를 창출한다.
- 동종업계에서 세계 1군의 위치를 유지한다.

3. 인류사회에 공헌한다.

- 인류의 공동이익과 풍요로운 삶을 위해 기여한다.
- 인류 공동체 일원으로서의 사명을 다한다.

◇ 핵심가치

인재제일	'기업은 사람이다.'라는 신념을 바탕으로 인재를 소중히 여기고 마음껏 능력을 발휘할 수 있는 기회의 장을 만들어 간다.
최고지향	끊임없는 열정과 도전정신으로 모든 면에서 세계 최고가 되기 위해 최선을 다한다.
변화선도	변화하지 않으면 살아남을 수 없다는 위기의식을 가지고 신속하고 주도적으로 변화와 혁신을 실행한다.
정도경영	곧은 마음과 진실되고 바른 행동으로 명예와 품위를 지키며 모든 일에 있어서 항상 정도를 추구한다.
상생추구	우리는 사회의 일원으로서 더불어 살아간다는 마음을 가지고 지역사회, 국가, 인류의 공동 번영을 위해 노력한다.

◇ 경영원칙

1

법과 윤리적 기준을 준수한다.

- 개인의 존엄성과 다양성을 존중한다.
- 법과 상도의에 따라 공정하게 경쟁한다.
- 정확한 회계기록을 통해 회계의 투명성을 유지한다.
- 정치에 개입하지 않으며 중립을 유지한다.

2

깨끗한 조직 문화를 유지한다.

- 모든 업무활동에서 공과 사를 엄격히 구분한다.
- 회사와 타인의 지적 재산을 보호하고 존중한다.
- 건전한 조직 분위기를 조성한다.

고객, 주주, 종업원을 존중한다.

- 고객만족을 경영활동의 우선적 가치로 삼는다.
- 주주가치 중심의 경영을 추구한다.
- 종업원의 '삶의 질' 향상을 위해 노력한다.

환경·안전·건강을 중시한다.

- 환경친화적 경영을 추구한다.
- 인류의 안전과 건강을 중시한다.

기업 시민으로서 사회적 책임을 다한다.

- 기업 시민으로서 지켜야 할 기본적 책무를 성실히 수행한다.
- 사업 파트너와 공존공영의 관계를 구축한다.
- 현지의 사회 · 문화적 특성을 존중하고 공동 경영(상생/협력)을 실천한다.

삼성그룹 계열사 COMPANIES

◇ 전자

삼성전자	DX부문	삼성전자는 뛰어난 인재와 기술을 바탕으로 최고의 제품과 서비스를 창출하여 인류사회에 공헌하는 것을 궁극적인 목표로 삼고 있다. ❖ 주요 업무 : Consumer Electronics, IT&Mobile Communications, R&D
	DS부문	삼성전자가 반도체 사업에 뛰어들었을 때 모두가 할 수 없다고 말했다. 하지만 반도체인들은 안 된다는 생각을 버리고, “할 수 있다.”는 생각으로 끊임없이 연구와 도전으로 반도체 산업을 이끌어가며 새로운 역사를 만들어가고 있다. ❖ 주요 업무 : 반도체 설계 및 생산
삼성디스플레이		삼성디스플레이는 독보적인 기술을 바탕으로 스마트폰, 노트북, 모니터, TV 등에 프리미엄 디스플레이 제품을 공급하고 있다. 세계 최초로 플렉서블 OLED와 폴더블, QD 디스플레이를 양산하는 등 상상 속에만 존재하던 디스플레이를 현실로 만들어가고 있다. ❖ 주요 업무 : 디스플레이 패널 개발, 양산, 판매
삼성SDI		삼성SDI는 에너지 및 소재 전문 글로벌 기업으로 1970년 설립 이후 전기차, IT 기기, ESS에 활용되는 배터리와 반도체, 디스플레이에 필요한 소재를 생산 및 판매하고 있다. ❖ 주요 업무 : 자동차배터리, 소형배터리, ESS 및 전자재료 생산/판매
삼성전기		삼성전기는 Electro(전자)와 Mechanics(기계)를 아우르는 글로벌 리딩 부품 회사로 첨단 IT전자기기, 전장용 핵심 부품을 개발 및 생산하고 있다. ❖ 주요 업무 : IT/산업/전장용 핵심부품 개발/제조업
삼성SDS		삼성SDS는 38년간 클라우드 기반의 플랫폼 및 솔루션, AI, 데이터 분석, 보안 등의 기술 역량을 바탕으로 물류, 금융, 제조 등 다양한 비즈니스 영역에 최적화된 솔루션을 제시하고 고객의 디지털 혁신을 가능하게 한다. ❖ 주요 업무 : AI, 클라우드, 솔루션, 물류 등

◇ 바이오

삼성바이오로직스	삼성바이오로직스는 세계 최대 규모의 바이오의약품 생산 시설을 갖추고, 바이오 제약품의 위탁생산, 개발에 이르는 One-Stop End-to-End 서비스를 제공한다. ❖ 주요 업무 : 바이오의약품 위탁생산(CMO) 및 위탁개발(CDO)
삼성바이오에피스	삼성바이오에피스는 혁신적인 과학기술 도입을 통해 보다 빠르고 합리적으로 고품질의 바이오의약품을 공급하고 있으며, 바이오시밀러 제품 9종을 출시하여 글로벌 바이오의약품 업계에서 누구보다 빠르게 성장하고 있다. ❖ 주요 업무 : 바이오의약품 연구 개발 및 상업화

◇ 건설/중공업

삼성중공업	삼성중공업은 글로벌 선사 및 오일 메이저의 니즈에 맞춘 선박과 해양설비를 제공하는 조선/해양산업 전문회사이다. ❖ 주요 업무 : 조선/해양사업(Gas Chain, Commercial Vessels, Offshore&Drilling), 하이테크사업
삼성E&A	삼성E&A는 오일&가스 프로세싱, 정유, 석유화학, 산업, 환경, 바이오, 그린솔루션에 이르기까지 플랜트 전 분야에서 종합 솔루션을 제공하는 EPC 전문기업이다. ❖ 주요 업무 : 플랜트 사업관리, 설계, 조달, 시공, 시운전, O&M
삼성물산 건설부문	삼성물산 건설부문은 건축, 토목, 플랜트, 주택사업 등 분야별 최고 수준의 인재와 기술역량을 보유하고 고객에게 최상의 부가가치를 실현하고 있다. ❖ 주요 업무 : 건축, 토목, 플랜트, 주택 건설사업

삼성그룹 계열사 COMPANIES

◇ 금융

삼성생명	삼성생명은 국내 1위 생명보험사라는 타이틀에 안주하지 않고 생명보험과 손해보험, 금융과 제조, 기술과 서비스까지 서로 다른 영역을 연결하여 사업의 판을 확장하고 있다. ❖ 주요 업무 : 생명보험, 자산운용 등
삼성화재	삼성화재는 국내 및 해외시장에서 개인과 기업 고객 대상으로 화재, 해상, 자동차, 배상책임, 장기손해보험, 개인연금 등 다양한 보험상품과 종합 Risk Solution 서비스를 제공하고 있는 국내 1위 손해보험사이다. ❖ 주요 업무 : 손해보험
삼성카드	삼성카드는 1988년 창립 후 결제, 금융사업에서 고객신뢰를 강화하고, 이를 기반으로 카드업을 넘어 소비생활 전반까지 사업영역을 확장해 모든 생활을 신뢰 하나로 영위할 수 있는 세상을 만들고자 한다. ❖ 주요 업무 : 신용카드업
삼성증권	삼성증권은 투자매매, 투자중개, 투자자문, 투자일임, 신탁 등 5개 영위 사업을 통해 주식중개 및 자산관리, 기업금융과 자산운용 서비스를 제공하는 종합금융투자회사이다. ❖ 주요 업무 : 증권중개, 자산관리, 기업금융, 자금운용 등
삼성자산운용	삼성자산운용은 1998년 설립 이후 현재까지 안정적 자산운용을 통해 약 300조 원의 관리자산을 운용하고 있는 국내 최대 규모의 자산운용사이다. ❖ 주요 업무 : 집합투자업, 투자자문업

◇ 서비스

삼성물산	상사부문	상사부문은 삼성의 모기업으로 1938년에 설립되었으며 해외 무역을 통해 대한민국의 경제발전과 함께하며 우수한 인력과 글로벌 네트워크, 풍부한 사업 경험을 발판으로 전 세계에서 다양한 사업을 전개하고 있다. ❖ 주요 업무 : 필수 산업재 트레이딩 및 에너지 분야 오거나이징, 신규 사업 기회 발굴
	리조트부문	리조트부문은 고객에게 행복과 즐거움을 더하고, 새로운 고객 경험 혁신을 통해 세계 속의 서비스 선도 기업으로 끊임없이 도약해 나갈 것이다. ❖ 주요 업무 : 테마파크, 골프클럽, 조경사업
	패션부문	패션부문은 다양한 복종의 브랜드 기획 및 해외 브랜드 수입, 리테일 사업을 전개하며 업계 내 최고의 위상을 확보하고 있다. ❖ 주요 업무 : 패션사업
호텔신라		호텔신라는 1973년에 창립된 한국을 대표하는 서비스 유통 기업이자 호스피탈리티 업계의 리더로서 고객 만족과 기업가치 극대화를 통해 글로벌 명문 서비스 유통 기업으로 도약하고 있다. ❖ 주요 업무 : 면세유통, 호텔서비스, 레저사업
제일기획		제일기획은 다양한 '연결'을 통해 새롭고 최적화된 솔루션을 찾아 클라이언트 비즈니스의 실질적 성장을 이루어내는 일과 마케팅을 넘어 비즈니스 솔루션을 제시하는 일을 하는 회사이다. ❖ 주요 업무 : 광고 및 마케팅 전략, 데이터, 디지털, 리테일, 이벤트
에스원		에스원은 1977년 국내 최초의 보안회사로 출범한 이래 지난 40여 년간 고객들의 '안전과 안심'을 지키기 위해 노력했다. ❖ 주요 업무 : 보안시스템 서비스, 건물관리 서비스
삼성서울병원		삼성서울병원은 최고의 의료기술로 중증 고난도 환자를 맞춤 치료하여 최고의 치료 성과를 구현한다. ❖ 주요 업무 : 진료, 연구, 교육
삼성웰스토리		삼성웰스토리는 매일의 일상을 건강하고 행복하게 하는 푸드서비스를 시작으로 식자재유통뿐 아니라 국내를 너머 중국, 베트남으로 글로벌 식음서비스 전문기업을 향해 나아간다. ❖ 주요 업무 : 푸드서비스, 식자재유통, 해외사업
삼성전자판매		삼성전자판매는 삼성스토어, 삼성닷컴을 통해 삼성전자의 생활가전, IT, 모바일 제품을 판매하는 전자 전문 유통이다. ❖ 주요 업무 : 삼성전자 생활가전, IT&Mobile 판매

2024년 하반기 기출분석 ANALYSIS

총평

2024년 하반기 GSAT는 상반기 GSAT와 유형 및 문항 수가 동일했으며 난도가 높았던 상반기보다 전반적으로 쉬웠다는 평이 많았다. 응용수리와 논리추론은 비교적 평이했으나 자료해석 유형에서 까다로운 문제가 꽤 있어 시간이 많이 소요되었다는 의견이 일부 있었다. 조건추리 유형 또한 조건의 길이가 길어서 유형별 해결 방법 및 접근 공략을 충분히 연습하지 못한 수험생들은 풀이하는 데 난항을 겪었으리라 예상된다.

◇ 핵심전략

문제당 제한시간이 아닌 영역별 제한시간이 주어지므로 시간 내에 풀 수 있는 문제를 전략적으로 선택하여 정답률을 높이는 것이 효과적이다. 한 문제당 1분 내외로 해결해야 하기 때문에 본인이 자신 있는 유형과 자신 없는 유형을 파악하여 시간을 분배하는 것이 중요하다.

삼성그룹은 온라인으로 GSAT를 진행하기 때문에 시험에 실제 시험과 유사한 환경을 구축하여 연습하는 것이 합격률을 높이는 데 도움이 될 것이다. 시험에 필요한 키트는 따로 배송되지 않으며 온라인 GSAT는 시험환경 설정이 까다로우니 매뉴얼을 꼼꼼히 점검하는 것이 중요하다. 또한 문제풀이 용지는 본인이 인쇄하여 준비해야 하므로 화면만 보고 문제 푸는 법을 연습한다면 실전에서 크게 당황하지 않을 것이다.

◇ 시험진행

구분	유형	문항 수	제한시간
수리	응용수리	2문항	30분
	자료해석	18문항	
쉬는 시간			5분
추리	명제	3문항	30분
	조건추리	11문항	
	도형추리	3문항	
	도식추리	4문항	
	문단나열	2문항	
	논리추론	7문항	

◇ 영역별 출제비중

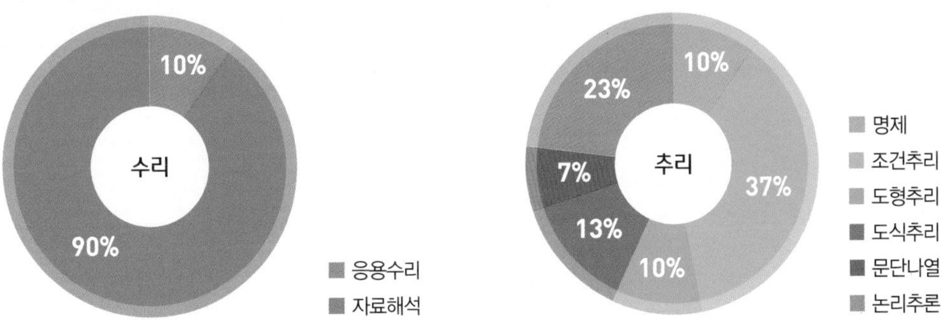

◇ 영역별 출제특징

구분	영역		출제특징
직무 적성 검사	수리	응용수리	• 전년 대비 판매량의 증감률을 구하는 연립방정식 문제 • 미지수를 활용하여 직원의 수를 구하는 경우의 수 또는 확률 문제 등
		자료해석	• 2개의 원형그래프를 비교하여 증감률 계산하는 문제 • 주어진 자료를 보고, 〈보기〉의 선지 중 옳은 설명을 고르는 문제 • 제시된 자료를 분석하여 추론하고 계산하는 세트 문제
	추리	명제	• 삼단논법을 이용하는 문제
		조건추리	• 각 진술의 진실 및 거짓 여부를 확인하여 범인을 찾는 문제 • 주어진 조건을 통하여 좌석을 배치하거나 물건을 넣는 순서를 추론하는 문제
		도형추리	• 도형의 회전이나 이동하는 규칙을 파악하여 물음표에 들어갈 도형을 추리하는 문제
		도식추리	• 문자의 변화 과정에 숨어있는 규칙을 찾는 문제
		문단나열	• 문단의 전체적인 흐름을 파악하고 이에 맞춰 순서대로 나열하는 문제
		논리추론	• 반도체 HBM, 바이오 하이드로겔에 대한 글을 읽고 참 또는 거짓인 내용을 고르는 문제 • 글의 내용을 바탕으로 〈보기〉를 해석하는 문제

신입사원 채용 안내 INFORMATION

◇ 모집시기

❶ 계열사별 특성에 맞게 인력소요가 생길 경우에 한해 연중 상시로 진행하고 있다.

❷ 계열사별로 대규모 인력이 필요한 경우에는 별도의 공고를 통해 모집한다.

◇ 지원방법

❶ 삼성채용 홈페이지(www.samsungcareers.com)에 접속한 후 로그인하여 상단 카테고리 「채용공고」를 클릭한다.

❷ 계열사별 채용공고에 따라 지원서를 작성하여 접수기간 내에 제출한다.

❸ 이후 해당 계열사의 안내에 따라 전형 절차에 응시한다.

◇ 채용절차

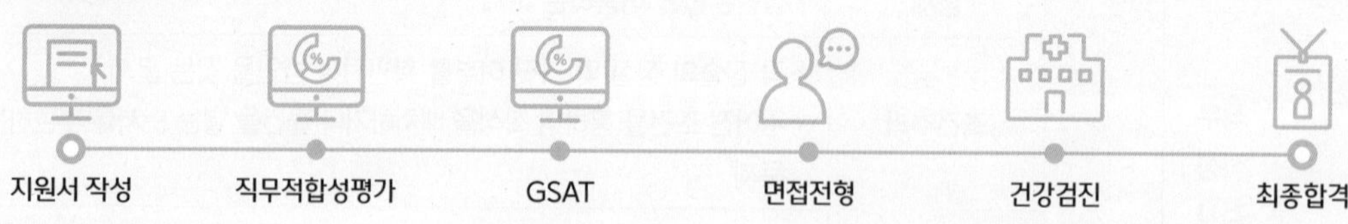

❖ 채용절차는 채용유형, 채용직무, 채용시기 등에 따라 변동될 수 있으므로 반드시 발표되는 채용공고를 확인하기 바랍니다.

온라인 시험 Tip TEST TIP

◇ 온라인 GSAT 패스 팁!

1. 오답은 감점 처리되므로 확실하게 푼 문제만 답을 체크하고 나머지는 그냥 둔다.
2. 풀고자 하는 문제 번호를 검색하면 해당 문제로 바로 갈 수 있다. 페이지를 마우스 클릭으로 일일이 넘기지 않아도 된다.
3. 온라인 시험에서는 풀이를 직접 양면으로 프린트한 문제풀이 용지에 작성하고 정답은 화면에서 체크해야 하므로 문제를 풀고 정답을 바로바로 체크하는 연습이 필요하다.
4. 풀이가 작성된 문제풀이 용지는 시험 직후 제출해야 하며 부정행위가 없었는지 확인하는 데 사용된다.

◇ 필수 준비물

1. 타인과 접촉이 없으며 원활한 네트워크 환경이 조성된 응시 장소
2. 권장 사양에 적합한 PC, 스마트폰 및 주변 기기(웹캠, 마이크, 스피커, 키보드, 마우스)
3. 신분증(주민등록증, 운전면허증, 여권, 외국인등록증 중 택 1)

◇ 유의사항

1. 시험시간 최소 20분 전에 접속 완료해야 한다.
2. 응시 환경 확인 시간 이후 자리 이탈은 금지된다.
3. 촬영 화면 밖으로 손이나 머리가 나가면 안 된다.
4. 시험 문제를 메모하거나 촬영하는 행위는 금지된다.
5. 외부 소음이 나면 시험이 중지될 수 있다.
6. 거울, 화이트보드, CCTV가 있는 장소에서는 응시가 불가능하다.

◇ 부정행위

1. 신분증 및 증빙서류를 위 · 변조하여 검사를 치르는 행위
2. 대리 시험을 의뢰하거나 대리로 검사에 응시하는 행위
3. 문제를 메모 또는 촬영하는 행위
4. 문제의 일부 또는 전부를 유출하거나 외부에 배포하는 행위
5. 타인과 답을 주고받는 행위

주요 대기업 적중 문제 TEST CHECK

삼성

수리 ▶ 자료계산

2024년 적중

03 다음은 S기업 영업 A ~ D팀의 분기별 매출액과 분기별 매출액에서 각 영업팀의 구성비를 나타낸 자료이다. A ~D팀의 연간 매출액이 많은 순서와 1위 팀이 기록한 연간 매출액을 바르게 나열한 것은?

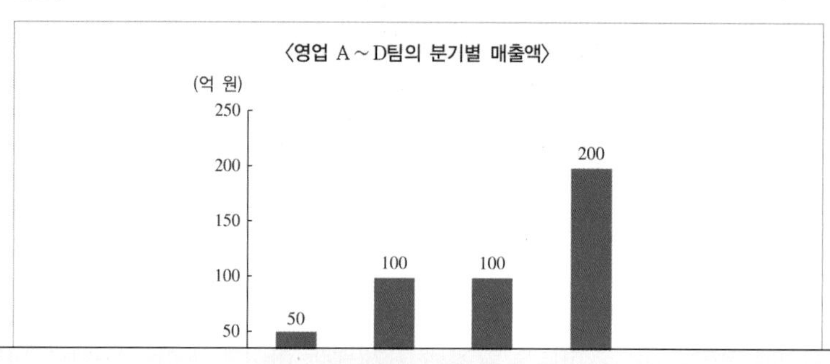

추리 ▶ 도식추리

2024년 적중

※ 다음 도식에서 기호들은 일정한 규칙에 따라 문자를 변화시킨다. 물음표에 들어갈 적절한 문자를 고르시오(단, 규칙은 가로와 세로 중 한 방향으로만 적용되며, 모음은 단모음 10개를 기준으로 한다). **[1~4]**

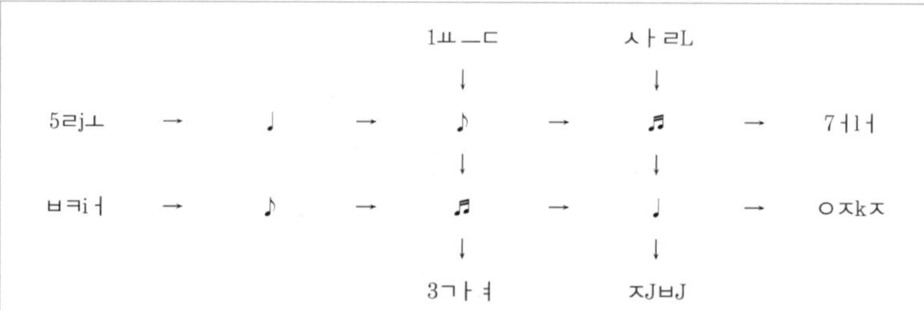

추리 ▶ 참 또는 거짓

2024년 적중

※ 다음 글의 내용이 참일 때 항상 거짓인 것을 고르시오. **[24~26]**

24

권리와 의무의 주체가 될 수 있는 자격을 권리 능력이라 한다. 사람은 태어나면서 저절로 권리 능력을 갖게 되고 생존하는 내내 보유한다. 그리하여 사람은 재산에 대한 소유권의 주체가 되며, 다른 사람에 대하여 채권을 누리기도 하고 채무를 지기도 한다. 사람들의 결합체인 단체도 일정한 요건을 갖추면 법으로써 부여되는 권리 능력인 법인격을 취득할 수 있다. 단체 중에는 사람들이 일정한 목적을 갖고 결합한 조직체로서 구성원과 구별되어 독자적 실체로서 존재하며, 운영 기구를 두어 구성원의 가입과 탈퇴에 관계없이 존속하는 단체가 있다. 이를 사단(社團)이라 하며, 사단이 갖춘 이러한 성질을 사단성이라 한다. 사단의 구성원은 사원이라 한다. 사단은 법인(法人)으로 등기되어야 법인격이 생기는데, 법인격을 가진 사단을 사단 법인이라 부른다. 반면에 사단성을 갖추고도 법인으로 등기하지 않은 사단은 '법인이 아닌 사단'이라 한다. 사람과 법인만이 권리 능력을 가지며, 사람

SK

언어이해 ▸ 사실적 독해

03 다음 글의 내용으로 적절하지 않은 것은?

생물 농약이란 농작물에 피해를 주는 병이나 해충, 잡초를 제거하기 위해 자연에 있는 생물로 만든 천연 농약을 뜻한다. 생물 농약을 개발한 것은 흙 속에 사는 병원균으로부터 식물을 보호할 목적에서였다. 뿌리를 공격하는 병원균은 땅속에 살고 있으므로 병원균을 제거하기에 어려움이 있었다. 게다가 화학 농약의 경우 그 성분이 토양에 달라붙어 제 기능을 발휘하지 못했기 때문에 식물 성장을 돕고 항균 작용을 할 수 있는 미생물에 주목하기 시작한 것이다.

식물 성장을 돕고 항균 작용을 하는 미생물 집단을 '근권미생물'이라 하는데, 여러 종류의 근권미생물 중 농약으로 쓰기에 가장 좋은 것은 뿌리에 잘 달라붙는 것들이다. 근권미생물의 입장에서 뿌리 주변은 사막의 오아시스와 비슷한 조건이다. 뿌리 주변은 뿌리에서 공급되는 양분과 안락한 서식 환경을 제공받지만, 뿌리 주변에서 멀리 떨어진 곳은 황량한 지역이어서 먹을 것을 찾기가 어렵기

자료해석 ▸ 자료추론

Hard

15 다음은 우리나라 지역별 가구 수와 1인 가구 수에 대한 자료이다. 이에 대한 설명으로 옳은 것은?

〈지역별 가구 수 및 1인 가구 수〉

(단위 : 천 가구)

구분	전체 가구	1인 가구
서울특별시	3,675	1,012
부산광역시	1,316	367
대구광역시	924	241
인천광역시	1,036	254
광주광역시	567	161
대전광역시	596	178
울산광역시	407	97
경기도	4,396	1,045
강원도	616	202
충청북도	632	201

언어추리 ▸ 진실게임

01 S사 직원들끼리 이번 달 성과급에 대해 이야기를 나누고 있다. 성과급은 반드시 늘거나 줄어들었고, 직원 중 1명만 거짓말을 하고 있을 때, 항상 참인 것은?

- 직원 A : 나는 이번에 성과급이 늘어났어. 그래도 B만큼은 오르지 않았네.
- 직원 B : 맞아 난 성과급이 좀 늘어났지. D보다 조금 더 늘었어.
- 직원 C : 좋겠다. 오～ E도 성과급이 늘어났네.
- 직원 D : 무슨 소리야! E는 C와 같이 성과급이 줄어들었는데.
- 직원 E : 그런 것보다 D가 A보다 성과급이 조금 올랐는데?

① 직원 A의 성과급이 오른 사람 중 가장 적다.

② 직원 B의 성과급이 가장 많이 올랐다

주요 대기업 적중 문제 TEST CHECK

LG

언어이해 ▸ 나열하기

※ 다음 문단을 논리적 순서대로 바르게 나열한 것을 고르시오. **[3~4]**

03

(가) 교정 중에는 치아뿐 아니라 교정장치를 부착하고 있기 때문에 교정장치까지 닦아주어야 하는데요. 교정용 칫솔은 가운데 홈이 있어 장치와 치아를 닦을 수 있는 칫솔을 선택하게 되고, 가운데 파여진 곳을 교정장치에 위치시킨 후 옆으로 왔다 갔다 전체적으로 닦아줍니다. 그다음 칫솔을 비스듬히 하여 장치의 위아래를 꼼꼼하게 닦아줍니다.

(나) 치아를 가지런하게 하기 위해 교정하시는 분들 중에 간혹 교정 중에 칫솔질이 잘 되지 않아 충치가 생기고 잇몸이 내려가 버리는 경우를 종종 보곤 합니다. 그러므로 교정 중에는 더 신경 써서 칫솔질을 해야 하죠.

(다) 마지막으로 칫솔질을 할 때 잊지 말아야 할 것은 우리 입안에 치아만 있는 것이 아니므로 혀와 잇몸에 있는 플라그들도 제거해 주셔야 입 냄새도 예방할 수 있다는 것입니다. 올바른 칫솔질 방법으로 건강한 치아를 잘 유지하시길 바랍니다.

자료해석 ▸ 자료해석

Hard

11 다음은 2021 ~ 2023년 국가별 이산화탄소 배출량에 대한 자료이다. 이에 대한 설명으로 옳지 않은 것을 〈보기〉에서 모두 고르면?(단, 소수점 둘째 자리에서 반올림한다)

〈국가별 이산화탄소 배출 현황〉

구분		2021년		2022년		2023년	
		총량(백만 톤)	1인당(톤)	총량(백만 톤)	1인당(톤)	총량(백만 톤)	1인당(톤)
아시아	한국	582	11.4	589.2	11.5	600	11.7
	중국	9,145.3	6.6	9,109.2	6.6	9,302	6.7
	일본	1,155.7	9.1	1,146.9	9	1,132.4	8.9
북아메리카	캐나다	557.7	15.6	548.1	15.2	547.8	15
	미국	4,928.6	15.3	4,838.5	14.9	4,761.3	14.6
남아메리카	브라질	453.6	2.2	418.5	2	427.6	2
	페루	49.7	1.6	52.2	1.6	49.7	1.5
	베네수엘라	140.5	4.5	127.4	4	113.7	3.6
	체코	99.4	9.4	101.2	9.6	101.7	9.6
	프랑스	299.6	4.5	301.7	4.5	306.1	4.6

창의수리 ▸ 금액

15 원가의 20%를 추가한 금액을 정가로 하는 제품을 15% 할인해서 50개를 판매한 금액이 127,500원일 때, 이 제품의 원가는?

① 1,500원　② 2,000원
③ 2,500원　④ 3,000원
⑤ 3,500원

포스코

언어이해 ▸ 주제 / 맥락 이해

02 다음 글의 주제로 적절한 것은?

'새'는 하나의 범주이다. [+동물], [+날 것]과 같이 성분분석을 한다면 우리 머릿속에 떠오른 '새'의 의미를 충분히 설명했다고 보기 어렵다. 성분분석 이론의 의미자질 분석은 단순할 뿐이다. 이것이 실망스러운 이유는 성분분석 이론의 '새'에 대한 의미 기술이 고작해야 다른 범주, 즉 조류가 아닌 다른 동물 범주와 구별해 주는 정도밖에 되지 못했기 때문이다. 아리스토텔레스 이래로 하나의 범주는 경계가 뚜렷한 실재물이며 범주의 구성원은 서로 동등한 자격을 가지고 있다고 믿어왔다. 그리고 범주를 구성하는 단위는 자질들의 집합으로 설명될 수 있다고 생각해 왔다. 앞에서 보여준 성분분석 이론 역시 그런 고전적인 범주 인식에 바탕을 두고 있다. 어휘의 의미는 의미성분, 곧 의미자질들의 총화로 기술될 수 있다고 믿는 것, 그것은 하나의 범주가 필요충분조건으로 이루어져있다는 가정에서만이 가능한 것이었다. 그러나 '새'의 범주를 떠올려 보면 범주의 구성원들끼리 결코 동등한 자격

문제해결 ▸ 대안탐색 및 선택

Easy

04 다음 그림과 같이 O지점부터 D지점 사이에 운송망이 주어졌을 때, 최단 경로에 대한 설명으로 옳지 않은 것은?(단, 구간별 숫자는 거리를 나타낸다)

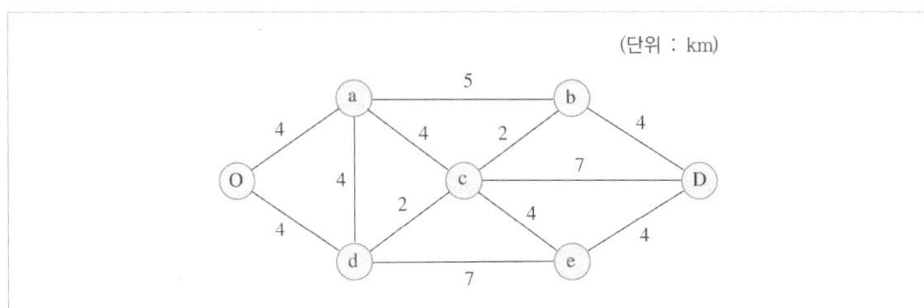

① O에서 c까지 최단거리는 6km이다.

② O에서 D까지 a를 경유하는 최단거리는 13km이다

추리 ▸ 명제

Easy

15 P사의 A ~ F팀은 월요일부터 토요일까지 하루에 2팀씩 함께 회의를 진행한다. 다음 〈조건〉을 참고할 때, 반드시 참인 것은?(단, 월요일부터 토요일까지 각 팀의 회의 진행 횟수는 서로 같다)

조건

- 오늘은 목요일이고 A팀과 F팀이 함께 회의를 진행했다.
- B팀은 A팀과 연이은 요일에 회의를 진행하지 않는다.
- B팀은 오늘을 포함하여 이번 주에는 더 이상 회의를 진행하지 않는다.
- C팀은 월요일에 회의를 진행했다.
- D팀과 C팀은 이번 주에 B팀과 한 번씩 회의를 진행한다.
- A팀과 F팀은 이번 주에 이틀을 연이어 함께 회의를 진행한다.

① E팀은 수요일과 토요일 하루 중에만 회의를 진행한다.

② 화요일에 회의를 진행한 팀은 B팀과 E팀이다

도서 200% 활용하기 STRUCTURES

CHAPTER

01 수리 최댓값·최솟값

유형분석

- 부등식의 양변에 같은 수를 더하거나 같은 수를 빼도 부등호의 방향은 바뀌지 않는다.
  → $a<b$이면 $a+c<b+c$, $a-c<b-c$
- 부등식의 양변에 같은 양수를 곱하거나 양변을 같은 양수로 나누어도 부등호의 방향은 바뀌지 않는다.
  → $a<b$, $c>0$이면 $a\times c<b\times c$, $\frac{a}{c}<\frac{b}{c}$
- 부등식의 양변에 같은 음수를 곱하거나 양변을 같은 음수로 나누면 부등호의 방향은 바뀐다.
  → $a<b$, $c<0$이면 $a\times c>b\times c$, $\frac{a}{c}>\frac{b}{c}$

〈1개 기준〉

구분	A제품	B제품
재료비	3,600	1,200
인건비	1,600	2,000

어느 회사에서는 A, B 두 제품을 주력 상품으로 제조하고 있다. A제품을 1개 만드는 데 재료비는 3,600원, 인건비는 1,600원이 들어간다. 또한 B제품을 1개 만드는 데 재료비는 1,200원, 인건비는 2,000원이 들어간다. 이 회사는 한 달 동안 두 제품을 합하여 40개를 생산하려고 한다. 재료비는 12만 원 이하, 인건비는 7만 원 이하가 되도록 하려고 할 때, A제품을 최대로 생산하면 몇 개를 만들 수 있는가?

① 미지수 설정
- A제품 생산 개수 : x개
- B제품 생산 개수 : y개

② 미지수 줄이기
$x+y=40$
$y=40-x$
- A제품 생산 개수 : x개
- B제품 생산 개수 : $(40-x)$개

③ 부등식

① 25개 ② 26개
③ 28개 ④ 30개
⑤ 31개

기출유형 뜯어보기

삼성그룹의 최신 출제경향을 바탕으로 구성한 영역별 대표유형과 상세한 해설을 수록하여 각 영역의 출제유형 및 학습방법을 확인하고 학습할 수 있도록 하였다.

CHAPTER

01 2024년 하반기 기출복원문제

정답 및 해설 p.002

| 01 | 수리

01 A ~ D 4명은 빨간색, 파란색, 초록색 깃발 중 1개를 고르려고 한다. 깃발은 1명당 1개씩만 고를 수 있으며, 다른 사람과 같은 색의 깃발도 고를 수 있다. 이 때, 빨간색 깃발을 1명만 고를 확률은?

① $\frac{11}{60}$ ② $\frac{23}{81}$
③ $\frac{32}{81}$ ④ $\frac{45}{121}$
⑤ $\frac{67}{121}$

02 S사에서는 크리스마스 행사로 경품 추첨을 진행하려 한다. 작년에는 제주도 숙박권 10명, 여행용 파우치 20명을 추첨하여 경품을 주었으며, 올해는 작년보다 제주도 숙박권은 20%, 여행용 파우치

7개년 기출복원문제

2024~2018년 삼성그룹 GSAT 기출복원문제를 수록하여 변화하는 출제경향을 파악하고 분석할 수 있도록 하였다.

PART 3 2개년 주요기업 기출복원문제

정답 및 해설 p.098

| 01 | 언어

※ 다음 글의 주제로 가장 적절한 것을 고르시오. [1~2]

| 2024년 하반기 SK그룹

01 인간의 존엄성, 자유, 평등과 같은 가치는 문화, 사회, 시대를 넘어 대부분의 사람들이 공유하고 동의하는 가치관인 보편적 가치로 알려져 있다. 그러나 보편적 가치는 사회에서 규정된 법과 서로 상충하는 경우가 생긴다. 예를 들어 난민 문제에서는 인도주의적 가치와 국가 안보를 위한 필요성이 서로 충돌할 수 있다. 이와 같이 보편적 가치와 법이 충돌하는 것은 기원전 고대 그리스의 소포클레스의 희곡 「안티고네」에서도 나타나고 있다

2024~2023년 주요기업 기출복원문제

SK, LG, KT, CJ, 포스코 등 주요기업의 2024~2023년 2개년 기출복원문제를 영역별로 수록하여 변화하고 있는 적성검사 유형에 대비하고 연습할 수 있도록 하였다.

Easy

04 다음은 어느 도서관에서 일정 기간 동안의
수 있는 내용으로 옳지 않은 것은?

〈

Hard

05 S사에 입사한 A ~ E 5명의 신입사원은 각
2명의 진술이 거짓일 때, 다음 중 신청

신입사원이 신청한 물품의 항목은 4개이
• 필기구 : 2명

Easy & Hard로 난이도별 시간 분배 연습

문제별 난이도를 표시하여 시간을 절약해야 하는 문제와 투자해야 하는 문제를 구분하여 학습할 수 있도록 하였다.

CHAPTER 01 2024년 하반기 기출복원문제

| 01 | 수리

01	02	03	04	05	06	07	08	09	10
③	④	④	④	③	④	①	④	②	⑤

01 정답 ③

먼저 전체 경우의 수를 구하면 A ~ D 4명이 3가지 색의 깃발 중 1개씩 중복되게 고를 수 있으므로 $3^4=81$이다.
다음으로 빨간색 깃발을 1명만 선택하는 경우의 수를 구하면, 먼저 1명이 빨간색 깃발을 고르고 나머지 3명이 다른 2가지 색의 깃발을 고르므로 $4\times2^3=32$이다.
따라서 모든 경우의 수에서 빨간색 깃발을 1명만 선택하는 확률은 $\frac{32}{81}$이다.

정답 및 오답분석으로 풀이까지 완벽 마무리

정답에 대한 자세한 해설은 물론 문제별로 오답분석을 수록하여 오답이 되는 이유를 정확하게 이해할 수 있도록 하였다.

이 책의 차례 CONTENTS

PART 1

기출유형 뜯어보기

CHAPTER

01 수리 거리·속력·시간 ①

유형분석

- 출제되는 응용수리 2문제 중 1문제에 속할 가능성이 높은 유형이다.
- (거리)=(속력)×(시간)
- (속력)=$\frac{(거리)}{(시간)}$
- (시간)=$\frac{(거리)}{(속력)}$

강물이 A지점에서 3km 떨어진 B지점으로 흐르고 있을 때, 물의 속력이 1m/s이다. 철수가 A지점에서 B지점까지 갔다가 다시 돌아오는 데 1시간 6분 40초가 걸렸다고 한다. 철수의 속력은 몇 m/s인가?

① 4,000초

② 미지수 설정

① 구해야 할 최종 단위에 맞추어 계산

① 2m/s
② 4m/s
③ 6m/s
④ 8m/s
⑤ 12m/s

정답 해설

철수의 속력을 xm/s라 하자.

물의 방향 / 물의 반대 방향

A지점에서 B지점으로 갈 때 속력은 $(x+1)$m/s, B지점에서 A지점로 갈 때 속력은 $(x-1)$m/s이다. ③

1시간 6분 40초는 $1\times60\times60+6\times60+40=4,000$초이고, 3km는 3,000m이므로 ① ①

$$\frac{3,000}{x+1}+\frac{3,000}{x-1}=4,000$$

$\rightarrow 6,000x=4,000(x+1)(x-1)$

$\rightarrow 3x=2(x^2-1)$

$\rightarrow 2x^2-3x-2=0$

$\rightarrow (2x+1)(x-2)=0$

$\therefore x=2(\because$ 속력$\geq0)$

따라서 철수의 속력은 2m/s이다.

정답 ①

이거 알면 30초 컷!

- 기차나 터널의 길이, 물과 같이 속력이 있는 장소 등 추가적인 조건을 반드시 확인한다.
- 속력과 시간의 단위를 처음에 정리하여 계산하면 계산 실수 없이 풀이할 수 있다.
  - 1시간=60분=3,600초
  - 1km=1,000m=100,000cm

PART 1 기출유형 뜯어보기

CHAPTER

01 수리 거리·속력·시간 ②

유형분석

• 기차와 터널의 길이, 물과 같이 속력이 있는 공간 등 추가적인 거리 · 속력 · 시간에 대한 정보가 있는 경우 난이도가 높은 편에 속하는 문제로 출제되지만, 기본적인 공식에 더하거나 빼는 문제가 대다수이므로 기본에 집중한다.

미주는 집에서 백화점에 가기 위해 시속 8km의 속력으로 집에서 출발했다. 미주가 집에서 출발한 지 12분 후에 지갑을 두고 간 것을 발견한 동생이 시속 20km의 속력으로 미주를 만나러 출발했다. 미주와 동생은 미주가 출발하고 몇 분 후에 만나게 되는가?(단, 미주와 동생은 쉬지 않고 일정한 속력으로 움직인다)

① 문제 확인

③ 문제에서 제시하는 단서 찾기

단서 1
• 동생이 움직인 시간 : x분
• 미주가 움직인 시간 : $(x+12)$분

단서 2
동생과 미주는 같은 거리를 움직임
$8(x+12)=20x$
$\therefore x=8$

① 11분 ② 14분
③ 17분 ④ 20분
⑤ 23분

정답 해설

〈풀이 1〉

동생이 움직인 시간을 x분이라고 하자. 미주가 움직인 시간은 $(x+12)$분이다.

미주는 시속 8km로 움직였고, 동생은 시속 20km로 움직였다. 이때, 미주와 동생이 움직인 거리는 같으므로

$8(x+12)=20x$

$\therefore x=8$

따라서 미주와 동생은 미주가 출발하고 $8+12=20$분 후에 만나게 된다.

〈풀이 2〉

미주가 집에서 출발해서 동생을 만나기 전까지 이동한 시간을 x시간이라고 하자. 미주가 이동한 거리는 $8x$km이고, 동생은 미주가 출발한 후 12분 뒤에 지갑을 들고 이동했으므로 동생이 이동한 거리는 $20\left(x-\frac{1}{5}\right)$km이다.

$8x=20\left(x-\frac{1}{5}\right) \rightarrow 12x=4$

$\therefore x=\frac{1}{3}$

따라서 미주와 동생은 $\frac{1}{3}$시간$=20$분 후에 만나게 된다.

정답 ④

온라인 풀이 Tip

온라인 GSAT는 풀이를 문제풀이 용지에 작성하여 시험이 끝난 후 제출해야 한다. 따라서 문제풀이 용지를 최대한 활용해야 한다. 문제를 풀 때 필요한 정보를 문제풀이 용지에 옮겨 적어 문제풀이 용지만 보고 답을 구할 수 있도록 한다. 다음은 문제풀이 용지를 활용한 풀이 예시이다.

풀이 용지	
미주의 속력 : 8km/h 동생의 속력 : 20km/h 둘이 이동한 거리는 같음 둘은 몇 분 후에 만나는가?	**주어진 정보**
동생이 움직인 시간을 x분이라고 하면 미주가 움직인 시간은 $x+12$ $8(x+12)=20x$ $\therefore x=8$ 동생이 움직인 시간 8분, 미주가 움직인 시간 12분이다. 따라서 둘은 20분 후에 만난다.	**문제 풀이**

CHAPTER

01 수리 농도

유형분석

- 거리 · 속력 · 시간 유형과 더불어 출제 가능성이 높은 유형이다.
- $(\text{농도})=\frac{(\text{용질의 양})}{(\text{용액의 양})}\times 100$ 공식을 활용한 문제이다.
- (용액의 양)=(물의 양)+(용질의 양)이라는 것에 유의하고, 더해지거나 없어진 것을 미지수로 두고 풀이한다.

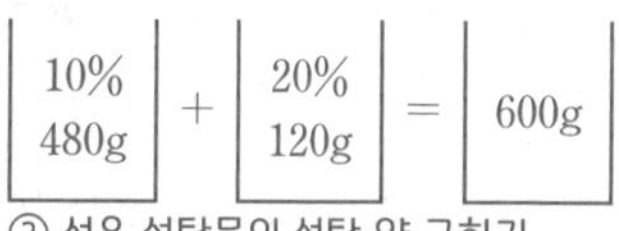

② 섞은 설탕물의 설탕 양 구하기

- 농도 : 변화 ×
- 설탕물의 양 : $(600-x)$g
- 설탕의 양 : ↓

③

10% 설탕물 480g에 20% 설탕물 120g을 섞었다. 이 설탕물에서 한 컵의 설탕물을 퍼내고, 퍼낸 설탕물의 양만큼 다시 물을 부었더니 11%의 설탕물이 되었다. 이때 컵으로 퍼낸 설탕물의 양은?

④ 방정식

① 미지수 설정

- 농도 : 변화 ○
- 설탕물의 양 : $600(=600-x+x)$g
- 설탕의 양 : 변화 ×

① 30g ② 50g

③ 60g ④ 90g

⑤ 100g

정답 해설

- 10% 설탕물에 들어있는 설탕의 양 : $\frac{10}{100}\times 480=48\text{g}$
- 20% 설탕물에 들어있는 설탕의 양 : $\frac{20}{100}\times 120=24\text{g}$
- 두 설탕물을 섞었을 때의 농도 : $\frac{48+24}{480+120}\times 100=12\%$ — ②

컵으로 퍼낸 설탕물의 양을 xg이라고 하자.(①) 이때, 컵으로 퍼낸 설탕의 양은 $\frac{12}{100}x$g이다.(③)

컵으로 퍼낸 만큼 물을 부었을 때의 농도는 $\frac{(48+24)-\frac{12}{100}x}{600-x+x}\times 100=11\%$(④)이므로

$$\frac{\left(72-\frac{12}{100}x\right)\times 100}{600}=11$$

$\rightarrow 7{,}200-12x=600\times 11$

$\rightarrow 12x=600$

$\therefore x=50$

따라서 컵으로 퍼낸 설탕물의 양은 50g이다.

정답 ②

이거 알면 30초 컷!

- 숫자의 크기를 최대한 간소화해야 한다. 특히, 농도의 경우 분수와 정수가 같이 제시되고, 최근에는 비율을 활용한 문제가 많이 출제되고 있으므로 통분이나 약분을 통해 수를 간소화시켜 계산 실수를 줄일 수 있도록 한다.
- 소금물이 증발하는 경우 소금의 양은 유지되지만, 물의 양이 감소한다. 따라서 농도는 증가한다.
- 농도가 다른 소금물 두 가지를 섞는 문제의 경우 보통 두 소금물을 합했을 때의 전체 소금물의 양을 제시해주는 경우가 많다. 때문에 각각의 미지수를 x, y로 정하는 것보다 하나를 x로 두고 다른 하나를 (전체)$-x$로 식을 세우면 계산을 간소화할 수 있다.

CHAPTER

01 수리 인원수

유형분석

- 구하고자 하는 값을 미지수로 놓고 식을 세운다.
- 증가 · 감소하는 비율이나 평균과 결합된 문제가 출제될 수 있다.

유진이네 반 학생 50명이 총 4문제가 출제된 수학시험을 보았다. 1번과 2번 문제를 각 3점, 3번과 4번 문제를 각 2점으로 채점하니 평균이 7.2점이었고(식 1), 2번 문제를 2점, 3번 문제를 3점으로 배점을 바꾸어서 채점하니 평균이 6.8점이었다(식 2). 또한 각 문제의 배점을 문제 번호와 같게 하여 채점하니 평균은 6점이었다(식 3). 1번 문제를 맞힌 학생이 총 48명일 때, 2번, 3번, 4번 문제를 맞힌 학생 수(① 미지수 설정)의 총합(② 문제 확인)으로 알맞은 것은?

① 미지수 설정
- 2번 문제를 맞힌 학생의 수 : a명
- 3번 문제를 맞힌 학생의 수 : b명
- 4번 문제를 맞힌 학생의 수 : c명

② 문제 확인

① 82명
② 84명
③ 86명
④ 88명
⑤ 90명

정답 해설

①

2번, 3번, 4번 문제를 맞힌 학생 수를 각각 a, b, c명이라 하자.

$3(48+a)+2(b+c)=7.2\times50 \rightarrow 3a+2b+2c=216$ … ㉠

$3(48+b)+2(a+c)=6.8\times50 \rightarrow 2a+3b+2c=196$ … ㉡

$48+2a+3b+4c=6\times50 \rightarrow 2a+3b+4c=252$ … ㉢

㉡과 ㉢을 연립하면 $-2c=-56 \rightarrow c=28$

③ 미지수 줄이기

$c=28$을 대입하여 ㉠과 ㉡을 연립하면

㉡과 ㉢의 경우 $2a+3b$가 공통되어 있으므로 이를 먼저 소거하여 c계산

$\therefore a=40,\ b=20$

따라서 2번, 3번, 4번 문제를 맞힌 학생 수는 각각 40명, 20명, 28명이고, 이들의 합은 $40+20+28=88$명이다.

정답 ④

이거 알면 30초 컷!

가중평균을 활용한 문제가 출제될 수 있으므로 산술평균과 가중평균의 개념을 알아두고, 적절하게 활용하도록 한다.

산술평균

n개로 이루어진 집합 x_1, x_2, x_3, …, x_n이 있을 때 원소의 총합을 개수로 나눈 것

$$m=\frac{x+x_2,+\cdots+x_n}{n}$$

가중평균

n개로 이루어진 집합 x_1, x_2, x_3, …, x_n이 있을 때, 각 원소의 중요도나 영향도를 f_1, f_2, f_3, …, f_n이라고 하면 각 원소의 중요도나 영향도를 가중치로 곱하여 가중치의 합인 N으로 나눈 것

$$m=\frac{x_1f_1+x_2f_2+\cdots x_nf_n}{N}$$

예 B학생의 성적이 다음과 같다.

구분	국어	수학	영어
점수	70점	90점	50점

B학생의 산술평균 성적은 $\frac{70+90+50}{3}=70$점이다.

A대학교는 이공계 특성화 대학이기 때문에 국어, 수학, 영어에 각각 2 : 5 : 3의 가중치를 두어 학생을 선발할 예정이다. 따라서 B학생 성적의 가중평균을 구하면 $\frac{740}{2+5+3}=74$점이다.

CHAPTER

01 수리 개수 ①

유형분석

- 미지수의 값이 계산에 의해 정확하게 구해지는 것이 아니라 가능한 여러 경우의 수를 찾아서 조건에 맞는 값을 고르는 유형이다.
- 사람이나 물건의 개수를 구하는 문제라면 0이나 자연수로만 답을 구해야 한다. 이처럼 문제에서 경우의 수로 가능한 조건이 주어지므로 유의한다.

② 미지수 확인

회수가 5획, 8획, 11획인 한자를 활용하여 글을 쓰려고 한다. 각 한자를 a, b, c번 사용하였을 때 총 획의 수는 71획이고, 5획과 11획의 활용 횟수를 바꿔 사용했더니 총 획의 수가 89획이 되었다. 이때 8획인 한자는 최대 몇 번 쓸 수 있는가?(단, 각 한자는 한 번 이상씩 사용하였다)

식 1 식 2

① 문제에서 묻는 내용 확인

① 4번 ② 5번

③ 6번 ④ 7번

⑤ 8번

정답 해설

$5a+8b+11c=71$ … ㉠

$11a+8b+5c=89$ … ㉡

㉠과 ㉡을 연립하면

$6a-6c=18 \rightarrow a-c=3 \rightarrow a=c+3$ … ㉢

㉢을 ㉠에 대입하면

$5(c+3)+8b+11c=71 \rightarrow 16c+8b=56$

$\therefore 2c+b=7$

— ③ 미지수 줄이기
8획인 한자 b가 남도록 식 간소화

b, c는 1 이상의 자연수이므로 (b, c)는 $(1, 5)$, $(5, 1)$가 가능하다.

b의 값이 최대가 되려면 c가 최솟값을 가져야하므로 $c=1$이고, $b=5$가 된다.

따라서 8획인 한자는 최대 5번을 활용할 수 있다.

└ b, c가 될 수 있는 조건 확인
- 획의 수 $=0$ or 자연수

 ②

이거 알면 30초 컷!

- 연립방정식이 나오는 경우 중복이 많은 문자를 소거할 수 있는 방법을 찾거나 가장 짧은 식을 만든다.
- 미지수를 추리해야 하는 경우 계수가 큰 미지수를 먼저 구하면 계산 과정을 줄일 수 있다.

CHAPTER

01 수리 개수 ②

유형분석

- 구하고자 하는 값을 미지수로 놓고 식을 세운다.
- 최근에는 증가 · 감소하는 비율이나 평균과 결합된 문제가 많이 출제되고 있다.

• 태경 : x건
• 건희 : y건
$x+y=27$ ··· 식1

S생명 보험설계사 직원인 태경이와 건희의 8월 실적 건수 합계는 27건이었다. 9월에 태경이와 건희의 실적 건수가 8월 대비 각각 20% 증가, 25% 감소하였고 9월의 실적 건수 합 또한 27건일 때, 태경이의 9월 실적 건수는?

• 태경 : $(1+0.2)x$ → 문제에서 구해야 하는 값
• 건희 : $(1-0.25)y$
$1.2x+0.75y=27$ ··· 식2
문제 확인

① 12건
② 14건
③ 16건
④ 18건
⑤ 20건

정답 해설

〈풀이 1〉

8월 태경이의 실적 건수를 x건, 건희의 실적 건수를 y건이라고 하자.

$x+y=27\cdots$㉠

9월에 태경이의 실적 건수가 20% 증가했으므로 $1.2x$건이고, 건희의 실적 건수는 25% 감소했으므로 $0.75y$건이다.

$1.2x+0.75y=27 \rightarrow 8x+5y=180\cdots$㉡

㉠과 ㉡을 연립하면 $x=15$, $y=12$이다.

따라서 태경이의 9월 실적 건수는 $1.2x=1.2\times15=18$건이다.

〈풀이 2〉

8월 태경이의 실적 건수를 x건이라고 하자. 건희의 실적 건수는 $(27-x)$건이다.

9월에 태경이의 실적 건수가 20% 증가했고, 건희의 실적 건수는 25% 감소했으므로

$0.2x-0.25(27-x)=0$

$\rightarrow 20x-25(27-x)=0$

$\therefore x=15$

따라서 태경이의 9월 실적 건수는 $1.2x=1.2\times15=18$건이다.

정답 ④

이거 알면 30초 컷!

미지수를 여러 개 사용하는 것보다는 한 개만 사용해서 최대한 간소화한다. 연립방정식으로 풀이하는 것보다 하나의 식으로 한 번에 계산하는 것이 풀이 단계를 줄일 수 있는 방법이다.

CHAPTER

01 수리 금액

유형분석

- 원가 · 정가 · 할인가 · 판매가의 개념을 명확히 한다.
- (정가)=(원가)+(이익)
- (할인가)=(정가)$\times\left[1-\frac{(\text{할인율})}{100}\right]$

원가 / (정가)=(원가)$\times\left(1+\frac{25}{100}\right)$

윤정이는 어떤 물건을 100개 구입하여, 구입 가격에 25%를 더한 가격으로 50개를 팔았다. 남은 물건 50개를 기존 판매가에서 일정 비율 할인하여 판매했더니 본전이 되었다. 이때 할인율은 얼마인가?

정가 / (할인 판매가) =(정가)$\times$[1−(할인율)] =(정가)$\times\left(1-\frac{y}{100}\right)$ / ② 조건 확인 (100개의 원가) =(100개의 판매가) / ① 미지수 설정 • 구입가격(원가) : x원 • 할인율 : y%

① 32.5%
② 35%
③ 37.5%
④ 40%
⑤ 42.5%

정답 해설

윤정이가 구입한 개당 가격을 x원, 할인율을 y%라고 하자.
물건 100개의 원가는 $(100\times x)$원이고, 판매가는 다음과 같다.

$$50\times1.25\times x+50\times1.25\times\left(1-\frac{y}{100}\right)\times x$$

윤정이가 물건을 다 팔았을 때 본전이었으므로 (판매가)=(원가)이다.

$$100x=50\times1.25\times x+50\times1.25\times\left(1-\frac{y}{100}\right)\times x$$

$$\rightarrow 2=1.25+1.25\times\left(1-\frac{y}{100}\right)$$

$$\rightarrow 3=5-\frac{y}{20}$$

$\therefore y=40$

따라서 할인율은 40%이다.

정답 ④

이거 알면 30초 컷!

- 제시된 문제의 원가(x)처럼 기준이 동일하고, 이를 기준으로 모든 값을 계산하는 경우에 처음부터 x를 생략하고 식을 세우는 연습을 한다.
- 정가가 반드시 판매가인 것은 아니다.
- 금액을 계산하는 문제는 보통 비율과 함께 제시되기 때문에 풀이과정에서 실수하기 쉽다. 때문에 선택지의 값을 대입해서 풀이하는 것이 실수 없이 빠르게 풀 수 있는 방법이 될 수도 있다.

CHAPTER

01 수리 일의 양

유형분석

- 전체 작업량을 1로 놓고, 분 · 시간 등의 단위 시간 동안 한 일의 양을 기준으로 식을 세운다.
- (일률)$=\frac{\text{(작업량)}}{\text{(작업시간)}}$

① (전체 일의 양)=1

② (하루 동안 할 수 있는 일의 양)=(일률)$=\frac{\text{(작업량)}}{\text{(작업기간)}}$

프로젝트를 완료하는 데 A사원이 혼자 하면 7시간, B사원이 혼자 하면 9시간이 걸린다. 3시간 동안 두 사원이 함께 프로젝트를 진행하다가 B사원이 반차를 내는 바람에 나머지는 A사원이 혼자 처리해야 한다. A사원이 남은 프로젝트를 완료하는 데에는 시간이 얼마나 더 걸리겠는가?

③ 남은 일의 양을 계산

④ 미지수 설정

⑤ (작업기간)$=\frac{\text{(작업량)}}{\text{(일률)}}$

① 1시간 20분
② 1시간 40분
③ 2시간
④ 2시간 10분
⑤ 2시간 20분

정답 해설

프로젝트를 완료하는 일의 양을 1이라 하면, A사원은 한 시간에 $\frac{1}{7}$, B사원은 한 시간에 $\frac{1}{9}$만큼의 일을 할 수 있다.
①　②

3시간 동안 같이 한 일의 양은 $\left(\frac{1}{7}+\frac{1}{9}\right)\times 3=\frac{16}{21}$이므로, A사원이 혼자 해야 할 일의 양은 $\frac{5}{21}\left(=1-\frac{16}{21}\right)$가 된다.
③

이때 A사원이 혼자 프로젝트를 완료하는 데 걸리는 시간을 x시간이라 하자.
④

$\frac{1}{7}\times x=\frac{5}{21}$ ⑤

$\therefore x=\frac{5}{3}$

따라서 A사원 혼자 프로젝트를 완료하는 데에는 총 1시간 40분이 더 걸린다.

정답 ②

이거 알면 30초 컷!

- 전체의 값을 모르는 상태에서 비율을 묻는 문제의 경우 전체를 1이라고 하면 쉽게 풀이할 수 있다. 이는 단순히 일률을 계산하는 경우뿐만 아니라 조건부 확률과 같이 비율이 나오는 문제에는 공통적으로 적용 가능하다.
- 문제에서 제시하는 단위와 선택지의 단위가 같은지 반드시 먼저 확인한다.

CHAPTER

01 수리 최댓값·최솟값

유형분석

- 부등식의 양변에 같은 수를 더하거나 같은 수를 빼도 부등호의 방향은 바뀌지 않는다.
  → $a<b$이면 $a+c<b+c$, $a-c<b-c$
- 부등식의 양변에 같은 양수를 곱하거나 양변을 같은 양수로 나누어도 부등호의 방향은 바뀌지 않는다.
  → $a<b$, $c>0$이면 $a\times c<b\times c$, $\frac{a}{c}<\frac{b}{c}$
- 부등식의 양변에 같은 음수를 곱하거나 양변을 같은 음수로 나누면 부등호의 방향은 바뀐다.
  → $a<b$, $c<0$이면 $a\times c>b\times c$, $\frac{a}{c}>\frac{b}{c}$

〈1개 기준〉

구분	A제품	B제품
재료비	3,600	1,200
인건비	1,600	2,000

어느 회사에서는 A, B 두 제품을 주력 상품으로 제조하고 있다. A제품을 1개 만드는 데 재료비는 3,600원, 인건비는 1,600원이 들어간다. 또한 B제품을 1개 만드는 데 재료비는 1,200원, 인건비는 2,000원이 들어간다. 이 회사는 한 달 동안 두 제품을 합하여 40개를 생산하려고 한다. 재료비는 12만 원 이하, 인건비는 7만 원 이하가 되도록 하려고 할 때, A제품을 최대로 생산하면 몇 개를 만들 수 있는가?

① 미지수 설정
- A제품 생산 개수 : x개
- B제품 생산 개수 : y개

② 미지수 줄이기
$x+y=40$
$y=40-x$
- A제품 생산 개수 : x개
- B제품 생산 개수 : $(40-x)$개

③ 부등식

① 25개
② 26개
③ 28개
④ 30개
⑤ 31개

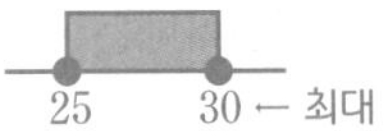

A제품의 생산 개수를 x개라 하자. ─ ①

B제품의 생산 개수는 $(40-x)$개이다. ─ ②

$3,600\times x+1,200\times(40-x)\le120,000$
$x\le30$
$1,600\times x+2,000\times(40-x)\le70,000$
$x\ge25$
─ ③

$\therefore\ 25\le x\le30$

25　30 ← 최대

따라서 A제품은 최대 30개까지 생산할 수 있다.

 ④

이거 알면 30초 컷!

- 문제에 이상, 이하, 초과, 미만, 최대, 최소 등의 표현이 사용된다.
- 미지수가 2개 이상 나오는 경우나 부등식이 2개 사용되는 경우 그래프를 활용하면 실수의 확률을 줄일 수 있다.
- 최대를 묻는 경우의 부등호의 방향은 미지수가 작은 쪽$(x\le n)$으로 나타내고, 최소를 묻는 경우 부등호의 방향은 미지수가 큰 쪽$(x\ge n)$으로 나타낸다.

CHAPTER

01 수리 경우의 수

유형분석

- 두 사건 A, B가 동시에 일어나지 않을 때, A가 일어나는 경우의 수가 a가지, B가 일어나는 경우의 수를 b가지라고 하면 A 또는 B가 일어나는 경우의 수는 $(a+b)$가지이다.
- 두 사건 A, B가 동시에 일어날 때, A가 일어나는 경우의 수가 a가지, B가 일어나는 경우의 수를 b가지라고 하면 A와 B가 동시에 일어나는 경우의 수는 $a\times b$가지이다.
- n명 중 자격이 다른 m명을 뽑는 경우의 수 : ${}_nP_m$
- n명 중 자격이 같은 m명을 뽑는 경우의 수 : ${}_nC_m$

중복 확인(사람일 때는 같은 사람이 없으므로 중복이 없지만, 사물이나 직급, 성별같은 경우에는 중복이 있을 수 있으므로 주의해야 함)

합의 법칙

A～E 5명을 전방을 향해 일렬로 배치할 때, B와 E 사이에 1명 또는 2명이 있도록 하는 경우의 수는?

순서를 고려하므로 순열 P

—①, ②

—④

① 30가지
② 60가지
③ 90가지
④ 120가지
⑤ 150가지

어떤 둘 사이에 n명($n\geq2$)을 배치할 때, $(n+2)$명을 한 묶음으로 생각하고 계산
→ $(n+2)$명을 1명으로 치환

전체 m명을 일렬로 배치하는 데 n명($2\leq n\leq m$)이 붙어있을 경우의 수는?
① n명을 한 묶음으로 본다. 이때, 이 한 묶음 안에서 n명을 배치하는 경우의 수 : $n!$
② n명을 1명으로 생각
③ $(m-n+1)$명을 배치하는 경우의 수 : $(m-n+1)!$
④ 곱의 법칙으로 전체 경우의 수 : $n!\times(m-n+1)!$

정답 해설

i) B와 E 사이에 1명이 있는 경우

• A, C, D 중 B와 E 사이에 위치할 1명을 골라 줄을 세우는 방법 : ${}_3P_1$ ―①, ②

B와 E, 가운데 위치한 1명을 한 묶음으로 생각하고, B와 E가 서로 자리를 바꾸는 것도 고려하면 전체 경우의 수는 ${}_3P_1\times3!\times2=3\times6\times2=36$가지이다. (③)

ii) B와 E 사이에 2명이 있는 경우

• A, C, D 중 B와 E 사이에 위치할 2명을 골라 줄을 세우는 방법 : ${}_3P_2$ ―①, ②

B와 E, 가운데 위치한 2명을 한 묶음으로 생각하고, B와 E가 서로 자리를 바꾸는 것도 고려하면 전체 경우의 수는 ${}_3P_2\times2!\times2=6\times2\times2=24$가지이다. (③)

따라서 구하는 경우의 수는 $36+24=60$가지이다.

 정답 ②

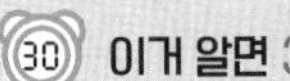

이거 알면 30초 컷!

• 기본적으로 많이 활용되는 공식은 숙지한다.
  – 동전 n개를 던졌을 때의 경우의 수 : 2^n가지
  – 주사위 n개를 던졌을 때의 경우의 수 : 6^n가지
  – n명을 한 줄로 세우는 경우의 수 : $n!$가지
  – 원형 모양의 탁자에 n명이 앉는 경우의 수 : $(n-1)!$가지

• 확률과 경우의 수 문제는 빠르게 계산할 수 있는 방법을 생각해야 한다. 특히 '이상'과 같은 표현이 사용됐다면 1(전체)에서 나머지 확률(경우의 수)를 빼는 방법(여사건 활용)이 편리하다.

CHAPTER

01 수리 자료해석

유형분석

- 자료를 보고 해석하거나 추론한 내용을 고르는 문제가 출제된다.
- 증감 추이, 증감률, 증감폭 등의 간단한 계산이 포함되어 있다.
- %, %p 등의 차이점을 알고 적용할 수 있어야 한다.
  %(퍼센트) : 어떤 양이 전체(100)에 대해서 얼마를 차지하는가를 나타내는 단위
  %p(퍼센트 포인트) : %로 나타낸 수치가 이전 수치와 비교했을 때 증가하거나 감소한 양
- $(\text{백분율})=\frac{(\text{비교하는 양})}{(\text{기준량})}\times 100$
- $(\text{증감률})=\frac{(\text{비교대상의 값})-(\text{기준값})}{(\text{기준값})}$
- (증감량)=(비교대상 값 A)−(또 다른 비교대상의 값 B)

다음은 은행별 금융민원 발생 현황에 대한 자료이다. 이에 대한 설명으로 옳지 않은 것은?

① 표 제목 확인
표 제목은 표의 내용을 요약한 것으로 표를 보기 전 확인하면 표 해석에 도움이 됨

〈금융민원 발생 현황〉

② 단위 확인
함정이 생길 수 있는 부분이므로 확인 필수

③ 표의 항목 확인

(단위 : 건)

은행명	민원 건수(고객 십만 명당)		민원 건수	
	2023년	2024년	2023년	2024년
A	5.62	4.64	1,170	1,009
B	5.83	4.46	1,695	1,332
C	4.19	3.92	980	950
D	5.53	3.75	1,530	1,078

↑ 제일 많음
↓ 제일 적음
감소

① 금융민원 발생 건수는 전반적으로 전년 대비 감소했다고 평가할 수 있다.

$$(\text{○○○○년 대비 □□□□년 증감률})=\frac{(\text{□□□□년 데이터})-(\text{○○○○년 데이터})}{(\text{○○○○년 데이터})}\times 100$$

② 2024년을 기준으로 C은행은 금융민원 건수가 가장 적지만, 전년 대비 민원 감축률은 약 3.1%로 가장 낮았다.

A를 A은행의 전년 대비 민원 감축률, B를 B은행의 전년 대비 민원 감축률, C를 C은행의 전년 대비 민원 감축률, D를 D은행의 전년 대비 민원 감축률이라 하자.

C와 A, B, D 배수 비교

$C : \frac{30}{980}\times 100<(A : \frac{161}{1,170}\times 100,\ B : \frac{363}{1,695}\times 100,\ D : \frac{452}{1,530}\times 100)$

(∵ 분자는 5배 이상 차이가 나지만 분모는 2배 미만)

③ 가장 많은 고객을 보유하고 있는 은행은 2024년에 금융민원 건수가 가장 많다.

→ $(\text{고객 십만 명당 민원 건수})=\frac{(\text{전체 민원 건수})}{\frac{(\text{전체 고객 수})}{(\text{십만 명})}}$

→ (전체 고객 수)=(전체 민원 건수)÷(고객 십만 명당 민원 건수)×(십만 명)

④ 금융민원 건수 감축률을 기준으로 금융소비자보호 수준을 평가했을 때 D → A → B → C 은행 순서로 우수하다.

A와 B 배수 비교

$A : \frac{161}{1,170}\times 100<B : \frac{363}{1,695}\times 100$

(∵ $363=161\times n$, $1,695=1,170\times m$이라고 하면, $n>2$이고 $0<m<2$이므로 $\frac{n}{m}>1$)

B와 D 분수 비교

$B : \frac{363}{1,695}\times 100<D : \frac{452}{1,530}\times 100$(∵ $452>363$, $1,530<1,695$)

⑤ 민원 건수가 2023년 대비 2024년에 가장 많이 감소한 곳은 D은행이다.

정답 해설

은행별 감축률을 구하면 다음과 같다.

- 전년 대비 2024년 A은행 금융민원 건수 감축률 : $(|1{,}009-1{,}170|)\div1{,}170\times100=\frac{161}{1{,}170}\times100\fallingdotseq13.8\%$
- 전년 대비 2024년 B은행 금융민원 건수 감축률 : $(|1{,}332-1{,}695|)\div1{,}695\times100=\frac{363}{1{,}695}\times100\fallingdotseq21.4\%$
- 전년 대비 2024년 C은행 금융민원 건수 감축률 : $(|950-980|)\div980\times100=\frac{30}{980}\times100\fallingdotseq3.1\%$
- 전년 대비 2024년 D은행 금융민원 건수 감축률 : $(|1{,}078-1{,}530|)\div1{,}530\times100=\frac{452}{1{,}530}\times100\fallingdotseq29.5\%$

따라서 D → B → A → C은행 순서로 우수하다.

오답분석

① 제시된 자료의 민원 건수를 살펴보면, 2023년 대비 2024년에 모든 은행의 민원 건수가 감소한 것을 확인할 수 있다.

② A~D은행의 전년 대비 2024년 금융민원 건수 감축률은 다음과 같다.

- 전년 대비 2024년 A은행 금융민원 건수 감축률 : $(|1{,}009-1{,}170|)\div1{,}170\times100=\frac{161}{1{,}170}\times100\fallingdotseq13.8\%$
- 전년 대비 2024년 B은행 금융민원 건수 감축률 : $(|1{,}332-1{,}695|)\div1{,}695\times100=\frac{363}{1{,}695}\times100\fallingdotseq21.4\%$
- 전년 대비 2024년 C은행 금융민원 건수 감축률 : $(|950-980|)\div980\times100=\frac{30}{980}\times100\fallingdotseq3.1\%$
- 전년 대비 2024년 D은행 금융민원 건수 감축률 : $(|1{,}078-1{,}530|)\div1{,}530\times100=\frac{452}{1{,}530}\times100\fallingdotseq29.5\%$

따라서 C은행의 2024년 금융민원 건수는 950건으로 가장 적지만, 전년 대비 약 3%로 가장 낮은 수준의 감축률을 달성하였다.

③ 각 은행의 고객 수는 '(전체 민원 건수)÷(고객 십만 명당 민원 건수)×(십만 명)'으로 구할 수 있다. B은행이 약 29,865,471명으로 가장 많으며, 2024년 금융민원 건수도 1,332건으로 가장 많다.

- A은행 고객 수 : $1{,}009\div4.64\times(\text{십만 명})=\frac{1{,}009}{4.64}\times(\text{십만 명})\fallingdotseq21{,}745{,}690$명
- B은행 고객 수 : $1{,}332\div4.46\times(\text{십만 명})=\frac{1{,}332}{4.46}\times(\text{십만 명})\fallingdotseq29{,}865{,}471$명
- C은행 고객 수 : $950\div3.92\times(\text{십만 명})=\frac{950}{3.92}\times(\text{십만 명})\fallingdotseq24{,}234{,}694$명
- D은행 고객 수 : $1{,}078\div3.75\times(\text{십만 명})=\frac{1{,}078}{3.75}\times(\text{십만 명})\fallingdotseq28{,}746{,}667$명

십만 명이 곱해지는 것은 모두 같기 때문에 앞의 분수만으로 비교를 해보면, 먼저 A은행과 B은행의 고객 수는 4.64>4.46이고 1,009<1,332이므로 분모가 작고 분자가 큰 B은행 고객 수가 A은행 고객 수보다 많다. 또한 C은행 고객 수와 D은행 고객 수를 비교해보면 3.92>3.75이고 950<1,078이므로 분모가 작고 분자가 큰 D은행 고객 수가 C은행 고객 수보다 많다. 마지막으로 D은행 고객 수와 B은행 고객 수를 직접 계산으로 비교를 하면 B은행이 D은행보다 고객 수가 많은 것을 알 수 있다.

⑤ D은행은 총 민원 건수가 452건 감소하였으므로 옳은 설명이다.

정답 ④

이거 알면 30초 컷!

- 계산이 필요 없는 선택지를 먼저 해결한다.
  예 ②와 ④의 풀이방법은 동일하다.
- 정확한 값을 비교하기보다 어림값을 활용한다.

배수 비교

– $D=mB$, $C=nA$(단, n, $m\geq0$)일 때,

$n>m$이면 $\frac{n}{m}>1$이므로 $\frac{A}{B}<\frac{C}{D}$

$n=m$이면 $\frac{n}{m}=1$이므로 $\frac{A}{B}=\frac{C}{D}$

$n<m$이면 $0<\frac{n}{m}<1$이므로 $\frac{A}{B}>\frac{C}{D}$

– $A=mB$, $C=nD$(단, n, $m\geq0$)일 때,

$\frac{A}{B}=\frac{mB}{B}=m$, $\frac{C}{D}=\frac{mD}{D}=n$이므로

$n>m$이면 $\frac{A}{B}<\frac{C}{D}$

$n=m$이면 $\frac{A}{B}=\frac{C}{D}$

$n<m$이면 $\frac{A}{B}>\frac{C}{D}$

- 간단한 선택지부터 해결하기 계산이 필요 없거나 생각하지 않아도 되는 선택지를 먼저 해결한다.
- 자료해석은 옳은 것 또는 옳지 않은 것을 찾는 문제가 출제되고, 문제마다 매번 바뀌므로 이를 확인하는 것은 매우 중요하다. 따라서 선택지에 표시할 때에도 선택지가 옳지 않은 내용이라서 '×' 표시를 했는지, 옳은 내용이지만 문제가 옳지 않은 것을 찾는 문제라 '×' 표시를 했는지 헷갈리지 않도록 표시 방법을 정해야 한다.
- 제시된 자료만으로 계산할 수 없는 값을 묻는 선택지인지 먼저 판단해야 한다. 문제를 읽고 바로 계산부터 하면 함정에 빠지기 쉽다.

온라인 풀이 Tip

오프라인 시험에서는 종이에 중요한 부분을 표시할 수 있지만, 온라인 시험에서는 표시할 방법이 없어 필요한 여러 정보를 눈으로 확인해야 한다. 따라서 마우스 포인터와 손가락으로 표시하는 행동은 자료해석 유형을 풀이할 때 많은 도움이 되므로 이를 활용하여 풀이한다.

자료에서 가장 큰 값 찾기

자료를 위에서 아래로 또는 왼쪽에서 오른쪽으로 훑으면서 지금까지 확인한 숫자 중 가장 큰 값을 손가락으로 가리킨다. 자료가 많으면 줄이 헷갈릴 수 있으므로 마우스 포인터로 줄을 따라가며 읽는다.

CHAPTER

01 수리 자료계산

유형분석

- 주어진 자료를 통해 문제에서 주어진 특정한 값을 찾고, 자료의 변동량을 구할 수 있는지를 평가하는 유형이다.
- 계산하지 않고 눈으로 확인할 수 있는 내용(증감추이)이 있는지 확인한다.

① 문제 확인 → $\frac{\text{고위직}}{\text{총 진출 인원}} \times 100$

다음은 내국인 국제기구 진출현황에 대한 자료이다. 내국인 국제기구 총 진출 인원 중 고위직 진출 인원수의 비율이 가장 높은 해는?

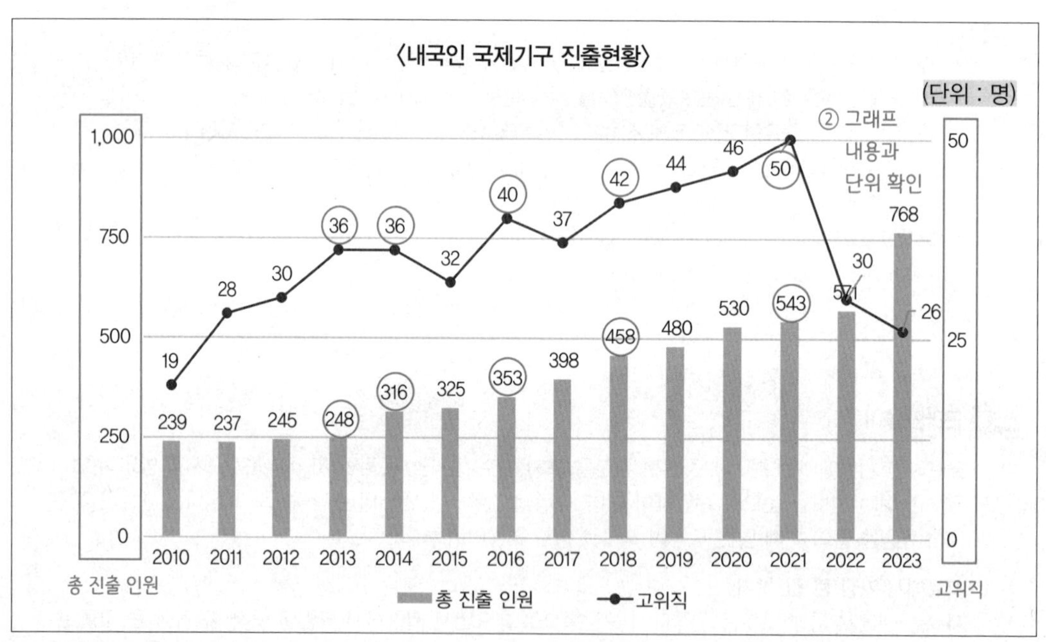

① 2013년
② 2014년
③ 2016년
~~④ 2018년~~
~~⑤ 2021년~~

③ 선택지에 제시된 해만 표시하고 계산
비율이 크다는 것은 분모가 작고 분자는 크다는 의미이다. 즉, ④와 ⑤는 계산해보지 않아도 답이 아닌 것을 알 수 있다.

정답 해설

연도별 국제기구 총 진출 인원 중 고위직 진출 인원수의 비율은 다음과 같다.

① 2013년 : $\frac{36}{248} \times 100 \fallingdotseq 14.5\%$

② 2014년 : $\frac{36}{316} \times 100 \fallingdotseq 11.4\%$

③ 2016년 : $\frac{40}{353} \times 100 \fallingdotseq 11.3\%$

④ 2018년 : $\frac{42}{458} \times 100 \fallingdotseq 9.2\%$

⑤ 2021년 : $\frac{50}{543} \times 100 \fallingdotseq 9.2\%$

따라서 국제기구 총 진출 인원 중 고위직 진출 인원수의 비율이 가장 높은 해는 2013년이다.

정답 ①

이거 알면 30초 컷!

자료계산 문제는 크게 두 가지 경우로 나눌 수 있다.

정확한 수치를 구해야 하는 경우

선택지가 아닌 제시된 자료나 그래프를 보고 원하는 수치를 찾는다. 이때, 수치가 크다면 전체를 다 계산하는 것이 아니라 일의 자릿수부터 값이 맞는지를 확인한다.

원하는 수치에 해당하는 값을 찾는 경우

제시된 문제처럼 정확한 수치가 아닌 해당하는 경우나 해당하지 않는 경우를 묻는 문제는 선택지를 먼저 보고, 제시되어 있는 경우만 빠르게 계산한다.

온라인 풀이 Tip

- 숫자를 정확하게 옮겨 적은 후, 정확하게 계산을 할지 어림계산을 할지 고민한다.
- 최근 시험에서는 숫자 계산이 깔끔하게 떨어지는 경우가 많다.

CHAPTER

01 수리 자료변환

유형분석

- 제시된 표를 그래프로 바르게 변환한 것을 묻는 유형이다.
- 복잡한 표가 제시되지 않으므로 수의 크기만을 판단하여 풀이할 수 있다.

다음은 S대학교의 학과별 입학정원 변화에 대한 자료이다. 이를 나타낸 그래프로 옳지 않은 것은?

③ 표의 항목 확인

〈학과별 입학정원 변화〉 ① 제목 확인

② 단위 확인

이 표의 경우에는 연도가 내림차순으로 정렬되어 있다.

(단위 : 명)

구분	2024년		2023년	2022년	2021년	2020년
A학과	150	-7	157	135	142	110
B학과	54	-6	60	62	55	68
C학과	144	-6	150	148	130	128
D학과	77	-8	85	80	87	90
E학과	65	+5	60	64	67	66
F학과	45	+3	42	48	40	50
G학과	120	+10	110	114	114	115
H학과	100	-5	105	108	110	106

① 2023~2024년 학과별 입학정원 변화

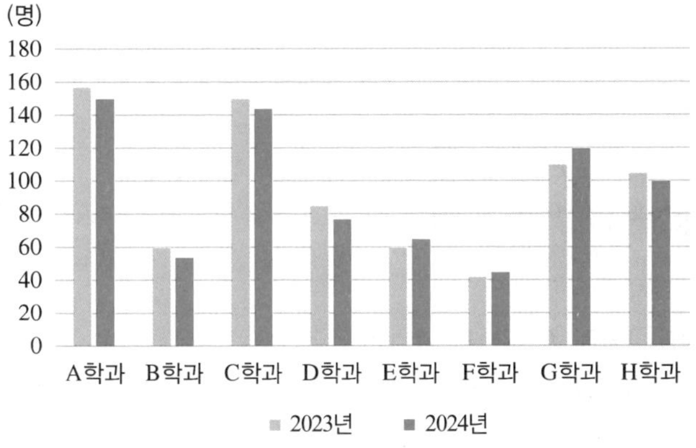

⑤ 빠르게 확인 가능한 선택지부터 확인
①의 경우 2023, 2024년 수치를 바로 적용시킬 수 있으므로 우선 확인한다.

② 2024~2020년 A, C, D, G, H학과 입학정원 변화

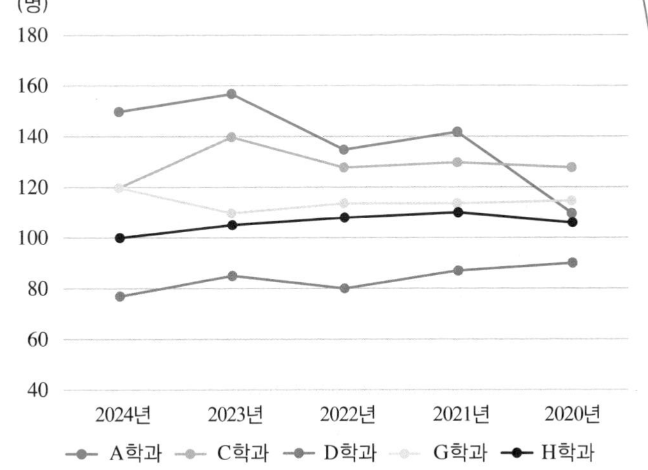

③ 2020~2024년 B, E, F, G학과 입학정원 변화

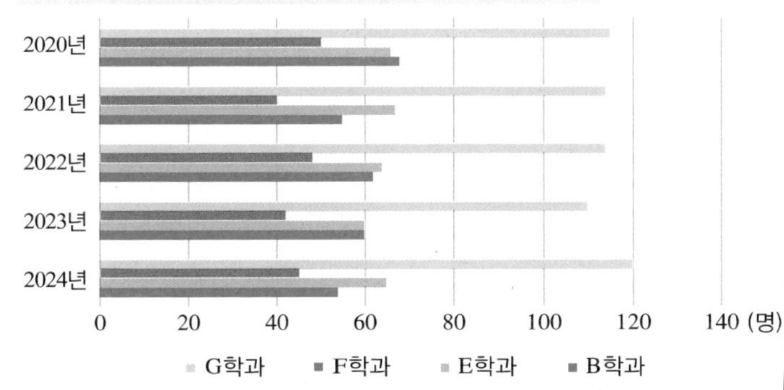

⑥ 증감 추이 판단 후 수치가 맞는지 확인

④ 2020~2022년 학과별 입학정원 변화

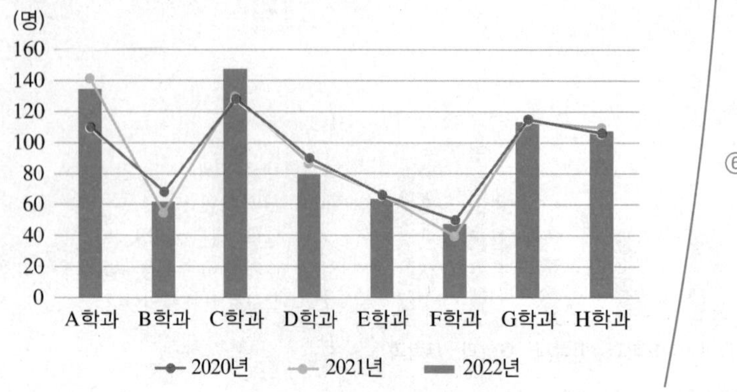

⑤ 전년 대비 2024년도의 A~F학과 입학정원 증감 인원

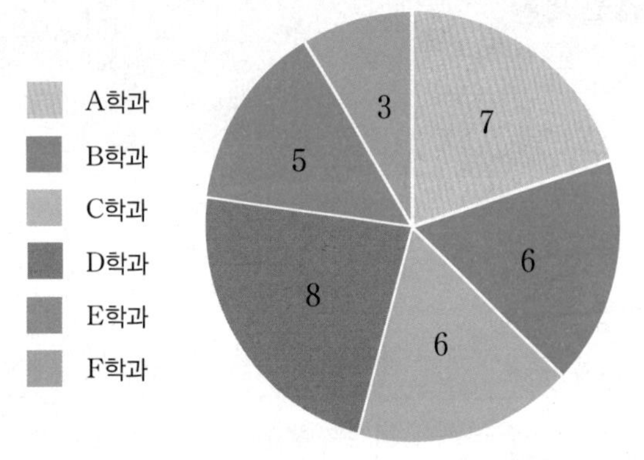

⑥

④ 선택지의 제목과 자료에서 필요한 정보 확인
⑤의 경우 필요한 자료는 증감량이므로 표에 미리 표시하면 빠른 풀이가 가능하다.

정답 해설

C학과의 2022~2024년도 입학정원이 자료보다 낮게 표시되었다.

정답 ②

이거 알면 30초 컷!

- 수치를 일일이 확인하는 것보다 증감 추이를 먼저 판단해서 선택지를 1차적으로 거르고 나머지 선택지 중 그래프의 모양이 크게 차이나는 곳을 확인한다.
- 선택지에서 특징적인 부분이 있는 선택지를 먼저 판단한다.
- 제시된 자료의 증감 추이를 나타내면 다음과 같다.

구분	2024년	2023년	2022년	2021년	2020년
A학과	감소	증가	감소	증가	–
B학과	감소	감소	증가	감소	–
C학과	감소	증가	증가	증가	–
D학과	감소	증가	감소	감소	–
E학과	증가	감소	감소	증가	–
F학과	증가	감소	증가	감소	–
G학과	증가	감소	불변	감소	–
H학과	감소	감소	감소	증가	–

이에 따라 C학과의 2022~2024년의 증감 추이가 제시된 자료와 다른 것을 알 수 있다.

온라인 풀이 Tip

이 유형은 계산이 없다면 눈으로만 풀이해도 되지만, 문제풀이 용지에 풀이를 남겨야 하므로 다음과 같이 작성한다.

계산이 있는 경우

계산 부분만 문제풀이 용지에 적어도 충분하다.

계산이 없는 경우

해설처럼 'C학과의 22~24년도 입학정원이 자료보다 낮음'으로 자료하고 다른 부분만 요약하여 작성한다.

CHAPTER

01 수리 수추리 ①

유형분석

- 제시된 자료의 규칙을 바탕으로 미래의 값을 추론하는 유형이다.
- 등차수열이나 등비수열, log, 지수 등의 수학적인 지식을 묻기도 한다.

주요 수열 종류

구분	설명
등차수열	앞의 항에 일정한 수를 더해 이루어지는 수열
등비수열	앞의 항에 일정한 수를 곱해 이루어지는 수열
계차수열	수열의 인접하는 두 항의 차로 이루어진 수열
피보나치수열	앞의 두 항의 합이 그 다음 항의 수가 되는 수열
건너뛰기 수열	1. 두 개 이상의 수열이 일정한 간격을 두고 번갈아가며 나타나는 수열 2. 두 개 이상의 규칙이 일정한 간격을 두고 번갈아가며 적용되는 수열
군수열	일정한 규칙성으로 몇 항씩 묶어 나눈 수열

S제약회사에서는 유산균을 배양하는 효소를 개발 중이다. 이 효소와 유산균이 만났을 때 다음과 같이 유산균의 수가 변화하고 있다면 효소의 양이 12g일 때 남아있는 유산균의 수는?

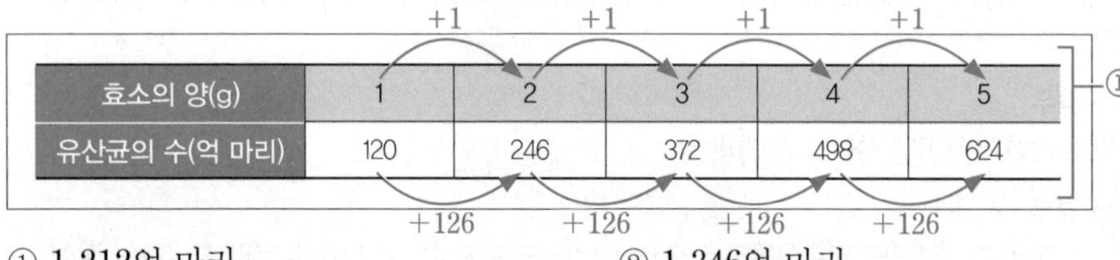

효소의 양(g)	1	2	3	4	5
유산균의 수(억 마리)	120	246	372	498	624

① 규칙 파악
수열 문제에 접근할 때 가장 먼저 등차수열이나 등비수열이 아닌지 확인해야 한다. 문제에서 효소와 유산균이 만났을 때 유산균의 수가 변화한다고 하였으므로 효소의 양과 유산균의 수의 변화는 서로 관련이 있다는 것을 알 수 있다. 효소의 양은 1g씩 늘어나고 있고 그에 따른 유산균의 수는 계속 증가하고 있다. 따라서 이 문제에서 유산균의 수는 공차가 126인 등차수열임을 알 수 있다.

① 1,212억 마리 ② 1,346억 마리
③ 1,480억 마리 ④ 1,506억 마리
⑤ 1,648억 마리

② 계산

식을 세워 계산하는 방법은 다음과 같다.
식을 세우기 전에 미지수를 지정한다. 효소의 양이 ng일 때 유산균의 수를 a_n 억 마리라고 하자.
등차수열의 공식이 a_n=(첫 항)+(공차)×(n−1)임을 활용한다.
유산균의 수는 매일 126억 마리씩 증가하고 있으므로 등차수열 공식에 의해
$a_n=120+126(n-1)=126n-6$이다.
따라서 효소의 양이 12g일 때의 유산균 수는
$a_n=126\times12-6=1{,}512-6=1{,}506$억 마리이다.

정답 해설

삼성 수추리는 직접 계산해도 될 만큼의 계산력을 요구한다. 물론 식을 세워서 계산하는 방법이 가장 빠르고 정확하지만 공식이 기억나지 않는다면 머뭇거리지 말고 직접 계산을 해야 한다.

이 문제 역시 효소의 양이 12g일 때 유산균의 수를 물었으므로 공식이 생각나지 않는다면 직접 계산으로 풀이할 수 있다.

효소의 양(g)	5		6		7		8		9		10		11		12
유산균의 수(억 마리)	624	→ +126	750	→ +126	876	→ +126	1,002	→ +126	1,128	→ +126	1,254	→ +126	1,380	→ +126	1,506

따라서 효소의 양이 12g일 때의 유산균 수는 1,506억 마리이다.

정답 ④

이거 알면 30초 컷!

자료해석의 수추리는 복잡한 규칙을 묻지 않고, 지나치게 큰 n(미래)의 값을 묻지 않는다. 등차수열이나 등비수열 등이 출제되었을 때, 공식이 생각나지 않는다면 써서 나열하는 것이 문제 풀이 시간을 단축할 수 있는 방법이다.

온라인 풀이 Tip

쉬운 수열은 눈으로 풀 수 있지만 대부분은 차이를 계산해야 하는 등 여러 경우를 생각해봐야 한다. 문제풀이 용지도 활용해야 하므로 문제를 읽고 바로 수열을 문제풀이 용지에 옮겨 적도록 한다.

CHAPTER

01 수리 수추리 ②

유형분석

- 제시된 자료의 일정한 규칙을 판단하여 미래의 값을 예측하는 유형이다.
- 등차수열이나 등비수열 등의 개념을 묻기도 한다.

① 조건 1

매일 하루에 한 번 어항에 자동으로 먹이를 주는 기계가 제시된 규칙에 따라 먹이를 준다. 당일에 줄 먹이 양이 0이 되는 날은 먹이를 준 지 13일 차 였을 때, 이때까지 준 총 먹이 양의 합은?(단, m은 자연수이고, 1일 차는 홀수 일이다)

① 조건 2

① 조건 3

미지수 확인

㉠ 첫날 어항에 준 먹이의 양은 $3m$kg이다.
㉡ 당일에 줄 먹이의 양은 전날이 홀수 일인 경우, 전날 먹이의 양에 1kg을 더한다.
㉢ 당일에 줄 먹이의 양은 전날이 짝수 일인 경우, 전날 먹이의 양에 2kg을 뺀다.

① 46kg
② 47kg
③ 48kg
④ 49kg
⑤ 50kg

② 제시된 조건 한눈에 보이게 정리

(단위 : kg)

1일 차	2일 차	3일 차	4일 차	5일 차	6일 차	7일 차
$3m$	$3m+1$	$3m-1$	$3m$	$3m-2$	$3m-1$	$3m-3$

③ 미지수 구하기

홀수 일을 나열하면 13일 차의 먹이 양은 $(3m-6)$kg

$3m-6=0$

$\therefore m=2$

④ 빠르게 풀 수 있는 규칙 찾기

(1일 차)+(2일 차)$=6m+1=13$,

(3일 차)+(4일 차)$=6m-1=11$,

(5일 차)+(6일 차)$=6m-3=9\cdots$

첫 번째 항은 $a_1=13$이고 공차는 -2인 등차수열인 것을 알 수 있다.

따라서 이의 합은 $\frac{2\times13+(6-1)(-2)}{2}\times6=48$kg이다.

정답 해설

제시된 ㉠~㉢ 규칙에서 일차에 따라 먹이 개수를 나열하면 다음과 같다.

(단위 : kg)

1일 차	2일 차	3일 차	4일 차	5일 차	6일 차	7일 차
$3m$	$3m+1$	$3m-1$	$3m$	$3m-2$	$3m-1$	$3m-3$

홀수 일을 보면 1일 차$=3m$, 3일 차$=3m-1$, 5일 차$=3m-2$ …로 -1씩 계산되어 13일 차에는 $(3m-6)$개의 먹이를 준다.

문제에서 13일 차에 먹이 개수가 0이 된다고 했기 때문에 $3m-6=0$ $\therefore$ $m=2$이다.

두 항씩 묶어서 계산하면, 첫 번째 항이 $6m+1$이고, 공차가 -2인 등차수열임을 알 수 있다.

(1일 차)+(2일 차)$=6m+1$, (3일 차)+(4일 차)$=6m-1$ …

12일 차까지는 6개의 항이 되며, 각항을 모두 더하면 $6\times6m+(1-1-3-5-7-9)=36m-24$이다.

따라서 13일차까지 어항에 준 먹이의 양은 $36\times2-24=48$kg이다.

정답 ③

이거 알면 30초 컷!

삼성에서 나오는 미래의 값을 묻는 수추리의 경우 복잡한 규칙을 묻지 않고, 지나치게 큰 n(미래)의 값을 묻지 않는다. 때문에 공식이 생각나지 않는다면 직접 써서 나열하는 것이 문제 풀이 시간을 단축할 수 있는 방법이다.

CHAPTER

02 추리 명제 - 삼단논법

유형분석

- '$p \to q$, $q \to r$이면 $p \to r$이다.' 형식의 삼단논법과 명제의 대우를 활용하여 푸는 유형이다.
- 전제를 추리하거나 결론을 추리하는 유형이 출제된다.
- 'A○ → B×' 또는 '$p \to \sim q$'와 같이 명제를 단순화하여 정리하면서 풀어야 한다.

제시된 명제가 모두 참일 때, 다음 중 빈칸에 들어갈 명제로 가장 적절한 것은?

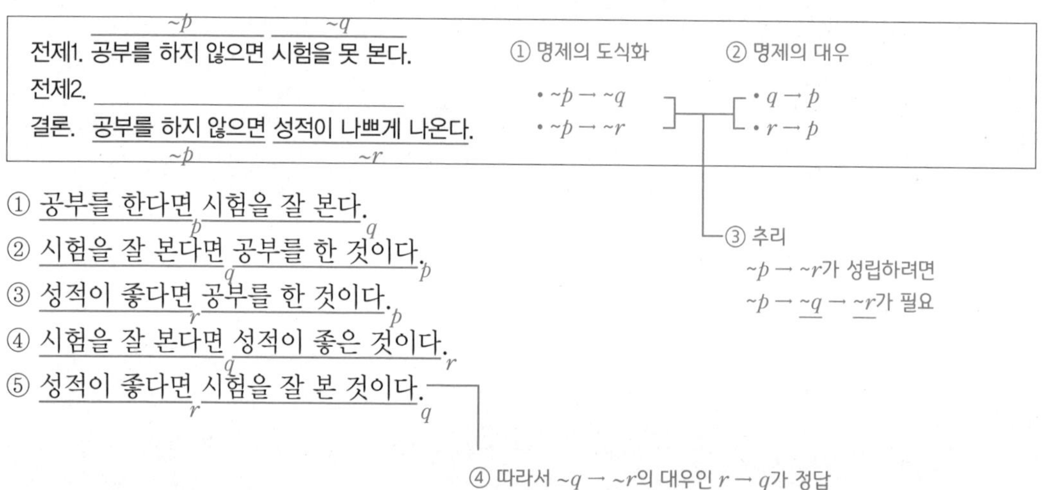

정답 해설

'공부를 함'을 p, '시험을 잘 봄'을 q, '성적이 좋게 나옴'을 r이라 하면 전제1은 $\sim p \rightarrow \sim q$, 결론은 $\sim p \rightarrow \sim r$이다. 따라서 $\sim q \rightarrow \sim r$이 빈칸에 들어가야 $\sim p \rightarrow \sim q \rightarrow \sim r$이 되어 $\sim p \rightarrow \sim r$이 성립한다. 또한 참인 명제의 대우도 역시 참이므로 빈칸에 들어갈 명제는 $\sim q \rightarrow \sim r$의 대우인 '성적이 좋다면 시험을 잘 본 것이다.'이다.

정답 ⑤

이거 알면 30초 컷!

전제 추리 방법	결론 추리 방법
전제1이 $p \rightarrow q$일 때, 결론이 $p \rightarrow r$이라면 각 명제의 앞부분이 같으므로 뒷부분을 $q \rightarrow r$로 이어준다. 만일 형태가 이와 맞지 않는다면 대우명제를 이용한다.	대우명제를 활용하여 전제1과 전제2가 $p \rightarrow q$, $q \rightarrow r$의 형태로 만들어진다면 결론은 $p \rightarrow r$이다.

온라인 풀이 Tip

해설처럼 p, q, r 등의 문자로 표현하는 것이 아니라 자신이 알아볼 수 있는 단어나 기호로 표시한다. 문제풀이 용지만 봐도 문제 풀이가 가능하도록 풀이과정을 써야 한다.

전제1. 공부 × → 시험 × 전제2. 결론. 공부 × → 성적 ×	**주어진 정보**
⇒ 전제2. 시험 × → 성적 × & 성적 ○ → 시험 ○	**문제 풀이**

PART 1 기출유형 뜯어보기

CHAPTER 02 추리 명제 - 벤 다이어그램

유형분석

- '어떤', '모든' 등 일부 또는 전체를 나타내는 명제 유형이다.
- 전제를 추리하거나 결론을 추리하는 유형이 출제된다.
- 벤 다이어그램으로 나타내어 접근한다.

제시된 명제가 모두 참일 때, 다음 중 빈칸에 들어갈 명제로 가장 적절한 것은?

> 전제1. 어떤 키가 작은 사람(A)은 농구를 잘한다(B).
> 전제2. ____________________
> 결론. 어떤 순발력이 좋은 사람(C)은 농구를 잘한다.

① 어떤 키가 작은 사람은 순발력이 좋다.
② 농구를 잘하는 어떤 사람은 키가 작다.
③ 순발력이 좋은 사람은 모두 키가 작다.
④ 키가 작은 사람은 모두 순발력이 좋다.
⑤ 어떤 키가 작은 사람은 농구를 잘하지 못한다.

1. '키가 작은 사람'을 A, '농구를 잘하는 사람'을 B, '순발력이 좋은 사람'을 C라고 하면, 전제1과 결론은 다음과 같은 벤 다이어그램으로 나타낼 수 있다.

1) 전제1

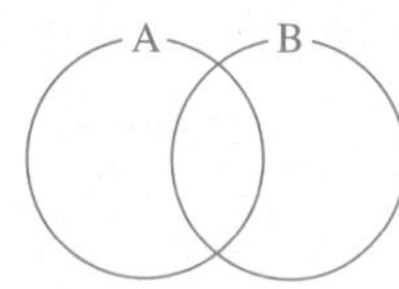

2) 결론

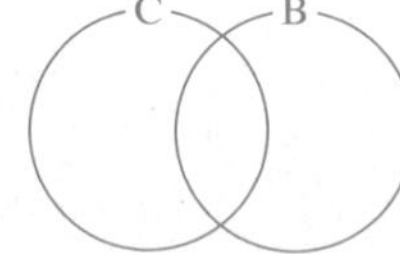

2. 결론이 참이 되기 위해서는 B와 공통되는 부분의 A와 C가 연결되어야 하므로 A를 C에 모두 포함시켜야 한다. 즉, 다음과 같은 벤 다이어그램이 성립할 때 마지막 명제가 참이 될 수 있다. 따라서 빈칸에 들어갈 명제는 '키가 작은 사람은 모두 순발력이 좋다.'이다.

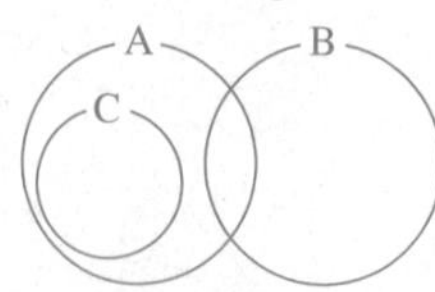

정답 해설

오답분석

① 다음과 같은 경우 성립하지 않는다.

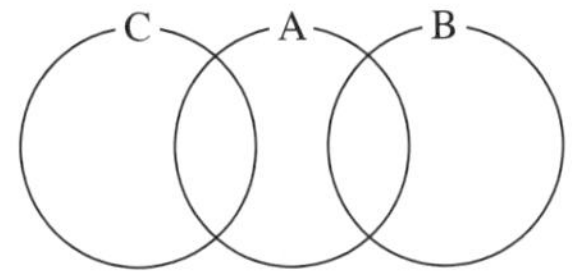

③ 다음과 같은 경우 성립하지 않는다.

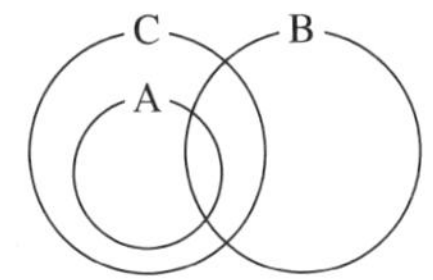

정답 ④

이거 알면 30초 컷!

다음은 출제 가능성이 높은 명제 유형을 정리한 표이다. 이를 응용한 다양한 유형의 문제가 출제될 수 있으므로 대표적인 유형을 학습해두어야 한다.

명제 유형		전제1	전제2	결론
유형 1	명제	어떤 A는 B이다.	모든 A는 C이다.	어떤 C는 B이다. (=어떤 B는 C이다)
	벤 다이어그램	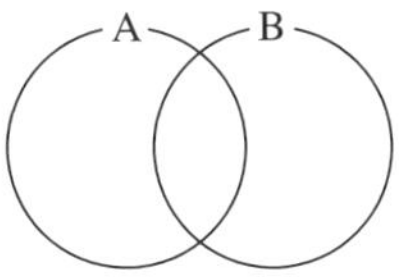	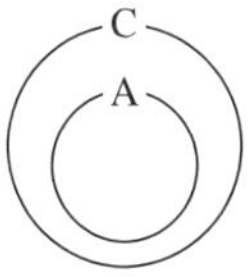	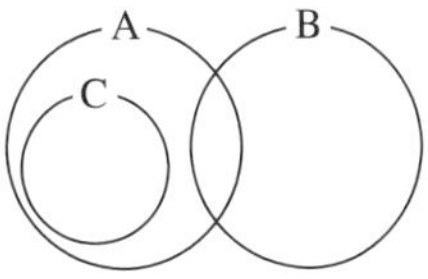
유형 2	명제	모든 A는 B이다.	모든 A는 C이다.	어떤 C는 B이다. (= 어떤 B는 C이다)
	벤 다이어그램	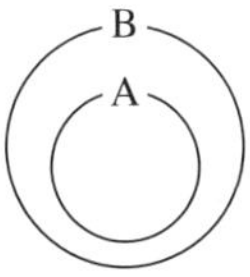	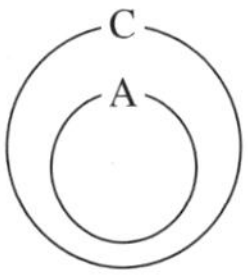	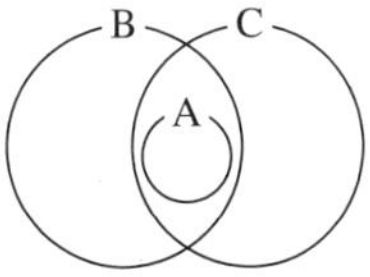

CHAPTER

02 추리 명제 - 참·거짓

유형분석

- '$p \rightarrow q$, $q \rightarrow r$이면 $p \rightarrow r$이다.' 형식의 삼단논법과 명제의 대우를 활용하여 푸는 유형이다.
- 명제의 역 · 이 · 대우

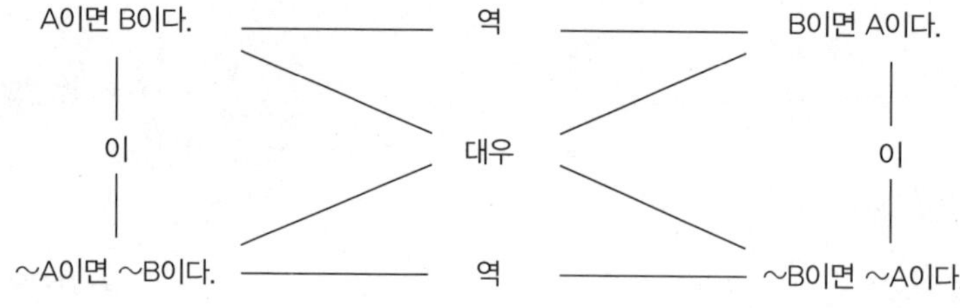

다음 명제가 참일 때, 항상 옳은 것은?

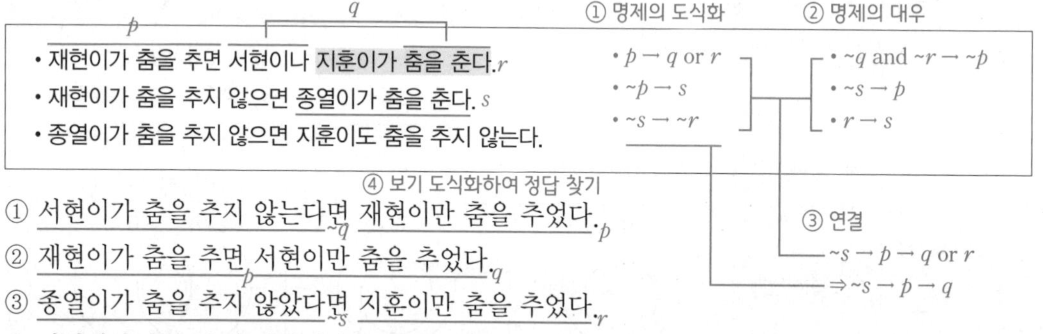

- 재현이가 춤을 추면 서현이나 지훈이가 춤을 춘다.
- 재현이가 춤을 추지 않으면 종열이가 춤을 춘다.
- 종열이가 춤을 추지 않으면 지훈이도 춤을 추지 않는다.

① 서현이가 춤을 추지 않는다면 재현이만 춤을 추었다. ($\sim q$, p)
② 재현이가 춤을 추면 서현이만 춤을 추었다. (p, q)
③ 종열이가 춤을 추지 않았다면 지훈이만 춤을 추었다. ($\sim s$, r)
④ 서현이가 춤을 추면 재현이와 지훈이는 춤을 추었다. (q, p and r)
⑤ 종열이가 춤을 추지 않았다면 재현이와 서현이는 춤을 추었다. ($\sim s$, p and q)

정답 해설

'재현이가 춤을 추다.'를 p, '서현이가 춤을 추다.'를 q, '지훈이가 춤을 추다.'를 r, '종열이가 춤을 추다.'를 s라고 하면 주어진 명제는 순서대로 $p \rightarrow q$ or r, $\sim p \rightarrow s$, $\sim s \rightarrow \sim r$이다. 두 번째 명제의 대우는 $\sim s \rightarrow p$이고 이를 첫 번째 명제와 연결하면 $\sim s \rightarrow p \rightarrow q$ or r이다. 세 번째 명제에서 $\sim s \rightarrow \sim r$라고 하였으므로 $\sim s \rightarrow p \rightarrow q$임을 알 수 있다. 따라서 ⑤가 적절하다.

정답 ⑤

이거 알면 30초 컷!

- 꼬리 물기 명제의 경우 가장 첫 문장을 찾는다.
- 참/거짓 문제는 모순이 되는 진술을 먼저 찾고 이의 참/거짓을 판단한다.

CHAPTER

02 추리 진실게임

유형분석

- 일반적으로 4~5명의 진술이 제시되며, 각 진술의 진실 및 거짓 여부를 확인하여 범인을 찾는 유형이다.
- 추리 영역 중에서도 체감난이도가 상대적으로 높은 유형으로 알려져 있다.
- 각 진술 사이의 모순을 찾아 성립하지 않는 경우의 수를 제거하거나, 경우의 수를 나누어 모든 조건이 성립하는지를 확인해야 한다.

① 문제에서 구하는 것 확인
→ 범인을 찾는 문제, 거짓말을 한 사람을 찾는 문제가 아님

어젯밤에 탕비실 냉장고에 보관되어 있던 행사용 케이크가 없어졌다. 어제 야근을 한 갑~무 5명을 조사했더니 다음과 같이 진술했다. 케이크를 먹은 범인은 2명이고, 5명 중 단 2명만이 진실을 말한다고 할 때, 범인이 될 수 있는 사람으로 짝지어진 것은?(단, 모든 사람은 진실만 말하거나 거짓만 말한다)

조건 1

조건 2

② 조건 확인

갑 : 을이나 병 중에 한 명만 케이크를 먹었어요.
을 : 무는 확실히 케이크를 먹었어요.
병 : 정과 무가 모의해서 함께 케이크를 훔쳐먹는 걸 봤어요.
정 : 저는 절대 범인이 아니에요.
무 : 사실대로 말하자면 제가 범인이에요.

③ 2명의 진술이 일치 → 동시에 진실을 말하거나 거짓을 진술

① 갑, 을
② 을, 정
③ 을, 무
④ 갑, 정
⑤ 정, 무

을의 진술이 진실이면 무의 진술도 진실이고, 을의 진술이 거짓이면 무의 진술도 거짓이다.

i) 을과 무가 모두 진실을 말하는 경우

무는 범인이고, 나머지 3명은 모두 거짓을 말해야 한다. 정의 진술이 거짓이므로 정은 범인인데, 병이 무와 정이 범인이라고 했기 때문에 병은 진실을 말하는 것이 되어 2명만 진실을 말한다는 조건에 모순이다. 그러므로 을과 무는 거짓을 말한다.

ii) 을과 무가 모두 거짓을 말하는 경우

무는 범인이 아니고, 갑 · 병 · 정 중 1명만 거짓을 말하고 나머지 2명은 진실을 말한다. 만약 갑이 거짓을 말한다면 을과 병이 모두 범인이거나 모두 범인이 아니어야 한다. 그런데 갑의 말이 거짓이고 을과 병이 모두 범인이라면 병의 말 역시 거짓이 되어 조건에 모순이다. 그러므로 갑의 말은 진실이고, 병이 지목한 범인 중에 을이나 병이 없으므로 병의 진술은 거짓, 정의 진술은 진실이다.

따라서 범인은 갑과 을 또는 갑과 병이다.

정답 ①

이거 알면 30초 컷!

진실게임 유형 중 90% 이상은 다음 두 가지 방법으로 풀 수 있다. 주어진 진술을 빠르게 훑으며 다음 두 가지 중 어떤 경우에 해당되는지 확인한 후 문제를 풀어나간다.

i) 두 명 이상의 발언 중 한쪽이 진실이면 다른 한쪽이 거짓인 경우

1) A가 진실이고 B가 거짓인 경우, B가 진실이고 A가 거짓인 경우 두 가지로 나눌 수 있다.
2) 두 가지 경우에서 각 발언의 진위 여부를 판단한다.
3) 주어진 조건과 비교한다(범인의 숫자가 맞는지, 진실 또는 거짓을 말한 인원수가 조건과 맞는지 등).

ii) 두 명 이상의 발언 중 한쪽이 진실이면 다른 한쪽도 진실인 경우

1) A와 B가 모두 진실인 경우, A와 B가 모두 거짓인 경우 두 가지로 나눌 수 있다.
2) 두 가지 경우에서 각 발언의 진위 여부를 판단하여 범인을 찾는다.
3) 주어진 조건과 비교한다(범인의 숫자가 맞는지, 진실 또는 거짓을 말한 인원수가 조건과 맞는지 등).

CHAPTER

02 추리 조건추리

유형분석

- 제시된 여러 조건/상황/규칙들을 정리하여 경우의 수를 구한 후 문제를 해결하는 유형이다.
- 고정 조건을 중심으로 표나 도식으로 정리하여 확실한 조건과 배제해야 할 조건들을 정리한다.

① 문제에서 요구하는 조건을 표시한다.

등산 동아리는 봄을 맞아 소풍을 가고자 한다. 동아리 회원인 A~E 5명은 서로 다른 색의 접시에 각기 다른 한 가지의 과일을 준비하였다. 다음 〈조건〉에 따라 B가 준비한 접시의 색깔과 C가 준비한 과일을 고르면?

조건

- 회원들이 준비한 과일들은 A~E 순으로 일렬로 놓여있다.
- 접시의 색은 빨간색, 노란색, 초록색, 검정색, 회색이다.
- 과일은 참외, 수박, 사과, 배, 바나나가 있다.
- 수박과 참외는 이웃하지 않는다.
- 노란색 접시에 배가 담겨있고, 회색 접시에 참외가 담겨있다.
- (B는 바나나를 준비하였다.)
- 양쪽 끝 접시는 빨간색과 초록색이며, 이 두 접시에 담긴 과일의 이름은 두 글자이다.
- 바나나와 사과는 이웃한다.

② 주어진 조건 중 고정 조건을 기준으로 나머지 조건을 정리한다.
- 노란색 : 배
- 회색 : 참외

	B가 준비한 접시의 색깔	C가 준비한 과일
①	검정색	사과
②	빨간색	사과
③	검정색	참외
④	초록색	참외
⑤	회색	수박

두 글자인 과일만 가능 → 검정색 접시

③ 고정 조건을 중심으로 표나 도식을 활용하여 정리한다.

ⅰ) 먼저 과일 접시의 색 확인

구분	참외	수박	사과	배	바나나
빨간색	×			×	×
노란색	×	×	×	○	×
초록색	×			×	×
검정색	×	×	×	×	○
회색	○	×	×	×	×

바나나와 이웃

ⅱ) A~E의 과일과 접시 확인 — 수박과 이웃하지 않음

구분	A	B	C	D	E
과일	수박 / (사과)	바나나	(참외)	배	사과 / (수박)
접시	빨간색 / 초록색	검정색	회색	노란색	초록색 / 빨간색

④ 정리한 내용을 바탕으로 문제의 답을 찾는다.

정답 해설

B가 바나나를 준비하였으므로 A와 C 중 1명이 사과를 준비하였다. 그런데 양쪽 끝 접시는 빨간색, 초록색이고 참외는 회색 접시에 담겨있으므로 양쪽 끝에 담긴 과일은 두 글자인 과일 중 참외를 제외한 사과, 수박이다. 즉, A는 사과를, E는 수박을 준비하였다.

수박과 참외는 이웃하지 않으므로 D가 준비한 과일은 참외일 수 없으므로 C가 준비한 과일은 참외이다.

C는 참외를 준비했으므로 회색 접시를 준비하고, D는 노란색 접시에 배를 준비했음을 알 수 있다. A와 E가 준비한 접시는 각각 초록색 혹은 빨간색이므로 남은 색은 검정색이다.

조건에 따라 각 회원이 준비한 과일과 접시를 정리하면 다음과 같다.

구분	A	B	C	D	E
과일	사과	바나나	참외	배	수박
접시	초록색/빨간색	검정색	회색	노란색	빨간색/초록색

따라서 B가 준비한 접시의 색깔은 검정색임을 알 수 있다.

정답 ③

이거 알면 30초 컷!

고정적인 조건을 가장 먼저 파악하는 것이 중요하다. 보통 고정적인 조건은 마지막 부분에 제시되는 경우가 많은데, 앞에 나온 조건들을 아무리 잘 정리해도 고정 조건 하나면 경우의 수가 많이 줄어든다. 때문에 항상 이를 먼저 찾는다.

온라인 풀이 Tip

명제와 마찬가지로 간소화시키는 것이 가장 중요하다. 때문에 문제풀이 용지에 확정적인 조건과 그에 따라 같이 확정적이게 되는 나머지 조건을 정리하고, 문제를 풀이한다.

CHAPTER 02

추리 대응 관계

유형분석

- 제시된 단어 사이의 관계를 유추하여 빈칸에 들어갈 적절한 단어를 찾는 문제이다.
- 출제되는 어휘 관련 2문제 중 1문제가 이 유형으로 출제된다.
- 유의 관계, 반의 관계, 상하 관계 이외에도 원인과 결과, 행위와 도구, 한자성어 등 다양한 관계가 제시된다.

① 제시된 단어 뜻 파악
자기의 손이나 발처럼 마음대로 부리는 사람을 비유적으로 이르는 말

다음 제시된 단어의 대응 관계로 볼 때 빈칸에 들어갈 단어로 가장 적절한 것은?

② 관계 유추
유의 관계

유의어 ③ 유의 관계에 맞는 단어 유추

손발 : 하수인 = 바지저고리 : ( )

주견이나 능력이 전혀 없는 사람을 놀림조로 이르는 말

① 비협조자
② 불평분자
③ 의류업자
④ 무능력자
⑤ 비관론자

= 무능력

남의 밑에서 졸개 노릇을 하는 사람

정답 해설

제시된 단어는 유의 관계이다.
'손발'의 유의어는 '하수인'이고 '바지저고리'의 유의어는 '무능력자'이다.

• 바지저고리 : 주견이나 능력이 전혀 없는 사람을 놀림조로 이르는 말

오답분석

② 불평분자 : 어떤 조직체의 시책에 불만을 품고 투덜거리는 사람
⑤ 비관론자 : 비관론을 따르거나 주장하는 사람

정답 ④

이거 알면 30초 컷!

최근에 출제되는 어휘유추 유형 문제는 선뜻 답을 고르기 쉽지 않은 경우가 많다. 이 경우 먼저 ①~⑤의 단어를 모두 빈칸에 넣어보고, 제시된 단어와 관계 자체가 없는 보기 → 관계가 있지만 빈칸에 들어갔을 때 옆의 단어 관계와 등가 관계를 이룰 수 없는 보기 순서로 소거하면 좀 더 쉽게 답을 찾을 수 있다.

동의어 / 반의어 종류

구분		뜻	예시
동의어		형태는 다르나 동일한 의미를 가지는 두 개 이상의 단어	가난 – 빈곤, 가격 – 비용, 가능성 – 잠재력 등
반의어	상보 반의어	의미 영역이 상호 배타적인 두 영역으로 양분하는 두 개 이상의 단어	살다 – 죽다, 진실 – 거짓 등
	정도(등급) 반의어	정도나 등급에 있어 대립되는 두 개 이상의 단어	크다 – 작다, 길다 – 짧다, 넓다 – 좁다, 빠르다 – 느리다 등
	방향(상관) 반의어	맞선 방향을 전제로 하여 관계나 이동의 측면에서 대립하는 두 개 이상의 단어	오른쪽 – 왼쪽, 앞 – 뒤, 가다 – 오다, 스승 – 제자 등

함정 제거

동의어를 찾는 문제라면 무조건 보기에서 반의어부터 지우고 시작한다. 반대로 반의어를 찾는 문제라면 보기에서 동의어를 지우고 시작한다. 단어와 관련이 없는 보기는 헷갈리지 않지만 관련이 있는 보기는 아는 문제여도 함정에 빠져 틀리기 쉽기 때문이다.

CHAPTER

02 추리 도형추리

유형분석

- 3×3의 칸에 나열된 각 도형들 사이의 규칙을 찾아 물음표에 들어갈 알맞은 도형을 찾는 유형이다.
- 이때 규칙은 가로 또는 세로로 적용되며, 회전, 색 반전, 대칭, 겹치는 부분 지우기/남기기/색 반전 등 다양한 규칙이 적용된다.

다음 도형의 규칙을 보고 물음표에 들어갈 도형으로 알맞은 것을 고르면?

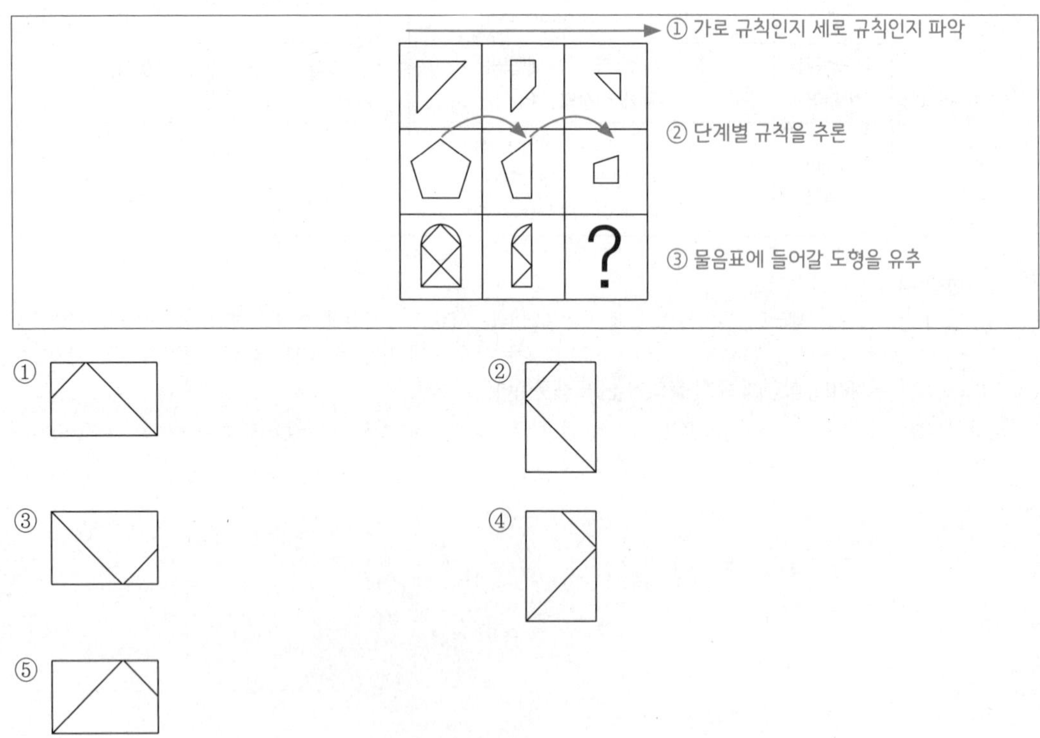

정답 해설

규칙은 가로로 적용된다.
첫 번째 도형을 수직으로 반을 잘랐을 때의 왼쪽 도형이 두 번째 도형이고, 두 번째 도형을 수평으로 반을 자른 후 아래쪽 도형을 시계 방향으로 90° 회전시킨 도형이 세 번째 도형이다.

정답 ③

이거 알면 30초 컷!

규칙이 가로로 적용되는지 세로로 적용되는지 확인하고 규칙을 찾는다.

(1) 180° 회전한 도형은 좌우와 상하가 모두 대칭이 된 모양이 된다.

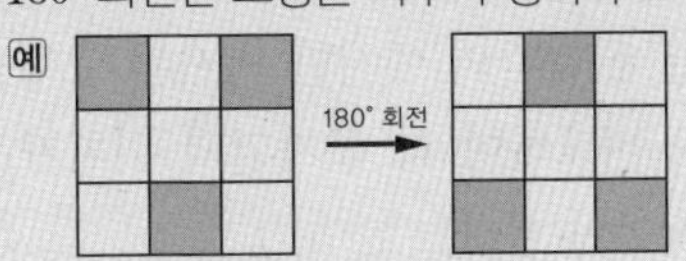

(2) 시계 방향으로 90° 회전한 도형은 시계 반대 방향으로 270° 회전한 도형과 같다.

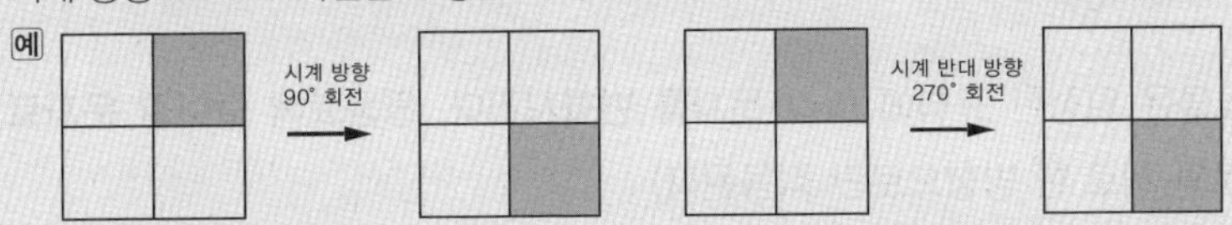

(3) 좌우 반전 → 좌우 반전, 상하 반전 → 상하 반전은 같은 도형이 된다.

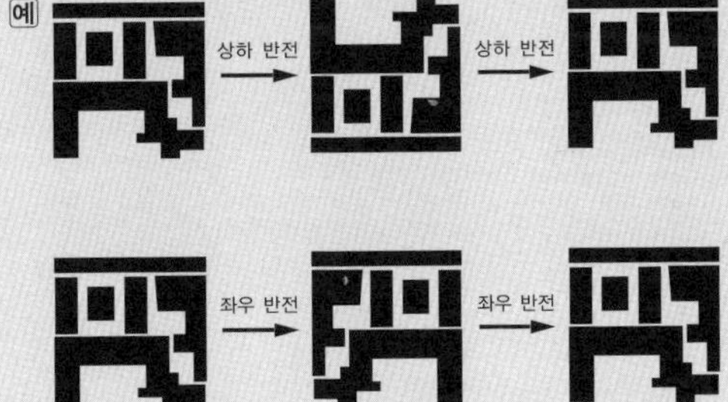

(4) 도형을 거울에 비친 모습은 방향에 따라 좌우 또는 상하로 대칭된 모습이 나타난다.

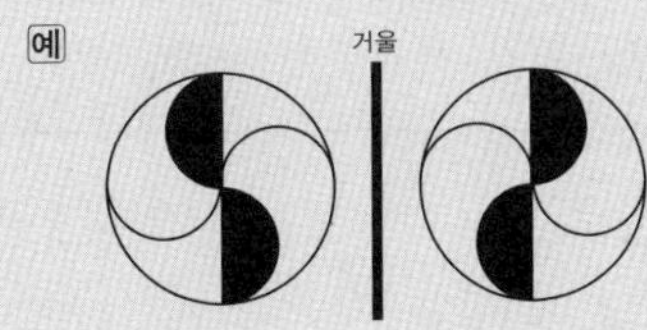

CHAPTER

02 추리 도식추리

유형분석

- 결과를 통해 과정을 추론할 수 있는지를 평가하는 유형이다.
- 규칙들이 2개 이상 한꺼번에 적용되어 제시되기 때문에 각각의 예시만 봐서는 규칙을 파악하기 어렵다. 공통되는 규칙이 있는 예시를 찾아 서로 비교하여 각 문자열의 위치가 바뀌었는지, 숫자의 변화가 있었는지 등을 확인하며 규칙을 찾아야 한다.

다음 도식에서 기호들은 일정한 규칙에 따라 문자를 변화시킨다. 물음표에 들어갈 문자로 알맞은 것은?(단, 규칙은 가로와 세로 한 방향으로만 적용된다)

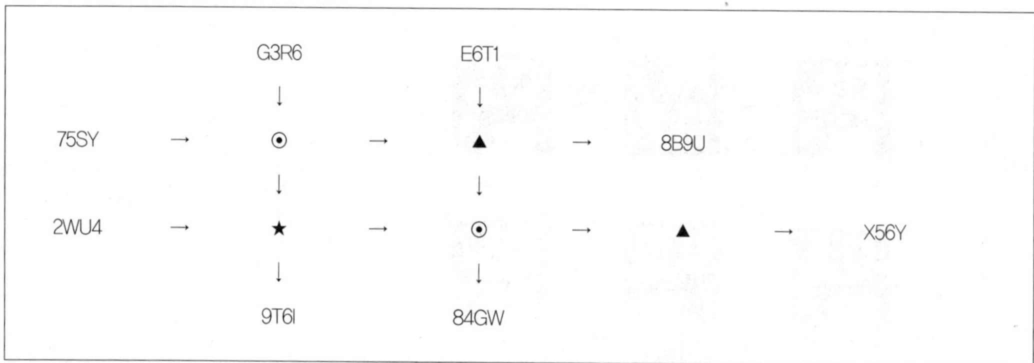

4HQ1 → ⊙ → ▲ → ?

① M54O　② K46S

③ M35P　④ K35P

⑤ M45P

① 중복되는 기호들을 묶어 하나의 기호로 취급

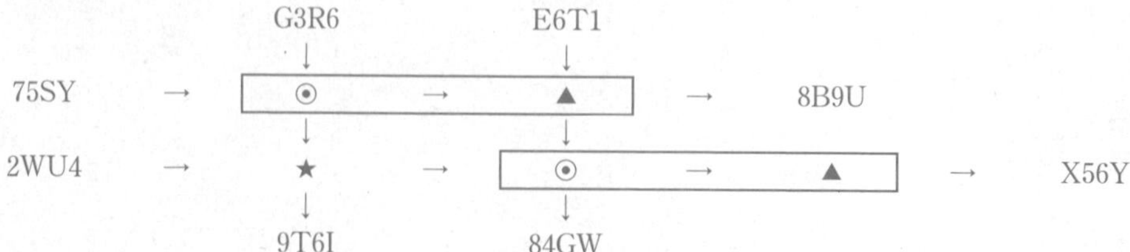

② 묶음 기호 규칙 유추

75SY → [⊙ → ▲] → 8B9U

[⊙ → ▲] 규칙 : ㉠㉡㉢㉣ → (㉡+3)(㉣+3)(㉠+2)(㉢+2)

③ 묶음 기호가 들어간 도식의 규칙 역추적

2WU4 → ★ → [⊙ → ▲] → X56Y

? → [⊙ → ▲] → X56Y

[⊙ → ▲] 역규칙 : (㉢−2)(㉠−3)(㉣−2)(㉡−3) → ㉠㉡㉢㉣

4UW2 → [⊙ → ▲] → X56Y

④ 나머지 기호 규칙 유추

2WU4 → ★ → 4UW2

★ 규칙 : ㉠㉡㉢㉣ → ㉣㉢㉡㉠

⑤ 규칙을 찾은 기호를 포함하는 도식의 규칙 역추적

G3R6
↓
⊙
↓
★
↓
9T6I

★ 역규칙 : ㉣㉢㉡㉠ → ㉠㉡㉢㉣

I6T9 → ★ → 9T6I

G3R6 → ⊙ → I6T9

∴ ⊙ 규칙 : ㉠㉡㉢㉣ → (㉠+2)(㉡+3)(㉢+2)(㉣+3)

⑥ 묶음 기호의 낱개 기호 규칙 유추

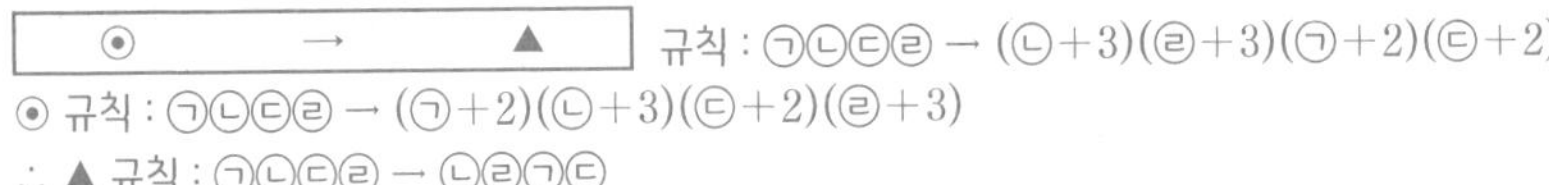

[⊙ → ▲] 규칙 : ㉠㉡㉢㉣ → (㉡+3)(㉣+3)(㉠+2)(㉢+2)

⊙ 규칙 : ㉠㉡㉢㉣ → (㉠+2)(㉡+3)(㉢+2)(㉣+3)

∴ ▲ 규칙 : ㉠㉡㉢㉣ → ㉡㉣㉠㉢

⑦ 유추한 규칙이 맞는지 유추할 때 사용하지 않은 도식을 이용하여 확인

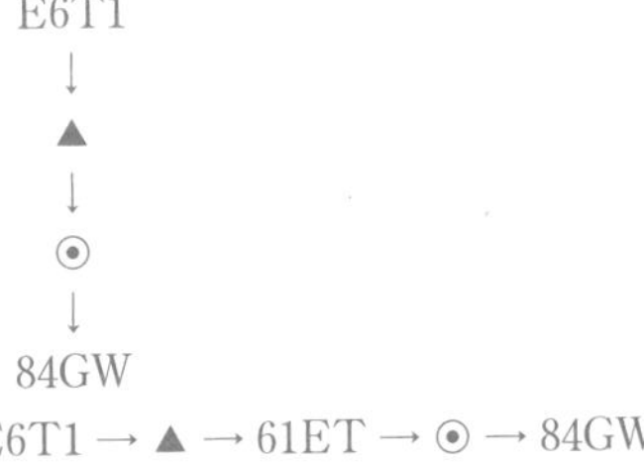

E6T1
↓
▲
↓
⊙
↓
84GW

E6T1 → ▲ → 61ET → ⊙ → 84GW

정답 ②

- ★ : 1234 → 4321
- ▲ : 1234 → 2413
- ⊙ : 각 자릿수 +2, +3, +2, +3

4HQ1	→	6KS4	→	K46S
	⊙		▲	

CHAPTER

02 추리 문단나열

유형분석

- 글의 전체적인 맥락과 흐름을 잘 파악하고 있는지를 평가하는 유형이다.
- 문단나열 유형에서 중요하게 생각해야 하는 것은 지시어와 접속어이다. 때문에 접속어의 쓰임에 대해 정확하게 알고 있어야 하며, 지시어가 가리키는 것에 예민하게 반응해야 한다.

① 지시어 및 접속어를 찾아서 확인한다.

다음 문단을 논리적 순서대로 바르게 나열한 것은?

(가) 이들이 주장한 바로는 아이들의 언어 습득은 '자극-반응-강화'의 과정을 통해 이루어진다. 즉, 행동주의 학자들은 후천적인 경험이나 학습을 언어 습득의 요인으로 본다.

(나) 이러한 촘스키의 주장은 아이들이 선천적으로 지니고 태어나는 언어 능력에 주목함으로써 행동주의 학자들의 주장만으로는 설명할 수 없었던 복잡한 언어 습득 과정을 효과적으로 설명해 주고 있다.

(다) 그러나 이러한 행동주의 학자들의 주장은 아이들의 언어 습득 과정을 후천적인 요인으로만 파악하려 한다는 점에서 비판을 받는다.

③ 연결되는 단어 확인

(가)의 행동주의 학자들의 주장과 연결되므로 (다)는 (가) 뒤에 위치해야 한다.

(라) 아이들은 어떻게 언어를 습득하는 걸까? 이 물음에 대해 행동주의 학자들은 아이들이 다른 행동을 배울 때와 마찬가지로 지속적인 모방과 학습을 통해 언어를 습득한다고 주장한다.

② 질문을 통한 주위 환기 글의 도입부에서 주로 활용된다.

(마) 미국의 언어학자 촘스키는 아이들이 의식적인 노력이나 훈련 없이도 모국어를 완벽하게 구사하는 이유가 태어나면서부터 두뇌 속에 '언어 습득 장치(LAD)'라는 것을 가지고 있기 때문이라고 주장한다.

① (나)-(가)-(마)-(다)-(라)
② (다)-(가)-(라)-(나)-(마)
③ (다)-(라)-(가)-(나)-(마)

①에 의해 삭제

④ (라)-(가)-(다)-(마)-(나)
⑤ (라)-(다)-(가)-(마)-(나)

③을 통해 확인

정답 해설

〈풀이 1〉
제시문은 행동주의 학자들이 생각하는 언어 습득 이론과 그 원인을 설명하고, 이를 비판하는 입장인 촘스키의 언어 습득 이론을 설명하는 내용의 글이다. 따라서 (라) 행동주의 학자들의 언어 습득 이론 – (가) 행동주의 학자들이 주장한 언어 습득의 원인 – (다) 행동주의 학자들의 입장에 대한 비판적 관점 – (마) 언어학자 촘스키의 언어 습득 이론 – (나) 촘스키 이론의 의의 순으로 나열하는 것이 적절하다.

〈풀이 2〉
제시문은 언어 습득에 대한 두 견해를 제시하고 있다. ①(가), (나), (다)에는 각각 '이들', '이러한', '그러나'와 같은 지시어와 접속어가 제시되어 있으므로 첫 문장이 될 수 없다. 때문에 글의 전체적인 화두를 제시하고 있는 (라)가 처음으로 나오는 것이 적절하다. 다음으로 (가)의 '이들의 주장'은 (라)의 행동주의 학자들의 주장을 가리키므로 (가)가 오는 것이 적절하며, 이어서 역접의 접속어 '그러나'를 통해 이러한 행동주의 학자들의 주장을 비판하는 (다)로 이어지는 것이 적절하다. 마지막으로는 촘스키의 새로운 주장인 (마)와 '이러한 촘스키의 주장'에 대해 부연하는 (나)순으로 나열하는 것이 적절하다. ②

정답 ④

이거 알면 30초 컷!

- 문단나열은 위의 2가지 풀이처럼 개인마다 편하게 풀이하는 방법이 다르다. 때문에 평소에 많이 연습하고 자신에게 좀 더 편한 풀이방법을 택한다.
- 첫 번째 문장(문단)을 찾는 일에 집중한다. 첫 번째 문장은 글의 화두로 글을 이끌어 나가기 위한 전체적인 주제가 제시된다.
- 각 문장(문단)마다 자리한 지시어나 접속어를 살펴본다. 특히 문두에 접속어가 나오거나 지시어가 나오는 경우, 글의 첫 번째 문장이 될 수 없다. 이러한 조건들과 선택지를 비교해서 하나씩 소거해 나가다 보면 첫 번째 문장을 빠르게 찾을 수 있다.

온라인 풀이 Tip

문단나열 유형은 메모장을 활용하기 좋은 유형이다. 글의 핵심 키워드를 파악했다면 자신이 찾은 첫 문장이나 나름의 순서를 메모장에 기록한다. 다음으로 선택지와 비교해가며 자신이 생각한 것과 가장 유사한 것을 찾으면 정답은 아니더라도 오답은 소거할 수 있다.

CHAPTER

02 추리 내용추론

유형분석

- 글에 명시적으로 드러나지 않은 부분을 추론하여 답을 도출해야 하는 유형이다.
- 자신의 주관적인 판단보다는 글의 세부적 내용에 대한 이해를 바탕으로 확실한 근거를 가지고 문제를 풀어야 한다.

다음 글을 읽고 추론할 수 있는 내용으로 적절하지 않은 것은? 1. 문제에서 제시하는 추론 유형을 확인 → 세부적인 내용을 추론하는 유형

①의 근거

제약 연구원이란 제약 회사에서 약을 만드는 과정에 참여하는 사람을 말한다. 제약 연구원은 이러한 모든 단계에 참여하지만, 특히 신약 개발 단계와 임상 시험 단계에서 가장 중점적인 역할을 한다. 일반적으로 약을 만드는 과정은 새로운 약품을 개발하는 신약 개발 단계, 임상 시험을 통해 개발된 신약의 약효를 확인하는 임상 시험 단계, 식약처에 신약이 판매될 수 있도록 허가를 요청하는 약품 허가 요청 단계, 마지막으로 의료진과 환자를 대상으로 신약에 대해 홍보하는 영업 및 마케팅의 단계로 나눈다. (제약 연구원의 하는 일과 약을 만드는 과정)

②의 근거

제약 연구원이 되기 위해서는 일반적으로 약학을 전공해야 한다고 생각하기 쉽지만, 약학 전공자 이외에도 생명 공학, 화학 공학, 유전 공학 전공자들이 제약 연구원으로 활발하게 참여하고 있다. 만일 신약 개발의 전문가가 되고 싶다면 해당 분야에서 오랫동안 연구한 경험이 필요하기 때문에 대학원에서 석사나 박사 학위를 취득하는 것이 유리하다. (제약 연구원이 되기 위한 방법)

③의 근거

제약 연구원이 되기 위해서는 전문적인 지식도 중요하지만, 사람의 생명과 관련된 일인 만큼, 무엇보다도 꼼꼼함과 신중함, 책임 의식이 필요하다. 또한 제약 회사라는 공동체 안에서 일을 하는 것이므로 원만한 일의 진행을 위해서 의사소통 능력도 필수적으로 요구된다. 오늘날 제약 분야가 빠르게 성장하고 있다는 점을 고려할 때, 일에 대한 도전 의식, 호기심과 탐구심 등도 제약 연구원에게 필요한 능력으로 꼽을 수 있다. (제약 연구원에게 필요한 능력과 마음가짐)

⑤의 근거

2. 문단을 읽으면서 선택지의 근거가 되는 부분을 확인

① 제약 연구원은 약품 허가 요청 단계에 참여한다. — 첫 번째 문단

② 제약 연구원과 관련된 정보가 부족하다면 약학을 전공해야만 제약 연구원이 될 수 있다고 생각할 수 있다.

③ 생명이나 유전 공학 전공자도 제약 연구원으로 일할 수 있다.

④ 신약 개발 전문가가 되려면 반드시 석사나 박사를 취득해야 한다.

— 두 번째 문단 (②~④)

⑤ 오늘날 제약 연구원에게 요구되는 능력이 많아졌다. — 세 번째 문단

정답 해설

제시문에 따르면 신약 개발의 전문가가 되기 위해서는 해당 분야에서 오랫동안 연구한 경험이 필요하므로 석사나 박사 학위를 취득하는 것이 유리하다고 하였다. 그러나 석사나 박사 학위가 신약 개발 전문가가 되는 데 도움을 준다는 것일 뿐이므로 반드시 필요한 필수 조건인지는 알 수 없다. 따라서 ④는 제시문을 통해 추론할 수 없다.

오답분석

① 제약 연구원은 약을 만드는 모든 단계에 참여한다고 하였으므로 일반적으로 약을 만드는 과정에 포함되는 약품 허가 요청 단계에도 제약 연구원이 참여하는 것을 알 수 있다.

② 일반적으로 제약 연구원이 되기 위해서는 약학을 전공해야 한다고 생각하기 쉽다고 하였으므로, 제약 연구원에 대한 정보가 부족한 사람이라면 약학을 전공해야만 제약 연구원이 될 수 있다고 생각할 수 있다.

③ 약학 전공자 이외에도 생명 공학 · 화학 공학 · 유전 공학 전공자들도 제약 연구원으로 활발하게 참여하고 있다고 하였다.

⑤ 오늘날 제약 분야가 성장함에 따라 도전 의식, 호기심, 탐구심 등도 제약 연구원에게 필요한 능력이 되었다고 하였으므로, 과거에 비해 요구되는 능력이 많아졌음을 알 수 있다.

정답 ④

30 이거 알면 30초 컷!

문제에서 제시하는 추론 유형이 어떤 형태인지 파악한다.

- 글쓴이의 주장/의도를 추론하는 유형 : 글에 나타난 주장, 근거, 논증 방식을 파악하는 유형으로, 주장의 타당성을 평가하여 글쓴이의 관점을 이해하며 읽는다.
- 세부적인 내용을 추론하는 유형 : 주어진 선택지를 먼저 읽고 지문을 읽으면서 답이 아닌 선택지를 지워나가는 방법이 효율적이다.

CHAPTER

02 추리 사실적 독해

유형분석

• 제시문의 세부적인 내용을 이해하고 있는지 평가하는 유형이다.

다음 글의 내용으로 가장 적절한 것은?

2. 선택지에 표시한 핵심어와 관련된 내용을 제시문에서 파악하여 글의 내용과 비교

①과 불일치

음악에서 화성이나 멜로디가 하나의 음 또는 하나의 화음을 중심으로 일정한 체계를 유지하는 것을 조성(調性)이라고 한다. 조성을 중심으로 한 음악은 서양음악에 지배적인 영향을 미쳤는데, 여기에서 벗어나 자유롭게 표현하고 싶은 음악가의 열망이 무조(無調) 음악을 탄생시켰다. 무조 음악에서는 한 옥타브 안의 12음 각각에 동등한 가치를 두어 음들을 자유롭게 사용하였다. 이로 인해 무조 음악은 표현의 자유를 누리게 되었지만 조성이 주는 체계성은 잃게 되었다. 악곡의 형식을 유지하는 가장 기초적인 뼈대가 흔들린 것이다. 이와 같은 상황 속에서 무조 음악이 지닌 자유로움에 체계성을 더하고자 고민한 작곡가 쇤베르크는 '12음 기법'이라는 독창적인 작곡 기법을 만들어 냈다. 쇤베르크의 12음 기법은 12음을 한 번씩 사용하여 만든 기본 음렬(音列)에 이를 '전위', '역행', '역행 전위'의 방법으로 파생시킨 세 가지 음렬을 더해 악곡을 창작하는 체계적인 작곡 기법이다.

②와 불일치

③과 불일치

⑤와 불일치

1. 제시문에서 접할 수 있는 핵심어를 중심으로 선택지에 표시

① 조성은 하나의 음으로 여러 음을 만드는 것을 말한다.

② 무조 음악은 조성이 발전한 형태라고 말할 수 있다.

③ 무조 음악은 한 옥타브 안의 음 각각에 가중치를 두어서 사용했다.

④ 조성은 체계성을 추구하고, / 무조 음악은 자유로움을 추구한다.

⑤ 쇤베르크의 12음 기법은 무조 음악과 조성 모두에서 벗어나고자 한 작곡 기법이다.

정답 해설

제시문은 조성과 무조 음악을 합쳐 쇤베르크가 탄생시킨 12음 기법에 대한 내용이다. 멜로디가 하나의 음 또는 하나의 화음을 중심으로 일정한 체계를 유지하는 것을 '조성'이라고 하였고, 여기에서 벗어나 자유롭게 표현하고 싶은 음악가의 열망이 '무조 음악'을 탄생시켰다고 하였다.

오답분석

① 조성은 음악에서 화성이나 멜로디가 하나의 음 또는 하나의 화음을 중심으로 일정한 체계를 유지하는 것이다.
② 무조 음악은 조성에서 벗어나 자유롭게 표현하고자 한 것이므로, 발전한 형태라고 말할 수 없다.
③ 무조 음악은 한 옥타브 안의 음 각각에 동등한 가치를 두었다.
⑤ 쇤베르크의 12음 기법은 무조 음악이 지닌 자유로움에 조성의 체계성을 더하고자 탄생한 기법이다.

④

이거 알면 30초 컷!

제시문의 내용으로 적절한 것 또는 적절하지 않은 것을 고르는 문제의 경우, 제시문을 읽기 전에 문제와 선택지를 먼저 확인하는 것이 좋다. 이를 통해 제시문에서 알아내야 하는 정보가 무엇인지를 인지한 후 제시문을 독해한다.

CHAPTER

02 추리 반박·반론·비판

유형분석

- 제시문을 읽고 비판적 의견이나 반박을 생각할 수 있는지를 평가하는 유형이다.
- 제시문의 '주장'에 대한 반박을 찾는 것이므로, '근거'에 대한 반박이나 논점에서 벗어난 것을 찾지 않도록 주의해야 한다.

다음 글의 주장에 대한 반대 의견의 근거로 적절하지 않은 것은? 1. 문제를 풀기 위해 글의 주장, 관점, 의도, 근거 등 글의 핵심을 파악

소년법은 반사회성이 있는 소년의 환경 조정과 품행 교정을 위한 보호처분 등의 필요한 조치를 하고, 형사처분에 관한 특별조치를 적용하는 법이다. 만 14세 이상부터 만 19세 미만의 사람을 대상으로 하며, 인격 형성 도중에 있어 그 개선가능성이 풍부하고 심신의 발육에 따르는 특수한 정신적 동요상태에 놓여 있으므로 현재의 상태를 중시하여 소년의 건전한 육성을 기하려는 것이 본래의 목적이다. (소년법의 사전적 정의와 목적)

하지만 청소년이 강력범죄를 저지르더라도 소년법의 도움으로 처벌이 경미한 점을 이용해 성인이 저지른 범죄를 뒤집어쓰거나 일정한 대가를 제시하고 대신 자수하도록 하는 등 악용사례가 있으며, 최근에는 미성년자들 스스로가 모의하여 발생한 강력범죄가 날로 수위를 높여가고 있다. 무엇보다 이러한 죄를 저지른 이들이 범죄나 처벌을 대수롭지 않게 여기는 태도를 보이는 경우가 많아 법의 존재 자체를 의심받는 상황에 이르고 있다. 따라서 해당 법을 폐지하고 저지른 죄에 걸맞은 높은 형량을 부여하는 것이 옳다. (소년법의 악용 사례와 실효성에 대한 의문 제기를 통한 소년법 폐지 및 형량 강화 주장)

① 성인이 저지른 범죄를 뒤집어쓰는 경우는 소년법의 문제라기보다는 해당 범죄를 악용한 범죄자를 처벌하는 것이 옳다.

② 소년법 대상의 대부분이 불우한 가정환경을 가지고 있기 때문에 소년법 폐지보다는 범죄예방이 급선무이다.

③ 소년법을 폐지하면 형법의 주요한 목적 중 하나인 응보의 의미가 퇴색된다. (=되갚음 → 소년법은 소년의 보호를 목적으로 하므로 어색함)

④ 세간에 알려진 것과 달리 강력범죄의 경우에는 미성년자라고 할지라도 실형을 선고받는 사례가 더 많으므로 성급한 처사라고 볼 수 있다.

⑤ 한국의 소년법은 현재 UN 아동권리협약에 묶여있으므로 무조건적인 폐지보다는 개선방법을 고민하는 것이 먼저다.

2. 글의 주장 및 근거의 어색한 부분을 찾아 반박 근거와 사례를 생각

정답 해설

형법의 주요한 목적 중 하나인 응보는 '어떤 행위에 대하여 받는 갚음'을 뜻한다. 제시문의 주장에 따르면 소년법을 악용하여 범죄 수준에 비해 처벌을 경미하게 받는 등 악용사례가 있으므로, 소년법을 폐지하면 응보의 의미가 퇴색된다는 것은 필자의 주장을 반박하는 근거로 적절하지 않다.

오답분석

① 소년법의 악용사례가 소년법 자체의 문제에 의한 것이 아니라고 주장하는 반대 의견이다.
②·⑤ 소년법 본래의 취지와 현재의 상황을 상기시키며 필자의 주장이 지나치다고 반박하고 있다.
④ 필자의 주장의 근거 중 하나인 경미한 처벌이 사실과 다르다고 반박하고 있다.

정답 ③

이거 알면 30초 컷!

- 주장, 관점, 의도, 근거 등 문제를 풀기 위한 글의 핵심을 파악한다. 이후 제시문의 주장 및 근거의 어색한 부분을 찾아 반박할 주장과 근거를 생각해본다.
- 제시문이 지나치게 길 경우 선택지를 먼저 파악하여 홀로 제시문의 주장과 어색하거나 상반된 의견을 제시하고 있는 답은 없는지 확인한다.

온라인 풀이 Tip

비판적 독해는 결국 주제 찾기와 추론적 독해가 결합된 유형이다. 반박하는 내용으로 제시되는 선택지는 추론적 독해처럼 세세하게 제시문을 파악하지 않아도 풀이가 가능하다. 때문에 너무 긴장하지 말고 문제에 접근한다.

남에게 이기는 방법의 하나는 예의범절로 이기는 것이다.

– 조쉬 빌링스 –

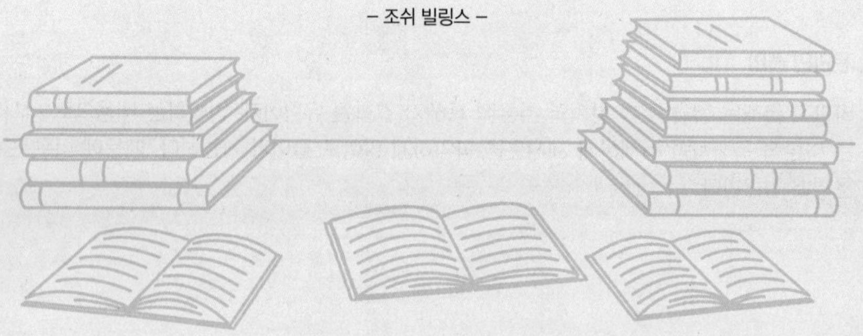

PART 2

기출복원문제

CHAPTER 01

2024년 하반기 기출복원문제

정답 및 해설 p.002

| 01 | 수리

01 A～D 4명은 빨간색, 파란색, 초록색 깃발 중 1개를 고르려고 한다. 깃발은 1명당 1개씩만 고를 수 있으며, 다른 사람과 같은 색의 깃발도 고를 수 있다. 이 때, 빨간색 깃발을 1명만 고를 확률은?

① $\frac{11}{60}$
② $\frac{23}{81}$
③ $\frac{32}{81}$
④ $\frac{45}{121}$
⑤ $\frac{67}{121}$

02 S사에서는 크리스마스 행사로 경품 추첨을 진행하려 한다. 작년에는 제주도 숙박권 10명, 여행용 파우치 20명을 추첨하여 경품을 주었으며, 올해는 작년보다 제주도 숙박권은 20%, 여행용 파우치는 10% 더 준비했다. 올해 경품을 받는 인원은 작년보다 몇 명 더 많은가?(단, 경품은 중복 당첨이 불가능하다)

① 1명
② 2명
③ 3명
④ 4명
⑤ 5명

03 A씨는 1년 동안 주거비 등 5가지 영역에서 소비를 한다. A씨가 2023년에 2,500만 원을 지출했고, 2024년에는 2023년보다 10% 더 지출했을 때, 2024년과 2023년의 주거비의 차는 얼마인가?

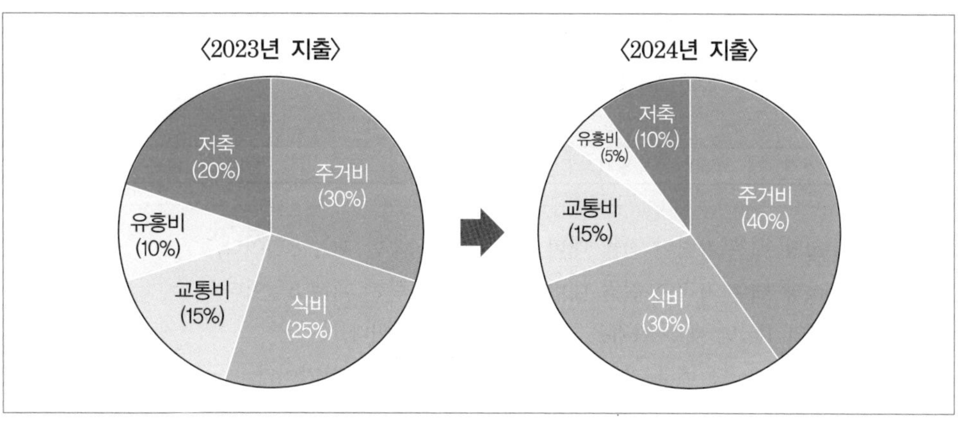

① 65만 원
② 150만 원
③ 220만 원
④ 350만 원
⑤ 410만 원

Easy

04 다음은 2024년 1 ~ 6월 S시 관광객 수에 대한 자료이다. 이에 대한 설명으로 옳지 않은 것은?

〈2024년 1 ~ 6월 S시 관광객 수〉

(단위 : 명)

구분	1월	2월	3월	4월	5월	6월
관광객 수	4,500	4,000	1,500	3,500	5,000	800

① 관광객 수가 가장 많은 달은 5월이다.
② 관광객 수의 전월 대비 감소폭이 가장 적은 달은 2월이다.
③ 4월의 관광객 수는 전월 대비 2배 이상이다.
④ 6월의 관광객 수는 전월 대비 16% 감소하였다.
⑤ 1 ~ 6월의 전체 관광객 수는 20,000명 미만이다.

05 다음은 2024년 1 ~ 9월의 1kg당 배추 가격에 대한 자료이다. 이에 대한 설명으로 옳지 않은 것은?

〈2024년 1 ~ 9월 1kg 당 배추 가격〉

(단위 : 원)

구분	1분기			2분기			3분기		
	1월	2월	3월	4월	5월	6월	7월	8월	9월
가격	650	800	1,100	1,400	900	700	900	1,400	1,850

① 1kg당 배추 가격이 전월 대비 가장 크게 상승한 때는 8월이다.
② 1kg당 배추 가격이 전월 대비 가장 크게 하락한 때는 5월이다.
③ 9월의 1kg당 배추 가격은 1월 대비 3배 이상이다.
④ 분기별 1kg당 배추 가격의 평균이 가장 큰 때는 3분기이다.
⑤ 1 ~ 9월 1kg당 배추 가격의 중앙값은 900원이다.

06 다음은 전년 동월 대비 특허 심사 건수 및 등록률의 증감 추이를 나타낸 자료이다. 이에 대한 〈보기〉의 설명 중 옳지 않은 것을 모두 고르면?

〈전년 동월 대비 특허 심사 건수 증감 및 등록률 증감 추이〉

(단위 : 건, %)

구분	2024. 01	2024. 02	2024. 03	2024. 04	2024. 05	2024. 06
심사 건수 증감	125	100	130	145	190	325
등록률 증감	1.3	−1.2	−0.5	1.6	3.3	4.2

보기

ㄱ. 2024년 3월에 전년 동월 대비 등록률이 가장 많이 낮아졌다.
ㄴ. 2024년 6월의 심사 건수는 325건이다.
ㄷ. 2024년 5월의 등록률은 3.3%이다.
ㄹ. 2023년 1월 심사 건수가 100건이라면, 2024년 1월 심사 건수는 225건이다.

① ㄱ　　② ㄱ, ㄴ
③ ㄷ, ㄹ　　④ ㄱ, ㄴ, ㄷ
⑤ ㄴ, ㄷ, ㄹ

※ 다음은 S대학교 재학생 1,000명의 등록금 수납 유형 및 교내 장학금 수혜 인원에 대한 자료이다. 이어지는 질문에 답하시오. **[7~8]**

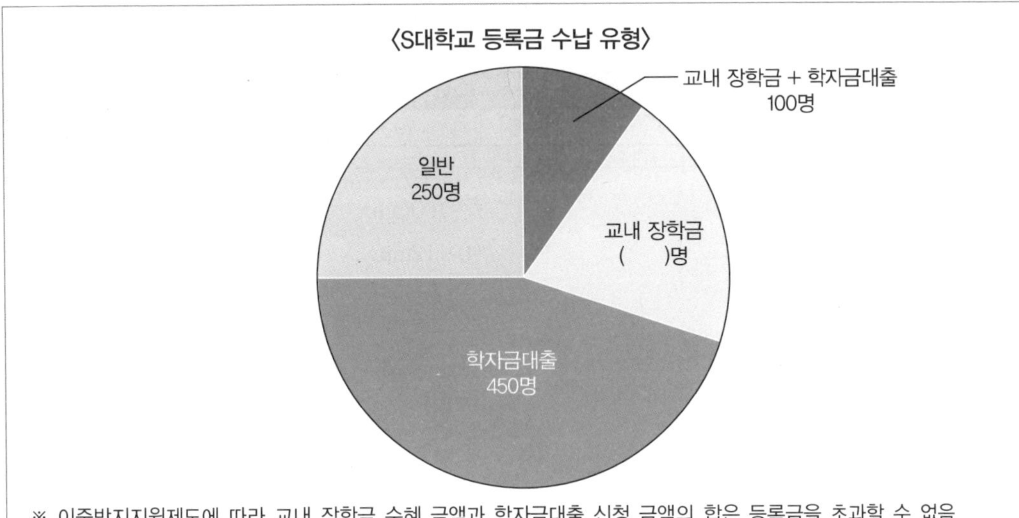

※ 이중방지지원제도에 따라 교내 장학금 수혜 금액과 학자금대출 신청 금액의 합은 등록금을 초과할 수 없음

〈교내 장학금 유형별 수혜 세부 인원〉

(단위 : 명)

구분	성적 우수	생계 곤란 지원	공모전 입상	기타	합계
인원 건수	30	70	20	180	300

※ 교내 장학금 수령자는 다음 학기의 등록금에서 해당 금액만큼 감면하여 납부함

07 교내 장학금 전체 수혜 인원에서 성적 우수 장학금 수혜 인원이 차지하는 비율은?

① 10%
② 15%
③ 20%
④ 25%
⑤ 30%

08 학자금대출을 신청한 학생 중 50명의 학생이 추가로 교내 장학금 수혜 대상자로 선정되었을 때, 교내 장학금을 수혜받고 동시에 학자금대출을 신청한 학생은 학자금대출을 신청하거나 교내 장학금을 수혜받은 학생의 몇 %인가?

① 50%
② 40%
③ 30%
④ 20%
⑤ 10%

09 어느 바다의 해수면 높이가 다음과 같이 일정한 규칙으로 증가할 때, 2028년의 예상 해수면 높이는?

〈연도별 해수면 높이〉

(단위 : mm)

구분	2019년	2020년	2021년	2022년	2023년
해수면 높이	73	76	79	82	85

① 94mm　② 100mm
③ 106mm　④ 112mm
⑤ 118mm

Easy

10 S사의 매년 입사하는 신입사원 수가 다음과 같은 규칙을 보일 때, 2030년에 입사하는 신입사원 수는?

〈S사의 신입사원 수 변화〉

(단위 : 명)

구분	2020년	2021년	2022년	2023년	2024년
사원 수	50	80	110	140	170

① 230명　② 260명
③ 290명　④ 320명
⑤ 350명

| 02 | 추리

※ 제시된 명제가 모두 참일 때, 다음 중 빈칸에 들어갈 명제로 가장 적절한 것을 고르시오. [1~3]

Easy

01

전제1. 날씨가 좋으면 야외 활동을 한다.
전제2. 날씨가 좋지 않으면 행복하지 않다.
결론. ______________________

① 날씨가 좋으면 행복한 것이다.
② 야외 활동을 하면 날씨가 좋은 것이다.
③ 야외 활동을 하지 않으면 행복하지 않다.
④ 행복하지 않으면 날씨가 좋지 않은 것이다.
⑤ 날씨가 좋지 않으면 야외 활동을 하지 않는다.

PART 2 기출복원문제

02

전제1. 책상을 정리하면 업무 효율이 높아진다.
전제2. 지각을 하지 않으면 책상을 정리한다.
결론. ______________________

① 업무 효율이 높아지면 지각을 하지 않은 것이다.
② 지각을 하지 않으면 업무 효율이 높아지지 않는다.
③ 책상을 정리하지 않으면 지각을 한 것이다.
④ 지각을 하지 않으면 업무 효율이 높아진다.
⑤ 지각을 하면 책상을 정리한다.

03

전제1. 모든 생명체는 물이 있어야 살 수 있다.
전제2. 모든 동물은 생명체이다.
결론. ______________________

① 생명체는 모두 동물이다.
② 동물들은 물이 있어야 살 수 있다.
③ 동물이 아닌 것은 생명체가 아니다.
④ 생명체가 살아갈 수 없으면 물이 없다.
⑤ 물이 있으면 모든 생명체가 살 수 있다.

04 현수, 주현, 지연, 재현, 형호 5명은 명절에 고향에 내려가기 위해 각자 기차표를 예매했다. 모두 서로 다른 열의 좌석을 예매했을 때, 다음을 읽고 바르게 추론한 것은?(단, 앞 열일수록 입구와 가깝다)

- 현수의 좌석은 지연이와 주현이의 좌석보다 입구와 가깝다.
- 재현이의 좌석은 지연이의 좌석보다 앞이고, 형호의 좌석보다는 뒤이다.
- 입구와 형호의 좌석 간 거리는 입구와 현수의 좌석 간 거리보다 길다.
- 주현이의 좌석이 입구와 가장 멀리 떨어져 있다.

① 현수는 5명 중 가장 뒤쪽 열의 좌석을 예매했다.
② 형호는 현수 바로 뒤의 좌석을 예매했다.
③ 형호는 재현이와 지연 사이의 좌석을 예매했다.
④ 형호는 현수와 재현 사이의 좌석을 예매했다.
⑤ 재현이는 지연 바로 앞의 좌석을 예매했다.

Hard

05 S사에 입사한 A ~ E 5명의 신입사원은 각각 2개 항목의 물품을 신청하였다. 5명의 신입사원 중 2명의 진술이 거짓일 때, 다음 중 신청 사원과 신청 물품이 바르게 연결된 것은?

신입사원이 신청한 물품의 항목은 4개이며, 항목별 물품을 신청한 사원의 수는 다음과 같다.

- 필기구 : 2명
- 의자 : 3명
- 복사용지 : 2명
- 사무용 전자제품 : 3명

- A : 나는 필기구를 신청하였고, E는 거짓말을 하고 있다.
- B : 나는 의자를 신청하지 않았고, D는 진실을 말하고 있다.
- C : 나는 의자를 신청하지 않았고, E는 진실을 말하고 있다.
- D : 나는 필기구와 사무용 전자제품을 신청하였다.
- E : 나는 복사용지를 신청하였고, B와 D는 거짓말을 하고 있다.

① A – 복사용지
② B – 사무용 전자제품
③ C – 필기구
④ D – 의자
⑤ E – 필기구

06 **S씨는 월요일부터 금요일까지 회사 근처의 식당에서 점심을 먹는다. 회사 근처에는 한식, 일식, 중식 식당 3곳이 있고, S씨가 다음 〈조건〉에 따라 점심을 먹을 때, 항상 거짓인 것은?**

조건

- 월요일부터 금요일까지 점심을 3개의 식당 중 1곳에서 식사한다.
- 모든 식당을 한 주에 한 번은 반드시 방문한다.
- 일식은 2일 연속하여 먹는다.
- 일식을 먹은 전 날은 반드시 한식을 먹는다.
- 금요일은 한식을 먹는다.

① 중식은 한 주에 두 번 먹는다.
② 목요일은 한식을 먹을 수 없다.
③ 화요일은 중식을 먹을 수 없다.
④ 수요일은 반드시 일식을 먹는다.
⑤ 중식을 먹은 다음 날은 반드시 한식을 먹는다.

PART 2 기출복원문제

07 **A～E 5명은 카페에서 각각 아메리카노, 카페라테, 콜드브루 중 1잔씩 선택하여 주문하였다. 다음 〈조건〉에 따라 주문할 때, 항상 거짓인 것은?**

조건

- 아메리카노, 카페라테, 콜드브루 중 A～E가 고르지 않은 음료는 없다.
- A는 카페라테를 고르지 않았다.
- C는 A와 같은 음료를 골랐다.
- E는 B와 같은 음료를 고르고, B는 A와 다른 음료를 골랐다.
- 콜드브루는 총 1잔을 주문하였다.

① D는 콜드브루를 주문하였다.
② B는 아메리카노를 주문하였다.
③ 카페라테는 2잔을 주문하였다.
④ 아메리카노는 2잔을 주문하였다.
⑤ D와 같은 음료를 주문한 사람은 없다.

※ 다음 도형의 규칙을 보고 물음표에 들어갈 도형으로 알맞은 것을 고르시오. **[8~10]**

08

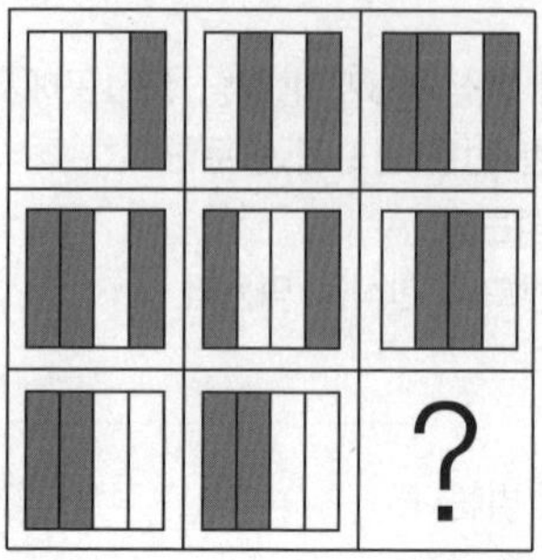

①

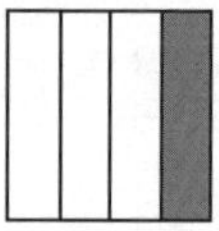

②

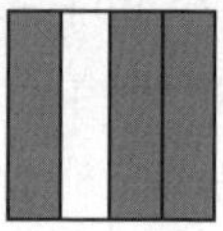

③

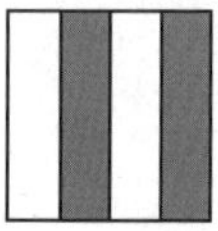

④

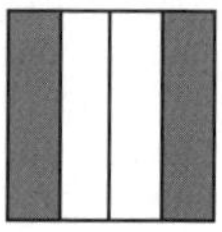

⑤

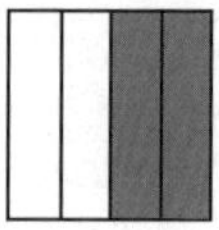

Hard

09

?

① 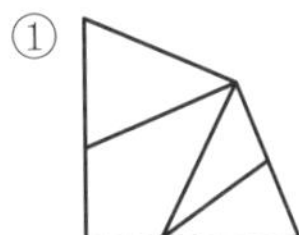

② 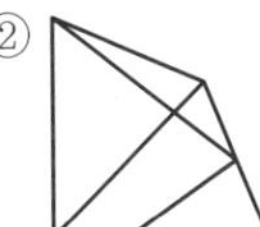

③ 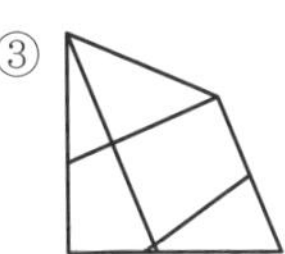

④ 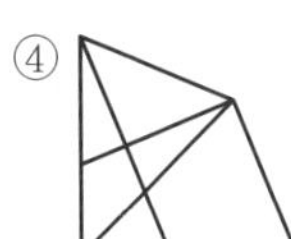

⑤ 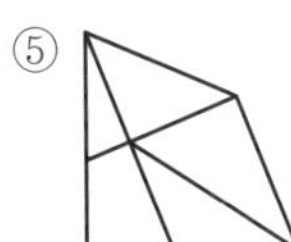

10

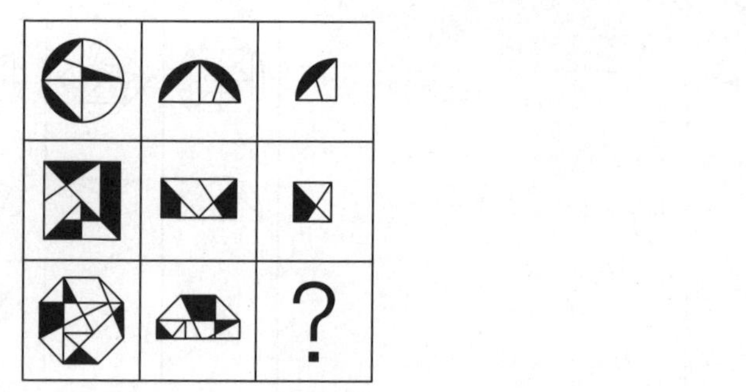

①

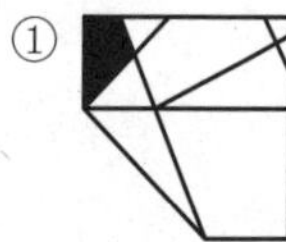

②

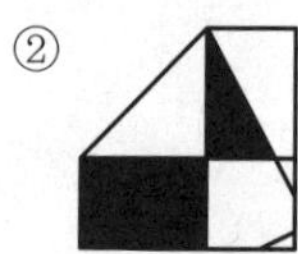

③

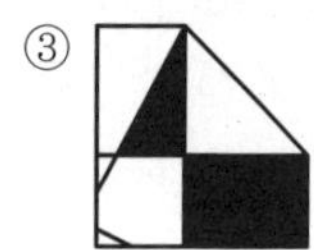

④

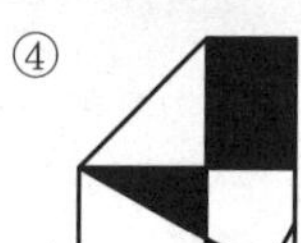

⑤

※ 다음 도식에서 기호들은 일정한 규칙에 따라 문자를 변화시킨다. 물음표에 들어갈 문자로 알맞은 것을 고르시오(단, 규칙은 가로와 세로 중 한 방향으로만 적용된다). **[11~14]**

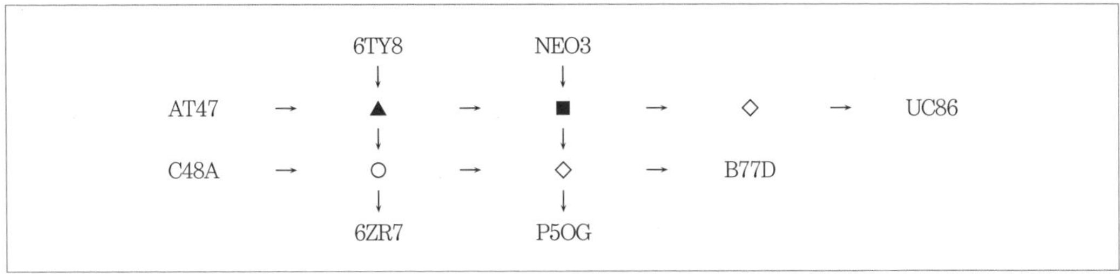

11

OAIS → ○ → ■ → ?

① POIT
② MBGT
③ GRMS
④ MIOS
⑤ GTMB

12

14KV → ▲ → ◇ → ?

① MQ24
② MW35
③ 35VM
④ WM53
⑤ 24VT

13

G4C7 → ■ → ▲ → ?

① 4G7C
② 5I6K
③ 1E8D
④ C7G4
⑤ 5G8E

14

T346 → ○ → ▲ → ■ → ?

① 8R24
② 4R72
③ R216
④ 5Q34
⑤ 724R

※ 다음 문단을 논리적 순서대로 바르게 나열한 것을 고르시오. [15~16]

15

최근 행동주의펀드가 적극적으로 목소리를 내면서 기업들의 주가가 급격히 변동하는 경우가 빈번해지고 있다. 특히 주주제안을 받아들이는 기업의 주가는 급등했지만, 이를 거부하는 기업의 경우 주가가 하락하고 있다. 이에 일각에서는 주주 보호를 위해 상법 개정이 필요하다는 지적이 나오고 있다.

(가) 이에 대한 대표적인 사례가 S사이다. 그동안 S사는 대주주의 개인회사인 L기획에 일감을 몰아주면서 부당한 이득을 취해왔는데, 이에 대해 A자산운용이 이러한 행위는 주주가치를 훼손하는 것이라며 지적한 것이다. 이에 S사는 L기획과 계약종료를 검토하겠다고 밝혔으며, 이처럼 A자산운용의 요구가 실현되면서 주가는 18.6% 급등하였다. 이 밖에도 C사와 H사 등 자본시장에 영향을 미치고 있다.

(나) 이러한 행동주의펀드는 배당 확대나 이사·감사 선임과 같은 기본적 사안부터 분리 상장, 이사회 정원 변경, 경영진 교체 등 핵심 경영 문제까지 지적하며 개선을 요구하고 있는 추세이다.

(다) 이와 같은 A자산운용의 제안을 수락한 7개의 은행 지주는 올해 들어 주가가 8 ~ 27% 급상승하는 결과를 보였으며, 이와 반대로 해당 제안을 장기적 관점에서 기업가치와 주주가치의 실익이 적다며 거부한 K사의 주가는 동일한 기간 주가가 4.15% 하락하는 모습을 보여, 다가오는 주주총회에서의 행동주의펀드 및 소액주주들과 충돌이 예상되고 있다.

(라) 이처럼 시장의 주목도가 높아진 A자산운용의 영향력은 최근 은행주에도 그 영향이 미쳤는데, K금융·S지주·H금융지주·W금융지주·B금융지주·D금융지주·J금융지주 등 은행지주 7곳에 주주환원 정책 도입을 요구한 것이다. 특히 그중 J금융지주에는 평가 결과 주주환원 정책을 수용할 만한 수준에 미치지 못한다고 판단된다며 배당확대와 사외이사의 추가 선임의 내용을 골자로 한 주주제안을 요구하였다.

① (가) – (나) – (다) – (라)
② (나) – (가) – (라) – (다)
③ (나) – (라) – (다) – (가)
④ (다) – (가) – (나) – (라)
⑤ (다) – (라) – (나) – (가)

16

(가) 이러한 특성으로 인해 HBM은 다양한 분야에서 활용되고 있다. 특히 인공지능과 머신러닝에서는 대량의 데이터를 신속하게 처리해야 하므로, HBM의 높은 대역폭이 필수적이다. 그래픽 처리 장치(GPU)에서도 HBM이 사용되어 복잡한 그래픽 연산을 지원하며, 데이터 센터에서는 에너지 효율성을 높여 운영비용을 줄이는 데 기여하고 있다. 고성능 컴퓨팅 환경에서도 HBM은 빠른 데이터 접근과 처리를 가능하게 하여 성능을 극대화한다.

(나) 하지만 HBM에는 몇 가지 단점도 존재한다. 첫째, 복잡한 제조 과정으로 인해 생산 비용이 높고 수율이 낮다. 둘째, 적층 구조로 인해 내구성이 떨어질 수 있으며, 고장이 발생할 경우 수리가 어렵다. 셋째, 발열 문제로 인해 오버클럭 성능에 제한이 있을 수 있다. 이러한 단점들은 HBM의 상용화에 있어 도전 과제가 된다.

(다) HBM(High Bandwidth Memory)은 고대역폭 메모리로, 여러 개의 D램 칩을 수직으로 쌓아 올려 데이터 전송 속도를 획기적으로 높인 메모리 기술이다. HBM은 기존 메모리 기술에 비해 훨씬 높은 대역폭을 제공하여, 대용량 데이터를 빠르게 처리할 수 있는 능력을 갖추고 있다. 이러한 특성 덕분에 HBM은 인공지능, 머신러닝, 고성능 컴퓨팅(HPC) 등 다양한 분야에서 주목받고 있다.

(라) 이러한 단점을 극복하기 위해서는 제조 기술의 개선이 필요하다. 예를 들어, 생산 공정을 최적화하여 수율을 높이고 비용을 절감하는 방법이 있다. 또한, 새로운 패키징 기술을 개발하여 내구성을 향상시키고 발열 문제를 해결할 수 있는 방안도 모색해야 한다. 지속적인 연구 개발을 통해 HBM의 성능과 신뢰성을 더욱 높일 수 있을 것이다.

(마) HBM의 특징 중 가장 두드러진 점은 3D 스택 구조이다. 이 구조는 여러 개의 메모리 다이를 수직으로 쌓고, 실리콘 관통전극 기술을 통해 이들을 연결함으로써 데이터 전송 경로를 단축시킨다. 이를 통해 HBM은 높은 데이터 전송 속도와 낮은 전력 소비를 실현하며, 공간 효율성 또한 극대화된다. 이러한 특징은 HBM이 대규모 데이터 처리에 적합한 이유 중 하나이다.

① (가) – (나) – (마) – (다) – (라)
② (가) – (마) – (라) – (나) – (다)
③ (다) – (라) – (가) – (마) – (나)
④ (다) – (라) – (나) – (마) – (가)
⑤ (다) – (마) – (가) – (나) – (라)

17 다음 글을 읽고 추론한 내용으로 적절하지 않은 것은?

바이오 하이드로겔은 생체 적합성이 뛰어난 고분자 네트워크로, 많은 양의 물을 담을 수 있는 3차원 구조를 가진 친수성 고분자 물질로 최근에는 의료, 생명공학, 약물 전달 시스템 등 다양한 분야에서 그 중요성이 점점 더 부각되고 있는 물질이다.
바이오 하이드로겔의 주요 특성으로는 높은 함수율, 생체적합성, 기계적 강도, 다공성 구조, 조직 접착력, 생분해성, 그리고 세포친화성이 있다. 높은 함수율을 통해 다량의 수분을 함유할 수 있는 3차원 망상구조를 가지며, 이는 액체와 고체의 중간 형태를 제공한다. 생체적합성이 뛰어나고 유연한 물성을 지닌 하이드로겔은 높은 강도와 내구성을 갖추고 있어 다양한 환경에서 안정적으로 사용될 수 있다. 또한 나노섬유 기반의 다공성 구조는 세포나 약물을 효과적으로 담을 수 있으며, 조직 접착력이 우수하여 생체 내 조직에 장기간 부착할 수 있다. 이러한 특성들은 바이오 하이드로겔이 약물 전달 시스템, 조직 공학, 상처 치유 및 바이오센서 등 다양한 분야에서 중요한 역할을 할 수 있도록 한다.
바이오 하이드로겔은 크게 두 가지로 나눌 수 있다. 첫째는 천연 고분자 기반 하이드로겔로, 여기에는 콜라겐, 알지네이트, 키토산 등이 포함된다. 둘째는 합성 고분자 기반 하이드로겔로, 폴리에틸렌 글리콜(PEG)과 폴리비닐알코올(PVA) 같은 물질이 있다. 또한 천연과 합성을 혼합한 하이브리드 하이드로겔도 활발히 연구되고 있다.
바이오 하이드로겔의 응용 분야는 매우 넓다. 조직 공학에서는 세포의 3차원 배양 및 조직 재생을 위한 지지체로 활용되며, 약물 전달 시스템에서는 약물 방출을 제어하는 매트릭스로 사용된다. 또한 상처 치료에서는 습윤 환경을 제공하여 상처 치유를 돕고, 바이오센서에서는 생체 분자의 검출을 위한 플랫폼으로 기능한다.
하지만 바이오 하이드로겔 연구에서 해결해야 할 과제도 있다. 기계적 강도를 높이고 생분해 속도를 정밀하게 조절하며 다기능성을 부여하는 것이 그중 하나다. 또한 대량 생산과 상용화를 위한 제조 공정의 최적화도 중요한 이슈다. 앞으로 바이오 하이드로겔은 개인 맞춤형 의료, 인공 장기 개발, 스마트 약물 전달 시스템 등에서 더욱 활발히 활용될 것으로 기대된다.
바이오 하이드로겔은 생체 재료 분야에서 핵심적인 역할을 할 것으로 예상되며, 지속적인 연구 개발을 통해 의료 및 생명공학 분야의 혁신을 이끌어낼 것으로 보인다. 재생의료 등 차세대 의료기술로서 뛰어난 가능성을 가진 바이오 하이드로겔은 우리의 삶의 다양한 부분에서 활용될 것으로 전망된다.

① 바이오 하이드로겔의 발전은 생명공학에서 많은 혜택을 가져올 것이다.
② 바이오 하이드로겔을 통한 인공 장기는 인체의 거부반응이 적을 것이다.
③ 차후 바이오 하이드로겔의 생분해 속도는 목적에 따라 다르게 적용할 수 있을 것이다.
④ 합성 고분자 기반 하이드로겔은 천연 하이드로겔과 달리 분해가 어려운 특성을 지닌다.
⑤ 바이오 하이드로겔의 망형 구조는 수분이나 약물을 다량으로 함유하기 적합한 구조이다.

Hard

18 다음 글을 읽고 추론한 내용으로 가장 적절한 것은?

> 회전 운동을 하는 물체는 외부로부터 돌림힘이 작용하지 않는다면 일정한 빠르기로 회전 운동을 유지하는데, 이를 각운동량 보존 법칙이라 한다. 각운동량은 질량이 m인 작은 알갱이가 회전축으로부터 r만큼 떨어져 속도 v로 운동하고 있을 때 mvr로 표현된다. 그런데 회전하는 물체에 회전 방향으로 힘이 가해지거나 마찰 또는 공기 저항이 작용하게 되면, 회전하는 물체의 각운동량이 변화하여 회전 속도는 빨라지거나 느려지게 된다. 이렇게 회전하는 물체의 각운동량을 변화시키는 힘을 돌림힘이라고 한다.
>
> 그러면 팽이와 같은 물체의 각운동량은 어떻게 표현할까? 아주 작은 균일한 알갱이들로 팽이가 이루어졌다고 볼 때, 이 알갱이 하나하나를 질량 요소라고 한다. 이 질량 요소 각각의 각운동량의 총합이 팽이 전체의 각운동량에 해당한다. 회전 운동에서 물체의 각운동량은 (각속도)×(회전 관성)으로 나타낸다. 여기에서 각속도는 회전 운동에서 물체가 단위 시간당 회전하는 각이다. 질량이 직선 운동에서 물체의 속도를 변화시키기 어려운 정도를 나타내듯이, 회전 관성은 회전 운동에서 각속도를 변화시키기 어려운 정도를 나타낸다. 즉, 회전체의 회전 관성이 클수록 그것의 회전 속도를 변화시키기 어렵다.
>
> 회전체의 회전 관성은 회전체를 구성하는 질량 요소들의 회전 관성의 합과 같은데, 질량 요소들의 회전 관성은 질량 요소가 회전축에서 떨어져 있는 거리와 멀수록 커진다. 그러므로 질량이 같은 두 팽이가 있을 때 홀쭉하고 키가 큰 팽이보다 넓적하고 키가 작은 팽이가 회전 관성이 크다.
>
> 각운동량 보존의 원리는 스포츠에서도 쉽게 확인할 수 있다. 피겨 선수에게 공중 회전수는 중요한데 이를 확보하기 위해서는 공중 회전을 하는 동안 각속도를 크게 해야 한다. 이를 위해 피겨 선수가 공중에서 팔을 몸에 바짝 붙인 상태로 회전하는 것을 볼 수 있다. 피겨 선수의 회전 관성은 몸을 이루는 질량 요소들의 회전 관성의 합과 같다.
>
> 따라서 팔을 몸에 붙이면 팔을 구성하는 질량 요소들이 회전축에 가까워져서 팔을 폈을 때보다 몸 전체의 회전 관성이 줄어들게 된다. 점프 이후에 공중에서 각운동량은 보존되기 때문에 팔을 붙였을 때가 폈을 때보다 각속도가 커지는 것이다. 반대로 착지 직전에는 각속도를 줄여 착지 실수를 없애야 하기 때문에 양팔을 한껏 펼쳐 회전 관성을 크게 만드는 것이 유리하다.

① 정지되어 있는 물체는 회전 관성이 클수록 회전시키기 쉽다.

② 회전하는 팽이는 외부에서 가해지는 돌림힘의 작용 없이 회전을 멈출 수 있다.

③ 지면과의 마찰은 회전하는 팽이의 회전 관성을 작게 만들어 팽이의 각운동량을 줄어들게 한다.

④ 무게는 같으나 지름의 크기가 서로 다른 공이 회전할 때 지름의 크기가 더 큰 공의 회전 관성이 더 크다.

⑤ 회전하는 하나의 시곗바늘 위의 두 점 중 회전축에 가까이 있는 점이 멀리 있는 점보다 각속도가 작다.

PART 2 기출복원문제

19 다음 글에서 언급한 여러 진리론에 대한 비판으로 적절하지 않은 것은?

우리는 일상생활이나 학문 활동에서 '진리' 또는 '참'이라는 말을 자주 사용한다. 예를 들어 '그 이론은 진리이다.'라고 말하거나 '그 주장은 참이다.'라고 말한다. 그렇다면 우리는 무엇을 '진리'라고 하는가? 이 문제에 대한 대표적인 이론에는 대응설, 정합설, 실용설이 있다.

대응설은 어떤 판단이 사실과 일치할 때 그 판단을 진리라고 본다. 감각을 사용하여 확인했을 때 그 말이 사실과 일치하면 참이고, 그렇지 않으면 거짓이라는 것이다. 대응설은 일상생활에서 참과 거짓을 구분할 때 흔히 취하고 있는 관점으로 우리가 판단과 사실의 일치 여부를 알 수 있다고 여긴다. 우리는 특별한 장애가 없는 한 대상을 있는 그대로 정확하게 지각한다고 생각한다. 예를 들어 책상이 네모 모양이라고 할 때 감각을 통해 지각된 '네모 모양'이라는 표상은 책상이 지니고 있는 객관적 성질을 그대로 반영한 것이라고 생각한다. 그래서 '그 책상은 네모이다.'라는 판단이 지각 내용과 일치하면 그 판단은 참이 되고, 그렇지 않으면 거짓이 된다는 것이다.

정합설은 어떤 판단이 기존의 지식 체계에 부합할 때 그 판단을 진리라고 본다. 진리로 간주하는 지식 체계가 이미 존재하며, 그것에 판단이나 주장이 들어맞으면 참이고 그렇지 않으면 거짓이라는 것이다. 예를 들어 어떤 사람이 '물체의 운동에 대한 그 주장은 뉴턴의 역학의 법칙에 어긋나니까 거짓이다.'라고 말했다면, 그 사람은 뉴턴의 역학의 법칙을 진리로 받아들여 그것을 기준으로 삼아 진위를 판별한 것이다.

실용설은 어떤 판단이 유용한 결과를 낳을 때 그 판단을 진리라고 본다. 어떤 판단을 실제 행동으로 옮겨 보고 그 결과가 만족스럽거나 유용하다면 그 판단은 참이고 그렇지 않다면 거짓이라는 것이다. 예를 들어 어떤 사람이 '자기 주도적 학습 방법은 창의력을 기른다.'라고 판단하여 그러한 학습 방법을 실제로 적용해 보았다고 하자. 만약 그러한 학습 방법이 실제로 창의력을 기르는 등 만족스러운 결과를 낳았다면 그 판단은 참이 되고, 그렇지 않다면 거짓이 된다.

① 수학이나 논리학에는 경험적으로 확인하기 어렵지만 참인 명제도 있는데, 그 명제가 진리임을 입증하기 힘들다는 문제가 대응설에서는 발생한다.

② 판단의 근거가 될 수 있는 이론 체계가 아직 존재하지 않을 경우에 그 판단의 진위를 판별하기 어렵다는 문제가 정합설에서는 발생한다.

③ 새로운 주장의 진리 여부를 기존의 이론 체계를 기준으로 판단한다면, 기존 이론 체계의 진리 여부는 어떻게 판단할 수 있는지의 문제가 정합설에서는 발생한다.

④ 실용설에서는 감각으로 검증할 수 없는 존재에 대한 관념은 그것의 실체를 확인할 수 없기 때문에 거짓으로 보아야 하는 문제가 발생한다.

⑤ 실제 생활에서의 유용성은 사람이나 상황에 따라 다르기 때문에 어떤 지식의 진리 여부가 사람이나 상황에 따라 달라지는 문제가 실용설에서는 발생한다.

20 다음 글을 통해 추론할 수 있는 사실을 〈보기〉에서 모두 고르면?

> 도선에 갑자기 전류를 통하게 하거나 전류의 세기를 변화시키면 그 주변에 자기장이 생겨나는데, 이 자기장은 2차적인 전기장을 만들어내고, 이것이 다시 2차적인 자기장을 만든다. 이처럼 전기장이 자기장을 만들고 그 자기장이 다시 전기장을 만드는 과정이 반복되면서 파동으로 퍼져나가는 것이 바로 전자기파이다. 영국의 물리학자인 제임스 맥스웰은 이 파동의 속도가 빛의 속도와 동일하다는 계산을 해 낸 후 "빛 자체도 일종의 전자기파이다."라는 천재적인 결론을 내린다. 소리처럼 물질이 실제로 떨리는 역학적 파동과는 달리, 빛은 전기장과 자기장의 연속적인 변화를 반복하면서 전파해 가는 전자기 파동인 것이다. 이후 과학자들에 의해 전자기파가 매질 없이도 전파된다는 것까지 확인되면서, 햇빛이 텅 빈 우주 공간을 건너올 수 있는 이유를 알게 되었다.
>
> 태양에서 오는 것은 열의 입자가 아니라 전자기파이며, 이것이 어떤 물체에 닿았을 때 그 물체를 진동으로 간섭한다. 그리고 이 진동이 물질의 입자들과 상호 작용하여 그 입자들의 운동을 일으키고 결과적으로는 물질의 온도를 높인다. 이러한 과정을 통해서 태양의 빛은 아무런 매개물 없이 우주를 건너와 지구의 물체를 데울 수 있는 것이다.

보기

ㄱ. 여름철 아스팔트의 온도가 올라가는 것은 태양으로부터 열의 입자가 전달되었기 때문이다.
ㄴ. 태양이 아니더라도 전자기파를 방출하는 물질은 다른 물체를 데울 수 있다.
ㄷ. 소리는 역학적 파동이므로 매질이 없다면 먼 거리까지 전파될 수 없다.

① ㄱ
② ㄴ
③ ㄱ, ㄴ
④ ㄱ, ㄷ
⑤ ㄴ, ㄷ

CHAPTER 02

2024년 상반기 기출복원문제

정답 및 해설 p.009

| 01 | 수리

01 영업부 직원 5명이 지방으로 1박 2일 출장을 갔다. 이때 1, 2, 3인실 방에 배정되는 경우의 수는?(단, 각 방은 하나씩 있으며 2, 3인실이 꼭 다 채워질 필요는 없다)

① 50가지
② 60가지
③ 70가지
④ 80가지
⑤ 90가지

02 한 학교의 올해 남학생과 여학생 수는 작년에 비해 남학생은 8% 증가, 여학생은 10% 감소했다. 작년의 전체 학생 수는 820명이고, 올해는 작년에 비해 10명이 감소하였다고 할 때, 작년의 여학생 수는?

① 400명
② 410명
③ 420명
④ 430명
⑤ 440명

Hard

03 다음은 수도권에서의 배, 귤, 사과 판매량에 대한 자료이다. 수도권 중 서울에서 판매된 배의 비율을 a, 경기도에서 판매된 귤의 비율을 b, 인천에서 판매된 사과의 비율을 c라고 할 때, $a+b+c$의 값은?(단, 수도권은 서울, 경기, 인천이다)

〈수도권 배, 귤, 사과 판매량〉

(단위 : 개)

구분	서울	경기	인천
배	800,000	1,500,000	200,000
귤	7,500,000	3,000,000	4,500,000
사과	300,000	450,000	750,000

① 0.9
② 0.94
③ 0.98
④ 1.02
⑤ 1.06

04 다음은 2021 ~ 2023년 기업 집중도 현황에 대한 자료이다. 이에 대한 설명으로 옳지 않은 것은?

〈기업 집중도 현황〉

구분	2021년	2022년	2023년	
				전년 대비
상위 10대 기업	25.0%	26.9%	25.6%	▽ 1.3%p
상위 50대 기업	42.2%	44.7%	44.7%	-
상위 100대 기업	48.7%	51.2%	51.0%	▽ 0.2%p
상위 200대 기업	54.5%	56.9%	56.7%	▽ 0.2%p

① 2023년의 상위 10대 기업의 점유율은 전년도에 비해 낮아졌다.
② 2021년 상위 101 ~ 200대 기업이 차지하고 있는 비율은 5% 미만이다.
③ 전년 대비 2023년에는 상위 50대 기업을 제외하고 모두 점유율이 감소했다.
④ 전년 대비 2023년의 상위 100대 기업이 차지하고 있는 점유율은 약간 하락했다.
⑤ 2022 ~ 2023년 상위 10대 기업의 등락률과 상위 200대 기업의 등락률은 같은 방향을 보인다.

05 다음은 A ~ D사의 2020년부터 2023년까지 DRAM 판매 수익에 대한 자료이다. 이에 대한 설명으로 옳지 않은 것은?

〈2020 ~ 2023년 DRAM 판매 수익〉

(단위 : 조 원)

구분	2020년	2021년	2022년	2023년
A사	20	18	9	22
B사	10	6	−2	8
C사	10	7	−6	−2
D사	−2	−5	−8	−4

※ 그 해의 판매 수익이 음수라면 적자를 기록한 것임

① 2021 ~ 2023년 A ~ D사의 전년 대비 수익 증감 추이는 모두 같다.
② A ~ D사의 2022년 전체 판매 수익은 적자를 기록하였다.
③ 2022년 A ~ D사의 전년 대비 판매 수익 감소율은 모두 50% 이하다.
④ B사와 D사의 2020년 대비 2023년의 판매 수익이 감소한 금액은 같다.
⑤ 2020년 대비 2023년의 판매 수익이 가장 크게 증가한 곳은 A사이다.

06 다음은 남성과 여성의 희망 자녀수에 대한 자료이다. 이에 대한 설명으로 옳은 것은?

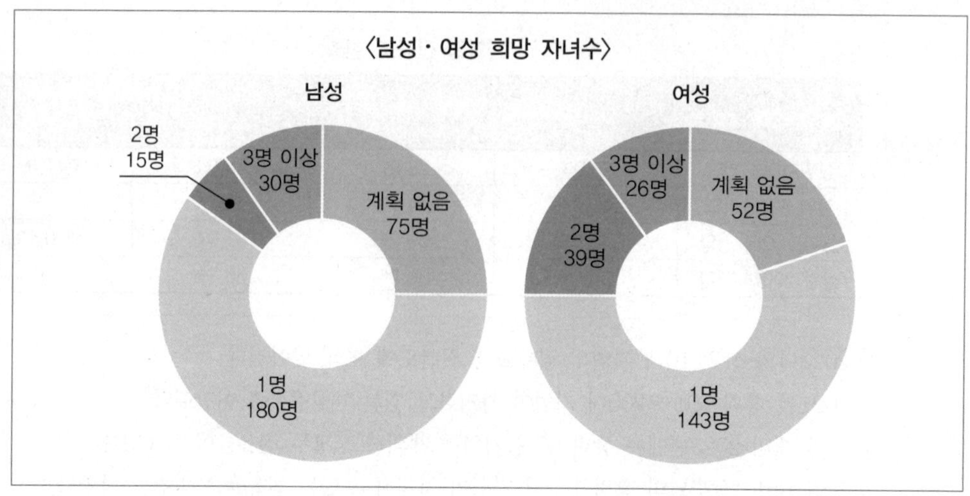

① 남성과 여성의 전체 조사 인원은 600명 이상이다.

② 희망 자녀수가 1명인 여성 인원은 전체 여성 인원의 60%이다.

③ 희망 자녀수가 2명인 여성 인원의 전체 여성 인원에 대한 비율은 응답이 같은 남성 인원의 전체 남성 인원에 대한 비율의 2배이다.

④ 자녀 계획이 없는 남성 인원의 전체 남성 인원에 대한 비율은 응답이 같은 여성 인원의 전체 여성 인원에 대한 비율보다 5%p 더 크다.

⑤ 각 성별의 각 항목을 인원수가 많은 순서대로 나열하면 모든 항목의 순위는 같다.

※ S사는 직원들의 명함을 다음과 같은 명함 제작 기준에 따라 제작한다. 이어지는 질문에 답하시오. [7~8]

〈명함 제작 기준〉

(단위 : 원)

구분	100장	추가 50장
국문	10,000	3,000
영문	15,000	5,000

※ 고급 종이로 제작할 경우 정가의 10% 가격이 추가됨

Easy

07 올해 신입사원이 입사해서 국문 명함을 만들었다. 명함은 1인당 150장씩 지급하며, 일반 종이로 만들어 총 제작비용은 195,000원이다. 신입사원은 총 몇 명인가?

① 12명 ② 13명
③ 14명 ④ 15명
⑤ 16명

08 이번 신입사원 중 해외영업부서로 배치받은 사원이 있다. 해외영업부 사원들에게는 고급 종이로 영문 명함을 200장씩 만들어 주려고 한다. 총인원이 8명일 때 총 제작비용은?

① 158,400원 ② 192,500원
③ 210,000원 ④ 220,000원
⑤ 247,500원

09 S시에서 운영하는 시립도서관에서 보유하고 있는 책의 수가 매월 다음과 같은 규칙을 보일 때, 2023년 5월에 보유하는 책의 수는?

〈S시 시립도서관 보유 책 현황〉

(단위 : 권)

구분	2022년 6월	2022년 7월	2022년 8월	2022년 9월	2022년 10월
보유 중인 책의 수	500	525	550	575	600

① 700권
② 725권
③ 750권
④ 775권
⑤ 800권

10 S베이커리에서 제조되는 초콜릿의 개수가 다음과 같은 규칙을 보일 때, 2023년 11월에 제조되는 초콜릿의 개수는?

〈S베이커리 제조되는 초콜릿 수 변화〉

(단위 : 개)

구분	2023년 1월	2023년 2월	2023년 3월	2023년 4월	2023년 5월	2023년 6월
초콜릿의 개수	10	20	30	50	80	130

① 210개
② 340개
③ 550개
④ 890개
⑤ 1,440개

| 02 | 추리

※ 제시된 명제가 모두 참일 때, 다음 중 빈칸에 들어갈 명제로 가장 적절한 것을 고르시오. [1~2]

01

> 전제1. 하루에 두 끼를 먹는 어떤 사람도 뚱뚱하지 않다.
> 전제2. 아침을 먹는 모든 사람은 하루에 두 끼를 먹는다.
> 결론. ________________

① 하루에 세 끼를 먹는 사람이 있다.
② 아침을 먹는 모든 사람은 뚱뚱하지 않다.
③ 뚱뚱하지 않은 사람은 하루에 두 끼를 먹는다.
④ 하루에 한 끼를 먹는 사람은 뚱뚱하지 않다.
⑤ 아침을 먹는 어떤 사람은 뚱뚱하다.

Easy

02

> 전제1. 마라톤을 좋아하는 사람은 체력이 좋고, 인내심도 있다.
> 전제2. 몸무게가 무거운 사람은 체력이 좋다.
> 전제3. 명랑한 사람은 마라톤을 좋아한다.
> 결론. ________________

① 체력이 좋은 사람은 인내심이 없다.
② 인내심이 없는 사람은 명랑하지 않다.
③ 마라톤을 좋아하는 사람은 몸무게가 가볍다.
④ 몸무게가 무겁지 않은 사람은 체력이 좋지 않다.
⑤ 체력이 좋지 않은 사람은 인내심도 없다.

03 **S사의 A대리는 다음과 같이 보고서 작성을 위한 방향을 구상 중이다. 제시된 명제가 모두 참일 때, 공장을 짓는다는 결론을 얻기 위해 빈칸에 필요한 명제는?**

> 전제1. 재고가 있다.
> 전제2. 설비투자를 늘리지 않는다면, 재고가 있지 않다.
> 전제3. 건설투자를 늘릴 때에만, 설비투자를 늘린다.
> 전제4. ____________________

① 설비투자를 늘린다.
② 건설투자를 늘리지 않는다.
③ 재고가 있거나 설비투자를 늘리지 않는다.
④ 건설투자를 늘린다면, 공장을 짓는다.
⑤ 설비투자를 늘리지 않을 때만, 공장을 짓는다.

04 **8개의 좌석이 있는 원탁에 수민, 성찬, 진모, 성표, 영래, 현석 6명이 앉아 있다. 앉아 있는 〈조건〉이 다음과 같다고 할 때, 항상 옳은 것은?**

> 조건
> • 수민이와 현석이는 서로 옆자리이다.
> • 성표의 맞은편에는 진모가, 현석이의 맞은편에는 영래가 앉아 있다.
> • 영래와 수민이는 둘 다 한쪽 옆자리만 비어 있다.
> • 진모의 양 옆자리에는 항상 누군가가 앉아 있다.

① 성표는 어떤 경우에도 빈자리 옆이 아니다.
② 성찬이는 어떤 경우에도 빈자리 옆이 아니다.
③ 영래의 오른쪽에는 성표가 앉는다.
④ 현석이의 왼쪽에는 항상 진모가 앉는다.
⑤ 진모와 수민이는 1명을 사이에 두고 앉는다.

Hard

05 S사는 직원 A ~ F 6명 중에서 임의로 선발하여 출장을 보내려고 한다. 다음 〈조건〉에 따라 출장 갈 인원을 결정할 때, A가 출장을 간다면 같이 출장을 가는 최소 인원은 몇 명인가?

조건

- A가 출장을 가면 B와 C 2명 중 1명은 출장을 가지 않는다.
- C가 출장을 가면 D와 E 2명 중 적어도 1명은 출장을 가지 않는다.
- B가 출장을 가지 않으면 F는 출장을 간다.

① 1명
② 2명
③ 3명
④ 4명
⑤ 5명

06 A ~ F는 각각 뉴욕, 파리, 방콕, 시드니, 런던, 베를린 중 한 곳으로 여행을 가고자 한다. 다음 〈조건〉에 따라 여행지를 고를 때, 항상 참인 것은?

조건

- 여행지는 서로 다른 곳으로 선정한다.
- A는 뉴욕과 런던 중 한 곳을 고른다.
- B는 파리와 베를린 중 한 곳을 고른다.
- D는 방콕과 런던 중 한 곳을 고른다.
- A가 뉴욕을 고르면 B는 파리를 고른다.
- B가 베를린을 고르면 E는 뉴욕을 고른다.
- C는 시드니를 고른다.
- F는 A ~ E가 선정하지 않은 곳을 고른다.

① A가 뉴욕을 고를 경우, E는 런던을 고른다.
② B가 베를린을 고를 경우, F는 뉴욕을 고른다.
③ D가 런던을 고를 경우, B는 파리를 고른다.
④ E가 뉴욕을 고를 경우, D는 런던을 고른다.
⑤ F는 뉴욕을 고를 수 없다.

07 A ~ E 5명은 S카페에서 마실 것을 주문하고자 한다. 다음 〈조건〉에 따라 메뉴판에 있는 것을 주문했을 때, 항상 참인 것은?

〈S카페 메뉴판〉

〈커피류〉		〈음료류〉	
• 아메리카노	1,500원	• 핫초코	2,000원
• 에스프레소	1,500원	• 아이스티	2,000원
• 카페라테	2,000원	• 오렌지주스	2,000원
• 모카치노	2,500원	• 에이드	2,500원
• 카푸치노	2,500원	• 생과일주스	3,000원
• 캐러멜 마키아토	3,000원	• 허브티	3,500원
• 바닐라라테	3,500원		
• 아포카토	4,000원		

조건

- A ~ E 5명은 서로 다른 것을 주문하였다.
- A와 B가 주문한 것의 가격은 같다.
- B는 커피를 마실 수 없어 음료류를 주문하였다.
- C는 B보다 가격이 비싼 음료류를 주문하였다.
- D는 S카페에서 가장 비싼 것을 주문하였다.
- E는 오렌지주스 또는 카페라테를 주문하였다.

① A는 최소 가격이 1,500원인 메뉴를 주문하였다.

② B는 허브티를 주문하였다.

③ C는 핫초코를 주문하였다.

④ D는 음료류를 주문하였다.

⑤ 5명이 주문한 금액의 합은 최대 15,500원이다.

※ 다음 도형의 규칙을 보고 물음표에 들어갈 도형으로 알맞은 것을 고르시오. [8~10]

08

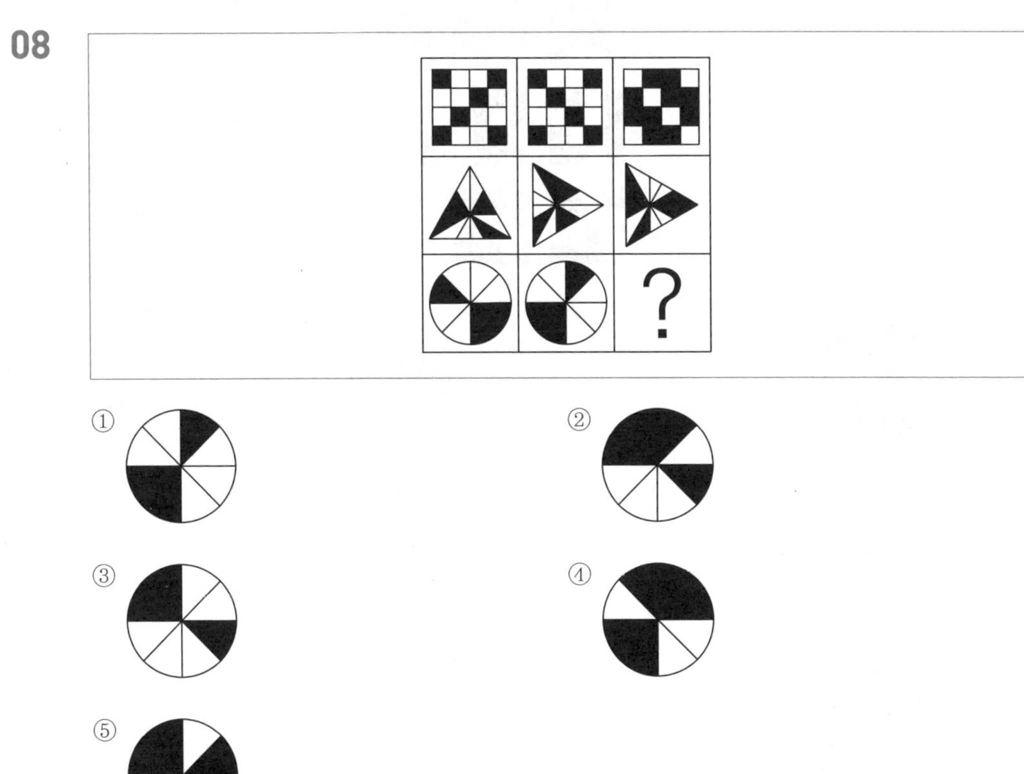

09

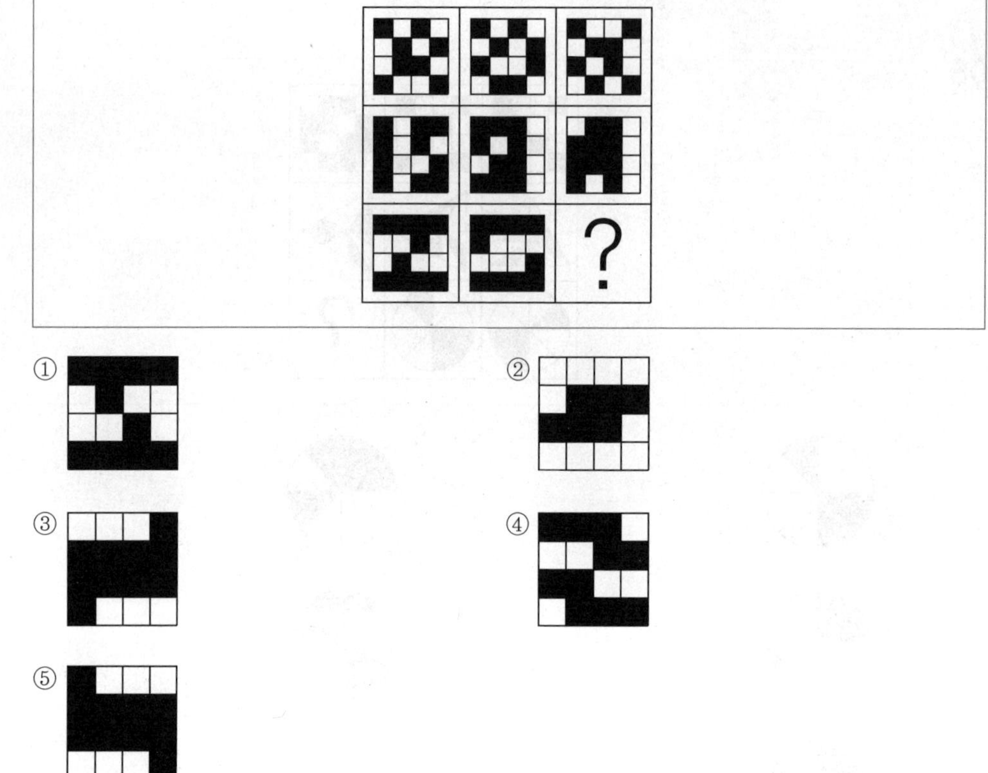

10

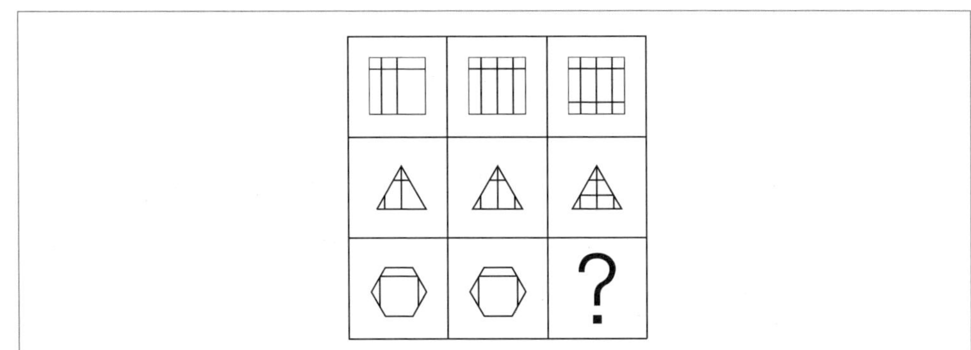

① 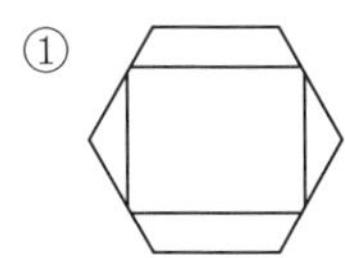

② 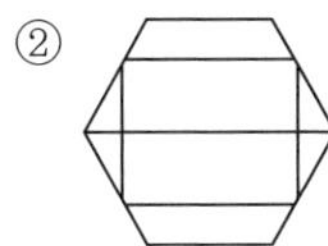

③ 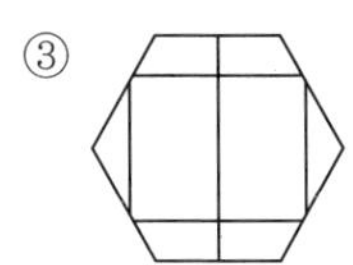

④ 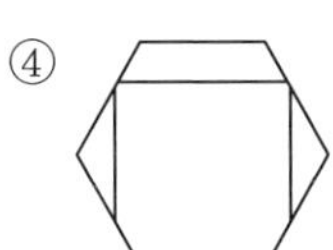

⑤ 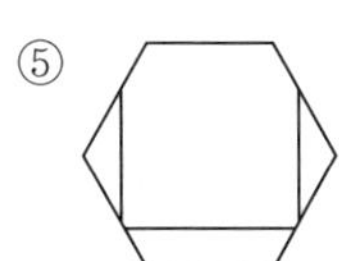

※ 다음 도식에서 기호들은 일정한 규칙에 따라 문자를 변화시킨다. 물음표에 들어갈 문자로 알맞은 것을 고르시오(단, 규칙은 가로와 세로 중 한 방향으로만 적용되며, 모음은 일반모음 10개를 기준으로 한다). [11~14]

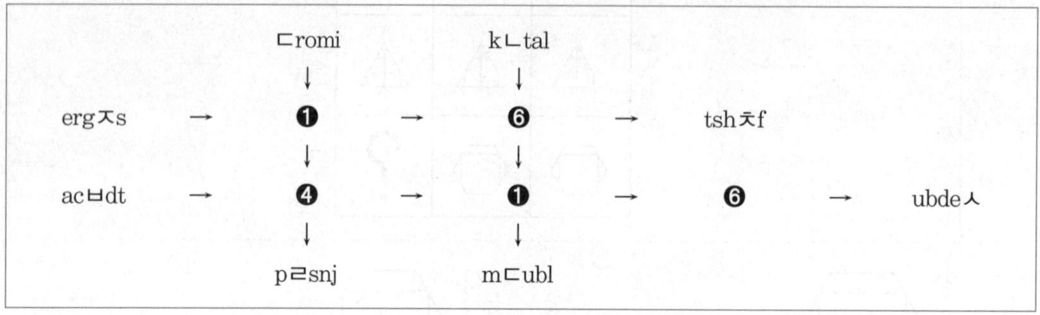

11

ㅏㅓㅋㅛㄷ → ❹ → ❶ → ?

① ㅌㅑㅕㅜㄹ
② ㅌㅣㅛㅕㄱ
③ ㅍㅡㅛㅓㄴ
④ ㅍㅣㅛㄴㅕ
⑤ ㅌㅣㅛㄱㅓ

12

4ㅑㄴdㅛ → ❻ → ❹ → ?

① ㄴㅗㅑd3
② ㄱㅕㅠd3
③ ㄱㅑㅛd4
④ ㄴㅜㅓd4
⑤ ㄴㅛㅑd4

13

ㅍㅇapㅓ → ❹ → ? → ❶ → cㄱㅊrㅗ

① ❶
② ❹
③ ❻
④ ❶ → ❹
⑤ ❹ → ❻

14

Uㅜㅎㅊㅍ → ❻ → ❹ → ? → Uㅍㅜㅊㅎ

① ❶
② ❹
③ ❻
④ ❶ → ❹
⑤ ❹ → ❻

※ 다음 문단을 논리적 순서대로 바르게 나열한 것을 고르시오. [15~16]

15

(가) 이 전위차에 의해 전기장이 형성되어 전자가 이동하게 된다. 일반적으로 전자가 이동하더라도 얇은 산화물에 이동이 막힐 것으로 생각하기 쉽지만, 이의 경우, 전자 터널링 현상이 발생하여 전자가 얇은 산화물을 통과하게 된다. 이 전자들은 플로팅 게이트로 전자가 모이게 되고, 이러한 과정을 거쳐 데이터가 저장되게 된다.

(나) 어떻게 NAND 플래시 메모리에 데이터가 저장될까? 플로팅 게이트에 전자가 없는 상태의 NAND 플래시 메모리의 컨트롤 게이트에 높은 전압을 가하면 수직 방향으로 컨트롤 게이트는 높은 전위, 기저 상태는 낮은 전위를 갖게 되어 전위차가 발생한다.

(다) 반대로 플로팅 게이트에 전자가 저장된 상태에서 컨트롤 게이트에 0V를 가하면 전위차가 반대로 발생하고, 전자 터널링 현상에 의해 플로팅 게이트에 저장된 전자가 얇은 산화물을 통과하여 기저상태로 되돌아간다. 이런 과정을 거쳐 데이터가 지워지게 된다.

(라) NAND 플래시 메모리는 MOSFET 구조 위에 얇은 산화물, 플로팅 게이트, 얇은 산화물, 컨트롤 게이트를 순서대로 쌓은 구조이며, 데이터의 입력 및 삭제를 반복하여 사용할 수 있는 비휘발성 메모리의 한 종류이다.

① (나) – (가) – (라) – (다)
② (나) – (다) – (가) – (라)
③ (나) – (라) – (가) – (다)
④ (라) – (가) – (다) – (나)
⑤ (라) – (나) – (가) – (다)

16

(가) 이러한 특징은 구엘 공원에 잘 나타나 있는데, 산의 원래 모양을 최대한 유지하기 위해 지면을 받치는 돌기둥을 만드는가 하면, 건축물에 식물을 심어 그 뿌리로 하여금 무너지지 않게 했다.

(나) 스페인을 대표하는 천재 건축가 가우디가 만든 건축물의 대표적인 특징을 꼽자면, 먼저 곡선을 들 수 있다. 그의 여러 건축물 중 곡선미가 가장 잘 나타나는 것은 바로 1984년 유네스코 세계문화유산으로 지정된 카사 밀라이다.

(다) 또 다른 특징으로는 자연과의 조화로, 그는 건축 역시 사람들이 살아가는 공간이자 자연의 일부라고 생각하여 가능한 자연을 훼손하지 않고 건축하는 것을 원칙으로 삼았다.

(라) 이 건축물의 겉 표면에는 일렁이는 파도를 연상시키는 곡선이 보이는데, 이는 당시 기존 건축 양식과는 거리가 매우 멀어 처음엔 조롱거리가 되었다. 하지만 훗날 비평가들은 그의 창의성을 인정하게 됐고 현대 건축의 출발점으로 지금까지 평가되고 있다.

① (가) – (나) – (라) – (다)
② (가) – (다) – (나) – (라)
③ (나) – (다) – (가) – (라)
④ (나) – (라) – (가) – (다)
⑤ (나) – (라) – (다) – (가)

Hard

17 다음 글에 대한 내용으로 적절하지 않은 것은?

인체의 면역 시스템은 면역 효과를 보이는 특별한 세포와 물질로 구성되어 있다. 면역 세포와 면역 물질들은 체내로 침입하는 이물질이나 세균 등의 반응으로 발생하는 염증 및 암세포를 억제한다. 대표적인 면역 세포로 항원을 직접 공격할 수 있는 항체를 분비하는 B세포와 이 B세포를 돕거나 종류에 따라 항원을 직접 공격하는 T세포가 있다.

하지만 암세포는 이런 몸의 면역 시스템을 회피할 수 있다. 면역 시스템은 암세포를 인지하고 직접 공격하여 암세포의 확산을 억제하지만, 몇몇 암세포는 이 면역 시스템을 피하여 성장하고 다른 부분으로 전이 및 확산하여 암 발병의 원인이 된다. 면역 항암제는 이러한 암세포의 면역 시스템 회피 작용을 억제하고 면역 세포가 암세포를 효과적으로 공격할 수 있도록 보조한다.

면역 항암제는 면역관문억제제, 치료용 항체, 항암백신 등이 있다. 면역관문억제제는 체내 과도한 면역반응을 억제하기 위한 T세포의 면역관문을 억제하고 T세포의 공격 기능을 활성화하여 암세포를 공격하도록 하는 방식이며, 치료용 항체는 암세포가 스스로 사멸되도록 암세포에 항체를 투여하는 방식이다. 또한 항암백신은 암세포의 특이적인 항원이나 체내 면역반응을 향상하게 시킬 수 있는 항원을 투입하여 체내 면역 시스템을 활성화하는 방법이다.

현재 대표적인 면역 항암제로 CAR(Chimeric Antigen Receptors)-T세포 치료제가 있으며, 림프종 백혈병 치료의 한 방법으로 이용하고 있다. CAR-T세포 치료제는 먼저 환자의 T세포를 추출하여 CAR을 발현하도록 설계된 RNA 바이러스를 주입하여 증식시킨 후 재조합한다. 이후에 증식시킨 T세포를 환자에게 주입하여 환자에게 주입한 T세포가 환자의 체내 암세포를 제거하도록 하는 방법이다. 다시 말하면, 환자의 T세포를 추출하여 T세포의 암세포를 공격하는 기능을 강화 후 재투여하여 환자의 체내 암세포를 더욱 효과적으로 제거할 수 있는 치료제이다. 이는 체내 면역기능을 활용한 새로운 암 치료 방법으로 주목받고 있다.

하지만 CAR-T세포 치료제 투여 시 부작용에 큰 주의를 기울여야 한다. CAR-T세포 치료제를 투여하면 T세포가 면역 활성물질을 과도하게 분비하여 신체 이상 증상이 발현될 가능성이 높으며, 심한 경우 환자에게 치명적인 사이토카인 폭풍을 일으키기도 한다.

① 면역 세포에는 T세포와 B세포가 있다.
② 면역 시스템이 암세포를 억제하기 힘들 때, 암이 발병할 수 있다.
③ 치료용 항체는 면역 세포가 암세포를 직접 공격할 수 있도록 돕는 항암제이다.
④ CAR-T세포 치료제는 T세포의 암세포 공격 기능을 적극 활용한 항암제이다.
⑤ 과다한 면역 활성물질은 도리어 신체에 해를 가할 수 있다.

18 다음 글을 읽고 추론한 내용으로 적절하지 않은 것은?

> 레이저 절단 가공은 고밀도, 고열원의 레이저를 절단하고자 하는 소재로 쏘아 절단 부위를 녹이고 증발시켜 소재를 절단하는 최첨단 기술이다. 레이저 절단 가공은 일반 가공법으로는 작업이 불가능한 절단면 및 복잡하고 정교한 절단 형상을 신속하고 정확하게 절단하여 가공할 수 있고, 절단하고자 하는 소재의 제약도 일반 가공법에 비해 자유롭다. 또한, 재료와 직접 접촉하지 않으므로 절단 소재의 물리적 변형이 적어 깨지기 쉬운 소재도 다루기 쉽고, 다른 열 절단 가공에 비해 열변형의 우려가 적다. 이런 장점으로 반도체 소자가 나날이 작아지고 더욱 정교해지면서 레이저 절단 가공은 반도체 산업에서는 이제 없어서는 안 될 필수적인 과정이 되었다.

① 레이저 절단 가공 작업 중에는 기체가 발생한다.
② 레이저 절단 가공은 절단 부위를 녹이므로 열변형의 우려가 큰 가공법이다.
③ 두께가 얇아 깨지기 쉬운 반도체 웨이퍼는 레이저 절단 가공으로 가공하여야 한다.
④ 과거 반도체 소자의 정교함은 현재 반도체 소자에 미치지 못하였을 것이다.
⑤ 현재 기술력으로는 다른 가공법을 사용하여 반도체 소자를 다루기 힘들 것이다.

PART 2 기출복원문제

Hard

19 다음 글의 주장을 반박하는 것으로 적절하지 않은 것은?

> 윤리와 관련하여 가장 광범위하게 받아들여진 사실 가운데 하나는 옳은 것과 그른 것에 대한 광범위한 불일치가 과거부터 현재까지 항상 있었고, 아마도 앞으로도 계속 있을 것이라는 점이다. 가령 육식이 올바른지를 두고 한 문화에 속해 있는 사람들의 판단은 다른 문화에 속해 있는 사람들의 판단과 굉장히 다르다. 그뿐만 아니라 한 문화에 속한 사람들의 판단은 시대마다 아주 다르기도 하다. 심지어 우리는 동일한 문화와 시대 안에서도 하나의 행위에 대해 서로 다른 윤리적 판단을 하는 경우를 볼 수 있다.
>
> 이러한 사실이 의미하는 바는 사람들의 윤리적 기준이 시간과 장소 그리고 그들이 사는 상황에 따라 달라진다는 것이다. 그러므로 올바른 윤리적 기준은 그것을 적용하는 사람에 따라 상대적이다. 이것이 바로 윤리적 상대주의의 핵심 논지이다. 따라서 우리는 윤리적 상대주의가 참이라는 결론을 내려야 한다.

① 사람들의 윤리적 판단은 그들이 사는 지역에 따라 크게 다르지 않다.
② 윤리적 상대주의가 옳다고 해서 사람들의 윤리적 판단이 항상 서로 다른 것은 아니다.
③ 윤리적 판단이 다르다고 해서 윤리적 기준도 반드시 달라지는 것은 아니다.
④ 인류학자들에 따르면 문화에 따른 판단의 차이에도 불구하고 일부 윤리적 기준은 보편적으로 신봉되고 있다.
⑤ 서로 다른 윤리적 판단이 존재하는 경우에도 그중에 올바른 판단은 하나뿐이며, 그런 올바른 판단을 옳게 만들어 주는 객관적 기준이 존재한다.

20 다음 중 '브레히트'가 〈보기〉의 입장을 가진 '아리스토텔레스'에게 제기할 만한 의문으로 가장 적절한 것은?

오페라는 이른바 수준 있는 사람들이 즐기는 고상한 예술이라고 생각하는 사람들이 많다. 그런데 오페라 앞에 '거지'라든가 '서 푼짜리' 같은 단어를 붙인 '거지 오페라', '서 푼짜리 오페라'라는 것이 있다. 이렇게 어울리지 않는 단어들로 제목을 억지로 조합해 놓은 의도는 무엇일까?
영국 작가 존 게이는 당시 런던 오페라 무대를 점령했던 이탈리아 오페라에 반기를 들고, 1782년에 이와는 완전히 대조적인 성격의 거지 오페라를 만들었다. 그는 이탈리아 오페라가 일반인의 삶과 거리가 먼 신화나 왕, 귀족들의 이야기를 소재로 한데다가 영국 관객들이 이해하지 못하는 이탈리아어로 불린다는 점에 불만을 품었다. 그는 등장인물의 신분을 과감히 낮추고 음악 형식도 당시의 민요와 유행가를 곁들여 사회의 부패상을 통렬하게 풍자하였다. 이렇게 만들어진 거지 오페라는 이탈리아 오페라에 대항하는 서민 오페라로 런던에서 선풍적인 인기를 끌었다.
1928년에 독일의 극작가 브레히트는 작곡가 쿠르트 바일과 손잡고 거지 오페라를 번안한 서 푼짜리 오페라를 만들었다. 그는 형식과 내용 면에서 훨씬 적극적이고 노골적으로 당시 사회를 비판한다. 이 극은 밑바닥 사람들의 삶을 통해 위정자들의 부패와 위선을 그려 계급적 갈등과 사회적 모순을 드러내고 있다. 브레히트는 감정이입과 동일시에 근거를 둔 종래의 연극에 반기를 들고 낯선 기법의 서사극을 만들었다. 등장인물이 극에서 빠져나와 갑자기 해설자의 역할을 하게 함으로써 관객들이 극에 몰입하지 않고 지금 연극을 보고 있다는 사실을 자각하도록 한 것이다.
이처럼 존 게이와 브레히트는 종전의 극과는 다른 형식과 내용의 극을 지향했다. 제목을 서로 어울리지 않는 단어들로 조합하고 새로운 형식을 도입한 이유는 기존의 관점을 뒤집어 보게 하려는 의도였다. 그 이면에는 사회의 부조리를 풍자하고자 하는 의도가 깔려 있었다.

보기

아리스토텔레스는 예술을 통한 관객과 극중 인물과의 감정 교류와 공감을 강조했다. 그는 관객들이 연극을 통해 타인의 경험과 감정, 상황을 받아들이고 나아가 극에 이입하고 몰두함으로써 쌓여 있던 감정을 분출하며 느끼는, 이른바 카타르시스를 경험하게 된다고 주장하였다.

① 극과 거리를 두고 보아야 오히려 카타르시스를 경험할 수 있지 않나요?
② 관객이 몰입하게 되면 사건을 객관적으로 바라보기 어려운 것 아닌가요?
③ 해설자 역할을 하는 인물이 있어야 관객의 몰입을 유도할 수 있지 않나요?
④ 낯선 기법을 쓰면 관객들이 극중 인물과 더 쉽게 공감할 수 있지 않을까요?
⑤ 동일시를 통해야만 풍자하고 있는 사회의 모습을 더 잘 알 수 있지 않을까요?

CHAPTER 03

2023년 하반기 기출복원문제

정답 및 해설 p.017

| 01 | 수리

01 다음은 2020 ~ 2022년 S사의 데스크탑 PC와 노트북 판매량이다. 전년 대비 2022년의 판매량 증감률을 바르게 짝지은 것은?

〈2020 ~ 2022년 데스크탑 PC 및 노트북 판매량〉

(단위 : 천 대)

구분	2020년	2021년	2022년
데스크탑 PC	5,500	5,000	4,700
노트북	1,800	2,000	2,400

	데스크탑 PC	노트북
①	6%	20%
②	6%	10%
③	−6%	20%
④	−6%	10%
⑤	−6%	5%

Easy

02 A ~ H 8명의 후보 선수 중 4명을 뽑을 때, A, B, C를 포함하여 뽑을 확률은?

① $\frac{1}{14}$ ② $\frac{1}{5}$

③ $\frac{3}{8}$ ④ $\frac{1}{2}$

⑤ $\frac{3}{5}$

03 다음은 S전자 공장에서 만든 부품과 불량품의 수를 기록한 자료이다. 전년 대비 부품 수의 차이와 불량품 수의 차이 사이에 일정한 비례관계가 성립할 때, A와 B에 들어갈 수치를 바르게 나열한 것은?

〈연도별 부품 수와 불량품 수〉

(단위 : 개)

구분	2017년	2018년	2019년	2020년	2021년	2022년
부품 수	120	170	270	420	620	(A)
불량품 수	10	30	70	(B)	210	310

	(A)	(B)
①	800	90
②	830	110
③	850	120
④	870	130
⑤	900	150

Easy

04 다음은 어느 도서관에서 일정 기간 동안의 도서 대여 횟수를 작성한 자료이다. 이에 대한 설명으로 옳지 않은 것은?

〈도서 대여 횟수〉

(단위 : 회)

구분	비소설		소설	
	남자	여자	남자	여자
40세 미만	20	10	40	50
40세 이상	30	20	20	30

① 소설을 대여한 전체 횟수가 비소설을 대여한 전체 횟수보다 많다.

② 40세 미만보다 40세 이상의 전체 대여 횟수가 더 적다.

③ 남자가 소설을 대여한 횟수는 여자가 소설을 대여한 횟수의 70% 이하이다.

④ 40세 미만의 전체 대여 횟수에서 비소설 대여 횟수가 차지하는 비율은 20%를 넘는다.

⑤ 40세 이상의 전체 대여 횟수에서 소설 대여 횟수가 차지하는 비율은 40% 이상이다.

05 다음은 주중과 주말 예상 교통상황에 대한 자료이다. 이에 대한 〈보기〉의 설명 중 옳은 것을 모두 고르면?

〈주중 · 주말 예상 교통량〉

(단위 : 만 대)

구분	전국	수도권 → 지방	지방 → 수도권
주중 예상 교통량	40	4	2
주말 예상 교통량	60	5	3

〈대도시 간 예상 최대 소요 시간〉

구분	서울 – 대전	서울 – 부산	서울 – 광주	서울 – 강릉	남양주 – 양양
주중	1시간	4시간	3시간	2시간	1시간
주말	2시간	5시간	4시간	3시간	2시간

보기

ㄱ. 대도시 간 예상 최대 소요 시간은 모든 구간에서 주중이 주말보다 적게 걸린다.
ㄴ. 주중 전국 교통량 중 수도권에서 지방으로 가는 교통량의 비율은 10%이다.
ㄷ. 지방에서 수도권으로 가는 주말 예상 교통량은 주중 예상 교통량의 2배이다.
ㄹ. 서울 – 광주 구간 주중 소요 시간은 서울 – 강릉 구간 주말 소요 시간과 같다.

① ㄱ, ㄴ
② ㄴ, ㄷ
③ ㄷ, ㄹ
④ ㄱ, ㄴ, ㄹ
⑤ ㄴ, ㄷ, ㄹ

06 다음은 자동차 판매현황에 대한 자료이다. 이에 대한 〈보기〉의 설명 중 옳은 것을 모두 고르면?

〈자동차 판매현황〉

(단위 : 천 대)

구분	2020년	2021년	2022년
소형	30	50	40
준중형	200	150	180
중형	400	200	250
대형	200	150	100
SUV	300	400	200

보기

ㄱ. 2020 ~ 2022년 동안 판매량이 지속적으로 감소하는 차종은 2종류이다.
ㄴ. 2021년 대형 자동차 판매량은 전년 대비 30% 미만 감소했다.
ㄷ. 2020 ~ 2022년 동안 SUV 자동차의 총판매량은 대형 자동차 총판매량의 2배이다.
ㄹ. 2021년 대비 2022년에 판매량이 증가한 차종 중 증가율이 가장 높은 차종은 준중형이다.

① ㄱ, ㄷ
② ㄴ, ㄷ
③ ㄴ, ㄹ
④ ㄱ, ㄴ, ㄹ
⑤ ㄱ, ㄷ, ㄹ

※ 다음은 2018 ~ 2022년 연도별 해양사고 발생 현황에 대한 그래프이다. 이어지는 질문에 답하시오. [7~8]

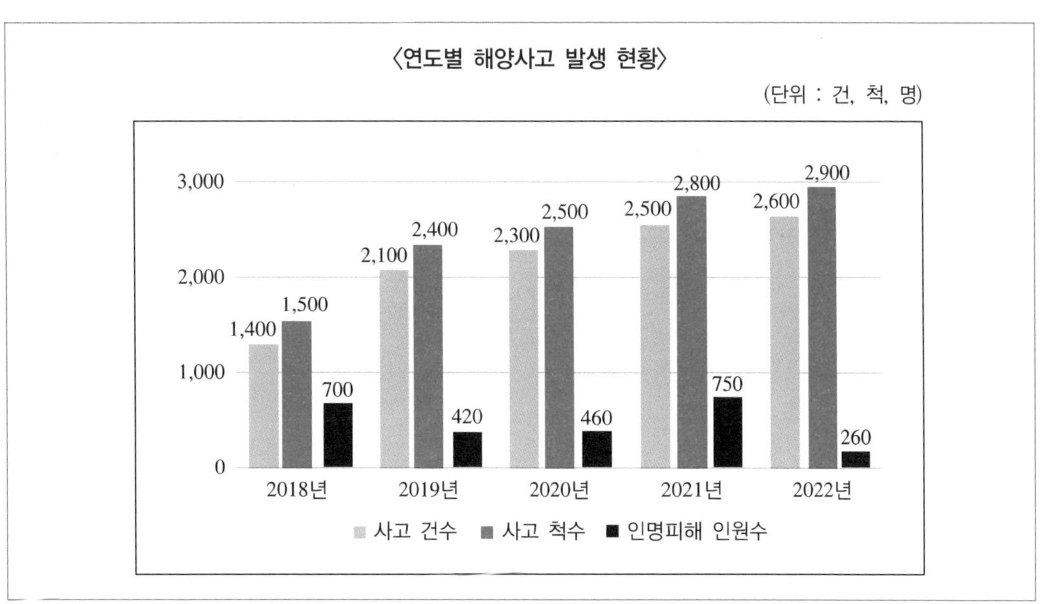

07 다음 중 2018년 대비 2019년 사고 척수의 증가율과 사고 건수의 증가율이 순서대로 나열된 것은?

① 40%, 45%
② 45%, 50%
③ 60%, 50%
④ 60%, 55%
⑤ 60%, 65%

08 다음 중 사고 건수당 인명피해의 인원수가 가장 많은 연도는?

① 2018년
② 2019년
③ 2020년
④ 2021년
⑤ 2022년

09 어떤 공장에서 A제품을 n개 이어 붙이는 데 필요한 시간이 다음과 같은 규칙을 보일 때, 8개 이어 붙이는데 필요한 시간은?

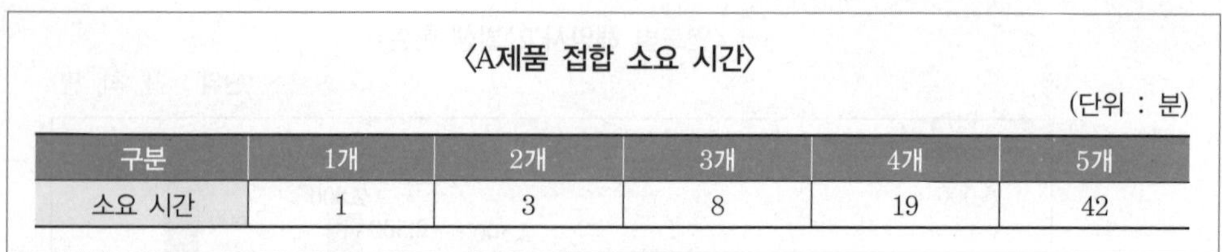

〈A제품 접합 소요 시간〉

(단위 : 분)

구분	1개	2개	3개	4개	5개
소요 시간	1	3	8	19	42

① 315분 ② 330분

③ 345분 ④ 360분

⑤ 375분

10 일정한 수를 다음과 같은 규칙으로 나열할 때, 빈칸에 들어갈 a와 b의 총합이 처음으로 800억 원이 넘는 b의 값은?

(단위 : 억 원)

구분	1	2	3	4	5	6	…
A	50	70	95	125	160	200	(a)
B	150	180	210	240	270	300	(b)

① 330 ② 350

③ 360 ④ 390

⑤ 420

| 02 | 추리

※ 제시된 명제가 모두 참일 때, 다음 중 빈칸에 들어갈 명제로 가장 적절한 것을 고르시오. [1~3]

01

전제1. 눈을 자주 깜빡이지 않으면 눈이 건조해진다.
전제2. 스마트폰을 이용할 때는 눈을 자주 깜빡이지 않는다.
결론. ____________________

① 눈이 건조해지면 눈을 자주 깜빡이지 않는다.
② 눈이 건조해지지 않으면 눈을 자주 깜빡이지 않는다.
③ 눈을 자주 깜빡이지 않으면 스마트폰을 이용하는 때이다.
④ 스마트폰을 이용할 때는 눈이 건조해진다.
⑤ 눈이 건조해지면 눈을 자주 깜빡인 것이다.

02

전제1. 밤에 잠을 잘 못자면 낮에 피곤하다.
전제2. ____________________
전제3. 업무효율이 떨어지면 성과급을 받지 못한다.
결론. 밤에 잠을 잘 못자면 성과급을 받지 못한다.

① 업무효율이 떨어지면 밤에 잠을 잘 못 잔다.
② 낮에 피곤하면 업무효율이 떨어진다.
③ 성과급을 받으면 밤에 잠을 잘 못 잔다.
④ 밤에 잠을 잘 자면 성과급을 받는다.
⑤ 성과급을 받지 못하면 낮에 피곤하다.

03

전제1. 모든 금속은 전기가 통한다.
전제2. 광택이 있는 물질 중에는 금속이 아닌 것도 있다.
결론. ____________________

① 광택이 있는 물질은 모두 금속이다.
② 금속은 모두 광택이 있다.
③ 전기가 통하는 물질 중 광택이 있는 것은 없다.
④ 전기가 통하지 않으면서 광택이 있는 물질이 있다.
⑤ 전기가 통하지 않으면 광택이 없는 물질이다.

04 A ~ E가 기말고사를 봤는데, 이 중 2명은 부정행위를 하였다. 부정행위를 한 2명은 거짓을 말하고 부정행위를 하지 않은 3명은 진실을 말할 때, 다음 진술을 보고 부정행위를 한 사람끼리 짝지은 것을 고르면?

- A : D는 거짓말을 하고 있어.
- B : A는 부정행위를 하지 않았어.
- C : B가 부정행위를 했어.
- D : 나는 부정행위를 하지 않았어.
- E : C가 거짓말을 하고 있어.

① A, B
② B, C
③ C, D
④ C, E
⑤ D, E

Hard

05 S부서는 회식 메뉴를 선정하려고 한다. 다음 〈조건〉에 따라 주문할 메뉴를 선택한다고 할 때, 반드시 주문할 메뉴를 모두 고르면?

조건

- 삼선짬뽕은 반드시 주문한다.
- 양장피와 탕수육 중 하나는 반드시 주문하여야 한다.
- 자장면을 주문하는 경우, 탕수육은 주문하지 않는다.
- 자장면을 주문하지 않는 경우에만 만두를 주문한다.
- 양장피를 주문하지 않으면, 팔보채를 주문하지 않는다.
- 팔보채를 주문하지 않으면, 삼선짬뽕을 주문하지 않는다.

① 삼선짬뽕, 자장면, 양장피
② 삼선짬뽕, 탕수육, 양장피
③ 삼선짬뽕, 팔보채, 양장피
④ 삼선짬뽕, 탕수육, 만두
⑤ 삼선짬뽕, 탕수육, 양장피, 자장면

06

원형 테이블에 번호 순서대로 앉아 있는 다섯 명의 여자 1 ~ 5 사이에 다섯 명의 남자 A ~ E가 한 명씩 앉아야 한다. 다음 〈조건〉에 따라 자리를 배치할 때, 항상 거짓인 것은?

조건

- A는 짝수번호의 여자 옆에 앉아야 하고, 5 옆에는 앉을 수 없다.
- B는 짝수번호의 여자 옆에 앉을 수 없다.
- C가 3 옆에 앉으면 D는 1 옆에 앉는다.
- E는 3 옆에 앉을 수 없다.

① A는 1과 2 사이에 앉을 수 없다.

② D는 4와 5 사이에 앉을 수 없다.

③ C가 2와 3 사이에 앉으면 A는 반드시 3과 4 사이에 앉는다.

④ E가 1과 2 사이에 앉으면 C는 반드시 4와 5 사이에 앉는다.

⑤ E가 4와 5 사이에 앉으면 A는 반드시 2와 3 사이에 앉는다.

07

다음은 〈조건〉에 따라 2에서 10까지의 서로 다른 자연수의 관계를 나타낸 것이다. 이때 A, B, C에 해당하는 수의 합은?

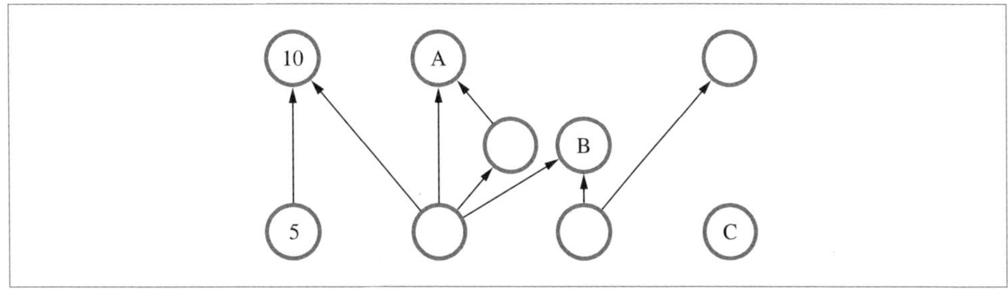

조건

- 2에서 10까지의 자연수는 ◯ 안에 한 개씩만 사용되고, 사용되지 않는 자연수는 없다.
- 2에서 10까지의 서로 다른 임의의 자연수 3개를 x, y, z라고 할 때,
  - (x) ⟶ (y)는 y가 x의 배수임을 나타낸다.
  - 화살표로 연결되지 않은 (z)는 z가 x, y와 약수나 배수 관계가 없음을 나타낸다.

① 20　　② 21

③ 22　　④ 23

⑤ 24

※ 다음 도형의 규칙을 보고 물음표에 들어갈 도형으로 알맞은 것을 고르시오. **[8~10]**

08

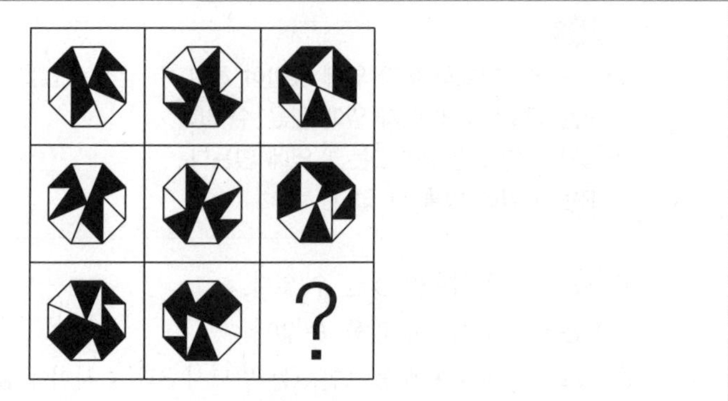

①
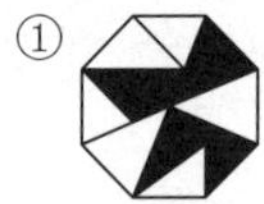

②
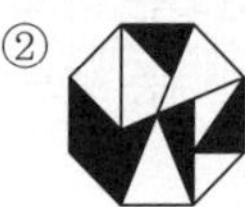

③

④

⑤

Hard

09

① 

② 

③ 

④ 

⑤ 

10

①

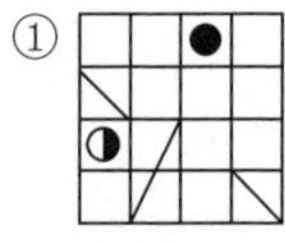

②

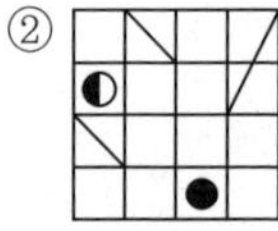

③

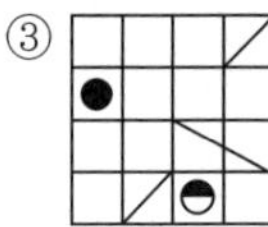

④

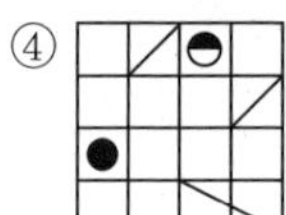

⑤

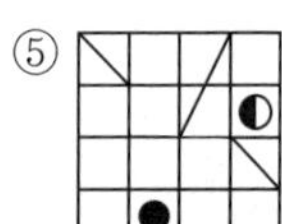

※ 다음 도식에서 기호들은 일정한 규칙에 따라 문자를 변화시킨다. 물음표에 들어갈 문자로 알맞은 것을 고르시오(단, 규칙은 가로와 세로 중 한 방향으로만 적용된다). [11~14]

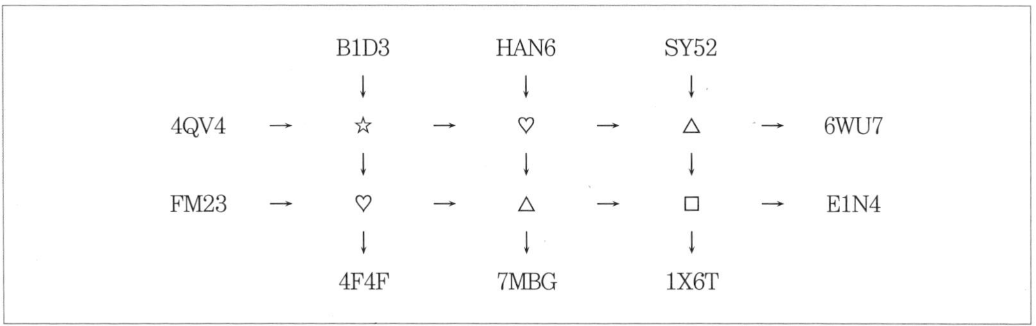

11

US24 → □ → ☆ → ?

① 4S2U
② 2US4
③ 4V8V
④ 8V4V
⑤ 48VV

12

KB52 → ☆ → ♡ → ?

① 37KE
② 37EO
③ E37K
④ EO52
⑤ E37O

13

? → △ → ♡ → △ → 9381

① 1839
② 3819
③ 2748
④ 4827
⑤ 8472

14

? → □ → △ → 96II

① 96HJ
② 9HJ6
③ 87HJ
④ 8H7J
⑤ J7H8

※ 다음 문단을 논리적 순서대로 바르게 나열한 것을 고르시오. [15~16]

15

(가) 동아시아의 문명 형성에 가장 큰 영향력을 끼친 책을 꼽을 때, 그중에 『논어』가 빠질 수 없다. 『논어』는 공자(B.C 551 ~ 479)가 제자와 정치인 등을 만나서 나눈 이야기를 담고 있다. 공자의 활동기간으로 따져보면 『논어』는 지금으로부터 대략 2500년 전에 쓰인 것이다. 지금의 우리는 한나절만에 지구 반대편으로 날아다니고, 여름에 겨울 과일을 먹는 그야말로 공자는 상상할 수도 없는 세상에 살고 있다.

(나) 2500년 전의 공자와 그가 대화한 사람 역시 우리와 마찬가지로 '호모 사피엔스'이기 때문이다. 2500년 전의 사람도 배고프면 먹고, 졸리면 자고, 좋은 일이 있으면 기뻐하고, 나쁜 일이 있으면 화를 내는 오늘날의 사람과 다름없었다. 불의를 보면 공분하고, 전쟁보다 평화가 지속되기를 바라고, 예술을 보고 들으며 즐거워했는데, 오늘날의 사람도 마찬가지이다.

(다) 물론 2500년의 시간으로 인해 달라진 점도 많고 시대와 문화에 따라 '사람다움이 무엇인가?'에 대한 답은 다를 수 있지만, 사람은 돌도 아니고 개도 아니고 사자도 아니라 여전히 사람일 뿐인 것이다. 즉 현재의 인간이 과거보다 자연의 힘에 두려워하지 않고 자연을 합리적으로 설명할 수는 있지만, 인간적 약점을 극복하고 신적인 존재가 될 수는 없는 그저 인간일 뿐인 것이다.

(라) 『논어』의 일부는 여성과 아동, 이민족에 대한 당시의 편견을 드러내고 있어 이처럼 달라진 시대의 흐름에 따라 폐기될 수밖에 없지만, 이를 제외한 부분은 '오래된 미래'로서 읽을 가치가 있는 것이다.

(마) 이론의 생명 주기가 짧은 학문의 경우, 2500년 전의 책은 역사적 가치가 있을지언정 이론으로서는 폐기 처분이 당연시된다. 그런데 왜 21세기의 우리가 2500년 전의 『논어』를 지금까지도 읽고, 또 읽어야 할 책으로 간주하고 있는 것일까?

① (가) – (다) – (나) – (라) – (마)
② (가) – (라) – (다) – (나) – (마)
③ (가) – (마) – (나) – (다) – (라)
④ (라) – (다) – (가) – (마) – (나)
⑤ (마) – (가) – (나) – (다) – (라)

16

(가) '인력이 필요해서 노동력을 불렀더니 사람이 왔더라.'라는 말이 있다. 인간을 경제적 요소로만 단순하게 생각했으나, 이에 따른 인권문제, 복지문제, 내국인과 이민자와의 갈등 등이 수반된다는 말이다. 프랑스처럼 우선 급하다고 이민자를 선별하지 않고 받으면 인종 갈등과 이민자의 빈곤화 등 많은 사회비용이 발생한다.

(나) 이제 다문화정책의 패러다임을 전환해야 한다. 한국에 들어온 다문화가족을 적극적으로 지원해야 한다. 다문화 가족과 더불어 살면서 다양성과 개방성을 바탕으로 상생의 발전을 도모해야 한다. 그리고 결혼이민자만 다문화가족으로 볼 것이 아니라 외국인 근로자와 유학생, 북한이탈주민까지 큰 틀에서 함께 보는 것도 필요하다.

(다) 다문화정책의 핵심은 두 가지이다. 첫째, 새로운 사회에 적응하려는 의지가 강해서 언어 배우기, 일자리, 문화 이해에 매우 적극적인 태도를 지닌 좋은 인력을 선별해서 입국하도록 하는 것이다. 둘째, 이민자가 새로운 사회에 잘 정착할 수 있도록 사회통합에 주력해야 하는 것이다. 해외 인구 유입 초기부터 사회 비용을 절약할 수 있는 사람들을 들어오게 하는 것이 중요하기 때문이다.

(라) 또한 이미 들어온 이민자에게는 적극적인 지원을 해야 한다. 언어와 문화, 환경이 모두 낯선 이민자에게는 이민 초기에 세심한 배려가 필요하다. 특히 중요한 것은 다문화 가족이 그들이 가지고 있는 강점을 활용하여 취약 계층이 아닌 주류층으로 설 수 있도록 지원해야 한다. 뿐만 아니라 이민자에 대한 지원 시기를 놓치거나 차별과 편견으로 내국인에게 증오감을 갖게 해서는 안 된다.

① (라) – (나) – (다) – (가)
② (다) – (나) – (라) – (가)
③ (라) – (다) – (나) – (가)
④ (다) – (가) – (라) – (나)
⑤ (가) – (다) – (라) – (나)

17 **다음 글의 내용이 참일 때, 항상 거짓인 것은?**

과거에는 공공 서비스가 경합성과 배제성이 모두 약한 사회 기반 시설 공급을 중심으로 제공되었다. 이런 경우 서비스 제공에 드는 비용은 주로 세금을 비롯한 공적 재원으로 충당을 한다. 하지만 복지와 같은 개인 단위 공공 서비스에 대한 사회적 요구가 증가함에 따라 관련 공공 서비스의 다양화와 양적 확대가 이루어지고 있다. 이로 인해 정부의 관련 조직이 늘어나고 행정 업무의 전문성 및 효율성이 떨어지는 문제점이 나타나기도 한다. 이 경우 정부는 정부 조직의 규모를 확대하지 않으면서 서비스의 전문성을 강화할 수 있는 민간 위탁 제도를 도입할 수 있다. 민간 위탁이란 공익성을 유지하기 위해 서비스의 대상이나 범위에 대한 결정권과 서비스 관리의 책임을 정부가 갖되, 서비스 생산은 민간 업체에게 맡기는 것이다.

민간 위탁은 주로 다음과 같은 몇 가지 방식으로 운용되고 있다. 가장 일반적인 것은 '경쟁 입찰 방식'이다. 이는 일정한 기준을 충족하는 민간 업체 간 경쟁 입찰을 거쳐 서비스 생산자를 선정, 계약하는 방식이다. 공원과 같은 공공 시설물 관리 서비스가 이에 해당한다. 이 경우 정부가 직접 공공 서비스를 제공할 때보다 서비스의 생산 비용이 절감될 수 있고 정부의 재정 부담도 경감될 수 있다. 다음으로는 '면허 발급 방식'이 있다. 이는 서비스 제공을 위한 기술과 시설이 기준을 충족하는 민간 업체에게 정부가 면허를 발급하는 방식이다. 자동차 운전면허 시험, 산업 폐기물 처리 서비스 등이 이에 해당한다. 이 경우 공공 서비스가 갖춰야 할 최소한의 수준은 유지하면서도 공급을 민간의 자율에 맡겨 공공 서비스의 수요와 공급이 탄력적으로 조절되는 효과를 얻을 수 있다. 또한 '보조금 지급 방식'이 있는데, 이는 민간이 운영하는 종합 복지관과 같이 안정적인 공공 서비스 제공이 필요한 기관에 보조금을 주어 재정적으로 지원하는 것이다.

① 과거 공공 서비스는 주로 공적 재원에 의해 운영됐다.
② 공공 서비스의 양적 확대에 따라 행정 업무 전문성이 떨어지는 부작용이 나타난다.
③ 서비스 생산을 민간 업체에게 맡김으로써 공공 서비스의 전문성을 강화할 수 있다.
④ 경쟁 입찰 방식은 정부의 재정 부담을 줄여준다.
⑤ 정부로부터 면허를 받은 민간 업체는 보조금을 지급받을 수 있다.

PART 2 기출복원문제

18 다음 중 밑줄 친 ㉠~㉢에 대한 설명으로 적절하지 않은 것은?

> 국내 연구팀이 반도체 집적회로에 일종의 ㉠ '고속도로'를 깔아 신호의 전송 속도를 높이는 신개념 반도체 소재 기술을 개발했다. 탄소 원자를 얇은 막 형태로 합성한 2차원 신소재인 그래핀을 반도체 회로에 깔아 기존 금속 선로보다 많은 양의 전자를 빠르게 운송하는 것이다.
>
> 최근 반도체 내에 많은 소자가 집적되면서 소자 사이의 신호를 전송하는 ㉡ '도로'인 금속 재질의 선로에 저항이 기하급수적으로 증가하는 문제가 발생했다. 이러한 집적화의 한계를 극복하기 위해 연구팀은 금속 재질 대신 그래핀을 신호 전송용 길로 활용했다.
>
> 그래핀은 탄소 원자가 육각형으로 결합한, 두께 0.3나노미터의 얇은 2차원 물질로 전선에 널리 쓰이는 구리보다 전기 전달 능력이 뛰어나며 전자 이동속도도 100배 이상 빨라 이상적인 반도체용 물질로 꼽힌다. 그러나 너무 얇다 보니 전류나 신호를 전달하는 데 방해가 되는 저항이 높고, 전하 농도가 낮아 효율이 떨어진다는 단점이 있었다.
>
> 연구팀은 이런 단점을 해결하고자 그래핀에 불순물을 얇게 덮는 방법을 생각했다. 그래핀 표면에 비정질 탄소를 흡착시켜 일종의 ㉢ '코팅'처럼 둘러싼 것이다. 연구 결과 이 과정에서 신호 전달을 방해하던 저항은 기존 그래핀 선로보다 60% 감소했고, 신호 손실은 약 절반 정도로 줄어들었으며, 전달할 수 있는 전하의 농도는 20배 이상 증가했다. 이를 통해 연구팀은 금속 선로의 수백분의 1 크기로 작으면서도 효율성은 그대로인 고효율, 고속 신호 전송 선로를 완성하였다.

① 연구팀은 ㉡을 ㉠으로 바꾸었다.
② 반도체 내에 많은 소자가 집적될수록 ㉡에 저항이 증가한다.
③ ㉠은 구리보다 전기 전달 능력과 전자 이동속도가 뛰어나다.
④ 연구팀은 전자의 이동속도를 높이기 위해 ㉠에 ㉢을 하였다.
⑤ ㉠은 그래핀, ㉡은 금속 재질, ㉢은 비정질 탄소를 의미한다.

19 다음 글의 주장에 대한 비판으로 적절하지 않은 것은?

> 동물실험이란 교육, 시험, 연구 및 생물학적 제제의 생산 등 과학적 목적을 위해 동물을 대상으로 실시하는 실험 또는 그 과학적 절차를 말한다. 전 세계적으로 매년 약 6억 마리의 동물들이 실험에 쓰이고 있다고 추정되며, 대부분의 동물들은 실험이 끝난 뒤 안락사를 시킨다.
> 동물실험은 대개 인체실험의 전 단계로 이루어지는데, 검증되지 않은 물질을 바로 사람에게 주입하여 발생하는 위험을 줄일 수 있다는 점에서 필수적인 실험이라고 말할 수 있다. 물론 살아있는 생물을 대상으로 하는 실험이기 때문에 대체(Replacement), 감소(Reduction), 개선(Refinement)으로 요약되는 3R 원칙에 입각하여 실험하는 것이 당연하다. 굳이 다른 방법이 있다면 그 방법을 채택할 것이며, 희생이 되는 동물의 수를 최대한 줄이고, 필수적인 실험 조건 외에는 자극을 주지 않아야 한다.
> 하지만 그럼에도 보다 안전한 결과를 도출해내기 위한 동물실험은 필요악이며, 이러한 필수적인 의약실험조차 금지하려 한다는 것은 기술 발전 속도를 늦춰 약이 필요한 누군가의 고통을 감수하자는 이기적인 주장과 같다고 할 수 있다.

① 3R 원칙과 같은 윤리적 강령이 법적인 통제력을 지니지 않은 이상 실제로 얼마나 엄격하게 지켜질 것인지는 알 수 없다.

② 화장품 업체들의 동물실험과 같은 사례를 통해, 생명과 큰 연관이 없는 실험은 필요악이라고 주장할 수 없다.

③ 아무리 엄격하게 통제된 실험이라고 해도 동물 입장에서 바라본 실험이 비윤리적이며 생명체의 존엄성을 훼손하는 행위라는 사실을 벗어날 수는 없다.

④ 과거와 달리 현대에서는 인공 조직을 배양하여 실험의 대상으로 삼을 수 있으므로 동물실험 자체를 대체하는 것이 가능하다.

⑤ 동물실험에서 안전성을 검증받은 이후 인체에 피해를 준 약물의 사례가 존재한다.

Hard

20 다음 글을 토대로 〈보기〉를 바르게 해석한 것은?

반도체 및 디스플레이 제조공정에서 사용되는 방법인 포토리소그래피(Photo-lithography)는 그 이름처럼 사진 인쇄 기술과 비슷하게 빛을 이용하여 복잡한 회로 패턴을 제조하는 공정이다. 포토리소그래피는 디스플레이에서는 TFT(Thin Film Transistor : 박막 트랜지스터) 공정에 사용되는데, 먼저 세정된 기판(Substrate) 위에 TFT 구성에 필요한 증착 물질과 이를 덮을 PR(Photo Resist : 감광액) 코팅을 올리고, 빛과 마스크, 그리고 현상액과 식각 과정으로 PR 코팅과 증착 물질을 원하는 모양대로 깎아 내린 다음, 다시 그 위에 층을 쌓는 것을 반복하여 원하는 형태를 패터닝하는 것이다.

한편 포토리소그래피 공정에 사용되는 PR 물질은 빛의 반응에 따라 포지티브와 네거티브 두 가지 방식으로 분류되는데, 포지티브 방식은 마스크에 의해 빛에 노출된 부분이 현상액에 녹기 쉽게 화학 구조가 변하는 것으로, 노광(Exposure) 과정에서 빛을 받은 부분을 제거한다. 반대로 네거티브 방식은 빛에 노출된 부분이 더욱 단단해지는 것으로 빛을 받지 못한 부분을 현상액으로 제거한다. 이후 원하는 패턴만 남은 PR층은 식각(Etching) 과정을 거쳐 PR이 덮여 있지 않은 부분의 증착 물질을 제거하고, 이후 남은 증착 물질이 원하는 모양으로 패터닝 되면 그 위의 도포되어 있던 PR층을 마저 제거하여 증착 물질만 남도록 하는 것이다.

보기

창우와 광수는 각각 포토리소그래피 공정을 통해 디스플레이 회로 패턴을 완성시키기로 하였다. 창우는 포지티브 방식을, 광수는 네거티브 방식을 사용하기로 하였는데, 광수는 실수로 포지티브 방식의 PR 코팅을 사용해 공정을 진행했음을 깨달았다.

① 창우의 디스플레이 회로는 증착, PR 코팅, 노광, 현상, 식각까지의 과정을 반복하여 완성되었을 것이다.

② 광수가 포토리소그래피의 매 공정을 검토했을 경우 최소 식각 과정을 확인하면서 자신의 실수를 알아차렸을 것이다.

③ 포토리소그래피 공정 중 현상 과정에서 문제가 발생했다면 창우의 디스플레이 기판에는 PR층과 증착 물질이 남아있지 않을 것이다.

④ 원래 의도대로라면 노광 과정 이후 창우가 사용한 감광액은 용해도가 높아지고, 광수가 사용한 감광액은 용해도가 매우 낮아졌을 것이다.

⑤ 광수가 원래 의도대로 디스플레이 회로를 완성시키기 위해서는 최소한 노광 과정까지는 공정을 되돌릴 필요가 있다.

CHAPTER 04

2023년 상반기 기출복원문제

정답 및 해설 p.025

| 01 | 수리

01 작년 S사의 일반 사원 수는 400명이었다. 올해 진급하여 직책을 단 사원은 작년 일반 사원 수의 12%이고, 20%는 퇴사를 하였다. 올해 전체 일반 사원 수가 작년보다 6% 증가했을 때, 올해 채용한 신입사원은 몇 명인가?

① 144명 ② 146명
③ 148명 ④ 150명
⑤ 152명

Easy

02 남학생 4명과 여학생 3명을 원형 모양의 탁자에 앉힐 때, 여학생 3명이 이웃해서 앉을 확률은?

① $\frac{1}{21}$ ② $\frac{1}{7}$
③ $\frac{1}{5}$ ④ $\frac{1}{15}$
⑤ $\frac{1}{20}$

03 다음은 연도별 빵소니 교통사고 통계 현황에 대한 자료이다. 이에 대한 〈보기〉의 설명 중 옳은 것을 모두 고르면?

〈연도별 뺑소니 교통사고 통계 현황〉

(단위 : 건, 명)

구분	2018년	2019년	2020년	2021년	2022년
사고 건수	15,500	15,280	14,800	15,800	16,400
검거 수	12,493	12,606	12,728	13,667	14,350
사망자 수	1,240	1,528	1,850	1,817	1,558
부상자 수	9,920	9,932	11,840	12,956	13,940

- $[\text{검거율}(\%)]=\frac{(\text{검거 수})}{(\text{사고 건수})}\times 100$
- $[\text{사망률}(\%)]=\frac{(\text{사망자 수})}{(\text{사고 건수})}\times 100$
- $[\text{부상률}(\%)]=\frac{(\text{부상자 수})}{(\text{사고 건수})}\times 100$

보기

ㄱ. 사고 건수는 매년 감소하지만 검거 수는 매년 증가한다.
ㄴ. 2020년의 사망률과 부상률이 2021년의 사망률과 부상률보다 모두 높다.
ㄷ. 2020 ~ 2022년의 사망자 수와 부상자 수의 증감추이는 반대이다.
ㄹ. 2019 ~ 2022년 검거율은 매년 높아지고 있다.

① ㄱ, ㄴ
② ㄱ, ㄹ
③ ㄴ, ㄹ
④ ㄷ, ㄹ
⑤ ㄱ, ㄷ, ㄹ

04 S씨는 퇴직 후 네일아트를 전문적으로 하는 뷰티숍을 개점하기 위해서 평소 눈여겨 본 지역의 고객 분포를 알아보기 위해 직접 설문조사를 하였다. 설문조사 결과가 다음과 같을 때, S씨가 이해한 내용으로 옳은 것은?(단, 복수응답과 무응답은 없다)

〈응답자의 연령대별 방문 횟수〉

(단위 : 명)

방문 횟수 \ 연령대	20 ~ 25세	26 ~ 30세	31 ~ 35세	합계
1회	19	12	3	34
2 ~ 3회	27	32	4	63
4 ~ 5회	6	5	2	13
6회 이상	1	2	0	3
합계	53	51	9	113

〈응답자의 직업〉

(단위 : 명)

직업	응답자
학생	49
회사원	43
공무원	2
전문직	7
자영업	9
가정주부	3
합계	113

① 전체 응답자 중 20 ~ 25세 응답자가 차지하는 비율은 50% 이상이다.
② 26 ~ 30세 응답자 중 4회 이상 방문한 응답자 비율은 10% 이상이다.
③ 31 ~ 35세 응답자의 1인당 평균 방문 횟수는 2회 미만이다.
④ 전체 응답자 중 직업이 학생 또는 공무원인 응답자 비율은 50% 이상이다.
⑤ 전체 응답자 중 20 ~ 25세인 전문직 응답자 비율은 5% 미만이다.

Hard

05 다음은 세계 로봇 시장과 국내 로봇 시장 규모에 대한 자료이다. 이에 대한 설명으로 옳지 않은 것은?

〈세계 로봇 시장 규모〉

(단위 : 백만 달러)

구분	2018년	2019년	2020년	2021년	2022년
개인 서비스용 로봇 시장	636	13,356	1,704	2,134	2,216
전문 서비스용 로봇 시장	3,569	1,224	3,661	4,040	4,600
제조용 로봇 시장	8,278	3,636	9,507	10,193	11,133
합계	12,483	18,216	14,872	16,367	17,949

〈국내 로봇 시장 규모〉

(단위 : 억 원)

구분	생산			수출			수입		
	2020년	2021년	2022년	2020년	2021년	2022년	2020년	2021년	2022년
개인 서비스용 로봇 시장	2,973	3,247	3,256	1,228	944	726	156	181	232
전문 서비스용 로봇 시장	1,318	1,377	2,629	163	154	320	54	182	213
제조용 로봇 시장	20,910	24,671	25,831	6,324	6,694	6,751	2,635	2,834	4,391
합계	25,201	29,295	31,716	7,715	7,792	7,797	2,845	3,197	4,836

① 2022년 세계 개인 서비스용 로봇 시장 규모는 전년 대비 약 3.8% 정도 성장했다.

② 세계 전문 서비스용 로봇 시장 규모는 2020년 이후 꾸준히 성장하는 추세를 보이고 있으며, 2022년 세계 전문 서비스용 로봇 시장 규모는 전체 세계 로봇 시장 규모의 약 27% 이상을 차지하고 있다.

③ 2022년 세계 제조용 로봇 시장은 전년 대비 약 9.2% 성장한 111억 3,300만 달러로 세계 로봇 시장에서 가장 큰 시장 규모를 차지하고 있다.

④ 2022년의 국내 전문 서비스용 로봇의 생산 규모는 전년 대비 약 91.0% 증가했으며, 2022년의 국내 전체 서비스용 로봇의 생산 규모도 전년 대비 약 27.3% 증가했다.

⑤ 2022년의 국내 개인 서비스용 로봇 수출은 전년 대비 약 23.1% 정도 감소하였고, 2022년의 국내 전체 서비스용 로봇 수출은 전년 대비 약 4.7% 정도 감소했다.

※ 다음은 주요산업국의 연도별 연구개발비 추이에 대한 자료이다. 이어지는 질문에 답하시오. **[6~7]**

〈주요산업국 연도별 연구개발비 추이〉

(단위 : 백만 달러)

구분	2017년	2018년	2019년	2020년	2021년	2022년
한국	23,587	28,641	33,684	31,304	29,703	37,935
중국	29,898	37,664	48,771	66,430	84,933	–
일본	151,270	148,526	150,791	168,125	169,047	–
독일	69,317	73,737	84,148	97,457	92,552	92,490
영국	39,421	42,693	50,016	47,138	40,291	39,924
미국	325,936	350,923	377,594	403,668	401,576	–

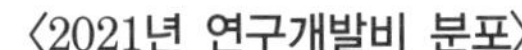
〈2021년 연구개발비 분포〉

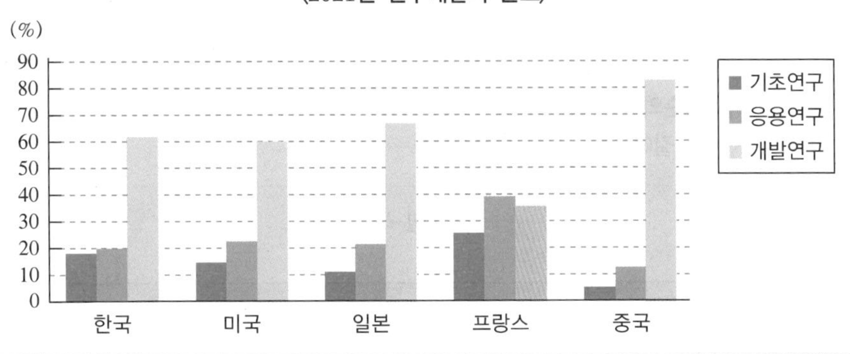

06 위 자료에 대한 〈보기〉의 설명 중 옳은 것을 모두 고르면?

보기

ㄱ. 2021년도 연구개발비가 전년 대비 감소한 곳은 4곳이다.
ㄴ. 2017년에 비해 2021년 연구개발비 증가율이 가장 높은 곳은 중국이고, 가장 낮은 곳은 일본이다.
ㄷ. 전년 대비 2019년 한국의 연구개발비 증가율은 독일보다 높고, 중국보다 낮다.

① ㄱ
② ㄱ, ㄴ
③ ㄱ, ㄷ
④ ㄴ, ㄷ
⑤ ㄱ, ㄴ, ㄷ

07 2021년 미국의 개발연구비는 한국의 응용연구비의 약 몇 배인가?(단, 소수점 이하는 버림한다)

① 38배
② 39배
③ 40배
④ 41배
⑤ 42배

08 반도체 메모리의 개발 용량이 다음과 같이 규칙적으로 증가할 때, 2007년에 개발한 메모리의 용량은?

〈연도별 반도체 메모리 개발 용량〉

(단위 : MB)

구분	1999년	2000년	2001년	2002년	2003년
메모리 개발 용량	256	512	1,024	2,048	4,096

① 32,768MB
② 52,428MB
③ 58,982MB
④ 65,536MB
⑤ 78,642MB

09 어떤 동굴의 한 석순의 길이를 10년 단위로 측정한 결과가 다음과 같은 규칙으로 자랄 때, 2050년에 측정될 석순의 길이는?

〈연도별 석순 길이〉

(단위 : cm)

구분	1960년	1970년	1980년	1990년	2000년
석순 길이	10	12	13	15	16

① 22cm
② 23cm
③ 24cm
④ 25cm
⑤ 26cm

Easy

10 세계 물 위원회에서는 전 세계의 물 문제 해결을 위한 공동 대응을 목적으로 '세계 물 포럼'을 주기적으로 개최하고 있다. 제1회 세계 물 포럼은 1997년 모로코의 마라케시에서 개최되었고 개최 연도에 다음과 같은 규칙으로 개최될 때, 제10회 세계 물 포럼이 개최되는 연도는?

〈세계 물 포럼 개최 연도〉

(단위 : 년)

구분	제1회	제2회	제3회	제4회	제5회
연도	1997	2000	2003	2006	2009

① 2022년
② 2023년
③ 2024년
④ 2025년
⑤ 2026년

| 02 | 추리

※ 제시된 명제가 참일 때, 다음 중 빈칸에 들어갈 명제로 가장 적절한 것을 고르시오. [1~3]

01

전제1. 스테이크를 먹는 사람은 지갑이 없다.
전제2. ______________________
결론. 지갑이 있는 사람은 쿠폰을 받는다.

① 스테이크를 먹는 사람은 쿠폰을 받지 않는다.
② 스테이크를 먹지 않는 사람은 쿠폰을 받는다.
③ 쿠폰을 받는 사람은 지갑이 없다.
④ 지갑이 없는 사람은 쿠폰을 받지 않는다.
⑤ 지갑이 없는 사람은 스테이크를 먹지 않는다.

02

전제1. 광물은 매우 규칙적인 원자 배열을 가지고 있다.
전제2. 다이아몬드는 광물이다.
결론. ______________________

① 다이아몬드는 매우 규칙적인 원자 배열을 가지고 있다.
② 광물이 아니면 규칙적인 원자 배열을 가지고 있지 않다.
③ 다이아몬드가 아니면 광물이 아니다.
④ 광물이 아니면 다이아몬드이다.
⑤ 광물은 다이아몬드이다.

03

전제1. 음악을 좋아하는 사람은 상상력이 풍부하다.
전제2. 음악을 좋아하지 않는 사람은 노란색을 좋아하지 않는다.
결론. ______________________

① 노란색을 좋아하지 않는 사람은 음악을 좋아한다.
② 음악을 좋아하지 않는 사람은 상상력이 풍부하지 않다.
③ 상상력이 풍부한 사람은 노란색을 좋아하지 않는다.
④ 노란색을 좋아하는 사람은 상상력이 풍부하다.
⑤ 상상력이 풍부하지 않은 사람은 음악을 좋아한다.

Easy

04 A～D 네 사람만 참여한 달리기 시합에서 동순위 없이 순위가 완전히 결정되었고, A, B, C는 각자 다음과 같이 진술하였다. 이들의 진술이 자신보다 낮은 순위의 사람에 대한 진술이라면 참이고, 높은 순위의 사람에 대한 진술이라면 거짓이라고 할 때, 항상 참인 것은?

- A : C는 1위이거나 2위이다.
- B : D는 3위이거나 4위이다.
- C : D는 2위이다.

① A는 1위이다.
② B는 2위이다.
③ D는 4위이다.
④ A가 B보다 순위가 높다.
⑤ C가 D보다 순위가 높다.

05 낮 12시경 준표네 집에 도둑이 들었다. 목격자에 의하면 도둑은 1명이다. 이 사건의 용의자로는 A～E 5명이 있고, 다음에는 이들의 진술 내용이 기록되어 있다. 5명 중 오직 2명만이 거짓말을 하고 있으며 거짓말을 하는 2명 중 1명이 범인이라면, 누가 범인인가?

- A : 나는 사건이 일어난 낮 12시에 학교에 있었어.
- B : 그날 낮 12시에 나는 A, C와 함께 있었어.
- C : B는 그날 낮 12시에 A와 부산에 있었어.
- D : B의 진술은 참이야.
- E : C는 그날 낮 12시에 나와 단둘이 있었어.

① A　　② B
③ C　　④ D
⑤ E

06 A～D는 취미로 꽃꽂이, 댄스, 축구, 농구 중에 한 가지 활동을 한다. 취미는 서로 겹치지 않으며, 모든 사람은 취미 활동을 한다. 다음 〈조건〉에 따라 항상 참인 것을 고르면?

조건

- A는 축구와 농구 중에 한 가지 활동을 한다.
- B는 꽃꽂이와 축구 중에 한 가지 활동을 한다.
- C의 취미는 꽃꽂이를 하는 것이다.

① B는 축구 활동을, D는 농구 활동을 한다.
② A는 농구 활동을, D는 댄스 활동을 한다.
③ A는 댄스 활동을, B는 축구 활동을 한다.
④ B는 축구 활동을 하지 않으며, D는 댄스 활동을 한다.
⑤ A는 농구 활동을 하지 않으며, D는 댄스 활동을 하지 않는다.

Hard

07 S사는 자율출퇴근제를 시행하고 있다. 출근시간은 12시 이전에 자유롭게 할 수 있으며 본인 업무를 마치면 바로 퇴근한다. 다음 1월 28일의 업무에 대한 일지를 고려하였을 때, 항상 참인 것은?

- 점심시간은 12시부터 1시까지이며, 점심시간에는 업무를 하지 않는다.
- 업무 1개당 1시간이 소요되며, 출근하자마자 업무를 시작하여 쉬는 시간 없이 근무한다.
- S사에 근무 중인 K팀의 A～D는 1월 28일에 전원 출근했다.
- A와 B는 오전 10시에 출근했다.
- B와 D는 오후 3시에 퇴근했다.
- C는 K팀에서 업무가 가장 적어 가장 늦게 출근하고 가장 빨리 퇴근했다.
- D는 B보다 업무가 1개 더 많았다.
- A는 C보다 업무가 3개 더 많았고, K팀에서 가장 늦게 퇴근했다.
- 이날 K팀은 가장 늦게 출근한 사람과 가장 늦게 퇴근한 사람을 기준으로, 오전 11시에 모두 출근하였으며 오후 4시에 모두 퇴근한 것으로 보고되었다.

① A는 4개의 업무를 하고 퇴근했다.
② B의 업무는 A의 업무보다 많았다.
③ C는 오후 2시에 퇴근했다.
④ A와 B는 K팀에서 가장 빨리 출근했다.
⑤ 업무를 마친 C가 D의 업무 중 1개를 대신 했다면 D와 같이 퇴근할 수 있었다.

08 A ~ F는 경기장에서 배드민턴 시합을 하기로 하였다. 경기장에 도착하는 순서대로 다음과 같은 토너먼트 배치표의 1 ~ 6에 한 사람씩 배치한 후 모두 도착하면 토너먼트 경기를 하기로 하였다. 제시된 〈조건〉에 따라 항상 거짓인 것을 고르면?

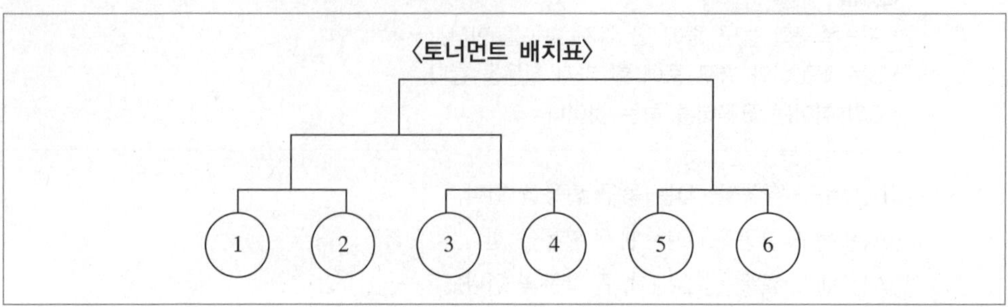

조건

- C는 A 바로 뒤에 도착하였다.
- F는 마지막으로 도착하였다.
- E는 D보다 먼저 도착하였다.
- B는 두 번째로 도착하였다.
- D는 C보다 먼저 도착하였다.

① E는 가장 먼저 경기장에 도착하였다.
② B는 최대 3번까지 경기를 하게 된다.
③ A는 최대 2번까지 경기를 하게 된다.
④ C는 다섯 번째로 도착하여 최대 2번까지 경기를 하게 된다.
⑤ D는 첫 번째 경기에서 A와 승부를 겨룬다.

※ 다음 도형의 규칙을 보고 물음표에 들어갈 도형으로 알맞은 것을 고르시오. [9~10]

09

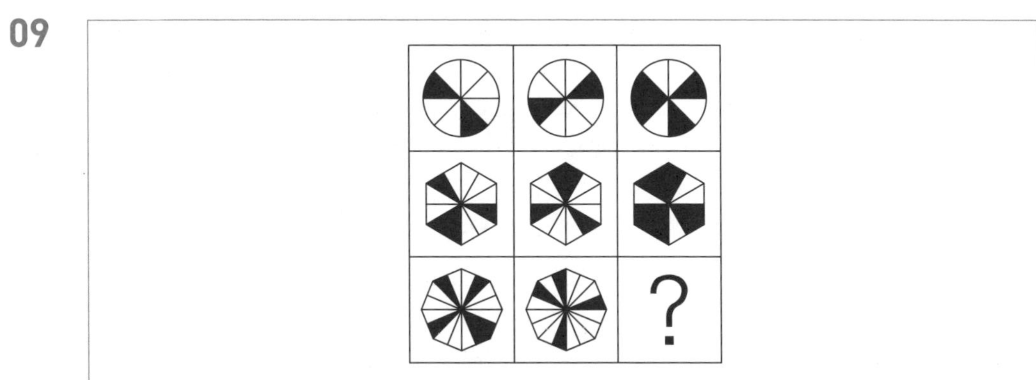

①
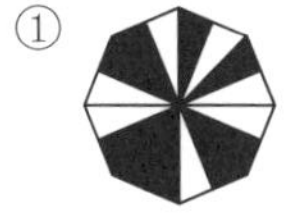

②
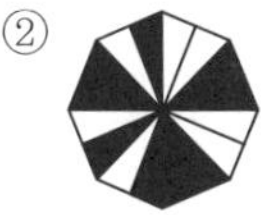

③
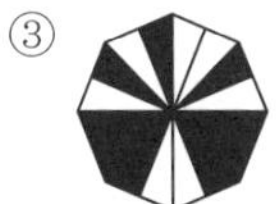

④
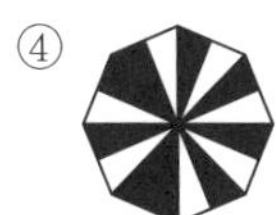

⑤
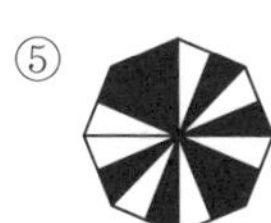

10

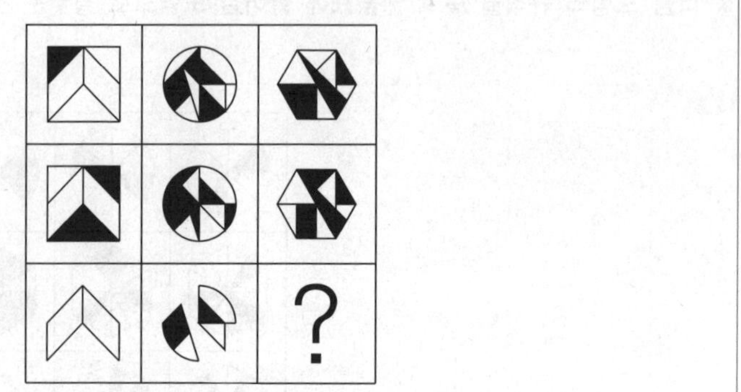

① 

② 

③ 

④ 

⑤ 

※ 다음 도식에서 기호들은 일정한 규칙에 따라 문자를 변화시킨다. 물음표에 들어갈 문자로 알맞은 것을 고르시오(단, 규칙은 가로와 세로 중 한 방향으로만 적용된다). [11~14]

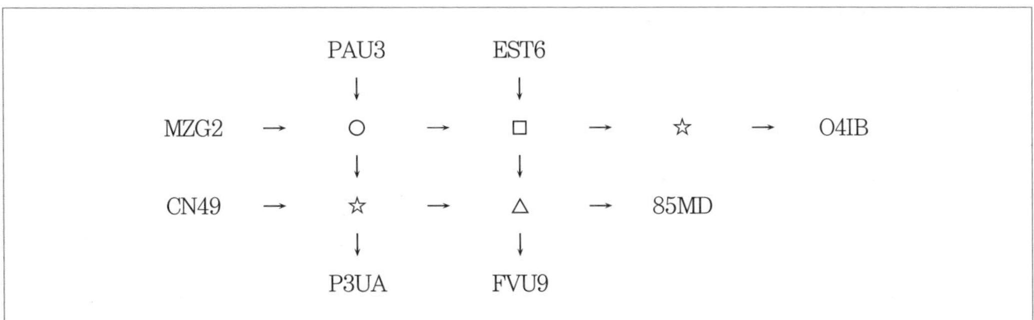

PART 2 기출복원문제

11

JLMP → ○ → □ → ?

① NORL
② LNOK
③ RONL
④ MPQM
⑤ ONKK

12

DRFT → □ → ☆ → ?

① THVF
② EUGW
③ SGQE
④ VHTF
⑤ DTFR

13

8TK1 → △ → ○ → ?

① 81KT
② 9WL4
③ UJ27
④ KT81
⑤ 0LS9

14

F752 → ☆ → □ → △ → ?

① 348E
② 57F2
③ 974H
④ 388I
⑤ 663E

※ 다음 문단을 논리적 순서대로 바르게 나열한 것을 고르시오. [15~17]

15

(가) 상품의 가격은 기본적으로 수요와 공급의 힘으로 결정된다. 시장에 참여하고 있는 경제 주체들은 자신이 가진 정보를 기초로 하여 수요와 공급을 결정한다.

(나) 이런 경우에는 상품의 가격이 우리의 상식으로는 도저히 이해하기 힘든 수준까지 일시적으로 뛰어오르는 현상이 나타날 가능성이 있다. 이런 현상은 특히 투기의 대상이 되는 자산의 경우 자주 나타나는데, 우리는 이를 '거품 현상'이라고 부른다.

(다) 그러나 현실에서는 사람들이 서로 다른 정보를 갖고 시장에 참여하는 경우가 많다. 어떤 사람은 특정한 정보를 갖고 있는데 거래 상대방은 그 정보를 갖고 있지 못한 경우도 있다.

(라) 일반적으로 거품 현상이란 것은 어떤 상품 – 특히 자산 – 의 가격이 지속해서 급격히 상승하는 현상을 가리킨다. 이와 같은 지속적인 가격 상승이 일어나는 이유는 애초에 발생한 가격 상승이 추가적인 가격 상승의 기대로 이어져 투기 바람이 형성되기 때문이다.

(마) 이들이 똑같은 정보를 함께 갖고 있으며 이 정보가 아주 틀린 것이 아닌 한, 상품의 가격은 어떤 기본적인 수준에서 크게 벗어나지 않을 것이라고 예상할 수 있다.

① (마) – (가) – (다) – (라) – (나)
② (라) – (가) – (다) – (나) – (마)
③ (라) – (다) – (가) – (나) – (마)
④ (가) – (다) – (나) – (라) – (마)
⑤ (가) – (마) – (다) – (나) – (라)

Easy

16

(가) 오히려 클레나 몬드리안의 작품을 우리 조각보의 멋에 비견되는 것으로 보아야 할 것이다. 조각보는 몬드리안이나 클레의 작품보다 100여 년 이상 앞서 제작된 공간 구성미를 가진 작품이며, 시대적으로 앞설 뿐 아니라 평범한 여성들의 일상에서 시작되었다는 점 그리고 정형화되지 않은 색채감과 구성미로 독특한 예술성을 지닌다는 점에서 차별화된 가치를 지닌다.

(나) 조각보는 일상생활에서 쓰다 남은 자투리 천을 이어서 만든 것으로, 옛 서민들의 절약 정신과 소박한 미의식을 보여준다. 조각보의 색채와 공간구성 면은 공간 분할의 추상화가로 유명한 클레(Paul Klee)나 몬드리안(Peit Mondrian)의 작품과 비견되곤 한다. 그만큼 아름답고 훌륭한 조형미를 지녔다는 의미이기도 하지만 일견 돌이켜 보면 이것은 잘못된 비교이다.

(다) 기하학적 추상을 표방했던 몬드리안의 작품보다 세련된 색상 배치로 각 색상이 가진 느낌을 살렸으며, 동양적 정서가 담김 '오방색'이라는 원색을 통해 강렬한 추상성을 지닌다. 또한 조각보를 만드는 과정과 그 작업의 내면에 가족의 건강과 행복을 기원하는 마음이 담겨 있어 단순한 오브제이기 이전에 기복신앙적인 부분이 있다. 조각보가 아름답게 느껴지는 이유는 이처럼 일상 속에서 삶과 예술을 함께 담았기 때문일 것이다.

① (가) – (나) – (다)
② (나) – (가) – (다)
③ (나) – (다) – (가)
④ (다) – (가) – (나)
⑤ (다) – (나) – (가)

17

(가) 개념사를 역사학의 한 분과로 발전시킨 독일의 역사학자 코젤렉은 '개념은 실재의 지표이자 요소'라고 하였다. 이 말은 실타래처럼 얽혀 있는 개념과 정치·사회적 실재, 개념과 역사적 실재의 관계를 정리하기 위한 중요한 지침으로 작용한다. 그에 의하면 개념은 정치적 사건이나 사회적 변화 등의 실재를 반영하는 거울인 동시에 정치·사회적 사건과 변화의 실제적 요소이다.

(나) 개념은 정치적 사건과 사회적 변화 등에 직접 관련되어 있거나 그것을 기록, 해석하는 다양한 주체들에 의해 사용된다. 이러한 주체들, 즉 '역사 행위자'들이 사용하는 개념은 여러 의미가 포개어진 층을 이룬다. 개념사에서는 사회·역사적 현실과 관련하여 이러한 층들을 파헤치면서 개념이 어떻게 사용되어 왔는가, 이 과정에서 그 의미가 어떻게 변화했는가, 어떤 함의들이 거기에 투영되었는가, 그 개념이 어떠한 방식으로 작동했는가 등에 대해 탐구한다.

(다) 이상에서 보듯이 개념사에서는 개념과 실재를 대조하고 과거와 현재의 개념을 대조함으로써, 그 개념이 대응하는 실재를 정확히 드러내고 있는가, 아니면 실재의 이해를 방해하고 더 나아가 왜곡하는가를 탐구한다. 이를 통해 코젤렉은 과거에 대한 '단 하나의 올바른 묘사'를 주장하는 근대 역사학의 방법을 비판하고, 과거의 역사 행위자가 구성한 역사적 실재와 현재 역사가가 만든 역사적 실재를 의미있게 소통시키고자 했다.

(라) 사람들이 '자유', '민주', '평화' 등과 같은 개념들을 사용할 때, 그 개념이 서로 같은 의미를 갖는 것은 아니다. '자유'의 경우, '구속받지 않는 상태'를 강조하는 개념으로 쓰이는가 하면, '자발성'이나 '적극적인 참여'를 강조하는 개념으로 쓰이기도 한다. 이러한 정의와 해석의 차이로 인해 개념에 대한 논란과 논쟁이 늘 있어 왔다. 바로 이러한 현상에 주목하여 출현한 것이 코젤렉의 '개념사'이다.

(마) 또한 개념사에서는 '무엇을 이야기 하는가.'보다는 '어떤 개념을 사용하면서 그것을 이야기하는가.'에 관심을 갖는다. 개념사에서는 과거의 역사 행위자가 자신이 경험한 '현재'를 서술할 때 사용한 개념과 오늘날의 입장에서 '과거'의 역사 서술을 이해하기 위해 사용한 개념의 차이를 밝힌다. 그리고 과거의 역사를 현재의 역사로 번역하면서 양자가 어떻게 수렴될 수 있는가를 밝히는 절차를 밟는다.

① (가) – (나) – (다) – (라) – (마)
② (라) – (가) – (나) – (마) – (다)
③ (라) – (나) – (가) – (다) – (마)
④ (마) – (나) – (가) – (다) – (라)
⑤ (마) – (라) – (나) – (다) – (가)

18 다음 글을 읽고 추론한 내용으로 가장 적절한 것은?

두뇌 연구는 지금까지 뉴런을 중심으로 진행되어 왔다. 뉴런 연구로 노벨상을 받은 카얄은 뉴런이 '생각의 전화선'이라는 이론을 확립하여 사고와 기억 등 두뇌에서 일어나는 모든 현상을 뉴런의 연결망과 뉴런 간의 전기 신호로 설명했다. 그러나 두뇌에는 뉴런 외에도 신경교 세포가 존재한다. 신경교 세포는 뉴런처럼 그 수가 많지만 전기 신호를 전달하지 못한다. 이 때문에 과학자들은 신경교 세포가 단지 두뇌 유지에 필요한 영양 공급과 두뇌 보호를 위한 전기 절연의 역할만을 가진다고 여겼다.

최근 과학자들은 신경교 세포에서 그 이상의 기능을 발견했다. 신경교 세포 중에도 '성상세포'라 불리는 별 모양의 세포는 자신만의 화학적 신호를 가진다는 것이 밝혀졌다. 성상세포는 뉴런처럼 전기를 이용하지는 않지만, '뉴런송신기'라고 불리는 화학물질을 방출하고 감지한다. 과학자들은 이러한 화학적 신호의 연쇄반응을 통해 신경교 세포가 전체 뉴런을 조정한다고 추론했다.

A연구팀은 신경교 세포가 전체 뉴런을 조정하면서 기억력과 사고력을 향상시킨다고 예상하고서, 이를 확인하기 위해 인간의 신경교 세포를 갓 태어난 생쥐의 두뇌에 주입했다. 쥐가 자라면서 주입된 인간의 신경교 세포도 성장했다. 이 세포들은 쥐의 뉴런들과 완벽하게 결합되어 쥐의 두뇌 전체에 걸쳐 퍼지게 되었다. 심지어 어느 두뇌 영역에서는 쥐의 뉴런의 숫자를 능가하기도 했다. 뉴런과 달리 쥐와 인간의 신경교 세포는 비교적 쉽게 구별된다. 인간의 신경교 세포는 매우 길고 무성한 섬유질을 가지기 때문이다. 쥐에 주입된 인간의 신경교 세포는 그 기능을 그대로 간직한다. 그렇게 성장한 쥐들은 다른 쥐들과 잘 어울렸고, 다른 쥐들의 관심을 끄는 것에 흥미를 보였다. 이 쥐들은 미로를 통과해 치즈를 찾는 테스트에서 더 뛰어났다. 보통의 쥐들은 네다섯 번의 시도 끝에 올바른 길을 배웠지만, 인간의 신경교 세포를 주입받은 쥐들은 두 번 만에 학습했다.

① 인간의 신경교 세포를 쥐에게 주입하면, 쥐의 뉴런은 전기 신호를 전달하지 못할 것이다.
② 인간의 뉴런 세포를 쥐에게 주입하면, 쥐의 두뇌에는 화학적 신호의 연쇄 반응이 더 활발해질 것이다.
③ 인간의 뉴런 세포를 쥐에게 주입하면, 그 뉴런 세포는 쥐의 두뇌 유지에 필요한 영양을 공급할 것이다.
④ 인간의 신경교 세포를 쥐에게 주입하면, 그 신경교 세포는 쥐의 뉴런을 보다 효과적으로 조정할 것이다.
⑤ 인간의 신경교 세포를 쥐에게 주입하면, 그 신경교 세포는 쥐의 신경교 세포의 기능을 갖도록 변화할 것이다.

19 다음 글을 읽고 추론한 내용으로 적절하지 않은 것은?

> 태양 빛은 흰색으로 보이지만 실제로는 다양한 파장의 가시광선이 혼합되어 나타난 것이다. 프리즘을 통과시키면 흰색 가시광선은 파장에 따라 붉은빛부터 보랏빛까지의 무지갯빛으로 분해된다. 가시광선의 파장 범위는 390 ~ 780nm* 정도인데 보랏빛이 가장 짧고 붉은빛이 가장 길다. 빛의 진동수는 파장과 반비례하므로 진동수는 보랏빛이 가장 크고 붉은빛이 가장 작다. 태양 빛이 대기층에 입사하여 산소나 질소 분자와 같은 공기 입자(직경 0.1 ~ 1nm 정도), 먼지 미립자, 에어로졸**(직경 1 ~ 100,000nm 정도) 등과 부딪치면 여러 방향으로 흩어지는데 이러한 현상을 산란이라 한다.
>
> 산란은 입자의 직경과 빛의 파장에 따라 '레일리(Rayleigh) 산란'과 '미(Mie) 산란'으로 구분된다. 레일리 산란은 입자의 직경이 파장의 1/10보다 작을 경우에 일어나는 산란을 말하는데 그 세기는 파장의 네제곱에 반비례한다. 대기의 공기 입자는 직경이 매우 작아 가시광선 중 파장이 짧은 빛을 주로 산란시키며, 파장이 짧을수록 산란의 세기가 강하다. 따라서 맑은 날에는 주로 공기 입자에 의한 레일리 산란이 일어나서 보랏빛이나 파란빛이 강하게 산란되는 반면 붉은빛이나 노란빛은 약하게 산란된다. 산란되는 세기로는 보랏빛이 가장 강하겠지만, 우리 눈은 보랏빛보다 파란빛을 더 잘 감지하기 때문에 하늘은 파랗게 보이는 것이다. 만약 태양 빛이 공기 입자보다 큰 입자에 의해 레일리 산란이 일어나면 공기 입자만으로는 산란이 잘되지 않던 긴 파장의 빛까지 산란되어 하늘의 파란빛은 상대적으로 엷어진다.
>
> 미 산란은 입자의 직경이 파장의 1/10보다 큰 경우에 일어나는 산란을 말하는데 주로 에어로졸이나 구름 입자 등에 의해 일어난다. 이때 산란의 세기는 파장이나 입자 크기에 따른 차이가 거의 없다. 구름이 흰색으로 보이는 것은 미 산란으로 설명된다. 구름 입자(직경 20,000nm 정도)처럼 입자의 직경이 가시광선의 파장보다 매우 큰 경우에는 모든 파장의 빛이 고루 산란된다. 이 산란된 빛이 동시에 우리 눈에 들어오면 모든 무지갯빛이 혼합되어 구름이 하얗게 보인다. 이처럼 대기가 없는 달과 달리 지구는 산란 효과에 의해 파란 하늘과 흰 구름을 볼 수 있다.
>
> *나노미터 : 물리학적 계량 단위($1\text{nm}=10^{-9}\text{m}$)
> **에어로졸 : 대기에 분산된 고체 또는 액체 입자

① 가시광선의 파란빛은 보랏빛보다 진동수가 작다.
② 프리즘으로 분해한 태양 빛을 다시 모으면 흰색이 된다.
③ 파란빛은 가시광선 중에서 레일리 산란의 세기가 가장 크다.
④ 빛의 진동수가 2배가 되면 레일리 산란의 세기는 16배가 된다.
⑤ 달의 하늘에서는 공기 입자에 의한 태양 빛의 산란이 일어나지 않는다.

20 다음 글의 내용으로 적절하지 않은 것은?

헤로도토스의 앤드로파기(식인종)나 신화나 전설적 존재들인 반인반양, 켄타우루스, 미노타우로스 등은 아무래도 역사적인 구체성이 크게 결여된 편이다. 반면에 르네상스의 야만인 담론에 등장하는 야만인들은 서구의 전통 야만인관에 의해 각색되었지만, 이전과는 달리 현실적 구체성을 띠고 나타난다. 하지만 이때도 문명의 시각이 작동하여 야만인이 저질 인간으로 인식되는 것은 마찬가지이다. 다만 이런 인식이 서구 중심의 세계체제 형성과 관련을 맺는다는 점이 이전과의 차이점이다. 르네상스 야만인상은 서구인의 문명건설 과업과 관련하여 만들어진 것이다. '신대륙 발견'과 더불어 '문명'과 '야만'의 접촉이 빈번해지자 야만인은 더는 신화적·상징적·문화적 이해 대상이 아니다. 이제 그는 실제 경험의 대상으로서 서구인의 일상생활에까지 모습을 드러내는 존재이다.
특히 주목해야 할 점은 콜럼버스의 '신대륙 발견' 이후로 야만인 담론은 유럽인이 '발견'한 지역의 원주민들과 집단으로 직접 만나는 실제 체험과 관련되어 있다는 사실이다. 르네상스 이전이라고 해서 이방의 원주민들을 만나지 않았을 리 없겠지만 그때에는 원주민에 관한 정보가 직접 경험에 의한 것이라기보다는 뜬소문에 근거하거나 아니면 순전히 상상의 산물인 경우가 많았다. 반면에 르네상스 시대 야만인은 그냥 원주민이 아니다. 이때 원주민은 식인종이며 바로 이 점 때문에 문명인의 교화를 받거나 정복과 절멸의 대상이 된다. 이 점은 코르테스가 정복한 아스테카 제국인 멕시코를 생각하면 쉽게 이해할 수 있다.
멕시코는 당시 거대한 제국으로서 유럽에서도 유례를 찾아보기 힘들 정도로 인구 25만의 거대한 도시를 건설한 '문명국'이었다. 하지만 멕시코 정벌에 참여한 베르날 디아즈는 나중에 이 경험을 토대로 한 회고록 『뉴 스페인 정복사』에서 멕시코 원주민들을 지독한 식인습관을 가진 것으로 매도한다. 멕시코 원주민들이 식인종으로 규정되고 나면 그들이 아무리 스페인 정복군이 눈이 휘둥그레질 정도로 발달된 문화를 가지고 있어도 소용이 없다. 그들은 집단으로 '식인 야만인'으로 규정됨으로써 정복의 대상이 되고 또 이로 말미암아 세계사의 흐름에 큰 변화가 오게 된다. 거대한 대륙의 주인이 바뀌는 것이다.

① 고대에 형성된 야만인 이미지들은 경험에 의한 것이기보다 허구의 산물이었다.
② 르네상스 이후 서구인의 야만인 담론은 전통적인 야만인관과 단절을 이루었다.
③ 르네상스 이후 야만인은 서구의 세계제패 전략의 관점에서 인식되고 평가되었다.
④ 스페인 정복군에 의한 아즈테카 문명의 정복은 서구 야만인 담론을 통해 합리화되었다.
⑤ 콜럼버스 신대륙 발견 이후 야만인은 문명에 의해 교화되거나 정복되어야 할 잔인한 존재로 매도되었다.

CHAPTER

05 2022년 하반기 기출복원문제

정답 및 해설 p.032

| 01 | 수리

01 S기업에서는 사회 나눔 사업의 일환으로 마케팅부에서 5팀, 총무부에서 2팀을 구성해 어느 요양 시설에서 7팀 모두가 하루에 한 팀씩 7일 동안 봉사활동을 하려고 한다. 7팀의 봉사활동 순번을 임의로 정할 때, 첫 번째 날 또는 일곱 번째 날에 총무부 소속 팀이 봉사활동을 하게 될 확률은 $\frac{b}{a}$이다. $a-b$의 값은?(단, a와 b는 서로소이다)

① 4
② 6
③ 8
④ 10
⑤ 12

02 아마추어 야구 시합에서 A팀과 B팀이 경기하고 있다. 7회 말까지는 동점이었고 8·9회에서 A팀이 획득한 점수는 B팀이 획득한 점수의 2배였다. 최종적으로 12 : 9로 A팀이 승리하였을 때, 8·9회에서 B팀은 몇 점을 획득하였는가?

① 2점
② 3점
③ 4점
④ 5점
⑤ 6점

03 S사에서는 업무 효율을 높이기 위해 근무 여건 개선 방안에 대하여 논의하고자 한다. 논의 자료를 위하여 전 직원의 야간 근무 현황을 조사하였을 때, 다음 중 옳지 않은 것은?

〈야간 근무 현황(주 단위)〉

(단위 : 일, 시간)

구분	임원	부장	과장	대리	사원
평균 야간 근무 빈도	1.2	2.2	2.4	1.8	1.4
평균 야간 근무 시간	1.8	3.3	4.8	6.3	4.2

※ 60분의 3분의 2 이상을 채울 시 1시간으로 야간근무수당을 계산함

① 과장은 한 주에 평균적으로 2.4일 정도 야간 근무를 한다.
② 전 직원의 주 평균 야간 근무 빈도는 1.8일이다.
③ 사원은 한 주 동안 평균 4시간 12분 정도 야간 근무를 하고 있다.
④ 1회 야간 근무 시 평균적으로 가장 긴 시간 동안 일하는 직원은 대리이다.
⑤ 야간근무수당이 시간당 10,000원이라면 과장은 주 평균 50,000원을 받는다.

04 화물 출발지와 도착지 간 거리가 A기업은 100km, B기업은 200km이며, 운송량은 A기업이 5톤, B기업이 1톤이다. 국내 운송 시 수단별 요금체계가 다음과 같을 때, A기업과 B기업의 운송비용에 대한 설명으로 옳은 것은?(단, 다른 조건은 같다)

〈국내 운송 시 수단별 요금체계〉

(단위 : 원)

구분		화물자동차	철도	연안해송
운임	기본운임	200,000	150,000	100,000
	추가운임	1,000	900	800
부대비용		100	300	500

※ 추가운임 및 부대비용은 거리(km)와 무게(톤)를 곱하여 산정함

① A, B 모두 화물자동차 운송이 저렴하다.
② A는 화물자동차가 저렴하고, B는 모든 수단이 같다.
③ A는 모든 수단이 같고, B는 연안해송이 저렴하다.
④ A, B 모두 철도운송이 저렴하다.
⑤ A는 연안해송, B는 철도운송이 저렴하다.

Easy

05 **다음은 2017 ~ 2021년의 한부모 및 미혼모·부 가구 수를 조사한 자료이다. 이에 대한 설명으로 옳지 않은 것은?**

〈2017 ~ 2021년 한부모 및 미혼모·부 가구 수〉

(단위 : 천 명)

구분		2017년	2018년	2019년	2020년	2021년
한부모 가구	모자 가구	1,600	2,000	2,500	3,600	4,500
	부자 가구	300	340	480	810	990
미혼모·부 가구	미혼모 가구	80	68	55	72	80
	미혼부 가구	28	17	22	27	30

① 한부모 가구 중 모자 가구 수는 2018 ~ 2021년까지 2020년을 제외하고 매년 1.25배씩 증가한다.

② 한부모 가구에서 부자 가구가 모자 가구 수의 20%를 초과한 연도는 2020년과 2021년이다.

③ 2018 ~ 2021년 전년 대비 미혼모 가구와 미혼부 가구 수의 증감 추이가 바뀌는 연도는 같다.

④ 2020년 미혼모 가구 수는 모자 가구 수의 2%이다.

⑤ 2018년 부자 가구 수는 미혼부 가구 수의 20배이다.

06 다음은 인천국제공항의 연도별 세관 물품 신고 수에 대한 자료이다. 〈보기〉에 따라 A ~ D에 들어갈 물품으로 바르게 나열한 것을 고르면?

〈연도별 세관 물품 신고 수〉

(단위 : 만 건)

구분	2017년	2018년	2019년	2020년	2021년
A	3,547	4,225	4,388	5,026	5,109
B	2,548	3,233	3,216	3,410	3,568
C	3,753	4,036	4,037	4,522	4,875
D	1,756	2,013	2,002	2,135	2,647

보기

ㄱ. 가전류와 주류의 2018 ~ 2020년까지 전년 대비 세관 물품 신고 수는 증가와 감소가 반복되었다.
ㄴ. 2021년도 담배류 세관 물품 신고 수의 전년 대비 증가량은 두 번째로 많다.
ㄷ. 2018 ~ 2021년 동안 매년 세관 물품 신고 수가 가장 많은 것은 잡화류이다.
ㄹ. 2020년도 세관 물품 신고 수의 전년 대비 증가율이 세 번째로 높은 것은 주류이다.

	A	B	C	D
①	잡화류	담배류	가전류	주류
②	담배류	가전류	주류	잡화류
③	잡화류	가전류	담배류	주류
④	가전류	담배류	잡화류	주류
⑤	가전류	잡화류	담배류	주류

07 반도체 부품 회사에서 근무하는 S사원은 월별 매출 현황에 대한 보고서를 작성 중이었다. 그런데 실수로 파일이 삭제되어 기억나는 매출액만 다시 작성하였다. S사원이 기억하는 월평균 매출액은 35억 원이고, 상반기의 월평균 매출액은 26억 원이었다. 다음 중 남아 있는 매출 현황을 통해 상반기 평균 매출 대비 하반기 평균 매출의 증감액을 구하면?

〈월별 매출 현황〉

(단위 : 억 원)

1월	2월	3월	4월	5월	6월	7월	8월	9월	10월	11월	12월	평균
	10	18	36				35	20	19			35

① 12억 원 증가
② 12억 원 감소
③ 18억 원 증가
④ 18억 원 감소
⑤ 20억 원 증가

Hard

08 다음은 통계청에서 발표한 서울 지역 물가지수에 대한 자료이다. 이에 대한 설명으로 옳지 않은 것은?

〈서울 지역 소비자물가지수 및 생활물가지수〉

(단위 : %)

구분	2018년	2019년				2020년				2021년		
	4/4 분기	1/4 분기	2/4 분기	3/4 분기	4/4 분기	1/4 분기	2/4 분기	3/4 분기	4/4 분기	1/4 분기	2/4 분기	3/4 분기
소비자 물가지수	95.5	96.4	97.7	97.9	99.0	99.6	100.4	100.4	101.0	102.6	103.4	104.5
전년 동기 (월)비	4.2	3.9	2.5	2.4	2.7	2.5	2.5	2.8	3.2	3.6	3.8	4.1
생활물가지수	95.2	95.9	97.1	97.6	99.1	99.7	99.7	100.4	100.9	103.1	103.5	104.5
전년 동기 (월)비	3.5	3.1	2.4	2.5	3.4	2.7	2.7	2.9	3.4	4.0	3.8	4.1

※ 물가지수는 2018년을 100으로 하여 각 연도의 비교치를 제시한 것임

① 2018년에 비해 2020년 소비자물가지수는 거의 변동이 없다.
② 2021년 4/4분기의 생활물가지수가 95.9포인트라면, 2021년 생활물가지수는 2020년에 비해 2포인트 이상 상승했다.
③ 2018년 이후 소비자물가지수와 생활물가지수는 매년 상승했다.
④ 2020년에는 소비자물가지수가 생활물가지수보다 약간 더 높다.
⑤ 전년 동기와 비교하여 상승 폭이 가장 클 때는 2018년 4/4분기 소비자물가지수이고, 가장 낮을 때는 2019년 2/4분기 생활물가지수와 2019년 3/4분기 소비자물가지수이다.

09 다음은 Z세균을 각각 다른 환경인 X와 Y조건에 놔두는 실험을 하였을 때 번식하는 수를 기록한 자료이다. 번식하는 수가 다음과 같이 일정한 규칙으로 변화할 때 10일 차에 Z세균의 번식 수는?

〈실험 결과〉

(단위 : 만 개)

구분	1일 차	2일 차	3일 차	4일 차	5일 차	…	10일 차
X조건에서의 Z세균	10	30	50	90	150	…	(A)
Y조건에서의 Z세균	1	2	4	8	16	…	(B)

	(A)	(B)
①	1,770	512
②	1,770	256
③	1,770	128
④	1,440	512
⑤	1,440	256

10 새로운 원유의 정제비율을 조사하기 위해 상압증류탑을 축소한 Pilot Plant에 새로운 원유를 투입해 사전분석실험을 시행했다. 다음과 같은 실험 결과를 얻었다고 할 때, 아스팔트는 최초 투입한 원유의 양 대비 몇 % 생산되는가?

〈사전분석실험 결과〉

구분	생산량
LPG	투입한 원유량의 5%
휘발유	LPG를 생산하고 남은 원유량의 20%
등유	휘발유를 생산하고 남은 원유량의 50%
경유	등유를 생산하고 남은 원유량의 10%
아스팔트	경유를 생산하고 남은 원유량의 4%

① 1.168%
② 1.368%
③ 1.568%
④ 1.768%
⑤ 1.968%

| 02 | 추리

※ 제시된 명제가 모두 참일 때, 다음 중 빈칸에 들어갈 명제로 가장 적절한 것을 고르시오. [1~2]

01

전제1. 환율이 하락하면 국가 경쟁력이 떨어졌다는 것이다.
전제2. ______________________________
전제3. 수출이 감소했다는 것은 GDP가 감소했다는 것이다.
결론. 수출이 감소하면 국가 경쟁력이 떨어진다.

① 국가 경쟁력이 떨어지면 수출이 감소했다는 것이다.
② GDP가 감소해도 국가 경쟁력은 떨어지지 않는다.
③ 환율이 상승하면 GDP가 증가한다.
④ 환율이 하락해도 GDP는 감소하지 않는다.
⑤ 수출이 증가했다는 것은 GDP가 증가했다는 것이다.

02

전제1. 아는 것이 적으면 인생에 나쁜 영향이 생긴다.
전제2. ______________________________
전제3. 지식을 함양하지 않으면 아는 것이 적다.
결론. 공부를 열심히 하지 않으면 인생에 나쁜 영향이 생긴다.

① 공부를 열심히 한다고 해서 지식이 생기지는 않는다.
② 지식을 함양했다는 것은 공부를 열심히 했다는 뜻이다.
③ 아는 것이 많으면 인생에 나쁜 영향이 생긴다.
④ 아는 것이 많으면 지식이 많다는 뜻이다.
⑤ 아는 것이 적으면 지식을 함양하지 않았다는 것이다.

Easy

03 **고등학생 S는 총 7과목(ㄱ ~ ㅅ)을 한 과목씩 순서대로 중간고사를 보려고 한다. S가 세 번째로 시험 보는 과목이 ㄱ일 때, 〈조건〉에 따라 네 번째로 시험 보는 과목은?**

조건

- 7개의 과목 중에서 ㄷ은 시험을 보지 않는다.
- ㅅ은 ㄴ보다 나중에 시험 본다.
- ㄴ은 ㅂ보다 먼저 시험 본다.
- ㄹ은 ㅁ보다 나중에 시험 본다.
- ㄴ은 ㄱ과 ㄹ보다 나중에 시험 본다.

① ㄴ ② ㄹ
③ ㅁ ④ ㅂ
⑤ ㅅ

04 **S사는 공개 채용을 통해 4명의 남자 사원과 2명의 여자 사원을 최종 선발하였고, 선발된 6명의 신입 사원을 기획부, 인사부, 구매부 세 부서에 배치하려고 한다. 다음 〈조건〉에 따라 신입 사원을 배치할 때, 옳지 않은 것은?**

조건

- 기획부, 인사부, 구매부 각 부서에 적어도 한 명의 신입 사원을 배치한다.
- 기획부, 인사부, 구매부에 배치되는 신입 사원의 수는 서로 다르다.
- 부서별로 배치되는 신입 사원의 수는 구매부가 가장 적고, 기획부가 가장 많다.
- 여자 신입 사원만 배치되는 부서는 없다.

① 인사부에는 2명의 신입 사원이 배치된다.
② 구매부에는 1명의 남자 신입 사원이 배치된다.
③ 기획부에는 반드시 여자 신입 사원이 배치된다.
④ 인사부에는 반드시 여자 신입 사원이 배치된다.
⑤ 인사부에는 1명 이상의 남자 신입 사원이 배치된다.

05 **함께 놀이공원에 간 A ~ E 5명 중 1명만 롤러코스터를 타지 않고 회전목마를 탔다. 이들은 집으로 돌아오는 길에 다음과 같은 대화를 나누었다. 5명 중 2명은 거짓을 말하고, 나머지 3명은 모두 진실을 말한다고 할 때, 롤러코스터를 타지 않은 사람은?**

- A : 오늘 탄 롤러코스터는 정말 재밌었어. 나는 같이 탄 E와 함께 소리를 질렀어.
- B : D는 회전목마를 탔다던데? E가 회전목마를 타는 D를 봤대. E의 말은 사실이야.
- C : D는 회전목마를 타지 않고 롤러코스터를 탔어.
- D : 나는 혼자서 회전목마를 타고 있는 B를 봤어.
- E : 나는 롤러코스터를 탔어. 손뼉을 칠 만큼 너무 완벽한 놀이기구야.

① A
② B
③ C
④ D
⑤ E

06 **A ~ D는 S아파트 10층에 살고 있다. 다음 〈조건〉을 고려하였을 때, 항상 거짓인 것은?**

조건

- 아파트 10층의 구조는 다음과 같다.

계단	1001호	1002호	1003호	1004호	엘리베이터

- A는 엘리베이터보다 계단이 더 가까운 곳에 살고 있다.
- C와 D는 계단보다 엘리베이터에 더 가까운 곳에 살고 있다.
- D는 A 바로 옆에 살고 있다.

① C 옆에는 D가 살고 있다.
② D는 1003호에 살고 있다.
③ A보다 계단이 가까운 곳에 살고 있는 사람은 B이다.
④ B가 살고 있는 곳에서 엘리베이터 쪽으로는 2명이 살고 있다.
⑤ 본인이 살고 있는 곳과 가장 가까운 이동 수단을 이용한다면 C는 엘리베이터를 이용할 것이다.

※ 제시된 단어의 대응 관계로 볼 때, 다음 중 빈칸에 들어갈 단어로 가장 적절한 것을 고르시오. [7~8]

07

간섭 : 참견 = 갈구 : (　　)

① 관여
② 개입
③ 경외
④ 관조
⑤ 열망

08

호평 : 악평 = 예사 : (　　)

① 비범
② 통상
③ 보통
④ 험구
⑤ 인기

09 다음 글을 읽고 〈보기〉의 내용으로 적절한 것을 모두 고르면?

뉴턴 역학은 갈릴레오나 뉴턴의 근대과학 이전 중세를 지배했던 아리스토텔레스의 역학관에 정면으로 반대된다. 아리스토텔레스에 의하면 물체가 똑같은 운동 상태를 유지하기 위해서는 외부에서 끝없이 힘이 제공되어야만 한다. 이렇게 물체에 힘을 제공하는 기동자가 물체에 직접적으로 접촉해야 운동이 일어난다. 기동자가 없어지거나 물체와의 접촉이 중단되면 물체는 자신의 운동 상태를 유지할 수 없다. 그러나 관성의 법칙에 의하면 외력이 없는 한 물체는 자신의 원래 운동 상태를 유지한다. 아리스토텔레스는 기본적으로 물체의 운동을 하나의 정지 상태에서 다른 정지 상태로의 변화로 이해했다. 즉, 아리스토텔레스에게는 물체의 정지 상태가 물체의 운동 상태와는 아무런 상관이 없었다. 그러나 근대 과학의 시대를 열었던 갈릴레오나 뉴턴에 의하면 물체가 정지한 상태는 운동하는 상태의 특수한 경우이다. 운동 상태가 바뀌는 것은 물체의 외부에서 힘이 가해지는 경우이다. 즉, 힘은 운동의 상태를 바꾸는 요인이다. 지금 우리는 뉴턴 역학이 옳다고 자연스럽게 생각하고 있지만 이론적인 선입견을 배제하고 일상적인 경험만 떠올리면 언뜻 아리스토텔레스의 논리가 더 그럴듯하게 보일 수도 있다.

보기

ㄱ. 뉴턴 역학은 적절하지 않으므로, 아리스토텔레스의 역학관을 따라야 한다.
ㄴ. 아리스토텔레스는 '외부에서 힘이 작용하지 않으면 운동하는 물체는 계속 그 상태로 운동하려 하고, 정지한 물체는 계속 정지해 있으려고 한다.'고 주장했다.
ㄷ. 뉴턴이나 갈릴레오 또한 당시에는 아리스토텔레스의 논리가 옳다고 판단하였다.
ㄹ. 아리스토텔레스는 정지와 운동을 별개로 보았다.

① ㄴ
② ㄹ
③ ㄱ, ㄷ
④ ㄴ, ㄹ
⑤ ㄱ, ㄴ, ㄷ

10 다음 글의 주장에 대한 비판으로 가장 적절한 것은?

사회 현상을 볼 때는 돋보기로 세밀하게, 그리고 때로는 멀리 떨어져서 전체 속에 어떻게 위치하고 있는가를 동시에 봐야 한다. 숲과 나무는 서로 다르지만 따로 떼어 생각할 수 없기 때문이다. 현대 사회 현상의 최대 쟁점인 과학 기술에 대해 평가할 때도 마찬가지이다. 로봇 탄생의 숲을 보면, 그 로봇 개발에 투자한 사람과 로봇을 개발한 사람들의 의도가 드러난다. 그리고 나무인 로봇을 세밀히 보면, 그 로봇이 생산에 이용되는지 아니면 감옥의 죄수들을 감시하기 위한 것인지 그 용도를 알 수가 있다. 이 광범한 기술의 성격을 객관적이고 물질적이어서 가치관이 없다고 쉽게 생각하면 로봇에 당하기 십상이다.

자동화는 자본주의의 실업을 늘려 실업자에 대해 생계의 위협을 가하는 측면뿐 아니라, 기존 근로자에 대한 감시를 더욱 효율적으로 해내는 역할도 수행한다. 자동화를 적용하는 기업 측에서는 자동화가 인간의 삶을 증대시키는 이미지로 일반 사람들에게 인식되기를 바란다. 그래야 자동화 도입에 대한 노동자의 반발을 무마하고 기업가의 구상을 관철시킬 수 있기 때문이다. 그러나 자동화나 기계화 도입으로 인해 실업을 두려워하고, 업무 내용이 바뀌는 것을 탐탁해 하지 않았던 유럽의 노동자들은 자동화 도입에 대해 극렬히 반대했던 경험들을 갖고 있다.

지금도 자동화 · 기계화는 좋은 것이라는 고정관념을 가진 사람들이 많고, 현실에서 이러한 고정관념이 가져오는 파급 효과는 의외로 크다. 예를 들어 은행에 현금을 자동으로 세는 기계가 등장하면 은행원들이 현금을 세는 작업량은 줄어든다. 손님들도 기계가 현금을 재빨리 세는 것을 보고 감탄해 하면서 행원이 세는 것보다 더 많은 신뢰를 보낸다. 그러나 현금 세는 기계의 도입에는 이익 추구라는 의도가 숨어 있다. 현금 세는 기계는 행원의 수고를 덜어 준다. 그러나 현금 세는 기계를 들여옴으로써 실업자가 생기고 만다. 사람이 잘만 이용하면 잘 써먹을 수 있을 것만 같은 기계가 엄청나게 혹독한 성품을 지닌 프랑켄슈타인으로 돌변하는 것이다.

자동화와 정보화를 추진하는 핵심 조직이 기업이란 것에서도 알 수 있듯이 기업은 이윤 추구에 도움이 되지 않는 행위는 무가치하다고 판단한다. 그러므로 자동화는 그 계획 단계에서부터 기업의 의도가 스며들어가 탄생된다. 또한 그 의도대로 자동화나 정보화가 진행되면, 다른 한편으로 의도하지 않은 결과를 초래한다. 자동화와 같은 과학 기술이 풍요를 생산하는 수단이라고 생각하는 것은 하나의 고정관념에 불과하다.

채플린이 제작한 영화 「모던 타임즈」에 나타난 것처럼 초기 산업화 시대에는 기계에 종속된 인간의 모습이 가시적으로 드러날 수밖에 없었다. 그래서 이러한 종속에 저항하고자 하는 인간의 노력도 적극적인 모습을 보였다. 그러나 현대의 자동화기기는 그 첨병이 정보 통신기기로 바뀌면서 문제는 질적으로 달라진다. 무인 생산까지 진전된 자동화나 정보 통신화는 인간에게 단순 노동을 반복시키는 그런 모습을 보이지 않는다. 그래서인지는 몰라도 정보 통신은 별 무리 없이 어느 나라에서나 급격하게 개발 · 보급되고 보편화되어 있다. 그런데 문제는 이 자동화기기가 생산에만 이용되는 것이 아니라, 노동자를 감시하거나 관리하는 데도 이용될 수 있다는 것이다. 오히려 정보 통신의 발달로 이전보다 사람들은 더 많은 감시와 통제를 받게 되었다.

① 기업의 이윤 추구가 사회 복지 증진과 직결될 수 있음을 간과하고 있어.
② 기계화 · 정보화가 인간의 삶의 질 개선에 기여하고 있음을 경시하고 있어.
③ 기계화를 비판하는 주장만 되풀이할 뿐, 구체적인 근거를 제시하지 않고 있어.
④ 화제의 부분적 측면에 관계된 이론을 소개하여 편향적 시각을 갖게 하고 있어.
⑤ 현대의 기술 문명이 가져다 줄 수 있는 긍정적인 측면을 과장하여 강조하고 있어.

11 **다음 글에 대한 반론으로 가장 적절한 것은?**

어느 관현악단의 연주회장에서 연주가 한창 진행되는 도중에 휴대 전화의 벨 소리가 울려 음악의 잔잔한 흐름과 고요한 긴장이 깨져버렸다. 청중들은 객석 여기저기를 둘러보았다. 그런데 황급히 호주머니에서 휴대 전화를 꺼내 전원을 끄는 이는 다름 아닌 관현악단의 바이올린 주자였다. 연주는 계속되었지만 연주회의 분위기는 엉망이 되었고, 음악을 감상하던 많은 사람에게 찬물을 끼얹었다. 이와 같은 사고는 극단적인 사례이지만 공공장소의 소음이 심각한 사회 문제가 될 수 있다는 사실을 보여주고 있다.
소음 문제는 물질문명의 발달과 관련이 있다. 산업화가 진행됨에 따라 우리의 생활 속에는 '개인적 도구'가 증가하고 있다. 그러한 도구들 덕분에 우리의 생활은 점점 편리해지고 합리적이며 효율적으로 변해가고 있다. 그러나 그러한 이득은 개인과 그가 소유하고 있는 물건 사이의 관계에서 성립하는 것으로 그 관계를 넘어서면 전혀 다른 문제가 된다. 제한된 공간 속에서 개인적 도구가 넘쳐남에 따라, 개인과 개인, 도구와 도구, 그리고 자신의 도구와 타인과의 관계 등이 모순을 일으키는 것이다. 소음 문제도 마찬가지이다. 개인의 차원에서는 편리와 효율을 제공하는 도구들이, 전체의 차원에서는 불편과 비효율을 빚어내는 것이다. 그래서 많은 사회에서 개인적 도구가 타인의 권리를 침해하는 것을 방지하기 위하여 공공장소의 소음을 규제하고 있다.

① 사람들은 소음을 통해 자신의 권리를 침해받기도 한다.
② 문명이 발달함에 따라 소음 문제도 대두되고 있다.
③ 소음 문제는 보통 제한된 공간 속에서 개인적 도구가 과도함에 따라 발생한다.
④ 엿장수의 가위 소리와 같이 소리는 단순한 물리적 존재가 아닌 문화적 가치를 담은 존재가 될 수 있다.
⑤ 개인 차원에서 효율적인 도구들이 전체 차원에서는 문제가 될 수도 있다.

Easy

12 **다음 글에서 추론할 수 있는 내용으로 가장 적절한 것은?**

무선으로 전력을 주고받으면, 전원을 직접 연결하는 유선보다 효율은 떨어지지만 전자 제품을 자유롭게 이동하며 사용할 수 있는 장점이 있다. 이처럼 무선으로 전력을 주고받을 수 있도록 전자기를 활용하여 전기를 공급하거나 이용하는 기술이 무선 전력 전송 방식인데 대표적으로 '자기 유도 방식'과 '자기 공명 방식' 두 가지를 들 수 있다.

자기 유도 방식은 변압기의 원리와 유사하다. 변압기는 네모 모양의 철심 좌우에 코일을 감아, 1차 코일에 '+, −' 극성이 바뀌는 교류 전류를 보내면 마치 자석을 운동시켜서 자기장을 형성하는 것처럼 1차 코일에서도 자기장을 형성한다. 이 자기장에 의해 2차 코일에 전류가 만들어지는데 이 전류를 유도전류라 한다. 변압기는 자기장의 에너지를 잘 전달할 수 있는 철심이 있으나, 자기 유도 방식은 철심이 없이 무선 전력 전송을 하는 것이다.

이러한 자기 유도 방식은 전력 전송 효율이 90% 이상으로 매우 높다는 장점이 있다. 하지만 1차 코일에 해당하는 송신부와 2차 코일에 해당하는 수신부가 수 센티미터 이상 떨어지거나 송신부와 수신부의 중심이 일치하지 않게 되면 전력 전송 효율이 급격히 저하된다는 문제점이 있다. 휴대전화 같은 경우, 충전 패드에 휴대전화를 올려놓는 방식으로 거리 문제를 해결하고 충전 패드 전체에 코일을 배치하여 송수신부 간 전송 효율을 높임으로써 무선 충전이 가능하도록 하였다. 다만 휴대전화는 직류 전류를 사용하기 때문에 1차 코일로부터 2차 코일에 유도된 교류 전류를 직류 전류로 변환해 주는 정류기가 충전 단계 전에 필요하다.

두 번째 전송 방식은 자기 공명 방식이다. 다양한 소리굽쇠 중에 하나를 두드리면 동일한 고유 진동수를 가지는 소리굽쇠가 같이 진동하는 물리적 현상이 공명이다. 자기장에 공명이 일어나도록 1차 코일과 공진기를 설계하여 공진 주파수를 만든다. 이후 2차 코일과 공진기를 설계하여 공진 주파수가 전달되도록 하는 것이 자기 공명 방식의 원리이다.

이러한 특성으로 인해 자기 공명 방식은 자기 유도 방식과 달리 수 미터 가량 근거리 전력 전송이 가능하다는 장점이 있다. 이 방식이 상용화된다면, 송신부와 공명되는 여러 전자 제품을 전원을 연결하지 않아도 사용할 수 있거나 충전할 수 있다. 그러나 실험 단계의 코일 크기로는 일반 가전제품에 적용할 수 없으므로 코일을 소형화해야 할 필요가 있다. 따라서 이를 해결하기 위한 연구가 필요하다.

① 자기 유도 방식은 변압기의 핵심인 유도 전류와 철심을 이용한 방식이다.

② 자기 유도 방식을 사용하면 무선 전력 전송임에도 어떠한 환경에서든 유실되는 전력이 많이 없다는 장점이 있다.

③ 휴대전화와 자기 유도 방식의 '2차 코일'은 모두 직류 전류 방식이다.

④ 자기 공명 방식에서 2차 코일은 공진 주파수를 생성하는 역할을 한다.

⑤ 자기 공명 방식에서 해결이 시급한 것은 전력을 생산하는데 필요한 코일의 크기가 너무 크다는 것이다.

13 다음 글을 토대로 〈보기〉를 바르게 해석한 것은?

1930년대 대공황 상황에서 케인스는 당시 영국과 미국에 만연한 실업의 원인을 총수요의 부족이라고 보았다. 그는 총수요가 증가하면 기업의 생산과 고용이 촉진되고 가계의 소득이 늘어 경기를 부양할 수 있다고 주장했다. 따라서 정부의 재정정책을 통해 총수요를 증가시킬 필요성을 제기하였다. 케인스는 총수요를 늘리기 위해서 총수요 중 많은 부분을 차지하는 가계의 소비에 주목하였고, 소비는 소득과 밀접한 관련이 있다고 생각하였다. 케인스는 절대소득가설을 내세워, 소비를 결정하는 요인들 중에서 가장 중요한 것은 현재의 소득이라고 하였다. 그리고 소득이 없더라도 생존을 위해 꼭 필요한 소비인 기초소비가 존재하며, 소득이 증가함에 따라 일정 비율로 소비도 증가한다고 주장하였다. 이러한 절대소득가설은 1950년대까지 대표적인 소비결정이론으로 사용되었다.

그러나 쿠즈네츠는 절대소득가설로는 설명하기 어려운 소비 행위가 이루어지고 있음에 주목하였다. 쿠즈네츠는, 미국에서 장기간에 걸쳐 일어난 각 가계의 실제 소비 행위를 분석한 결과 저소득층의 소득 중 소비가 차지하는 비율이 고소득층보다 높다는 것을 발견하였다. 이러한 실증 분석 결과는 절대소득가설로는 명확히 설명하기 어려운 것이었다.

이러한 현상을 설명하기 위해 프리드먼은 소비는 장기적인 기대소득으로서의 항상소득에 의존한다는 항상소득가설을 내세웠다. 프리드먼은 실제로 측정되는 소득을 실제소득이라 하고, 실제소득은 항상소득과 임시소득으로 구성된다고 보았다. 항상소득이란 평생 동안 벌어들일 것으로 기대되는 소득의 매기 평균 또는 장기적 평균 소득이다. 임시소득은 장기적으로 예견되지 않은 일시적인 소득으로서 양(+)일 수도, 음(−)일 수도 있다. 프리드먼은 소비가 임시소득과는 아무런 상관관계가 없고 오직 항상소득에만 의존한다고 보았으며, 임시소득의 대부분은 저축된다고 설명했다. 사람들은 월급과 같이 자신이 평균적으로 벌어들이는 돈을 고려하여 소비를 하지, 예상치 못한 복권 당첨이나 주가 하락에 의한 손실을 고려하여 소비하지는 않는다는 것이다.

항상소득가설을 바탕으로 프리드먼은 쿠즈네츠가 발견한 현상을, 단기적인 소득의 증가는 임시소득이 증가한 것에 해당하므로 소비가 늘어나지 않은 것이라고 설명하였다. 항상소득가설에 따른다면 소비를 늘리기 위해서는 단기적인 재정 정책보다 장기적인 재정 정책을 펴는 것이 바람직하다. 가령 정부가 일시적으로 세금을 줄여 가계의 소득을 증가시키고 그에 따른 소비 진작을 기대한다 해도 가계는 일시적인 소득의 증가를 항상소득의 증가로 받아들이지 않아 소비를 늘리지 않기 때문이다.

보기

코로나로 인해 위축된 경제 상황을 극복하기 위해, 정부는 소득 하위 80% 국민에게 1인당 25만원의 재난지원금을 지급하기로 하였다.

① 케인스에 따르면, 재난지원금은 일시적 소득으로 대부분 저축될 것이다.
② 케인스에 따르면, 재난지원금과 같은 단기적 재정정책보다는 장기적인 재정정책을 펴야 한다고 주장할 것이다.
③ 프리드먼에 따르면, 재난지원금을 받은 국민들은 늘어난 소득만큼 소비를 늘릴 것이다.
④ 프리드먼에 따르면, 재난지원금은 생존에 꼭 필요한 기초소비 비중을 늘릴 것이다.
⑤ 프리드먼에 따르면, 재난지원금은 항상소득이 아니기 때문에 소비에 영향을 주지 않을 것이다.

※ 다음 도형의 규칙을 보고 물음표에 들어갈 도형으로 알맞은 것을 고르시오. **[14~16]**

14

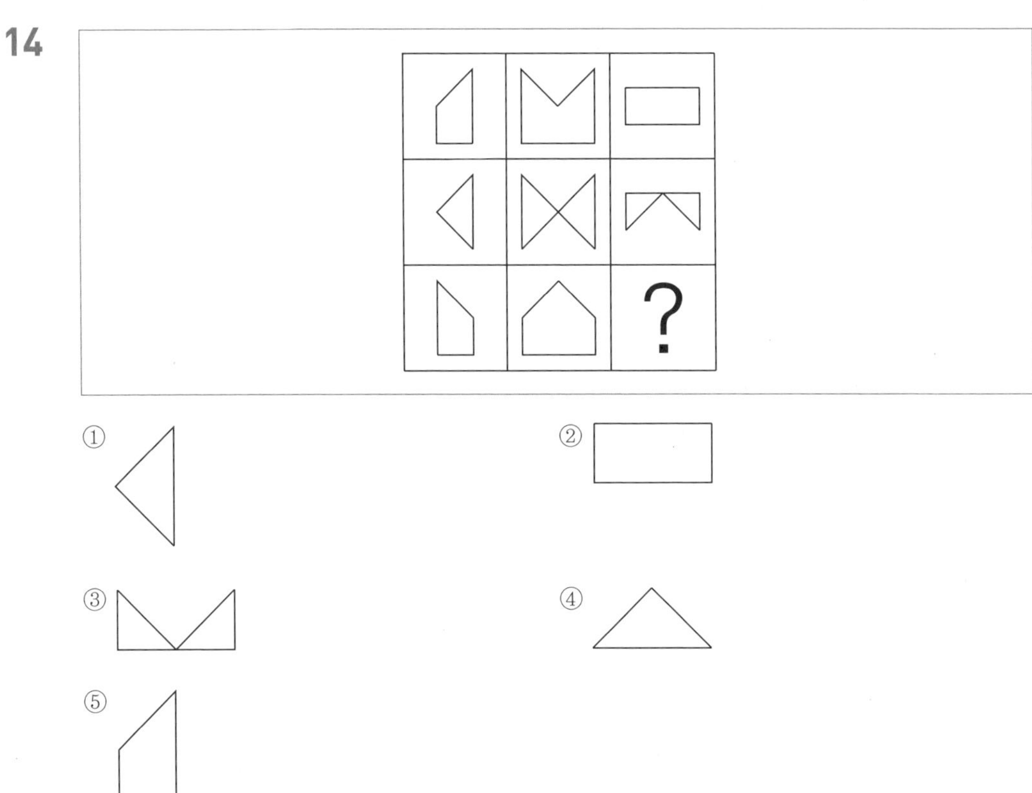

15

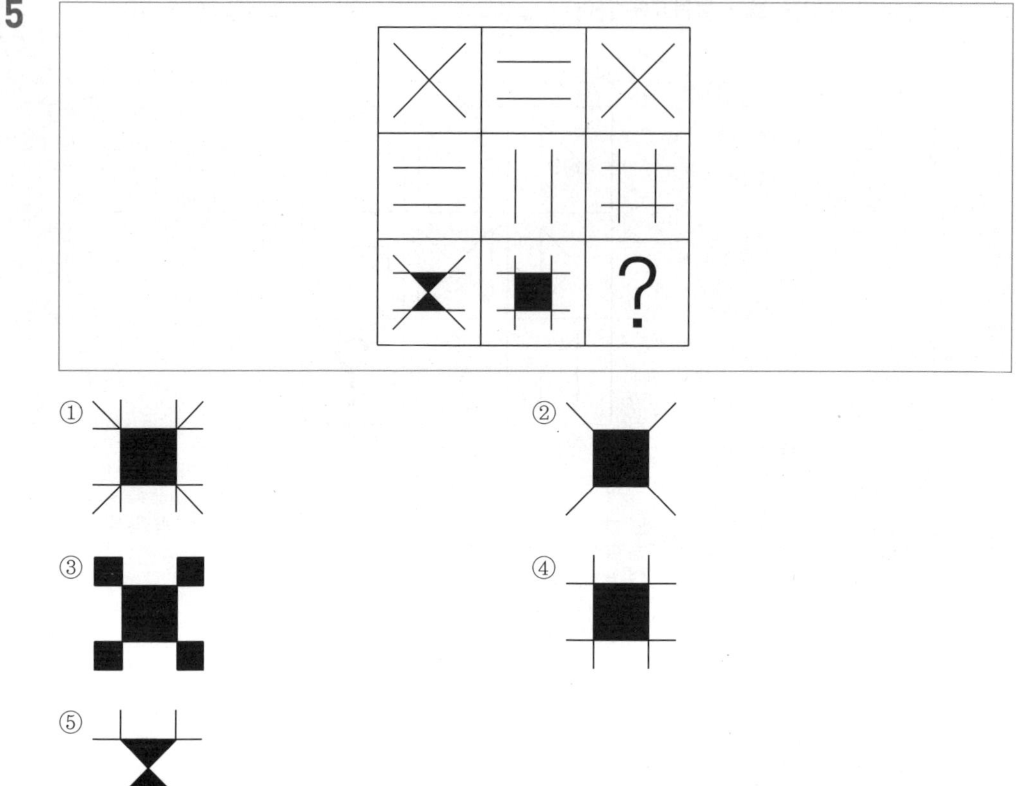

16

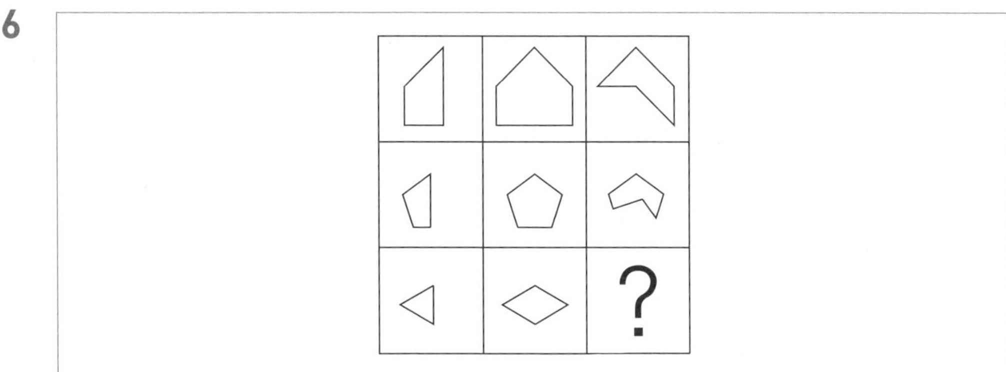

① 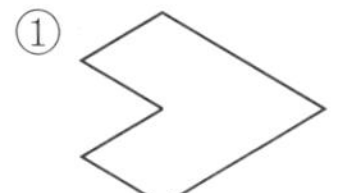

② 

③ 

④ 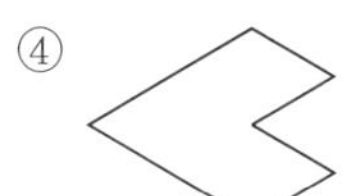

⑤ 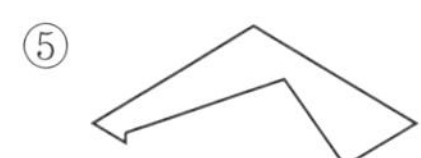

※ 다음 도식에서 기호들은 일정한 규칙에 따라 문자를 변화시킨다. 물음표에 들어갈 문자로 알맞은 것을 고르시오(단, 규칙은 가로와 세로 중 한 방향으로만 적용된다). **[17~20]**

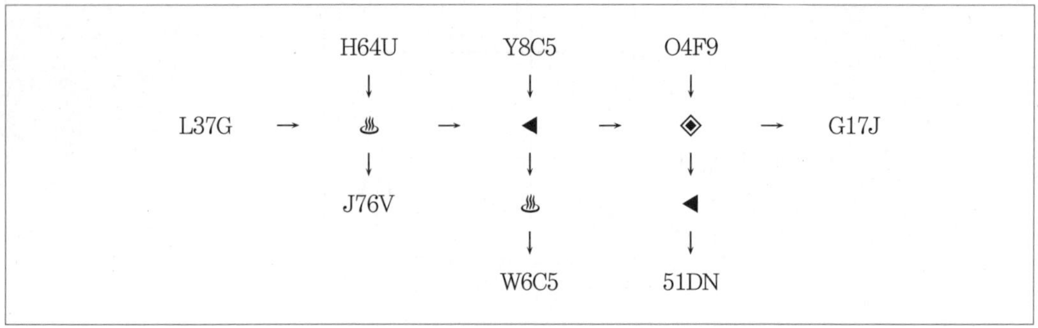

17

S4X8 → ♨ → ◈ → ?

① 37YT ② YT37
③ 95ZU ④ 5Z9U
⑤ Y73T

18

W53M → ◀ → ◈ → ?

① L12S ② M32P
③ L21S ④ MP32
⑤ 3M2P

19

T83I → ♨ → ◀ → ?

① H52Q ② Q52H
③ R63I ④ 63SI
⑤ 6S3I

20

6SD2 → ◀ → ◈ → ♨ → ?

① 34RE ② 4R3E
③ D43R ④ R4D3
⑤ 3QD3

CHAPTER

06 2022년 상반기 기출복원문제

정답 및 해설 p.039

| 01 | 수리

01 영업부 직원 네 명이 1월부터 5월 사이에 한 달에 한 명씩 출장을 간다고 할 때, 네 사람이 적어도 한 번 이상씩 출장 갈 경우의 수는?

① 60가지
② 120가지
③ 180가지
④ 240가지
⑤ 300가지

Easy

02 작년 A부서의 신입사원 수는 55명이다. 올해 A부서의 신입사원 수는 5명이 증가했고, B부서의 신입사원 수는 4명 증가했다. 올해 B부서 신입사원 수의 1.2배가 올해 A부서 신입사원 수라면, 작년 B부서의 신입사원 수는?

① 44명
② 46명
③ 48명
④ 50명
⑤ 52명

03 A ~ F 6개의 직무팀을 층마다 두 개의 공간으로 분리된 3층짜리 건물에 배치하려고 한다. A팀과 B팀이 2층에 들어갈 확률은?

① $\frac{1}{15}$
② $\frac{1}{12}$
③ $\frac{1}{9}$
④ $\frac{1}{6}$
⑤ $\frac{1}{3}$

04 S사에서 판매 중인 두 제품 A와 B의 원가의 합은 50,000원이다. 각각 10%, 12% 이익을 붙여서 5개씩 팔았을 때, 마진이 28,200원이라면 B의 원가는?

① 12,000원
② 17,000원
③ 22,000원
④ 27,000원
⑤ 32,000원

05 S사 인사이동에서 A부서 사원 6명이 B부서로 이동했다. 부서 인원이 각각 15% 감소, 12% 증가했을 때, 인사이동 전 두 부서의 인원 차이는?

① 6명
② 8명
③ 10명
④ 12명
⑤ 14명

06 S부서에는 팀원이 4명인 제조팀, 팀원이 2명인 영업팀, 팀원이 2명인 마케팅팀이 있다. 한 주에 3명씩 청소 당번을 뽑으려고 할 때, 이번 주 청소 당번이 세 팀에서 1명씩 뽑힐 확률은?

① $\frac{1}{3}$
② $\frac{1}{4}$
③ $\frac{2}{5}$
④ $\frac{2}{7}$
⑤ $\frac{2}{9}$

Hard

07 다음은 휴대폰 A～D의 항목별 고객평가 점수를 나타낸 자료이다. 이에 대한 〈보기〉의 설명 중 옳은 것을 모두 고르면?

〈휴대폰 A～D의 항목별 고객평가 점수〉

(단위 : 점)

구분	A	B	C	D
디자인	8	7	4	6
가격	4	6	7	8
해상도	5	6	8	4
음량	6	4	7	5
화면크기·두께	7	8	3	4
내장·외장메모리	5	6	7	8

※ 각 항목의 최고점은 10점임

※ 기본 점수 산정방법 : 각 항목에서 제일 높은 점수 순대로 5점, 4점, 3점, 2점 배점

※ 성능 점수 산정방법 : 해상도, 음량, 내장·외장메모리 항목에서 제일 높은 점수 순대로 5점, 4점, 3점, 2점 배점

보기

ㄱ. 휴대폰 A～D 중 기본 점수가 가장 높은 휴대폰은 C이다.

ㄴ. 휴대폰 A～D 중 성능 점수가 가장 높은 휴대폰은 D이다.

ㄷ. 각 항목의 고객평가 점수를 단순 합산한 점수가 가장 높은 휴대폰은 B이다.

ㄹ. 성능 점수 항목을 제외한 고객평가 점수만을 단순 합산했을 때, 휴대폰 B의 점수는 휴대폰 C 점수의 1.5배이다.

① ㄱ, ㄷ

② ㄴ, ㄹ

③ ㄱ, ㄴ, ㄷ

④ ㄱ, ㄷ, ㄹ

⑤ ㄴ, ㄷ, ㄹ

08 다음은 S사 최종합격자 A ~ D 4명의 채용시험 점수표이다. 이를 기준으로 〈조건〉의 각 부서가 원하는 요구사항 대로 A ~ D를 배치한다고 할 때, 최종합격자 A ~ D와 각 부서가 바르게 연결된 것은?

〈최종합격자 A ~ D의 점수표〉

(단위 : 점)

구분	서류 점수	필기 점수	면접 점수	평균
A	㉠	85	68	㉡
B	66	71	85	74
C	65	㉢	84	㉣
D	80	88	54	74
평균	70.75	80.75	72.75	74.75

조건

〈부서별 인원 배치 요구사항〉

홍보팀 : 저희는 대외활동이 많다보니 면접 점수가 가장 높은 사람이 적합할 것 같아요.
총무팀 : 저희 부서는 전체적인 평균 점수가 높은 사람의 배치를 원합니다.
인사팀 : 저희는 면접 점수보다도, 서류 점수와 필기 점수의 평균이 높은 사람이 좋을 것 같습니다.
기획팀 : 저희는 어느 영역에서나 중간 정도 하는 사람이면 될 것 같아요.
※ 배치 순서는 홍보팀 – 총무팀 – 인사팀 – 기획팀 순으로 결정함

	홍보팀	총무팀	인사팀	기획팀
①	A	B	C	D
②	B	C	A	D
③	B	C	D	A
④	C	B	D	A
⑤	C	B	A	D

Hard

09 다음은 2019년부터 2021년까지 우리나라의 국가채무 현황에 대한 자료이다. 이에 대한 〈보기〉의 설명 중 옳은 것을 모두 고르면?(단, 비율은 소수점 둘째 자리에서 반올림한다)

〈우리나라 국가채무 현황〉

(단위 : 조 원)

구분	2019년	2020년	2021년
일반회계 적자보전	334.7	437.5	538.9
외환시장안정용	247.2	256.4	263.5
서민주거안정용	68.5	77.5	92.5
지방정부 순채무	24.2	27.5	27.5
공적자금 등	48.6	47.7	42.9
GDP 대비 국가채무 비율(%)	37.6	43.8	47.3

※ 국가채무=GDP$\times\left(\frac{\text{GDP 대비 국가채무 비율}}{100}\right)$

보기

ㄱ. 서민주거안정용 국가채무가 국가채무에서 차지하는 비중은 2021년에 전년 대비 감소하였다.
ㄴ. 2020년과 2021년의 GDP 대비 국가채무의 비율과 지방정부 순채무의 전년 대비 증감추세는 동일하다.
ㄷ. 2020년 공적자금 등으로 인한 국가채무는 지방정부 순채무보다 60% 이상 많다.
ㄹ. GDP 중 외환시장안정용 국가채무가 차지하는 비율은 2020년이 2019년보다 높다.

① ㄱ, ㄴ
② ㄱ, ㄷ
③ ㄴ, ㄷ
④ ㄴ, ㄹ
⑤ ㄷ, ㄹ

10 다음은 각기 다른 두 가지 조건에서 세균을 배양하는 실험을 한 결과이다. 다음과 같이 일정한 변화가 지속될 때, 처음으로 환경 A의 세균이 더 많아질 때는?

〈환경별 세균 수 변화〉

(단위 : 마리)

구분	1시간	2시간	3시간	4시간	5시간
환경 A	1	3	7	15	31
환경 B	10	20	40	70	110

① 8시간 후
② 9시간 후
③ 10시간 후
④ 11시간 후
⑤ 12시간 후

| 02 | 추리

※ 제시된 명제가 모두 참일 때, 다음 중 빈칸에 들어갈 명제로 가장 적절한 것을 고르시오. [1~3]

Easy

01

전제1. 수학을 좋아하는 사람은 과학을 잘한다.
전제2. 호기심이 적은 사람은 과학을 잘하지 못한다.
결론. ______________________

① 수학을 좋아하면 호기심이 적다.
② 과학을 잘하지 못하면 수학을 좋아한다.
③ 호기심이 많은 사람은 수학을 좋아하지 않는다.
④ 호기심이 적은 사람은 수학을 좋아하지 않는다.
⑤ 수학을 좋아하지 않으면 호기심이 적다.

02

전제1. 물에 잘 번지는 펜은 수성펜이다.
전제2. 수성펜은 뚜껑이 있다.
전제3. 물에 잘 안 번지는 펜은 잉크 찌꺼기가 생긴다.
결론. ______________________

① 물에 잘 번지는 펜은 뚜껑이 없다.
② 뚜껑이 없는 펜은 잉크 찌꺼기가 생긴다.
③ 물에 잘 안 번지는 펜은 뚜껑이 없다.
④ 물에 잘 번지는 펜은 잉크 찌꺼기가 안 생긴다.
⑤ 물에 잘 안 번지는 펜은 잉크 찌꺼기가 안 생긴다.

03

전제1. A를 구매한 어떤 사람은 B를 구매했다.
전제2. ______________________
결론. C를 구매한 어떤 사람은 A를 구매했다.

① B를 구매하지 않는 사람은 C도 구매하지 않았다.
② B를 구매한 모든 사람은 C를 구매했다.
③ C를 구매한 사람은 모두 B를 구매했다.
④ A를 구매하지 않은 어떤 사람은 C를 구매했다.
⑤ B를 구매한 어떤 사람은 C를 구매했다.

04 신발매장에서 일정 금액 이상을 구매한 고객에게 추첨을 통해 다양한 경품을 주는 이벤트를 하고 있다. 함께 쇼핑을 한 A～E 5명은 이벤트에 응모했고, 이 중 1명만 신발 교환권에 당첨되었다. 다음 A～E의 대화에서 1명이 거짓말을 한다고 할 때, 신발 교환권 당첨자는?

- A : C는 신발 교환권이 아닌 할인권에 당첨됐어.
- B : D가 신발 교환권에 당첨됐고, 나는 커피 교환권에 당첨됐어.
- C : A가 신발 교환권에 당첨됐어.
- D : C의 말은 거짓이야.
- E : 나는 꽝이야.

① A　② B　③ C　④ D　⑤ E

05 A, B, C 세 사람은 점심 식사 후 아메리카노, 카페라테, 카푸치노, 에스프레소 4종류의 음료를 파는 카페에서 커피를 마신다. 다음 〈조건〉에 따라 항상 참인 것을 고르면?

조건

- A는 카페라테와 카푸치노를 좋아하지 않는다.
- B는 에스프레소를 좋아한다.
- A와 B는 좋아하는 커피가 서로 다르다.
- C는 에스프레소를 좋아하지 않는다.

① C는 아메리카노를 좋아한다.
② A는 아메리카노를 좋아한다.
③ C와 B는 좋아하는 커피가 같다.
④ A가 좋아하는 커피는 주어진 조건만으로는 알 수 없다.
⑤ C는 카푸치노를 좋아한다.

06 A팀과 B팀은 보안등급 상에 해당하는 문서를 나누어 보관하고 있다. 이에 따라 두 팀은 보안을 위해 제시된 〈조건〉에 따라 각 팀의 비밀번호를 지정하였다. 다음 중 A팀과 B팀에 들어갈 수 있는 암호배열은?

조건

- 1 ~ 9까지의 숫자로 (한 자리 수)×(두 자리 수)=(세 자리 수)=(두 자리 수)×(한 자리 수) 형식의 비밀번호로 구성한다.
- 가운데에 들어갈 세 자리 수의 숫자는 156이며 숫자는 중복 사용할 수 없다. 즉, 각 팀의 비밀번호에 1, 5, 6이란 숫자가 들어가지 않는다.

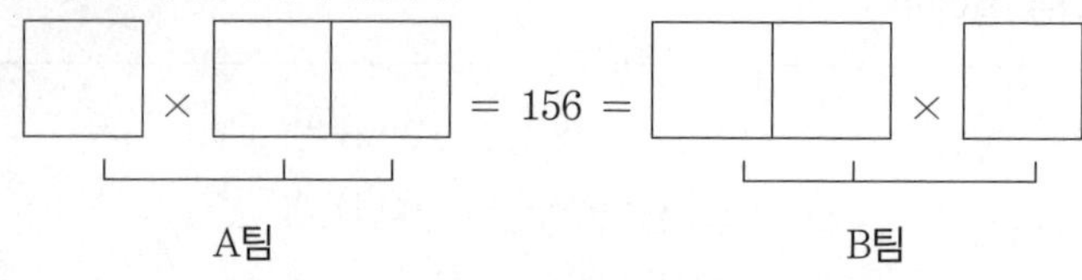

① 23
② 27
③ 29
④ 37
⑤ 39

Hard

07 A ~ D 4명은 한 판의 가위바위보를 한 후 그 결과에 대해 각각 2가지의 진술을 하였다. 2가지의 진술 중 하나는 반드시 참이고, 하나는 반드시 거짓이라고 할 때, 다음 중 항상 참인 것은?

- A : C는 B를 이길 수 있는 것을 냈고, B는 가위를 냈다.
- B : A는 C와 같은 것을 냈지만, A가 편 손가락의 수는 나보다 적었다.
- C : B는 바위를 냈고, 그 누구도 같은 것을 내지 않았다.
- D : A, B, C 모두 참 또는 거짓을 말한 순서가 동일하다. 이 판은 승자가 나온 판이었다.

① B와 같은 것을 낸 사람이 있다.
② 보를 낸 사람은 1명이다.
③ D는 혼자 가위를 냈다.
④ B가 기권했다면 가위를 낸 사람이 지는 판이다.
⑤ 바위를 낸 사람은 2명이다.

※ 제시된 단어의 대응 관계로 볼 때, 다음 중 빈칸에 들어갈 단어로 가장 적절한 것을 고르시오. [8~9]

08

근면 : 태만 = 긴장 : (　　)

① 완화
② 경직
③ 수축
④ 압축
⑤ 팽창

09

고집 : 집념 = (　　) : 정점

① 제한
② 경계
③ 한도
④ 절경
⑤ 절정

10 다음 글의 내용이 참일 때 항상 거짓인 것은?

사회 구성원들이 경제적 이익을 추구하는 과정에서 불법 행위를 감행하기 쉬운 상황일수록 이를 억제하는 데에는 금전적 제재 수단이 효과적이다.
현행법상 불법 행위에 대한 금전적 제재 수단에는 민사적 수단인 손해 배상, 형사적 수단인 벌금, 행정적 수단인 과징금이 있으며, 이들은 각각 피해자의 구제, 가해자의 징벌, 법 위반 상태의 시정을 목적으로 한다. 예를 들어 기업들이 담합하여 제품 가격을 인상했다가 적발된 경우, 그 기업들은 피해자에게 손해 배상 소송을 제기당하거나 법원으로부터 벌금형을 선고받을 수 있고 행정 기관으로부터 과징금도 부과받을 수 있다. 이처럼 하나의 불법 행위에 대해 세 가지 금전적 제재가 내려질 수 있지만 제재의 목적이 서로 다르므로 중복 제재는 아니라는 것이 법원의 판단이다.
그런데 우리나라에서는 기업의 불법 행위에 대해 손해 배상 소송이 제기되거나 벌금이 부과되는 사례는 드물어서, 과징금 등 행정적 제재 수단이 억제 기능을 수행하는 경우가 많다. 이런 상황에서는 과징금 등 행정적 제재의 강도를 높임으로써 불법 행위의 억제력을 끌어올릴 수 있다. 그러나 적발 가능성이 매우 낮은 불법 행위의 경우에는 과징금을 올리는 방법만으로는 억제력을 유지하는 데 한계가 있다. 또한 피해자에게 귀속되는 손해 배상금과는 달리 벌금과 과징금은 국가에 귀속되므로 과징금을 올려도 피해자에게는 직접적인 도움이 되지 못한다.

① 금전적 제재수단은 불법 행위를 억제하기 위해서 사용된다.
② 기업의 불법 행위에 대해 벌금과 과징금 모두 부과 가능하다.
③ 과징금은 가해자를 징벌하기 위해 부과된다.
④ 우리나라에서 주로 사용하는 방법은 행정적 제재이다.
⑤ 행정적 제재는 피해자에게 직접적인 도움이 되지 못한다.

CHAPTER

07 2021년 하반기 기출복원문제

정답 및 해설 p.047

| 01 | 수리

01 S사 직원인 A～D가 일렬로 나열된 여덟 개의 좌석에 앉아 교육을 받으려고 한다. A가 가장 첫 번째 자리에 앉았을 때, B와 C가 붙어 앉는 경우의 수는?

① 30가지
② 60가지
③ 120가지
④ 150가지
⑤ 180가지

02 S사에서 판매하는 공기청정기는 1대에 15만 원이고, 선풍기는 1대에 7만 원이다. 공기청정기와 선풍기를 총 200명이 구매하였고 공기청정기와 선풍기를 모두 구매한 사람은 20명이다. 공기청정기는 120대가 판매되었고 공기청정기와 선풍기를 모두 구매한 사람에게는 2만 원을 할인해줬을 때, 총매출액은?(단, 공기청정기와 선풍기는 인당 1대씩만 구매할 수 있다)

① 2,450만 원
② 2,460만 원
③ 2,470만 원
④ 2,480만 원
⑤ 2,490만 원

03 S사의 전월 직원 수는 총 1,000명이었다. 이번 달에는 전월 대비 여자는 20% 증가했고, 남자는 10% 감소해서 총직원 수는 80명 증가했다. 전월 남자 직원 수는?

① 300명
② 400명
③ 500명
④ 600명
⑤ 700명

04 S사는 매달 행사 참여자 중 1명을 추첨하여 경품을 준다. 한 달에 3회차씩 진행하며 당첨되어 경품을 받으면 다음 회차 추첨에는 제외된다. 이번 달에는 A를 포함하여 총 10명이 행사에 참여하였을 때 A가 이번 달에 총 2번 당첨될 확률은?

① $\frac{1}{60}$　② $\frac{1}{70}$
③ $\frac{1}{80}$　④ $\frac{1}{90}$
⑤ $\frac{1}{100}$

PART 2 기출복원문제

05 S팀에 20대 직원은 3명이 있고, 30대 직원도 3명이 있다. S팀의 20, 30대 직원 6명 중 2명을 뽑을 때 20대가 적어도 1명 이상 포함될 확률은?

① $\frac{1}{2}$　② $\frac{2}{3}$
③ $\frac{3}{4}$　④ $\frac{3}{5}$
⑤ $\frac{4}{5}$

Easy
06 S제품을 X가 15시간 동안 1개, Y는 6시간 동안 1개, Y와 Z가 함께 60시간 동안 21개를 생산한다. X, Y, Z가 함께 360시간 동안 생산한 S제품의 개수는?

① 120개　② 130개
③ 140개　④ 150개
⑤ 160개

07 S사의 인원수는 2018년에 300명이었다. 2019년에 전년 대비 25% 감소, 2020년에는 전년 대비 20% 증가하였을 때 2018년과 2020년의 인원수 차이는?

① 20명　② 30명
③ 40명　④ 50명
⑤ 60명

08 S부서에는 팀원이 6명인 제조팀과 팀원이 4명인 영업팀으로 이루어져 있다. S부서에서 3명을 뽑을 때 제조팀에서 2명, 영업팀에서 1명이 뽑힐 확률은?

① $\frac{1}{2}$　　② $\frac{1}{3}$

③ $\frac{2}{3}$　　④ $\frac{1}{4}$

⑤ $\frac{3}{4}$

Easy

09 다음은 국가별 4차 산업혁명 기반산업 R&D 투자 현황에 대한 자료이다. 이에 대한 〈보기〉의 설명 중 옳지 않은 것을 모두 고르면?

〈국가별 4차 산업혁명 기반산업 R&D 투자 현황〉

(단위 : 억 달러)

구분	서비스				제조					
	IT서비스		통신 서비스		전자		기계장비		바이오 · 의료	
	투자액	상대수준	투자액	상대수준	투자액	상대수준	투자액	상대수준	투자액	상대수준
한국	3.4	1.7	4.9	13.1	301.6	43.1	32.4	25.9	16.4	2.3
미국	200.5	100.0	37.6	100.0	669.8	100.0	121.3	96.6	708.4	100.0
일본	30.0	14.9	37.1	98.8	237.1	33.9	125.2	100.0	166.9	23.6
독일	36.8	18.4	5.0	13.2	82.2	11.7	73.7	58.9	70.7	10.0
프랑스	22.3	11.1	10.4	27.6	43.2	6.2	12.8	10.2	14.2	2.0

※ 투자액은 기반산업별 R&D 투자액의 합계임

※ 상대수준은 최대 투자국의 R&D 투자액을 100으로 두었을 때의 상대적 비율임

보기

ㄱ. 한국의 IT서비스 부문 투자액은 미국 대비 1.7%이다.

ㄴ. 미국은 모든 산업의 상대수준이다.

ㄷ. 한국의 전자 부문 투자액은 전자 외 부문 투자액을 모두 합한 금액의 6배 이상이다.

ㄹ. 일본과 프랑스의 부문별 투자액 순서는 동일하지 않다.

① ㄱ, ㄴ　　② ㄴ, ㄷ

③ ㄱ, ㄷ　　④ ㄴ, ㄹ

⑤ ㄷ, ㄹ

10 다음 중 S사의 부서별 전년 대비 순이익의 증감률 그래프로 옳지 않은 것은?

〈S사 순이익〉

(단위 : 천만 원)

구분	리조트	보험	물류	패션	건설
2016년	100	160	400	40	50
2017년	160	160	500	60	60
2018년	400	200	800	60	90
2019년	500	300	1,000	300	180
2020년	600	420	1,200	90	90
2021년	690	420	1,500	270	180

① (단위 : %)

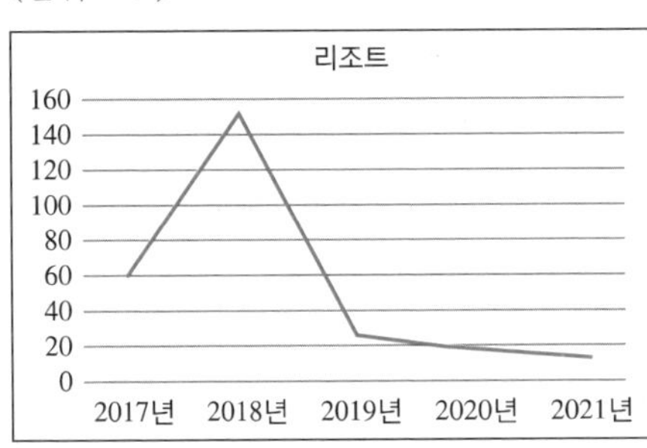

② (단위 : %)

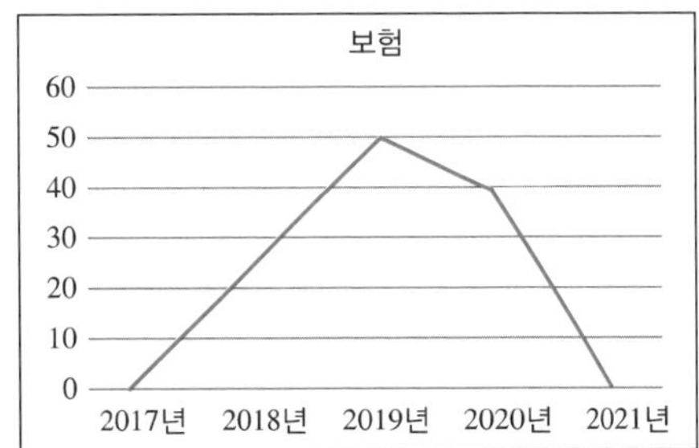

③ (단위 : %)

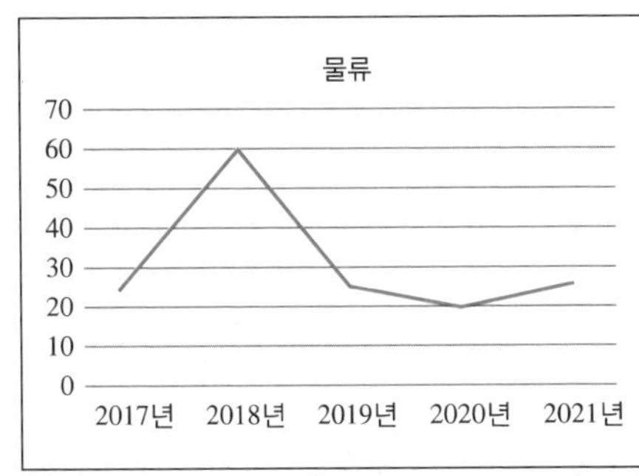

④ (단위 : %)

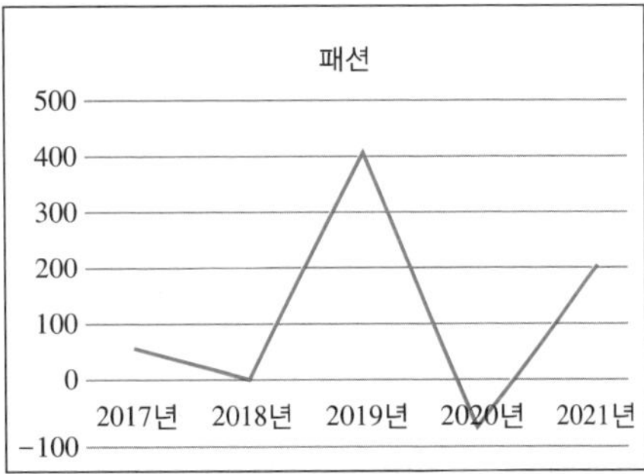

⑤ (단위 : %)

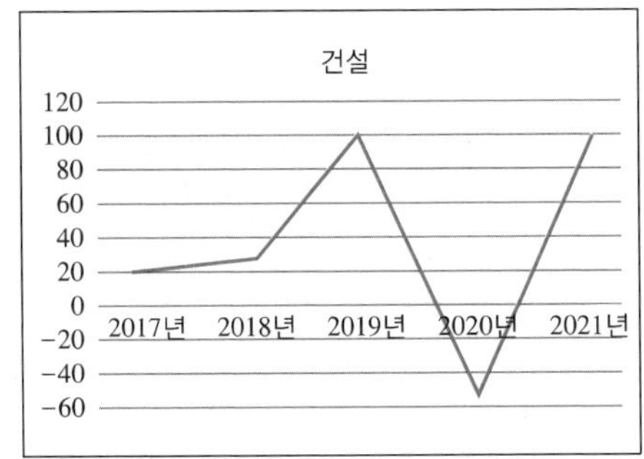

Hard

11 S사에서 생산하는 X, Y상품의 연도별 생산지수가 다음과 같은 관계를 성립할 때 ㉠, ㉡의 값으로 옳은 것은?(단, X, Y상품의 생산지수는 양수이다)

〈S사 X, Y상품 생산지수〉

구분	2018년	2019년	2020년	2021년
X상품 생산지수	10	20	30	㉠
Y상품 생산지수	52	108	㉡	300

※ (Y상품 생산지수)$=a\times[(\text{X상품 생산지수})\div 10]^2+b\times(\text{X상품 생산지수})$

	㉠	㉡
①	40	166
②	40	168
③	40	170
④	50	168
⑤	50	170

12 다음과 같이 A, B회사의 매출액이 일정하게 변할 때, B회사 매출액이 A회사 매출액의 절반을 뛰어넘는 연도는?

〈A, B회사 매출액〉

(단위 : 백만 원)

구분	2017년	2018년	2019년	2020년
A회사	3,500	5,000	6,400	7,700
B회사	1,500	2,100	2,700	3,300

① 2023년
② 2024년
③ 2025년
④ 2026년
⑤ 2027년

13 S사는 직원에게 성과금으로 T상품에 직접 가입시킨 고객 1명당 2만 원씩을 매달 지급한다. A사원과 B사원이 T상품에 가입시킨 고객 수가 일정한 규칙으로 증가할 때 A사원과 B사원의 12월 성과금은?

〈T상품에 가입시킨 고객 수〉

(단위 : 명)

구분	1월	2월	3월	4월	5월	6월
A사원	2	7	12	17	22	27
B사원	1	3	7	13	21	31

	A사원	B사원
①	114만 원	264만 원
②	114만 원	266만 원
③	114만 원	268만 원
④	116만 원	264만 원
⑤	116만 원	266만 원

14 S사 상품의 수익이 다음과 같이 일정한 규칙으로 증가하고 있다. 2021년 5월 이후에 Y상품 수익이 X상품 수익의 3배가 되는 달은?

〈2021년 X, Y상품의 수익〉

(단위 : 천만 원)

구분	1월	2월	3월	4월	5월
X상품	25,000	26,000	27,000	28,000	29,000
Y상품	5,000	6,000	9,000	14,000	21,000

① 2021년 10월
② 2021년 11월
③ 2021년 12월
④ 2022년 01월
⑤ 2022년 02월

| 02 | 추리

※ 제시된 명제가 모두 참일 때, 다음 중 빈칸에 들어갈 명제로 가장 적절한 것을 고르시오. [1~5]

01

> 전제1. 연극을 좋아하면 발레를 좋아한다.
> 전제2. 영화를 좋아하지 않으면 발레를 좋아하지 않는다.
> 결론. ____________________

① 연극을 좋아하면 영화를 좋아하지 않는다.
② 발레를 좋아하면 영화를 좋아하지 않는다.
③ 발레를 좋아하지 않으면 영화를 좋아한다.
④ 연극을 좋아하면 영화를 좋아한다.
⑤ 연극을 좋아하지 않는 사람은 발레를 좋아하지 않는다.

02

> 전제1. 부품을 만드는 회사는 공장이 있다.
> 전제2. ____________________
> 결론. 부품을 만드는 회사는 제조를 한다.

① 제조를 하지 않는 회사는 공장이 있다.
② 부품을 만들지 않는 회사는 공장이 있다.
③ 공장이 없는 회사는 제조를 한다.
④ 제조를 하는 회사는 부품을 만든다.
⑤ 공장이 있는 회사는 제조를 한다.

03

전제1. 와인을 좋아하는 모든 회사원은 치즈를 좋아한다.
전제2. ____________________
결론. 포도를 좋아하는 어떤 회사원은 치즈를 좋아한다.

① 포도를 좋아하는 어떤 회사원은 와인을 좋아하지 않는다.
② 와인을 좋아하는 어떤 회사원은 포도를 좋아한다.
③ 와인을 좋아하지 않는 모든 회사원은 포도를 좋아한다.
④ 치즈를 좋아하는 모든 회사원은 와인을 좋아하지 않는다.
⑤ 포도를 좋아하지 않는 어떤 회사원은 와인을 좋아한다.

Easy

04

전제1. 연극을 좋아하는 모든 아이는 드라마를 본다.
전제2. 연극을 좋아하는 모든 아이는 영화를 본다.
결론. ____________________

① 드라마를 보는 모든 아이는 영화를 본다.
② 영화를 보는 어떤 아이는 드라마를 본다.
③ 드라마를 보는 모든 아이는 연극을 좋아한다.
④ 영화를 보지 않는 모든 아이는 연극을 좋아한다.
⑤ 드라마를 보지 않는 어떤 아이는 영화를 본다.

05

전제1. C언어를 하는 사원은 파이썬을 한다.
전제2. Java를 하는 사원은 C언어를 한다.
결론. ____________________

① 파이썬을 하는 사원은 C언어를 한다.
② C언어를 하지 않는 사원은 Java를 한다.
③ Java를 하지 않는 사원은 파이썬을 하지 않는다.
④ C언어를 하는 사원은 Java를 한다.
⑤ 파이썬을 하지 않는 사원은 Java를 하지 않는다.

Hard

06 S사원은 상품 A ~ E를 포장하여 다음과 같은 보관함에 넣었다. 제시된 〈조건〉을 만족할 때, 항상 거짓인 것은?

〈보관함〉

	1열	2열	3열
1행	1	2	3
2행	4	5	6
3행	7	8	9

조건

- 포장되는 순서대로 상품을 보관함에 넣을 수 있다.
- 보관함에 먼저 넣은 상품보다 나중에 넣은 상품을 뒤의 번호에 넣어야 한다.
- C는 두 번째로 포장을 완료했다.
- B는 보관함 2열에 넣었다.
- E는 B보다 먼저 포장을 완료했다.
- E는 보관함 3행에 넣었다.
- D는 A가 넣어진 행보다 한 행 아래에 넣어졌다.
- C는 D가 넣어진 열보다 한 열 오른쪽에 넣어졌다.
- 짝수 번의 보관함에는 한 개의 상품만 넣어졌다.

① A는 1번 보관함에 넣어졌다.
② B는 8번 보관함에 넣어졌다.
③ C는 2번 보관함에 넣어졌다.
④ D는 5번 보관함에 넣어졌다.
⑤ E는 7번 보관함에 넣어졌다.

07 K부서의 사원 A ~ F는 출근하는 순서대로 먼저 출근한 3명은 에티오피아 커피, 나중에 출근한 3명은 케냐 커피를 마셨다. 다음 〈조건〉을 만족할 때, 항상 거짓인 것은?

조건

- C는 가장 마지막에 출근했다.
- F는 바로 앞에 출근한 사원이 마신 커피와 다른 종류의 커피를 마셨다.
- A와 B는 연이어 출근했다.
- B는 E보다 나중에 출근했다.

① E는 첫 번째로 출근했고, 에티오피아 커피를 마셨다.
② D는 다섯 번째로 출근했고, 케냐 커피를 마셨다.
③ F는 네 번째로 출근했고, 케냐 커피를 마셨다.
④ E와 D는 서로 다른 종류의 커피를 마셨다.
⑤ B가 A보다 먼저 출근했다면 A는 두 번째로 출근했다.

08 S사 직원 A～F가 커피머신 앞에 한 줄로 서 있다. 다음 〈조건〉을 만족할 때, 항상 참인 것은?

조건

- A, B가 E보다 앞에 서 있다.
- C와 D 사이에 두 명이 있다.
- F가 맨 앞에 서 있다.
- A가 D보다 앞에 서 있다.

① D는 항상 E의 바로 앞이나 바로 뒤에 서 있다.
② E가 맨 끝에 서 있으면 C는 F 바로 뒤에 서 있다.
③ A는 C보다 뒤에 서 있다.
④ E가 여섯 번째로 서 있다면 A는 B보다 앞에 서 있다.
⑤ A가 F 바로 뒤에 서 있다면 B는 여섯 번째에 서 있다.

09 A～G 7명이 토너먼트 경기를 하였다. 다음 〈조건〉을 만족할 때, 항상 거짓인 것은?

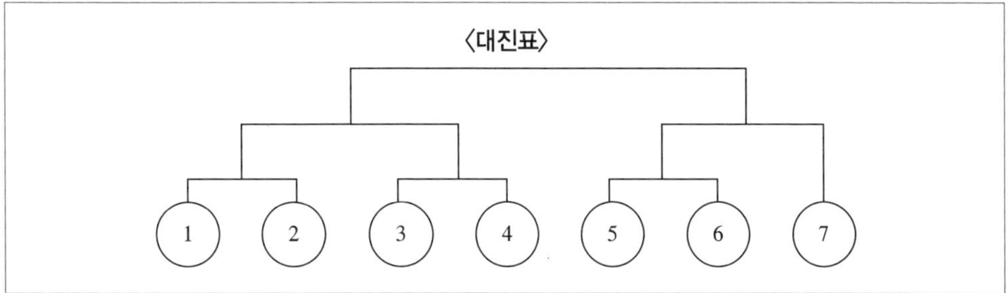

조건

- 대진표에서 왼쪽부터 순서대로 경기를 진행하며, 한 라운드가 완전히 끝나야 다음 라운드가 진행된다.
- G와 E는 준결승전에서 만났다.
- D는 결승전에 진출했고, B는 준결승전에서 패배했다.
- D는 첫 번째 경기에 출전했고, F는 두 번째 경기에 출전했다.

① D와 G는 결승전에서 만날 수도 있다.
② C는 1라운드에서 승리했다.
③ A는 부전승으로 준결승전에 출전할 수 없다.
④ B와 F는 1라운드에서 만났다.
⑤ A와 C는 경기를 3번 했다.

Hard

10 **S부서의 사원 A ~ D는 공정설계, 설비기술, 회로설계, 품질보증 4개의 직무 중 2개씩을 담당하고 있고, 각 직무의 담당자는 2명이다. 다음 〈조건〉을 만족할 때 항상 참인 것은?**

조건

- C와 D가 담당하는 직무는 서로 다르다.
- B는 공정설계 직무를 담당한다.
- D는 설비기술을 담당한다.
- A와 C는 1개의 직무를 함께 담당한다.

① B가 회로설계 직무를 담당하면 D는 품질보증 직무를 담당한다.
② A가 설비기술 직무를 담당하지 않으면 C는 회로설계 직무를 담당한다.
③ D가 회로설계 직무를 담당하면 A는 C와 품질보증 직무를 담당한다.
④ C가 품질보증 직무를 담당하지 않으면 B는 회로설계 직무를 담당한다.
⑤ B가 설비기술 직무를 담당하지 않으면 A는 회로설계 직무를 담당하지 않는다.

11 **A ~ E는 서로 다른 숫자가 적힌 카드를 한 장씩 가지고 있다. 카드에는 1부터 5까지의 자연수가 하나씩 적혀 있고, 본인이 가지고 있는 카드에 대해 다음과 같이 진술하였다. 5명 중 1명이 거짓을 말하고 있을 때, 가장 큰 숫자가 적힌 카드를 가지고 있는 사람은?**

- A : 나는 제일 작은 숫자가 적힌 카드를 가지고 있어.
- B : 나는 C보다는 큰 수가, 5보다는 작은 수가 적힌 카드를 가지고 있어.
- C : 나는 A가 가지고 있는 카드에 적힌 숫자에 2를 곱한 수가 적힌 카드를 가지고 있어.
- D : 나는 E가 가지고 있는 카드에 적힌 숫자에서 1을 뺀 수가 적힌 카드를 가지고 있어.
- E : A가 가지고 있는 카드의 숫자보다 작은 수가 적힌 카드를 가지고 있어.

① A　　② B
③ C　　④ D
⑤ E

12 S부서의 사원 A～E는 가, 나, 다팀에 속해있으며, 한 팀은 2명 이하로 구성되어 있다. 사원이 다음과 같이 진술하였고, 나팀에 속해있는 사원만이 거짓을 말할 때 각 팀의 팀원이 바르게 연결된 것은?

> • A : 나는 C와 같은 팀이야.
> • B : 나는 다팀이야.
> • C : E는 나팀이야.
> • D : 나는 혼자 다팀이야.
> • E : B는 나팀이 아니야.

	가팀	나팀	다팀
①	A, B	C, D	E
②	A, C	B, E	D
③	A, D	B, C	E
④	A, B	C, E	D
⑤	A, E	C, D	B

※ 다음 도형의 규칙을 보고 물음표에 들어갈 도형으로 알맞은 것을 고르시오. **[13~15]**

13

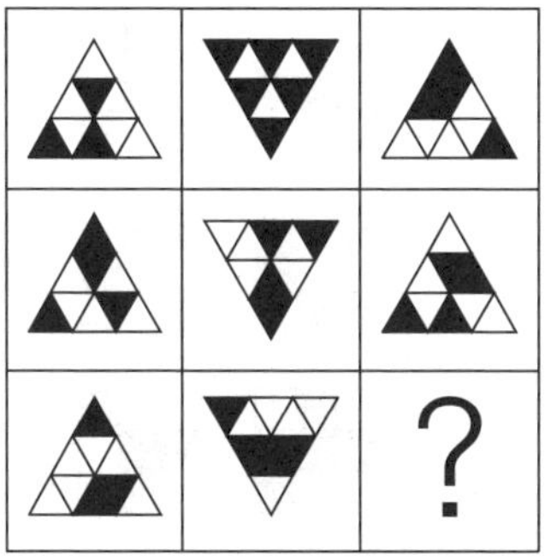

?

①

②

③

④

⑤

14

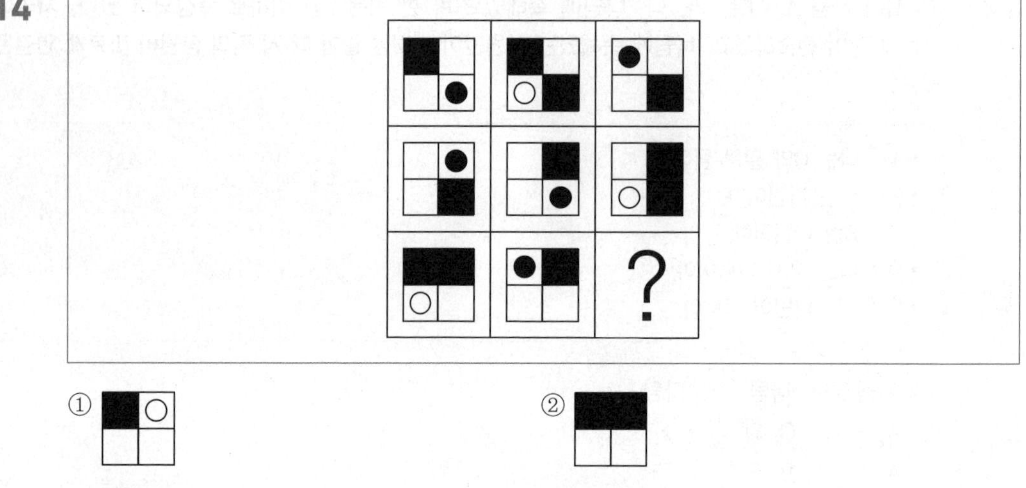

① ② ③ ④ ⑤

15

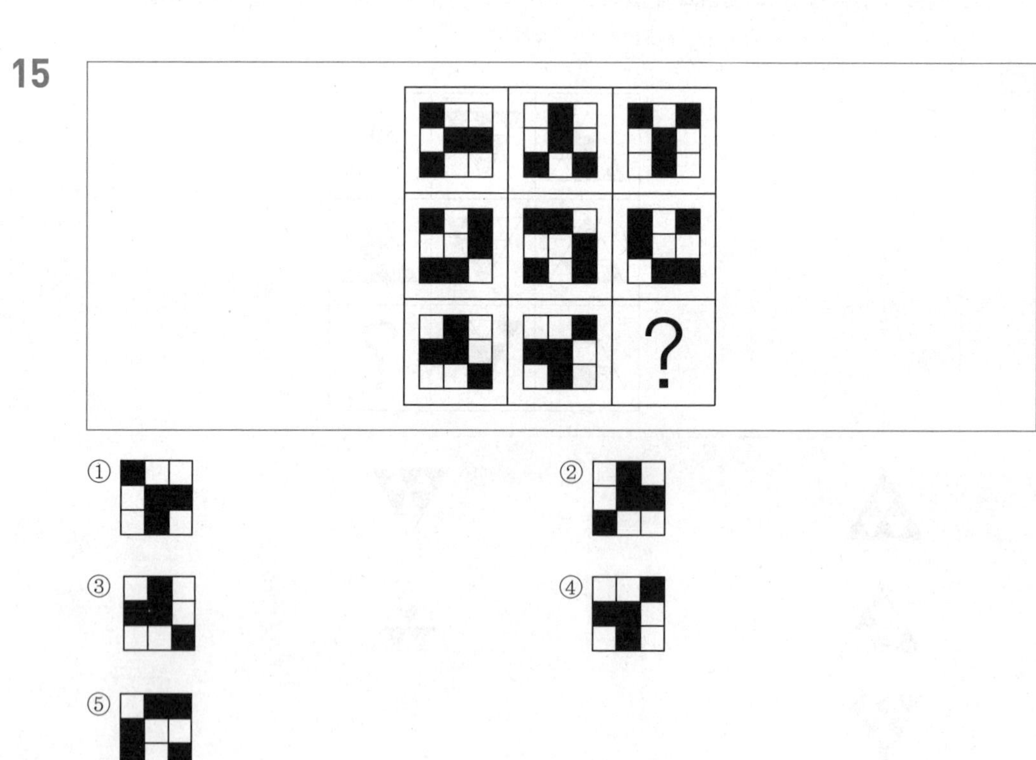

① ② ③ ④ ⑤

※ 다음 도식에서 기호들은 일정한 규칙에 따라 문자를 변화시킨다. 물음표에 들어갈 문자로 알맞은 것을 고르시오(단, 규칙은 가로와 세로 중 한 방향으로만 적용된다). **[16~19]**

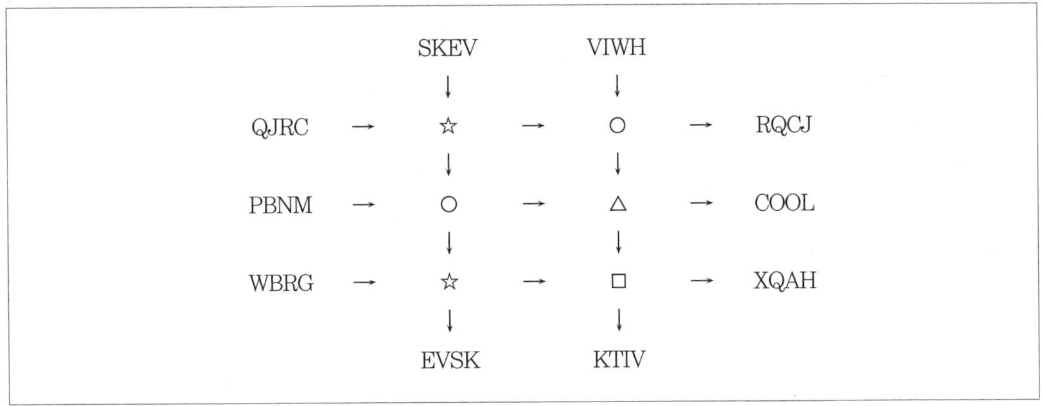

16

BROW → △ → ○ → ?

① QQCU
② CUQQ
③ QCUQ
④ CQQU
⑤ UQCQ

17

QWXE → □ → ☆ → ?

① FVWR
② RVWF
③ EXWQ
④ QRVF
⑤ RWVF

18

? → ☆ → ○ → HGEK

① GKHE　　② EKGH
③ GHKE　　④ GKEH
⑤ KGHE

19

? → △ → □ → ZMTS

① TSOX　　② XOST
③ SOXT　　④ YNUR
⑤ OSXT

※ 다음 도식에서 기호들은 일정한 규칙에 따라 문자를 변화시킨다. 물음표에 들어갈 문자로 알맞은 것을 고르시오(단, 규칙은 가로와 세로 중 한 방향으로만 적용된다). **[20~23]**

		SLDH		EIVO		XEMC		
		↓		↓		↓		
QNXB	→	□	→	☆	→	△	→	RZPC
		↓		↓		↓		
		△		□		○		
		↓		↓		↓		
		TOEI		EWIN		ENGY		

20

HLJW → □ → ☆ → ?

① VMJH ② VJMV
③ JHMV ④ HJMV
⑤ HMJV

21

SEMV → △ → ☆ → ?

① XNGT ② TGNX
③ TNGX ④ NGTX
⑤ GTXN

22

? → ○ → △ → QHIG

① HEFP ② HFPE
③ PFHE ④ EHPF
⑤ EHFP

23

? → □ → ○ → JVMA

① AMVJ ② ALVK
③ JVMA ④ JMAV
⑤ VAMJ

24 **제시된 단어의 대응 관계로 볼 때, 다음 중 빈칸에 들어갈 단어로 가장 적절한 것은?**

조잡하다 : 치밀하다 = 진출하다 : (　　)

① 철수하다
② 자립하다
③ 인식하다
④ 막론하다
⑤ 분별하다

※ 다음 글의 내용이 참일 때 항상 거짓인 것을 고르시오. [25~26]

Easy

25

요즘 마트에서 쉽게 찾아볼 수 있는 아보카도는 열대 기후에서 재배되는 과일이다. 아보카도의 모양은 망고와 비슷하지만 잘라보았을 때 망고는 노란빛을 띠는 반면, 아보카도는 초록빛을 띠는 것이 특징이다.
예전에 아보카도는 고지방 식품으로 분류되어 다이어트를 할 때 피해야 할 과일로 여겨졌지만, 아보카도가 다이어트에 효과적이라는 연구결과가 알려지면서 요즘에는 다이어트를 하는 사람에게 인기가 많다. 또한 아보카도에는 비타민 C와 A, 필수지방산 등 영양 성분도 많이 함유되어 있어 여러 질병과 질환을 예방하는 데 도움이 된다.
이러한 효과와 효능을 보려면 잘 익은 아보카도를 골라 올바르게 섭취하는 것이 중요하다. 잘 익은 아보카도는 손으로 만져봤을 때 탄력이 있고, 껍질의 색이 녹색에서 약간 검게 변해 있다. 아보카도는 실내 온도에 3일 정도밖에 보관되지 않으므로 구매 후 바로 섭취하는 것이 좋다. 아보카도는 생으로 먹었을 때 효능을 극대화할 수 있으므로 다양한 채소와 견과류를 곁들인 샐러드로 먹는 것이 좋다.

① 아보카도의 모양은 망고와 비슷하다.
② 잘 익은 아보카도는 만졌을 때 탄력이 있다.
③ 아보카도는 일주일 이상 실온에서 숙성하여 섭취하는 것이 좋다.
④ 아보카도는 다이어트와 여러 질병, 질환을 예방하는 데 도움이 된다.
⑤ 아보카도의 효능을 극대화하려면 생으로 먹어야 한다.

26

카메라의 성능이 점점 향상되어 손떨림까지 보정해주는 기술이 적용되기 시작했다. 손떨림 보정 기술에는 크게 광학식 보정(OIS; Optical Image Stabilization)과 전자식 보정(EIS; Electrical Image Stabilization)이 있다.
광학식 보정은 손이 떨리는 방향과 반대 방향으로 렌즈를 이동시켜 흔들림을 상쇄하는 기술이다. 최근에는 수직, 수평의 직선 운동에 대해서도 보정이 가능한 4축 기술까지 발전하였다.
전자식 보정은 사진을 찍은 후 떨림을 보정하는 기술이다. 손떨림이 크지 않을 때에는 유용하지만 사진의 해상도가 낮아질 수 있으므로 주의해야 한다.
전자식 보정은 광학식 보정보다 가격이 저렴하며, 광학식 보정은 전자식 보정보다 성능이 우수하다. 이처럼 두 기술에 장단점이 있어 어떤 기술을 사용하는 것이 옳다고 할 수 없다. 손떨림 보정 기술의 원리와 장단점을 분석하여 상황에 따라 적절하게 선택하는 것이 현명하다.

① 광학식 보정은 전자식 보정보다는 가격이 높지만, 성능이 우수하다.
② 전자식 보정은 사진 찍기 전에는 보정되는 정도를 확인할 수 없다.
③ 사진을 찍을 때 주로 거치대를 이용하는 A씨는 광학식 보정보다는 전자식 보정을 선택하는 것이 가격 면에서 이득이다.
④ 전자식 보정은 광학식 보정보다 나은 점이 없으므로 광학식 보정 기술이 적용된 카메라를 구입하는 것이 좋다.
⑤ 광학식 보정은 손이 왼쪽으로 떨리면 렌즈를 오른쪽으로 이동시켜 흔들림을 상쇄하는 기술이다.

Hard

27 다음 글을 토대로 〈보기〉를 바르게 해석한 것으로 적절하지 않은 것은?

> 해시 함수(Hash Function)란 임의의 길이의 데이터를 고정된 길이의 데이터로 대응시키는 함수이다. 해시 함수는 키를 값에 연결시키는 자료구조인 해시 테이블에 사용된다. 여기서 키는 입력 값이며, 해시 함수에 의해 얻어지는 값은 해시 값이라고 한다.
> 해시 함수는 큰 파일에서 중복되는 값을 찾을 수 있기 때문에 데이터 검색이 매우 빠르다는 장점이 있다. 또한 해시 값이 다르면 그 해시 값에 대한 원래 입력 값도 달라야 하는 점을 이용하여 암호로도 사용될 수 있다. 그런데 해시 함수가 서로 다른 두 개의 입력 값에 대해 동일한 해시 값을 나타내는 상황이 발생하는데 이를 해시 충돌이라고 한다. 해시 충돌이 자주 일어나는 해시 함수는 서로 다른 데이터를 구별하기 어려워지고 검색하는 비용이 증가한다.

보기

입력 값	해시 함수 1	해시 값
A	→	01
B	→	02
C	→	03

입력 값	해시 함수 2	해시 값
A	→	01
B	→	02
C	→	02

입력 값	해시 함수 3	해시 값
A	→	01
B	→	02
B	→	03

① 해시 함수 1로 얻어지는 해시 값은 해시 충돌이 발생하지 않았다.
② 해시 함수 1과 다르게 해시 함수 2로 얻어지는 해시 값은 해시 충돌이 발생했다.
③ 해시 함수 3는 암호로 사용될 수 없다.
④ 주어진 자료만으로 판단했을 때 해시 함수 2보다는 해시 함수 1이 검색 비용이 적게 들 것이다.
⑤ 해시 함수 3은 해시 함수 2와 마찬가지로 해시 충돌이 발생했다.

CHAPTER 08

2021년 상반기 기출복원문제

정답 및 해설 p.059

| 01 | 수리

01 S사에서는 스마트패드와 스마트폰을 제조하여 각각 80만 원, 17만 원에 판매하고 있고, 두 개를 모두 구매하는 고객에게는 91만 원으로 할인하여 판매하고 있다. 한 달 동안 S사에서 스마트패드와 스마트폰을 구매한 고객은 총 69명이고, 한 달 동안 S사의 매출액은 4,554만 원이다. 스마트폰만 구입한 고객은 19명일 때, 한 달 동안 스마트패드와 스마트폰을 모두 구입한 고객의 수는?

① 20명 ② 21명
③ 22명 ④ 23명
⑤ 24명

02 S사 M부서의 직원은 100명이며 40대, 30대, 20대로 구성되어 있다. 20대가 30대의 50%이고, 40대가 30대보다 15명이 많을 때, 30대 직원 수는?

① 33명 ② 34명
③ 35명 ④ 36명
⑤ 37명

Hard

03 K씨는 100억 원을 주식 A와 B에 분산투자하려고 한다. A의 수익률은 10%, B의 수익률은 6%일 때 7억 원의 수익을 내기 위해서 A에 투자할 금액은?

① 23억 원 ② 24억 원
③ 25억 원 ④ 26억 원
⑤ 27억 원

04 S학원에 초급반 A, B, C, 고급반 가, 나, 다 수업이 있다. 6개 수업을 순차적으로 개설하려고 할 때, 고급반 수업은 이어서 개설되고, 초급반 수업은 이어서 개설되지 않는 경우의 수는?

① 12가지 ② 24가지
③ 36가지 ④ 72가지
⑤ 144가지

05

A가 속한 동아리에는 총 6명이 활동 중이며, 올해부터 조장을 뽑기로 하였다. 조장은 매년 1명이며, 1년마다 새로 뽑는다. 연임은 불가능할 때 올해부터 3년 동안 A가 조장을 2번 할 확률은?(단, 3년 동안 해당 동아리에서 인원 변동은 없다)

① $\frac{1}{3}$

② $\frac{1}{10}$

③ $\frac{1}{15}$

④ $\frac{1}{30}$

⑤ $\frac{1}{40}$

Easy

06

다음은 지역별 7급 공무원 현황을 나타낸 자료이다. 이에 대한 설명으로 옳은 것은?

〈지역별 7급 공무원 현황〉

(단위 : 명)

구분	남성	여성	합계
서울	14,000	11,000	25,000
경기	9,000	6,000	15,000
인천	9,500	10,500	20,000
부산	7,500	5,000	12,500
대구	6,400	9,600	16,000
광주	4,500	3,000	7,500
대전	3,000	1,800	4,800
울산	2,100	1,900	4,000
세종	1,800	2,200	4,000
강원	2,200	1,800	4,000
충청	8,000	12,000	20,000
전라	9,000	11,000	20,000
경상	5,500	4,500	10,000
제주	2,800	2,200	5,000
합계	85,300	82,500	167,800

※ 수도권 : 서울, 인천, 경기

① 남성 공무원 수가 여성 공무원 수보다 많은 지역은 5곳이다.
② 광역시 중 남성 공무원 수와 여성 공무원 수 차이가 가장 큰 지역은 울산이다.
③ 인천 여성 공무원 비율과 세종 여성 공무원 비율의 차이는 2.5%p이다.
④ 수도권 전체 공무원 수와 광역시 전체 공무원 수의 차이는 5,000명 이상이다.
⑤ 제주 전체 공무원 중 남성 공무원의 비율은 55%이다.

07 다음은 주요업종별 영업이익을 비교한 자료이다. 이에 대한 설명으로 옳지 않은 것은?

〈주요업종별 영업이익 비교〉

(단위 : 억 원)

구분	2019년 1분기 영업이익	2019년 4분기 영업이익	2020년 1분기 영업이익
반도체	40,020	40,540	60,420
통신	5,880	6,080	8,880
해운	1,340	1,450	1,660
석유화학	9,800	9,880	10,560
건설	18,220	19,450	16,410
자동차	15,550	16,200	5,240
철강	10,740	10,460	820
디스플레이	4,200	4,620	−1,890
자동차부품	3,350	3,550	−2,110
조선	1,880	2,110	−5,520
호텔	980	1,020	−3,240
항공	−2,880	−2,520	120

① 2019년 4분기의 영업이익은 2019년 1분기 영업이익보다 모든 업종에서 높다.

② 2020년 1분기 영업이익이 전년 동기 대비 영업이익보다 높은 업종은 5개이다.

③ 2020년 1분기 영업이익이 적자가 아닌 업종 중 영업이익이 직전 분기 대비 감소한 업종은 3개이다.

④ 2019년 1, 4분기에 흑자였다가 2020년 1분기에 적자로 전환된 업종은 4개이다.

⑤ 항공업은 2019년 1, 4분기에 적자였다가 2020년 1분기에 흑자로 전환되었다.

08 다음은 2016년부터 2020년까지 시행된 국가고시 현황에 대한 자료이다. 이를 참고하여 그래프로 변환한 것으로 옳지 않은 것은?(단, 응시자와 합격자 수는 일의 자리에서 반올림한다)

〈국가고시 현황〉

(단위 : 명)

구분	2016년	2017년	2018년	2019년	2020년
접수자	3,540	3,380	3,120	2,810	2,990
응시율	79.40%	78.70%	82.70%	75.10%	74.20%
합격률	46.60%	44.70%	46.90%	47.90%	53.20%

※ 응시율(%)=$\frac{\text{응시자 수}}{\text{접수자 수}}\times 100$

※ 합격률(%)=$\frac{\text{합격자 수}}{\text{응시자 수}}\times 100$

① 연도별 미응시자 수 추이

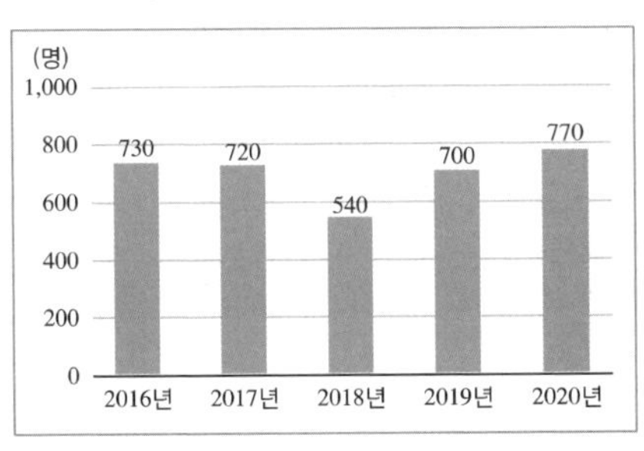

② 연도별 응시자 중 불합격자 수 추이

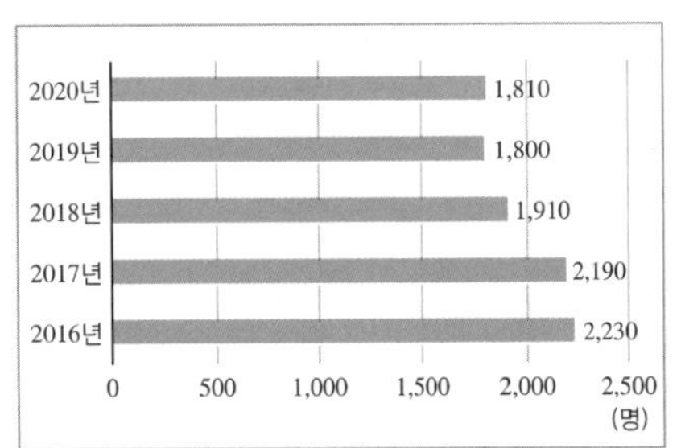

③ 2017 ~ 2020년 전년 대비 접수자 수 변화량

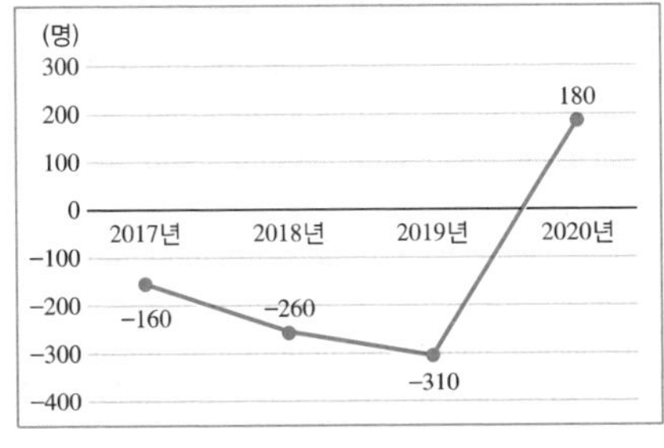

④ 2017 ~ 2020년 전년 대비 합격자 수 변화량

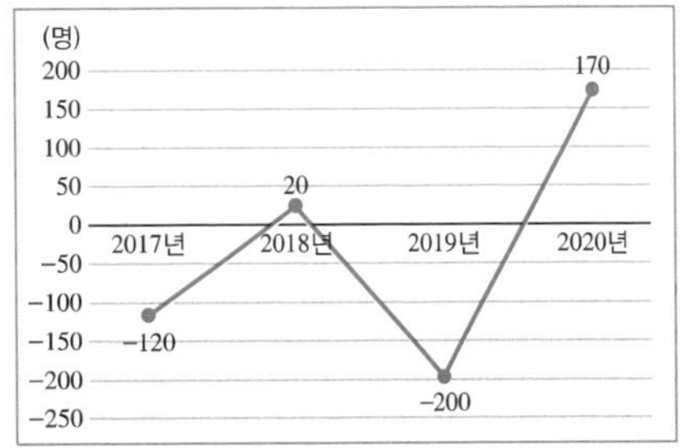

⑤ 2017 ~ 2020년 전년 대비 합격률 증감량

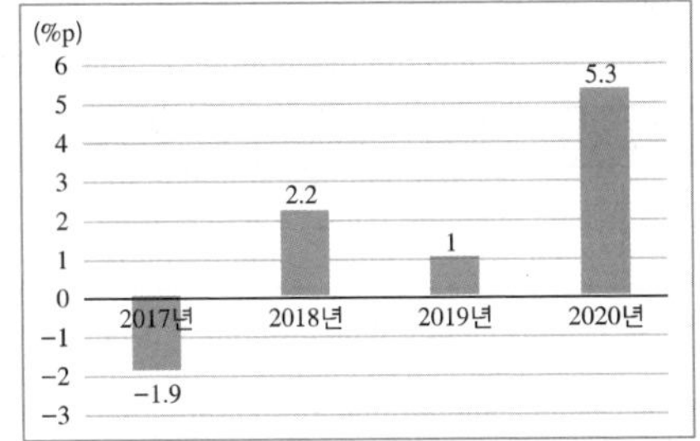

Hard

09 다음은 운동시간에 따른 운동효과를 나타낸 자료이다. 운동효과와 운동시간의 관계가 주어진 자료와 식과 같을 때 ㉠과 ㉡에 들어갈 숫자로 가장 적절한 것은?

〈운동시간에 따른 운동효과〉

운동시간(시간)	1	2	3	4
운동효과	4	62	㉠	㉡

※ $(\text{운동효과})=a\times(\text{운동시간})-\dfrac{b^2}{(\text{운동시간})}$

	㉠	㉡
①	90	150
②	100	151
③	100	152
④	108	151
⑤	108	152

10 S사에서 생산하는 A제품과 B제품의 매출액은 다음과 같다. 매출액 추이가 동일하게 유지될 때, 두 제품의 매출액을 합쳐서 300억 원을 초과하는 연도는?

〈A, B제품 매출액〉

(단위 : 억 원)

구분	2016년	2017년	2018년	2019년	2020년
A제품	100	101	103	107	115
B제품	80	78	76	74	72

① 2021년
② 2022년
③ 2023년
④ 2024년
⑤ 2025년

| 02 | 추리

※ 제시된 명제가 모두 참일 때, 다음 중 빈칸에 들어갈 명제로 가장 적절한 것을 고르시오. [1~5]

01

전제1. 대한민국에 사는 사람은 국내 여행을 간다.
전제2. 김치찌개를 먹지 않는 사람은 국내 여행을 가지 않는다.
결론. ______________________

① 국내 여행을 가는 사람은 김치찌개를 먹지 않는다.
② 김치찌개를 먹는 사람은 대한민국에 사는 사람이다.
③ 대한민국에 사는 사람은 김치찌개를 먹는다.
④ 김치찌개를 먹지 않는 사람은 국내 여행을 간다.
⑤ 대한민국에 살지 않는 사람은 김치찌개를 먹는다.

02

전제1. 작곡가를 꿈꾸는 사람은 TV 시청을 한다.
전제2. ______________________
결론. 안경을 쓰지 않은 사람은 작곡가를 꿈꾸지 않는다.

① 작곡가를 꿈꾸는 사람은 안경을 쓰지 않았다.
② TV 시청을 하는 사람은 안경을 쓰지 않았다.
③ 작곡가를 꿈꾸지 않은 사람은 안경을 쓰지 않았다.
④ 안경을 쓰지 않은 사람은 TV 시청을 하지 않는다.
⑤ 안경을 쓴 사람은 TV 시청을 한다.

Easy

03

전제1. ________________________
전제2. 바이올린을 배우는 사람은 필라테스를 배운다.
결론. 피아노를 배우는 사람은 필라테스를 배운다.

① 피아노를 배우는 사람은 바이올린을 배운다.
② 피아노를 배우지 않는 사람은 바이올린을 배운다.
③ 바이올린을 배우는 사람은 피아노를 배운다.
④ 필라테스를 배우는 사람은 피아노를 배운다.
⑤ 필라테스를 배우지 않는 사람은 바이올린을 배운다.

04

전제1. 커피를 좋아하지 않는 모든 사람은 와인을 좋아하지 않는다.
전제2. ________________________
결론. 커피를 좋아하지 않는 모든 사람은 생강차를 좋아한다.

① 커피를 좋아하면 생강차를 좋아한다.
② 커피를 좋아하면 와인을 좋아한다.
③ 와인을 좋아하면 생강차를 좋아하지 않는다.
④ 와인을 좋아하지 않으면, 생강차를 좋아한다.
⑤ 생강차를 좋아하면 와인을 좋아한다.

05

전제1. 유행에 민감한 모든 사람은 고양이를 좋아한다.
전제2. ________________________
결론. 고양이를 좋아하는 어떤 사람은 쇼핑을 좋아한다.

① 고양이를 좋아하는 모든 사람은 유행에 민감하다.
② 유행에 민감한 어떤 사람은 쇼핑을 좋아한다.
③ 쇼핑을 좋아하는 모든 사람은 고양이를 좋아하지 않는다.
④ 유행에 민감하지 않은 어떤 사람은 쇼핑을 좋아한다.
⑤ 고양이를 좋아하지 않는 모든 사람은 쇼핑을 좋아한다.

06 A ~ E 5명은 아이스크림 가게에서 바닐라, 딸기, 초코맛 중에 1개씩 주문하였다. 다음 〈조건〉과 같을 때, 항상 거짓인 것은?

조건

- C 혼자 딸기맛을 선택했다.
- A와 D는 서로 같은 맛을 선택했다.
- B와 E는 다른 맛을 선택했다.
- 바닐라, 딸기, 초코맛 아이스크림은 각각 2개씩 있다.
- 마지막에 주문한 E는 인원 초과로 선택한 아이스크림을 먹지 못했다.

① A가 바닐라맛을 선택했다면, E는 바닐라맛을 선택했다.
② C가 딸기맛이 아닌 초코맛을 선택하고 딸기맛은 아무도 선택하지 않았다면 B는 아이스크림을 먹지 못했을 것이다.
③ D보다 E가 먼저 주문했다면, E는 아이스크림을 먹었을 것이다.
④ A와 E가 같은 맛을 주문했다면, B와 D는 서로 다른 맛을 주문했다.
⑤ E가 딸기맛을 주문했다면, 모두 각자 선택한 맛의 아이스크림을 먹을 수 있었다.

Hard

07 A ~ D 4명은 S옷가게에서 각자 마음에 드는 옷을 입어보았다. 다음 〈조건〉과 같을 때, 항상 참인 것은?

조건

- S옷가게에서 판매하는 옷의 종류는 티셔츠, 바지, 코트, 셔츠이다.
- 종류별로 각각 검은색, 흰색 색상이 있으며, 재고는 1장씩밖에 남지 않았다.
- 각자 옷의 종류가 겹치지 않도록 2장씩 입었다.
- 같은 색상으로 입어본 사람은 2명이다.
- 코트를 입어본 사람은 셔츠를 입어보지 않았다.
- 티셔츠를 입어본 사람은 바지를 입어보지 않았다.
- B는 검은색 바지를, C는 흰색 셔츠를 입어보았다.
- 코트는 A, B가, 티셔츠는 A, C가 입어보았다.
- 검은색 코트와 셔츠는 A와 D가 입어보았다.

① A는 검은색 티셔츠와 흰색 바지를 입었다.
② A는 검은색 티셔츠와 흰색 코트를 입었다.
③ B는 흰색 바지와 흰색 코트를 입었다.
④ C는 흰색 티셔츠와 검은색 셔츠를 입었다.
⑤ D는 흰색 바지와 검은색 셔츠를 입었다.

08 1에서 5까지의 자연수가 적혀있는 카드가 A, B가 앉아있는 두 책상 위에 동일하게 놓여있다. A, B 두 사람은 각자의 책상 위에 숫자가 안 보이게 놓여있는 카드를 세 장씩 뽑았다. A, B가 뽑은 카드가 〈조건〉과 같을 때 카드 숫자 합이 가장 큰 조합은?(단, 한 번 뽑은 카드는 다시 뽑지 않는다)

조건

- A와 B는 같은 숫자가 적힌 카드를 한 장 뽑았고, 그 숫자는 2이다.
- B가 세 번째에 뽑은 카드에 적힌 숫자는 A가 세 번째에 뽑은 카드에 적힌 숫자보다 1만큼 작고, B가 첫 번째에 뽑은 카드에 적힌 숫자보다 1만큼 크다.
- 첫 번째, 두 번째, 세 번째에 A가 뽑은 카드에 적힌 숫자는 B가 뽑은 카드에 적힌 숫자보다 1만큼 크다.

	A	B
①	첫 번째	세 번째
②	두 번째	첫 번째
③	두 번째	두 번째
④	세 번째	두 번째
⑤	세 번째	세 번째

09 **A ~ E가 순서대로 놓인 1 ~ 5번 콘센트를 1개씩 이용하여 배터리가 방전된 휴대폰을 충전하려고 한다. 다음 〈조건〉을 만족할 때, 항상 참인 것은?(단, 작동하는 콘센트를 이용하는 사람의 휴대폰은 전원이 켜지고, 작동하지 않는 콘센트를 이용하는 사람의 휴대폰은 전원이 켜지지 않는다)**

> 조건
> - 5번 콘센트는 작동되지 않고, 나머지 콘센트는 작동한다.
> - B는 3번 콘센트를 사용한다.
> - D는 5번 콘센트를 이용하지 않는다.
> - A는 1번이나 5번 콘센트를 이용한다.
> - A와 E, C와 D는 바로 옆 콘센트를 이용한다.

① C의 휴대폰에 전원이 켜지지 않는다면, E는 1번 콘센트를 이용한다.
② C가 B의 바로 옆 콘센트를 이용하면, A의 휴대폰에 전원이 켜지지 않는다.
③ E가 4번 콘센트를 이용하면, C는 B의 바로 옆 콘센트를 이용한다.
④ A의 휴대폰에 전원이 켜지지 않는다면, D는 1번 콘센트를 이용한다.
⑤ D가 2번 콘센트를 이용하면, E의 휴대폰에 전원이 켜지지 않는다.

10 **가와 나 마을에 A ~ F가 살고 있다. 가와 나 마을에는 3명씩 살고 있으며, 가 마을 사람들은 항상 진실만 말하고 나 마을 사람들은 항상 거짓만 말한다. F가 가 마을에 살고 있고, 다음 〈조건〉을 고려했을 때, 나 마을 사람으로 옳은 것은?**

> 조건
> - A : B, D 중 1명은 가 마을이야.
> - C : A, E 중 1명은 나 마을이야.

① A, B, C
② A, B, D
③ B, C, D
④ B, C, E
⑤ C, D, E

※ 제시된 단어의 대응 관계로 볼 때, 다음 중 빈칸에 들어갈 단어로 가장 적절한 것을 고르시오. [11~12]

11

영겁 : 순간 = ( ) : 고귀

① 숭고
② 비속
③ 고상
④ 존귀
⑤ 신성

12

팽대 : 퇴세 = 쇄신 : ( )

① 진보
② 은폐
③ 세파
④ 답습
⑤ 개혁

※ 다음 단어의 대응 관계가 나머지와 다른 하나를 고르시오. [13~14]

13

① 참조 – 참고
② 숙독 – 탐독
③ 임대 – 차용
④ 정세 – 상황
⑤ 분별 – 인식

14

① 옹호하다 : 편들다
② 상정하다 : 가정하다
③ 혁파하다 : 폐지하다
④ 원용하다 : 인용하다
⑤ 겸양하다 : 거만하다

※ 다음 도형의 규칙을 보고 물음표에 들어갈 도형으로 알맞은 것을 고르시오. **[15~17]**

15

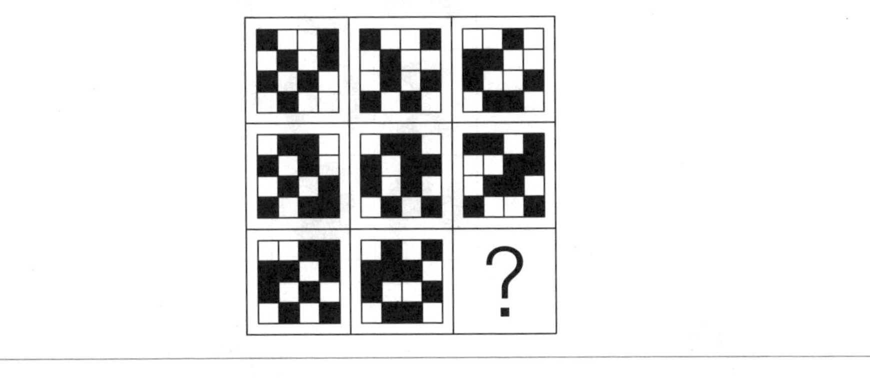

①
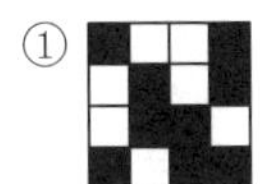

②
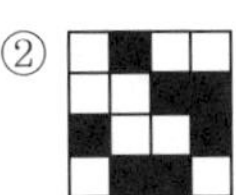

③
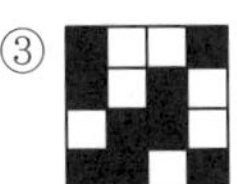

④
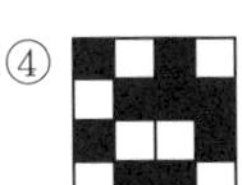

⑤
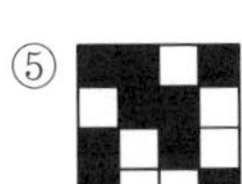

16

① 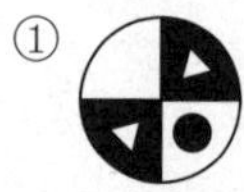

② 

③ 

④ 

⑤

Easy

17

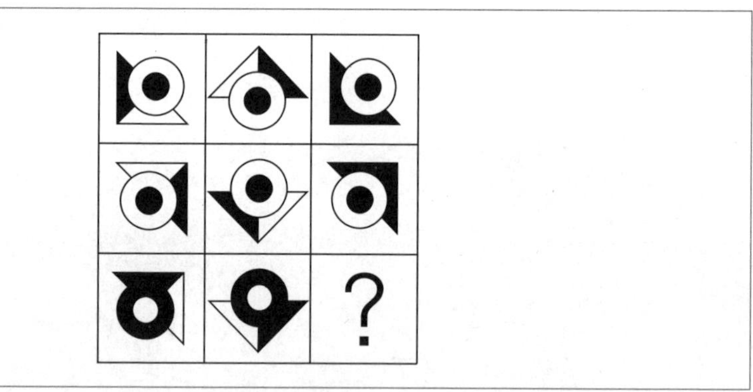

① 

② 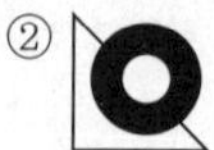

③ 

④ 

⑤ 

※ 다음 도식에서 기호들은 일정한 규칙에 따라 문자를 변화시킨다. 물음표에 들어갈 문자로 알맞은 것을 고르시오(단, 규칙은 가로와 세로 중 한 방향으로만 적용된다). **[18~21]**

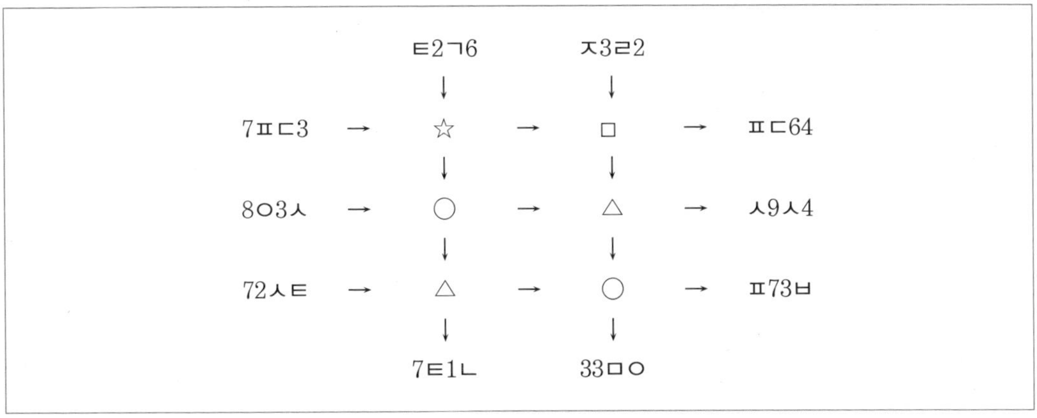

		ㅌ2ㄱ6		ㅈ3ㄹ2		
		↓		↓		
7ㅍㄷ3	→	☆	→	□	→	ㅍㄷ64
		↓		↓		
8ㅇ3ㅅ	→	○	→	△	→	ㅅ9ㅅ4
		↓		↓		
72ㅅㅌ	→	△	→	○	→	ㅍ73ㅂ
		↓		↓		
		7ㅌ1ㄴ		33ㅁㅇ		

18

QE1O → □ → ☆ → ?

① 1QPD
② EQP1
③ E1QO
④ E1QP
⑤ D1QP

19

JW37 → △ → ○ → ?

① 82JX
② 82XJ
③ 8JX2
④ 37JW
⑤ JX28

20

? → △ → □ → OVUE

① UNWD ② UNVC

③ UOVE ④ UVEO

⑤ TNWD

21

? → ☆ → △ → 5845

① 3675 ② 4557

③ 9465 ④ 6753

⑤ 2167

※ 다음 글의 내용이 참일 때 항상 거짓인 것을 고르시오. [22~23]

22

별도로 제작된 디자인 설계 도면을 바탕으로 소재를 얇게 적층하여 3차원의 입체 형상을 만들어내는 3D프린터는 오바마 대통령의 국정 연설에서도 언급되며 화제를 일으키기도 했다. 단순한 형태의 부품부터 가구, 치아, 심지어 크기만 맞으면 자동차까지 인쇄할 수 있는 3D프린터는 의학 분야에서도 역시 활용되고 있다.
인간의 신체 일부를 찍어낼 수 있는 의료용 3D바이오프린팅 시장은 이미 어느 정도 주류로 자리 잡고 있다. 뼈나 장기가 소실된 환자에게 유기물로 3D프린팅 된 신체를 대체시키는 기술은 연구개발과 동시에 상용화에도 박차를 가하고 있는 상황이다. 그리고 이러한 의료용 3D프린팅 기술 중에는 사람의 피부를 3D프린터로 인쇄하는 것도 있다. 화상이나 찰과상, 자상 등에 의해 피부 세포가 죽거나 소실되었을 때 인공 피부를 직접 사람에게 인쇄하는 방식이다.
이 인공 피부를 직접 사람에게 인쇄하기 위해서는 마찬가지로 살아 있는 잉크, 즉 '바이오 잉크'가 필요한데, 피부 세포와 콜라겐, 섬유소 등으로 구성된 바이오 잉크는 거부 반응으로 인한 괴사 등의 위험을 해결하기 위해 자기유래세포를 사용한다. 이처럼 환자의 피부 조직을 배양해 만든 배양 피부를 바이오 잉크로 쓰면 본인의 세포에서 유래된 만큼 거부 반응을 최소화할 수 있다는 장점이 있다.
물론 의료용 3D프린팅 기술에도 해결해야 할 문제는 존재한다. 3D프린팅 기술을 통한 피부이식에 대한 안전성 검증에는 많은 비용과 시간, 인내가 필요함에 따라 결과 도출에 오랜 시간이 걸릴 것으로 예상되며, 이 과정에서 장기 이식 및 전체적 동식물 유전자 조작에 대한 부정적 견해를 유발할 수 있을 것으로 우려되기 때문이다.

① 3D프린터는 재료와 그 크기에 따라 다양한 사물을 인쇄할 수 있다.
② 3D프린터 기술이 발전한다면 장기기증자를 기다리지 않아도 될 것이다.
③ 피부를 직접 환자에게 인쇄하기 위해서는 별도의 잉크가 필요하다.
④ 같은 바이오 잉크라 해도 환자에 따라 거부 반응이 발생할 여지가 있다.
⑤ 자칫 장기 이식 및 선택적 동식물 유전자 조작에 대한 부정적 견해를 유발할 수 있다.

Hard

23

생태학에서 생물량, 또는 생체량으로 번역되어 오던 단어인 바이오매스(Biomass)는 태양 에너지를 받은 식물과 미생물의 광합성에 의해 생성되는 식물체, 균체, 그리고 이를 자원으로 삼는 동물체 등을 모두 포함한 생물 유기체를 일컫는다. 그리고 이러한 바이오매스를 생화학적, 또는 물리적 변환과정을 통해 액체, 가스, 고체연료, 또는 전기나 열에너지 형태로 이용하는 기술을 화이트 바이오테크놀로지(White Biotechnology), 줄여서 '화이트 바이오'라고 부른다.

옥수수나 콩, 사탕수수와 같은 식물자원을 이용해 화학제품이나 연료를 생산하는 기술인 화이트 바이오는 재생이 가능한 데다 기존 화석원료를 통한 제조방식에서 벗어나 이산화탄소 배출을 줄일 수 있는 탄소중립적인 기술로 주목받고 있다. 한편 산업계에서는 미생물을 활용한 화이트 바이오를 통해 산업용 폐자재나 가축의 분뇨, 생활폐기물과 같이 죽은 유기물이라 할 수 있는 유기성 폐자원을 바이오매스 자원으로 활용하여 에너지를 생산하고자 연구하고 있어, 온실가스 배출, 악취 발생, 수질오염 등 환경적 문제는 물론 그 처리비용 문제도 해결할 수 있을 것으로 기대를 모으고 있다. 비록 보건 및 의료 분야의 바이오 산업인 레드 바이오나, 농업 및 식량 분야의 그린 바이오보다 늦게 발전을 시작했지만, 한국과학기술기획평가원이 발간한 보고서에 따르면 화이트 바이오 관련 산업은 연평균 18%의 빠른 속도로 성장하며 기존의 화학 산업을 대체할 것으로 전망하고 있다.

① 생태학에서 정의하는 바이오매스와 산업계에서 정의하는 바이오매스는 다르다.
② 산업계는 화이트 바이오를 통해 환경오염 문제를 해결할 수 있을 것으로 기대를 모으고 있다.
③ 가정에서 나온 폐기물은 바이오매스 자원으로 고려되지 않는다.
④ 화이트 바이오 산업은 아직 다른 두 바이오 산업에 비해 규모가 작을 것이다.
⑤ 기존 화학 산업의 경우 탄소배출이 문제가 되고 있었다.

24 다음 글에 대한 반론으로 가장 적절한 것은?

경제 문제는 대개 해결이 가능하다. 대부분의 경제 문제에는 몇 개의 해결책이 있다. 그러나 모든 해결책은 누군가가 상당한 손실을 반드시 감수해야 한다는 특징을 갖고 있다. 하지만 누구도 이 손실을 자발적으로 감수하고자 하지 않으며, 우리의 정치제도는 누구에게도 이 짐을 짊어지라고 강요할 수 없다. 우리의 정치적, 경제적 구조로는 실질적으로 제로섬(Zero-sum)적인 요소를 지니는 경제 문제에 전혀 대처할 수 없다.
대개의 경제적 해결책은 대규모의 제로섬적인 요소를 갖기 때문에 큰 손실을 수반한다. 모든 제로섬 게임에는 승자가 있다면 반드시 패자가 있으며, 패자가 존재해야만 승자가 존재할 수 있다. 경제적 이득이 경제적 손실을 초과할 수도 있지만, 손실의 주체에게 손실의 의미란 상당한 크기의 경제적 이득을 부정할 수 있을 만큼 매우 중요하다. 어떤 해결책으로 인해 평균적으로 사회는 더 잘살게 될 수도 있지만, 이 평균이 훨씬 더 잘살게 된 수많은 사람들과 훨씬 더 못살게 된 수많은 사람들을 감춘다. 만약 당신이 더 못살게 된 사람 중 하나라면 내 수입이 줄어든 것보다 다른 누군가의 수입이 더 많이 늘었다고 해서 위안을 얻지는 않을 것이다. 결국 우리는 우리 자신의 수입을 보호하기 위해 경제적 변화가 일어나는 것을 막거나 혹은 사회가 우리에게 손해를 입히는 공공정책이 강제로 시행되는 것을 막기 위해 싸울 것이다.

① 빈부격차를 해소하는 것만큼 중요한 정책은 없다.
② 사회의 총생산량이 많아지게 하는 정책이 좋은 정책이다.
③ 경제문제에서 모두가 만족하는 해결책은 존재하지 않는다.
④ 경제적 변화에 대응하는 정치제도의 기능에는 한계가 존재한다.
⑤ 경제정책의 효율성을 높이는 방법은 일관성을 유지하는 것이다.

25 다음 글을 토대로 〈보기〉를 바르게 해석한 것으로 적절하지 않은 것은?

최근 환경 문제로 인해, 필환경* 시대가 되었고, 이에 따라 그린 컨슈머(Green Consumer)가 늘어나고 있다. 이들은 환경 또는 건강을 가장 중요한 판단 기준으로 하는 소비자로 편의성과 쾌적함 등이 아닌 건강과 환경을 기준으로 제품을 선택하기 때문에 기존의 제품 생산 체계를 유지해 오던 기업들에게 적지 않은 영향을 미치고 있다. 이들은 지구를 살리는 습관이라고 하는 4가지 소비방식인 Refuse, Reduce, Reuse, Recycle을 지키려고 하고 있는데, 이처럼 환경을 의식하는 소비자 운동을 그린 컨슈머 운동이라고도 하고, 그린 컨슈머리즘(Green Consumerism)이라고 부르기도 한다. 필환경 시대에는 컨셔스 패션(Conscious Fashion), 제로 웨이스트(Zero Waste), 프리 사이클링(Precycling) 등의 친환경적 성격의 활동이 떠오르고 있다.

우리나라의 1인당 연간 플라스틱 소비량은 98.2kg으로 미국(97.7kg), 프랑스(73kg), 일본(66.9kg) 등의 국가보다 자원 소비가 많다. 쓰레기 문제는 이미 심각하며, 쓰레기 저감은 선택이 아닌 생존의 문제기 때문에 많은 사람이 그린 컨슈머에 합류해서 환경보전활동에 참여해야 한다.

*필환경 : 인류의 생존을 위해 반드시 지켜야 할 소비 트렌드

보기

뉴스를 보던 S씨는 지금이 필환경 시대인가를 고민하다가, 집에 쌓여있는 많은 잡동사니를 보고 자신도 그린 컨슈머에 동참해야겠다고 생각하였다. 개인적으로 할 수 있는 것을 해보자는 생각으로 그린 컨슈머의 4가지 소비방식부터 시작하였다. 그런데 활동을 시작하자 생각했던 것보다 훨씬 어려운 점이 많다는 것을 알게 되었다.

① S씨는 카페에 갈 때 텀블러를 들고 가고, 물품을 살 때 필요한 것인지 한 번 더 생각하게 될 것이다.
② S씨는 과대 포장은 불필요하기 때문에 공정과정에서 필수 포장만 하도록 조정할 것이다.
③ 패션 업계가 S씨처럼 필환경 시대에 동참하려 한다면, 옷의 생산부터 제작, 폐기까지 친환경적인 요소를 적용하고, 이를 소비자에게 공개할 것이다.
④ S씨가 지금 필환경 시대가 아니라고 판단한다면, 지금과 큰 차이 없는 생활을 할 것이다.
⑤ S씨가 그린 컨슈머가 된 이유는 자신도 우리나라 연간 쓰레기 생산에 관여하고 있는 것을 느꼈기 때문이다.

CHAPTER 09 2020년 하반기 기출복원문제

정답 및 해설 p.070

| 01 | 수리

01 농도가 25%인 소금물 200g에 농도가 10%인 소금물을 섞었더니 소금의 양이 55g이었다. 섞은 후의 소금물의 농도는?

① 20% ② 21%
③ 22% ④ 23%
⑤ 24%

02 S사에서는 A상품을 생산하는 데 모두 10억 원의 생산비용이 발생하며 A상품의 개당 원가는 200원, 정가는 300원이다. 생산한 A상품을 정가에서 25% 할인하여 판매했을 때 손해를 보지 않으려면 생산해야 하는 A상품의 최소 개수는?(단, 이외의 비용은 생각하지 않고 생산한 A상품은 모두 판매되며 원가에는 생산비용이 포함되어 있지 않다)

① 3천만 개 ② 4천만 개
③ 5천만 개 ④ 6천만 개
⑤ 7천만 개

Hard

03 20억 원을 투자하여 10% 수익이 날 확률은 50%이고, 원가 그대로일 확률은 30%, 10% 손해를 볼 확률은 20%일 때 기대수익은?

① 4,500만 원 ② 5,000만 원
③ 5,500만 원 ④ 6,000만 원
⑤ 6,500만 원

04 A, B, C가 함께 작업하였을 때에는 6일이 걸리는 일이 있다. 이 일을 A와 B가 같이 작업하였을 때에는 12일이 걸리고, B와 C가 같이 작업하였을 때에는 10일이 걸린다고 할 때, B가 혼자 일을 다 했을 때 걸린 기간은?(단, A, B, C 모두 혼자 일했을 때의 능률과 함께 일했을 때의 능률은 같다)

① 56일 ② 58일
③ 60일 ④ 62일
⑤ 64일

Easy

05 은경이는 태국 여행에서 A ~ D 네 종류의 손수건을 총 9장 구매했으며, 그중 B손수건은 3장, 나머지는 각각 같은 개수를 구매했다. 기념품으로 친구 3명에게 종류가 다른 손수건 3장씩 나눠줬을 때, 가능한 경우의 수는?

① 5가지 ② 6가지
③ 7가지 ④ 8가지
⑤ 9가지

06 S사는 A, B사로부터 동일한 양의 부품을 공급받는다. A사가 공급하는 부품의 0.1%는 하자가 있는 제품이고, B사가 공급하는 부품은 0.2%가 하자가 있는 제품이다. S사는 공급받은 부품 중 A사로부터 공급받은 부품 50%와 B사로부터 공급받은 부품 80%를 선별하였다. 이 중 한 부품을 검수하였는데 하자가 있는 제품일 때, 그 제품이 B사 부품일 확률은?(단, 선별 후에도 제품의 불량률은 변하지 않는다)

① $\frac{15}{21}$ ② $\frac{16}{21}$
③ $\frac{17}{21}$ ④ $\frac{18}{21}$
⑤ $\frac{19}{21}$

07 다음은 2018년도 주택보급률에 대한 자료이다. 이에 대한 설명으로 옳은 것은?

〈2018년 주택보급률 현황〉

구분	2018년		
	가구 수(만 가구)	주택 수(만 호)	주택보급률(약 %)
전국	1,989	2,072	104
수도권	967	957	99
지방	1,022	1,115	109
서울	383	368	96
부산	136	141	103
대구	95	99	104
인천	109	110	101
광주	57	61	107
대전	60	61	102
울산	43	47	110
세종	11	12	109
경기	475	479	100
강원	62	68	110
충북	64	72	113
충남	85	95	112
전북	73	80	110
전남	73	82	112
경북	109	127	116
경남	130	143	110
제주	24	26	108

※ $(\text{주택보급률})=\frac{(\text{주택 수})}{(\text{가구 수})}\times 100$

※ 수도권은 서울, 인천, 경기 지역이며, 지방은 수도권 외에 모든 지역임

① 전국 주택보급률보다 낮은 지역은 모두 수도권 지역이다.

② 수도권 외 지역 중 주택 수가 가장 적은 지역의 주택보급률보다 높은 지역은 다섯 곳이다.

③ 가구 수가 주택 수보다 많은 지역은 전국에서 가구 수가 세 번째로 많다.

④ 지방 전체 주택 수의 10% 이상을 차지하는 수도권 외 지역 중 지방 주택보급률보다 낮은 지역의 주택보급률과 전국 주택보급률의 차이는 약 1%p이다.

⑤ 주택 수가 가구 수의 1.1배 이상인 지역에서 가구 수가 세 번째로 적은 지역의 주택보급률은 지방 주택보급률보다 약 2%p 높다.

※ 다음은 S국가의 인구동향에 대한 자료이다. 이어지는 질문에 답하시오. **[8~9]**

〈인구동향〉

(단위 : 만 명, %)

구분	2014년	2015년	2016년	2017년	2018년
전체 인구수	12,381	12,388	12,477	12,633	12,808
남녀성비	101.4	101.8	102.4	101.9	101.7
가임기 여성 비율	58.2	57.4	57.2	58.1	59.4
출산율	26.5	28.2	29.7	31.2	29.2
남성 사망률	8.3	7.4	7.2	7.5	7.7
여성 사망률	6.9	7.2	7.1	7.8	7.3

※ 남녀성비 : 여자 100명 당 남자 수

08 위 자료에 대한 〈보기〉의 설명 중 옳은 것을 모두 고르면?(단, 인구수는 버림하여 만 명까지만 나타낸다)

보기

ㄱ. 전체 인구수는 2014년 대비 2018년에 5% 이상이 증가하였다.
ㄴ. 제시된 기간 동안 가임기 여성의 비율과 출산율의 증감 추이는 동일하다.
ㄷ. 출산율은 2015년부터 2017년까지 전년 대비 계속 증가하였다.
ㄹ. 출산율과 남성 사망률의 차이는 2017년에 가장 크다.

① ㄱ, ㄴ
② ㄱ, ㄷ
③ ㄴ, ㄷ
④ ㄴ, ㄹ
⑤ ㄷ, ㄹ

Easy

09 다음 보고서에 밑줄 친 내용 중 옳지 않은 것은 모두 몇 개인가?

〈보고서〉

자료에 의하면 ㉠ 남녀성비는 2016년까지 증가하는 추이를 보이다가 2017년부터 감소했고, ㉡ 전체 인구수는 계속하여 감소하였다. ㉢ 2014년에는 남성 사망률이 최고치를 기록했다.
그 밖에도 ㉣ 2014년부터 2018년 중 여성 사망률은 2018년이 가장 높았으며, 이와 반대로 ㉤ 2018년은 출산율이 계속 감소하다가 증가한 해이다.

① 1개
② 2개
③ 3개
④ 4개
⑤ 5개

10 S사 실험실에서 A세포를 배양하는 실험을 하고 있다. 다음과 같이 일정한 규칙으로 배양에 성공한다면 9시간 경과했을 때 세포 수는?

〈시간대별 세포 수〉

(단위 : 개)

구분	0시간 경과	1시간 경과	2시간 경과	3시간 경과	4시간 경과
세포 수	220	221	223	227	235

① 727개
② 728개
③ 729개
④ 730개
⑤ 731개

PART 2 기출복원문제

| 02 | 추리

01 **제시된 명제가 모두 참일 때, 다음 중 빈칸에 들어갈 명제로 가장 적절한 것은?**

> 전제1. 야근을 하는 모든 사람은 X분야의 업무를 한다.
> 전제2. 야근을 하는 모든 사람은 Y분야의 업무를 한다.
> 결론. ____________________

① X분야의 업무를 하는 모든 사람은 야근을 한다.

② Y분야의 업무를 하는 어떤 사람은 X분야의 업무를 한다.

③ Y분야의 업무를 하는 모든 사람은 야근을 한다.

④ X분야의 업무를 하는 모든 사람은 Y분야의 업무를 한다.

⑤ 야근을 하는 어떤 사람은 X분야의 업무를 하지 않는다.

Hard

02 **다음 〈조건〉을 통해 추론할 때, 항상 참인 것은?**

> 조건
>
> • 사원번호는 0부터 9까지 정수로 이루어졌다.
> • S사에 입사한 사원에게 부여되는 사원번호는 여섯 자리이다.
> • 2020년 상반기에 입사한 S사 신입사원의 사원번호 앞의 두 자리는 20이다.
> • 사원번호 앞의 두 자리를 제외한 나머지 자리에는 0이 올 수 없다.
> • 2020년 상반기 S사에 입사한 K씨의 사원번호는 앞의 두 자리를 제외하면 세 번째, 여섯 번째 자리의 수만 같다.
> • 사원번호 여섯 자리의 합은 9이다.

① K씨 사원번호의 세 번째 자리 수는 '1'이다.

② K씨의 사원번호는 '201321'이다.

③ K씨의 사원번호는 '201231'이 될 수 없다.

④ K씨의 사원번호 앞의 두 자리가 '20'이 아닌 '21'이 부여된다면 K씨의 사원번호는 '211231'이다.

⑤ K씨의 사원번호 네 번째 자리의 수가 다섯 번째 자리의 수보다 작다면 K씨의 사원번호는 '202032'이다.

※ 다음 〈조건〉을 통해 추론할 때, 항상 거짓이 되는 것을 고르시오. [3~4]

03

조건

- 6대를 주차할 수 있는 2행 3열로 구성된 G주차장이 있다.
- G주차장에는 자동차 a, b, c, d가 주차되어 있다.
- 1행과 2행에 빈자리가 한 곳씩 있다.
- a자동차는 대각선을 제외하고 주변에 주차된 차가 없다.
- b자동차와 c자동차는 같은 행 바로 옆에 주차되어 있다.
- d자동차는 1행에 주차되어 있다.

① b자동차의 앞 주차공간은 비어있다.
② c자동차의 옆 주차공간은 빈자리가 없다.
③ a자동차는 2열에 주차되어 있다.
④ a자동차와 d자동차는 같은 행에 주차되어 있다.
⑤ d자동차와 c자동차는 같은 열에 주차되어 있다.

04

조건

- A ~ E 5명의 이름을 입사한 지 오래된 순서로 이름을 적었다.
- A와 B의 이름은 바로 연달아서 적혔다.
- C와 D의 이름은 연달아서 적히지 않았다.
- E는 C보다 먼저 입사하였다.
- 가장 최근에 입사한 사람은 입사한 지 2년 된 D이다.

① C의 이름은 A의 이름보다 먼저 적혔다.
② B는 E보다 먼저 입사하였다.
③ E의 이름 바로 다음에 C의 이름이 적혔다.
④ A의 이름은 B의 이름보다 나중에 적혔다.
⑤ B는 C보다 나중에 입사하였다.

※ 제시된 단어의 대응 관계로 볼 때, 다음 중 빈칸에 들어갈 단어로 가장 적절한 것을 고르시오. [5~8]

05

변변하다 : 넉넉하다 = 소요하다 : (　　)

① 치유하다
② 한적하다
③ 공겸하다
④ 소유하다
⑤ 소란하다

06

공시하다 : 반포하다 = 각축하다 : (　　)

① 공들이다
② 통고하다
③ 독점하다
④ 상면하다
⑤ 경쟁하다

07

침착하다 : 경솔하다 = 섬세하다 : (　　)

① 찬찬하다
② 조악하다
③ 감분하다
④ 치밀하다
⑤ 신중하다

Easy

08

겨냥하다 : 가늠하다 = 다지다 : (　　)

① 진거하다
② 겉잡다
③ 요량하다
④ 약화하다
⑤ 강화하다

09 **다음 단어의 대응 관계가 나머지와 다른 하나는?**

① 황혼 : 여명
② 유별 : 보통
③ 낭설 : 진실
④ 유지 : 부지
⑤ 서막 : 결말

10 **다음 도형의 규칙을 보고 물음표에 들어갈 도형으로 알맞은 것을 고르면?**

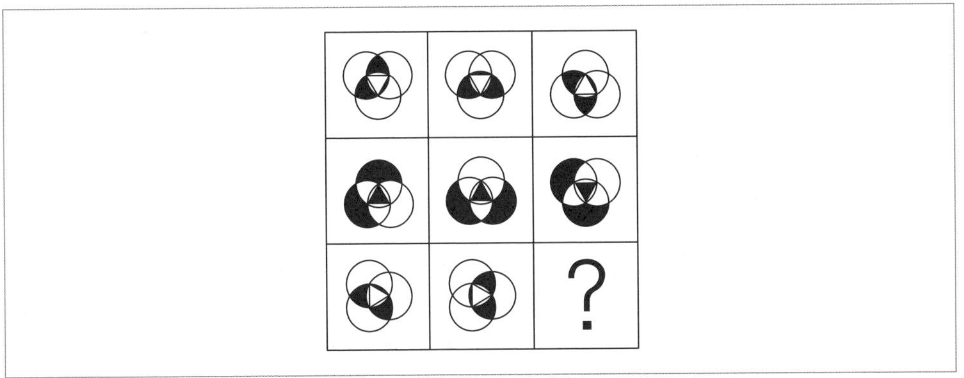

① 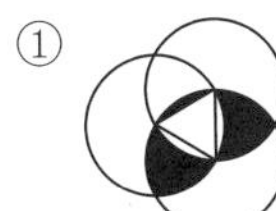

② 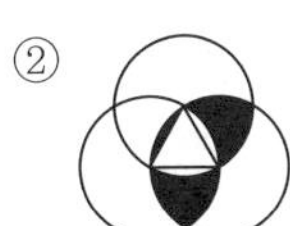

③ 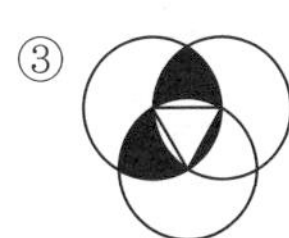

④ 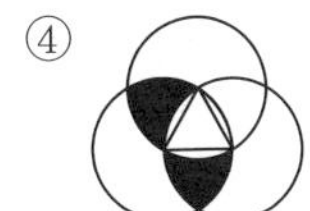

⑤ 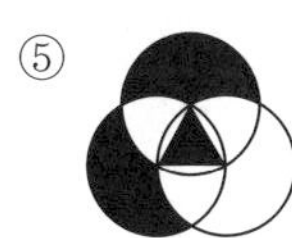

PART 2 기출복원문제

※ 다음 도식에서 기호들은 일정한 규칙에 따라 문자를 변화시킨다. 물음표에 들어갈 문자로 알맞은 것을 고르시오(단, 규칙은 가로와 세로 중 한 방향으로만 적용된다). **[11~14]**

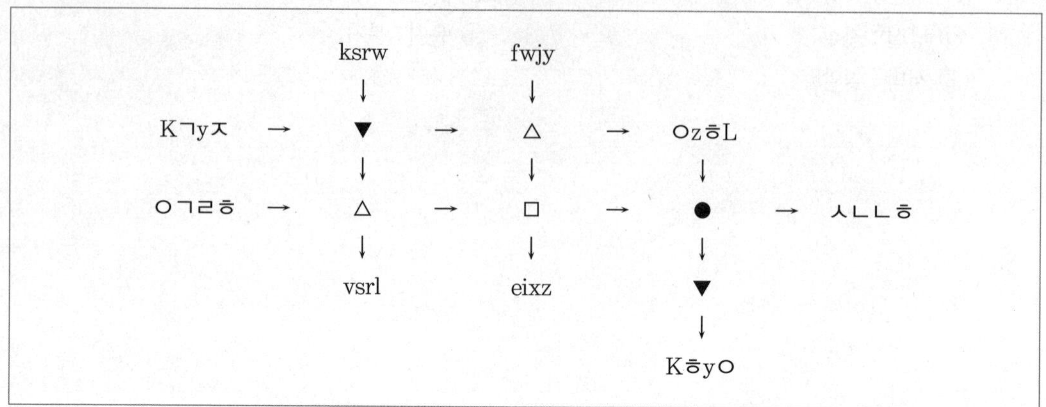

11

ㅅㄴㄹㅁ → ▼ → □ → ?

① ㅁㄴㄹㅅ ② ㅁㄹㄴㅅ

③ ㅁㅅㄴㄹ ④ ㅇㄱㄷㅂ

⑤ ㅅㄱㄹㄹ

12

isog → ● → △ → ?

① hsog ② iosg

③ gosi ④ hsng

⑤ irof

13

? → ▼ → ● → yenv

① neyv ② vney

③ yfnw ④ wyfn

⑤ wnfy

Hard

14

? → □ → △ → ㅇㅌㄷㄹ

① ㅈㄹㅋㄷ ② ㅊㄹㄷㅈ

③ ㅈㅊㄹㄷ ④ ㅅㅌㄴㄹ

⑤ ㅅㅌㄹㄴ

15 다음 글의 내용이 참일 때 항상 거짓인 것은?

일반적으로 최초의 망원경은 네덜란드의 안경 제작자인 한스 리퍼쉬(Hans Lippershey)에 의해 만들어졌다고 알려져 있다. 이 최초의 망원경 발명에는 출처가 분명하지는 않지만 재미있는 일화가 전해진다.

1608년 리퍼쉬의 아들이 리퍼쉬의 작업실에서 렌즈를 가지고 놀다가 두 개의 렌즈를 어떻게 조합을 하였더니 멀리 있는 교회의 뾰족한 첨탑이 매우 가깝게 보였다. 리퍼쉬의 아들은 이러한 사실을 아버지에게 알렸고 이것을 본 리퍼쉬가 망원경을 발명하였다. 리퍼쉬가 만들었던 망원경은 당시 그 지역을 다스리던 영주에게 상납되었다. 유감스럽게도 리퍼쉬가 망원경 제작에 사용한 렌즈의 조합은 현재 정확하게 알려져 있지는 않지만, 아마도 두 개의 볼록렌즈를 사용했을 것으로 추측된다. 이렇게 망원경이 발명되었다는 소식은 유럽 전역으로 빠르게 전파되어, 약 1년 후에는 이탈리아의 갈릴레오에게까지 전해졌다.

1610년 갈릴레오는 초점거리가 긴 볼록렌즈를 망원경의 대물렌즈로 사용하고 초점 거리가 짧은 오목렌즈를 초점면 앞에 놓아 접안렌즈로 사용하였다. 이 같은 설계는 물체와 상의 상하좌우가 같은 정립상을 제공하므로 지상 관측에 적당하다. 이러한 광학적 설계 방식을 갈릴레이식 굴절 망원경이라고 한다.

갈릴레오가 자신이 만든 망원경으로 천체를 관측하여 발견한 천문학적 사실 중 가장 중요한 것은 바로 금성의 상변화이다. 금성의 각크기가 변한다는 것을 관측함으로써 금성이 지구를 중심으로 공전하는 것이 아니라 태양을 중심으로 공전하고 있다는 것을 증명하였으며, 따라서 코페르니쿠스의 지동설을 지지하는 강력한 증거를 제공하였다. 그러나 갈릴레이식 굴절 망원경은 초점 거리가 짧은 오목렌즈 제작의 어려움으로 배율에 한계가 있었으며, 시야도 좁고 색수차가 심하여 17세기 초반까지만 사용되었다. 오늘날에는 갈릴레이식 굴절 망원경은 오페라 글라스와 같은 작은 쌍안경에나 쓰일 뿐 거의 사용되지 않고 있다.

이후 케플러가 설계했다는 천체 관측용 망원경이 만들어졌는데, 이 망원경은 갈릴레이식보다 진일보한 형태로 오늘날 천체 관측용 굴절 망원경의 원형이 되고 있다. 케플러식 굴절 망원경은 장초점의 볼록렌즈를 대물렌즈로 하고 단초점의 볼록렌즈를 초점면 뒤에 놓아 접안렌즈로 사용한 구조이다. 이러한 설계 방식은 상의 상하좌우가 뒤집힌 도립상을 보여주기 때문에 지상용으로는 부적절하지만 천체를 관측할 때는 별다른 문제가 없다.

① 네덜란드의 안경 제작자인 한스 리퍼쉬는 아들의 렌즈 조합 발견을 계기로 망원경을 제작할 수 있었다.

② 갈릴레오의 망원경은 볼록렌즈를 대물렌즈로, 오목렌즈를 접안렌즈로 사용하였다.

③ 갈릴레오는 자신이 발명한 망원경으로 금성의 상변화를 관측하여 금성이 태양을 중심으로 공전한다는 것을 증명하였다.

④ 케플러식 망원경은 볼록렌즈만 사용하여 만들어졌다.

⑤ 케플러식 망원경은 갈릴레오식 망원경과 다르게 상의 상하좌우가 같은 정립상을 보여준다.

16 다음 글의 주장에 대한 반박으로 가장 적절한 것은?

> 비타민D 결핍은 우리 몸에 심각한 건강 문제를 일으킬 수 있다. 비타민D는 칼슘이 체내에 흡수되어 뼈와 치아에 축적되는 것을 돕고 가슴뼈 뒤쪽에 위치한 흉선에서 면역세포를 생산하는 작용에 관여하는데, 비타민D가 부족할 경우 칼슘과 인의 흡수량이 줄어들고 면역력이 약해져 뼈가 약해지거나 신체 불균형이 일어날 수 있다.
>
> 비타민D는 주로 피부가 중파장 자외선에 노출될 때 형성된다. 중파장 자외선은 피부와 혈류에 포함된 7-디하이드로콜레스테롤을 비타민D로 전환시키는데, 이렇게 전환된 비타민D는 간과 신장을 통해 칼시트리롤(Calcitriol)이라는 호르몬으로 활성화된다. 바로 이 칼시트리롤을 통해 우리는 혈액과 뼈에 흡수될 칼슘과 인의 흡수를 조절하는 것이다.
>
> 이러한 기능을 담당하는 비타민D를 함유하고 있는 식품은 자연에서 매우 적기 때문에, 우리의 몸은 충분한 비타민D를 생성하기 위해 주기적으로 태양빛에 노출될 필요가 있다.

① 태양빛에 노출될 경우 피부암 등의 질환이 발생하여 도리어 건강이 더 악화될 수 있다.

② 비타민D 결핍으로 인해 생기는 부작용은 주기적인 칼슘과 인의 섭취를 통해 해결할 수 있다.

③ 비타민D 보충제만으로는 체내에 필요한 비타민D를 얻을 수 없다.

④ 태양빛에 직접 노출되지 않거나 자외선 차단제를 사용했음에도 체내 비타민D 수치가 정상을 유지한다는 연구결과가 있다.

⑤ 선크림 등 자외선 차단제를 사용하더라도 비타민D 생성에 충분한 중파장 자외선에 노출될 수 있다.

Hard

17 다음 글을 토대로 〈보기〉를 바르게 해석한 것은?

요즘 대세로 불리는 폴더블 스마트폰이나 커브드 모니터를 직접 보거나 사용해 본 적이 있는가? 혁신적인 디자인과 더불어 사용자에게 뛰어난 몰입감을 제공하며 시장에서 큰 인기를 끌고 있는 이 제품들의 사양을 자세히 보면 'R'에 대한 값이 표시되어 있음을 알 수 있다. 이 R은 반지름(Radius)을 뜻하며 제품의 굽혀진 곡률을 나타내는데, 이 R의 값이 작을수록 접히는 부분의 비는 공간이 없어 완벽하게 접힌다.

일반적으로 여러 층의 레이어로 구성된 패널은 접었을 때 앞면에는 줄어드는 힘인 압축응력이, 뒷면에는 늘어나는 힘인 인장응력이 동시에 발생한다. 이처럼 서로 반대되는 힘인 압축응력과 인장응력이 충돌하면서 패널의 구조에 영향을 주는 것을 '폴딩 스트레스'라고 하는데, 곡률이 작을수록 즉, 더 접힐수록 패널이 받는 폴딩 스트레스가 높아진다. 따라서 곡률이 상대적으로 작은 인폴딩 패널이 곡률이 큰 아웃폴딩 패널보다 개발 난이도가 높은 셈이다.

보기

S전자는 이번 행사에서 1.4R의 인폴딩 패널을 사용한 폴더블 스마트폰을 개발하는 데 성공했다고 발표했다. 이는 아웃폴딩 패널을 사용한 H기업이나 동일한 인폴딩 패널을 사용한 A기업의 폴더블 스마트폰보다 현저히 낮은 곡률이다.

① 이번에 H기업에서 새로 개발한 1.6R의 작은 곡률이 적용된 패널을 사용한 폴더블 스마트폰은 S전자에서 개발한 폴더블 스마트폰과 동일한 방식의 패널을 사용했을 것이다.

② 아웃폴딩 패널을 사용한 H기업의 폴더블 스마트폰은 이번에 S전자에서 개발한 폴더블 스마트폰보다 폴딩 스트레스가 낮을 것이다.

③ 인폴딩 패널을 사용한 A기업의 폴더블 스마트폰은 S전자에서 개발한 폴더블 스마트폰과 개발난이도가 비슷했을 것이다.

④ 아웃폴딩 패널을 사용한 H기업의 폴더블 스마트폰의 R값이 인폴딩 패널을 사용한 A기업의 폴더블 스마트폰의 R값보다 작을 것이다.

⑤ S전자의 폴더블 스마트폰의 R값이 경쟁 기업보다 작은 것은 여러 층으로 구성된 패널의 층수를 타 기업의 패널보다 줄여 압축응력과 인장응력으로 인한 스트레스를 줄였기 때문일 것이다.

CHAPTER

10 2020년 상반기 기출복원문제

정답 및 해설 p.079

| 01 | 수리

01 5% 소금물에 소금 40g을 넣었더니 25%의 소금물이 됐다. 이때 처음 5% 소금물의 양은?

① 130g ② 140g
③ 150g ④ 160g
⑤ 170g

Hard

02 욕조에 A탱크로 물을 채웠을 때 18분에 75%를 채울 수 있다. 욕조의 물을 전부 뺀 후, 15분간 A탱크로 물을 채우다 B탱크로 채울 때, B탱크로만 물을 채우는 데 걸리는 시간은?(단, B탱크는 A탱크보다 1.5배 빠르게 채운다)

① 2분 ② 3분
③ 4분 ④ 5분
⑤ 6분

Easy

03 S사 직원은 각자 하나의 프로젝트를 선택하여 진행해야 하며 X, Y, Z프로젝트 중 선택되지 않은 프로젝트는 진행하지 않아도 상관없다. X, Y, Z프로젝트 중 X프로젝트는 대리만, Y프로젝트는 사원만, Z프로젝트는 누구나 진행할 수 있다고 할 때, 대리 2명, 사원 3명이 프로젝트를 선택하여 진행하는 경우의 수는?

① 16가지
② 32가지
③ 36가지
④ 48가지
⑤ 72가지

04 A는 0.8km의 거리를 12분 만에 걸어간 후 36km/h의 속력의 버스에 탑승해 8분 동안 이동하여 목적지에 도착했다. 다음날 A가 자전거를 이용해 같은 시간동안 같은 경로로 이동할 때 평균 속력은?

① 1.80km/분
② 1.00km/분
③ 0.50km/분
④ 0.28km/분
⑤ 0.15km/분

Hard

05 서울 지사에 근무하는 A와 B는 X와 Y경로를 이용하여 부산 지사로 외근을 갈 예정인데 X경로를 이용하여 이동을 하면 A가 B보다 1시간 늦게 도착한다. 또한 A는 X경로로 이동하고 B는 X경로보다 160km 긴 Y경로로 이동하면 A가 B보다 1시간 빨리 도착한다. 이때 B의 속력은?

① 40km/h
② 50km/h
③ 60km/h
④ 70km/h
⑤ 80km/h

06 1 ~ 9까지의 수가 적힌 카드를 철수와 영희가 한 장씩 뽑았을 때 영희가 철수보다 큰 수가 적힌 카드를 뽑는 경우의 수는?

① 16가지 ② 32가지
③ 36가지 ④ 38가지
⑤ 64가지

07 S사는 주사위를 굴려 1이 나오면 당첨, 2, 3, 4가 나오면 꽝이고, 5 이상인 경우는 가위바위보를 통해 이겼을 때 당첨이 되는 이벤트를 하였다. 가위바위보에 비겼을 때에는 가위바위보를 한 번 더 할 수 있는 재도전의 기회를 얻으며 재도전은 한 번만 할 수 있다. 이때 당첨될 확률은?

① $\frac{1}{54}$ ② $\frac{3}{54}$
③ $\frac{17}{54}$ ④ $\frac{7}{14}$
⑤ $\frac{9}{14}$

08 S사는 작년에 직원이 총 45명이었다. 올해는 작년보다 안경을 쓴 사람은 20%, 안경을 쓰지 않은 사람은 40% 증가하여 총 58명이 되었다. 퇴사한 직원은 없다고 할 때 올해 입사한 사람 중 안경을 쓴 사람의 수는?

① 5명 ② 10명
③ 15명 ④ 20명
⑤ 25명

| 02 | 추리

※ 다음 짝지어진 단어 사이의 관계가 나머지와 다른 하나를 고르시오. [1~2]

01
① 노리다 – 겨냥하다
② 엄정 – 해이
③ 성기다 – 뜨다
④ 자아내다 – 끄집어내다
⑤ 보편 – 일반

02
① 득의 – 실의
② 엎어지다 – 자빠지다
③ 화해 – 결렬
④ 판이하다 – 다르다
⑤ 고상 – 저열

※ 제시된 단어의 대응 관계로 볼 때, 다음 중 빈칸에 들어갈 단어로 가장 적절한 것을 고르시오. [3~4]

03

뇌까리다 : 지껄이다 = (　　) : 상서롭다

① 망하다
② 성하다
③ 길하다
④ 실하다
⑤ 달하다

04

초췌하다 : 수척하다 = 함양 : (　　)

① 집합
② 활용
③ 결실
④ 도출
⑤ 육성

※ 제시된 명제가 참일 때, 다음 빈칸에 들어갈 명제로 가장 적절한 것을 고르시오. [5~6]

Easy

05

전제1. 피자를 좋아하는 사람은 치킨을 좋아한다.
전제2. 치킨을 좋아하는 사람은 감자튀김을 좋아한다.
전제3. 나는 피자를 좋아한다.
결론. ________________________

① 나는 피자를 좋아하지만 감자튀김은 좋아하지 않는다.
② 치킨을 좋아하는 사람은 피자를 좋아한다.
③ 감자튀김을 좋아하는 사람은 치킨을 좋아한다.
④ 나는 감자튀김을 좋아한다.
⑤ 감자튀김을 좋아하는 사람은 피자를 좋아한다.

06

전제1. 갈매기는 육식을 하는 새이다.
전제2. ________________________
전제3. 바닷가에 사는 새는 갈매기이다.
결론. 헤엄을 치는 새는 육식을 한다.

① 바닷가에 살지 않는 새는 헤엄을 치지 않는다.
② 갈매기는 헤엄을 친다.
③ 육식을 하는 새는 바닷가에 살지 않는다.
④ 헤엄을 치는 새는 육식을 하지 않는다.
⑤ 갈매기가 아니어도 육식을 하는 새는 있다.

07 고등학교 동창인 A～F는 중국음식점에서 식사를 하기 위해 원형 테이블에 앉았다. 〈조건〉이 다음과 같을 때, 항상 참인 것은?

조건

- E와 F는 서로 마주보고 앉아 있다.
- C와 B는 붙어있다.
- A는 F와 한 칸 떨어져 앉아 있다.
- D는 F의 바로 오른쪽에 앉아 있다.

① A와 B는 마주보고 있다.
② A와 D는 붙어있다.
③ B는 F와 붙어있다.
④ C는 F와 붙어있다.
⑤ D는 C와 마주보고 있다.

08 A～E 다섯 사람은 마스크를 사기 위해 차례대로 줄을 서고 있다. 네 사람이 진실을 말한다고 할 때, 다음 중 거짓말을 하는 사람은?

- A : B 다음에 E가 바로 도착해서 줄을 섰어.
- B : D는 내 바로 뒤에 줄을 섰지만 마지막은 아니었어.
- C : 내 앞에 줄을 선 사람은 한 명뿐이야.
- D : 내 뒤에는 두 명이 줄을 서고 있어.
- E : A는 가장 먼저 마스크를 구입할 거야.

① A
② B
③ C
④ D
⑤ E

Hard

09 갑, 을, 병, 정은 휴일을 맞아 백화점에서 옷을 고르기로 했다. 〈조건〉이 다음과 같을 때 갑, 을, 병, 정이 고른 옷으로 가장 적절한 것은?

조건

- 네 사람은 각각 셔츠, 바지, 원피스, 치마를 구입했다.
- 병은 원피스와 치마 중 하나를 구입했다.
- 갑은 셔츠와 치마를 입지 않는다.
- 정은 셔츠를 구입하기로 했다.
- 을은 치마와 원피스를 입지 않는다.

	갑	을	병	정
①	치마	바지	원피스	셔츠
②	바지	치마	원피스	셔츠
③	치마	셔츠	원피스	바지
④	원피스	바지	치마	셔츠
⑤	바지	원피스	치마	셔츠

10 다음 글을 통해 추론할 수 있는 내용으로 적절하지 않은 것은?

오골계(烏骨鷄)라는 단어를 들었을 때 머릿속에 떠오르는 이미지는 어떤가? 아마 대부분의 사람들은 볏부터 발끝까지 새까만 닭의 모습을 떠올릴지도 모르겠다. 하지만 사실 이것은 토착종인 오계로, 오골계와는 엄밀히 구분되는 종이다. 그렇다면 오골계와 오계는 정확히 어떠한 차이가 있을까? 흔히 시장에 유통되고 있는 오골계는 정확히는 일제강점기에 유입된 '실키'라는 품종에서 비롯된 혼합종이라고 할 수 있다. 살과 가죽, 뼈 등이 검정에 가까운 자색을 띠지만 흰색이나 붉은 갈색의 털을 지니기도 한다. 병아리 또한 흰 솜털로 덮여 있으며 발가락 수가 5개인 것이 특징이다.
연산오계라고도 불리는 오계는 대한민국 천연기념물 제265호로 지정되어 충남 논산시에 위치한 국내 유일의 오계 사육 농장에서만 사육되고 있다. 살과 가죽, 뼈는 물론 털까지 검으며 야생성이 강하고 사육기간이 길어 기르는 것이 쉽지 않은 것으로 알려져 있다. 병아리 또한 검은색을 띠고 발가락 수가 일반 닭과 같은 4개이기에 구분이 어렵지는 않다.
오계라는 명칭은 동의보감에서 그 이름과 함께 약효와 쓰임새가 기록되어 있는 것을 토대로 최소 선조 이전부터 사육되었던 것으로 추정하고 있다. 하지만 현재는 그 수가 적어 천연기념물로 보호하기 위한 종계 개체 수 1,000마리를 유지하고 있으며, 그 외의 종계로써의 가치가 끝난 퇴역종계와 비 선발 종계후보들만이 식용으로 쓰이고 있다.

① 털의 색을 통해 오골계와 오계를 구분할 수 있을 것이다.
② 손질된 오골계와 오계 고기를 구분하기는 어려울 것이다.
③ 살이 검은 것을 제외하면 오골계와 일반 닭은 큰 차이가 없다고 볼 수 있다.
④ 오계는 병아리 때부터 다른 닭과 구분하기 쉽다고 할 수 있다.
⑤ 오계는 식재보다는 약용으로 더 많이 쓰였을 것으로 짐작할 수 있다.

※ 다음 도형의 규칙을 보고 물음표에 들어갈 도형으로 알맞은 것을 고르시오. **[11~12]**

11

①
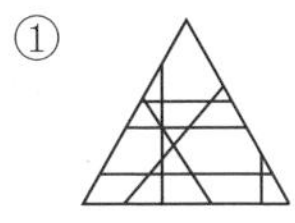

②
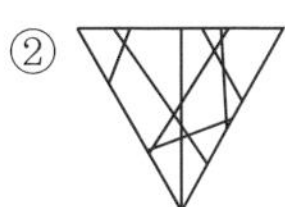

③
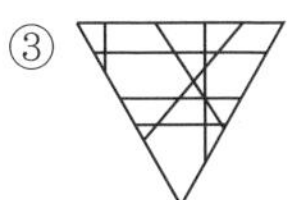

④

⑤

12

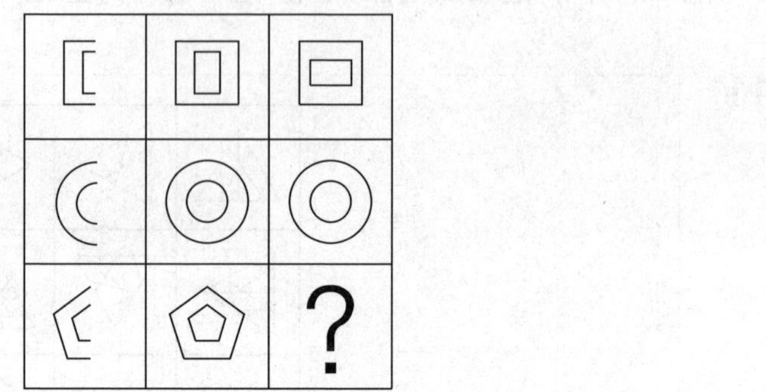

① 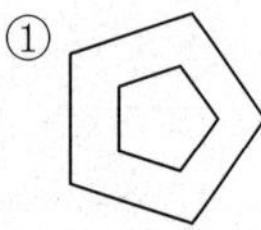

② 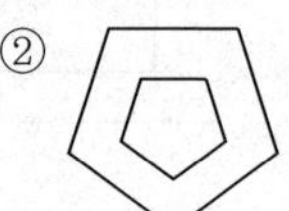

③ 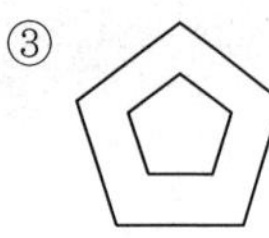

④ 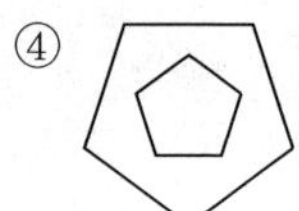

⑤ 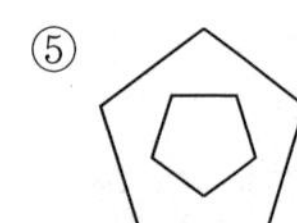

CHAPTER 11

2019년 하반기 기출복원문제

정답 및 해설 p.084

| 01 | 수리

01 S사 서비스센터의 직원들은 의류 건조기의 모터를 교체하는 업무를 진행하고 있다. 1대의 모터를 교체하는 데 A직원이 혼자 업무를 진행하면 2시간이 걸리고, A와 B직원이 함께 업무를 진행하면 80분이 걸리며, B와 C직원이 함께 진행하면 1시간이 걸린다. A, B, C직원이 모두 함께 건조기 1대의 모터를 교체하는 데 걸리는 시간은?

① 40분
② 1시간
③ 1시간 12분
④ 1시간 20분
⑤ 1시간 35분

02 S미술관의 올해 신입사원 수는 작년에 비해 남자는 50% 증가하고, 여자는 40% 감소하여 60명이다. 작년의 전체 신입사원 수가 55명이었을 때, 올해 입사한 여자 신입사원 수는?

① 11명
② 12명
③ 13명
④ 14명
⑤ 15명

Hard

03 A와 B는 제품을 포장하는 아르바이트를 하고 있다. A는 8일마다 남은 물품의 $\frac{1}{2}$씩 포장하고, B는 2일마다 남은 물품의 $\frac{1}{2}$씩 포장한다. A가 처음 512개의 물품을 받아 포장을 시작했는데 24일 후의 A와 B의 남은 물품의 수가 같았다. B가 처음에 받은 물품의 수는?

① 2^{16}개
② 2^{17}개
③ 2^{18}개
④ 2^{19}개
⑤ 2^{20}개

Hard

04 동전을 던져 앞면이 나오면 $+2$만큼 이동하고, 뒷면이 나오면 -1만큼 이동하는 게임을 하려고 한다. 동전을 5번 던져서 다음 수직선 위의 A가 4지점으로 이동할 확률은?

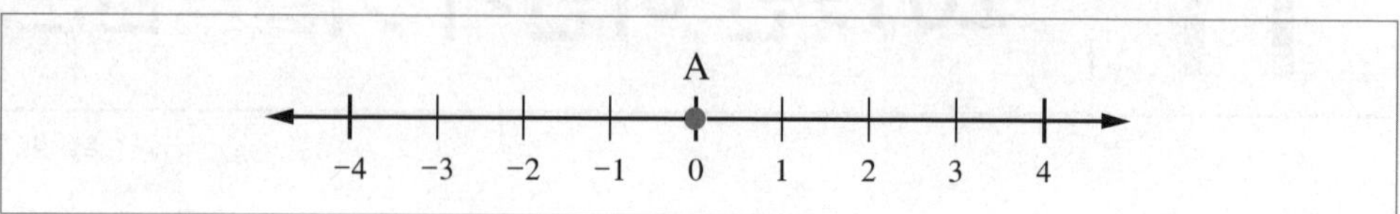

① $\frac{3}{32}$ ② $\frac{5}{32}$

③ $\frac{1}{4}$ ④ $\frac{5}{16}$

⑤ $\frac{7}{16}$

05 A물고기는 한 달 만에 성체가 되어 번식을 한다. 다음과 같이 번식을 하고 있다면 12월의 물고기 수는?

〈A물고기의 번식 개체 수〉

(단위 : 마리)

구분	1월	2월	3월	4월	5월
개체 수	1	1	2	3	5

① 72마리 ② 86마리

③ 100마리 ④ 124마리

⑤ 144마리

06 다음은 중국의 의료 빅데이터 예상 시장 규모에 대한 자료이다. 이의 전년 대비 성장률을 구했을 때, 그래프로 바르게 변환한 것은?

〈2015 ~ 2024년 중국 의료 빅데이터 예상 시장 규모〉

(단위 : 억 위안)

구분	2015년	2016년	2017년	2018년	2019년	2020년	2021년	2022년	2023년	2024년
규모	9.6	15.0	28.5	45.8	88.5	145.9	211.6	285.6	371.4	482.8

①
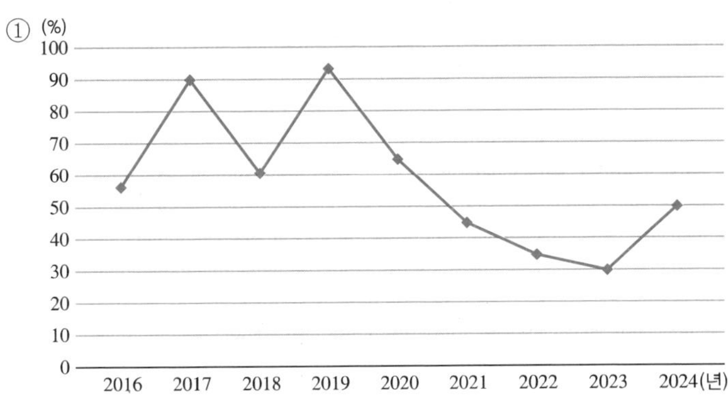

②
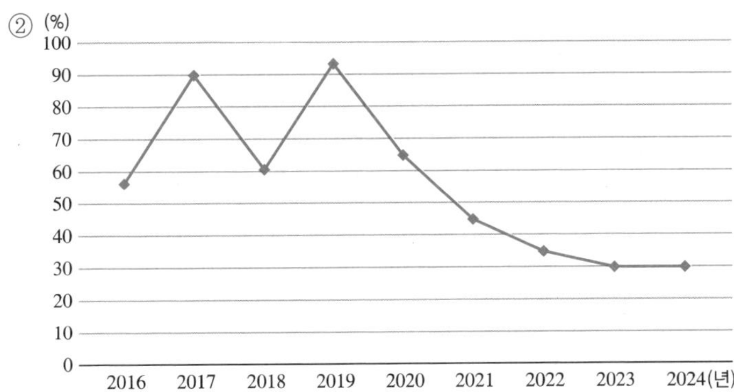

③
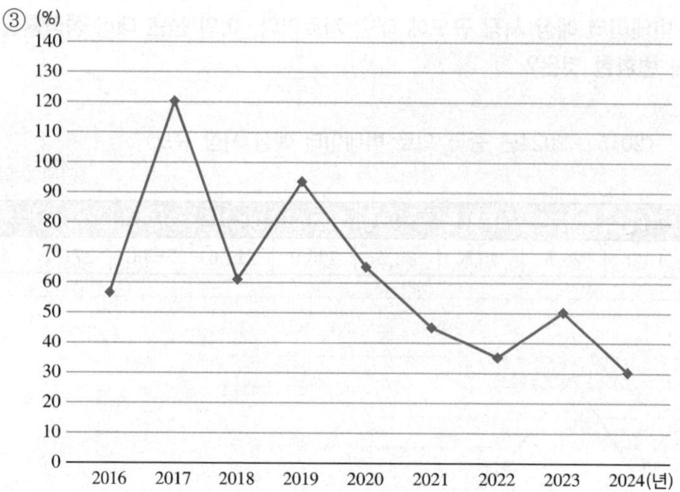
(%)
140
130
120
110
100
90
80
70
60
50
40
30
20
10
0
2016
2017
2018
2019
2020
2021
2022
2023
2024(년)

④
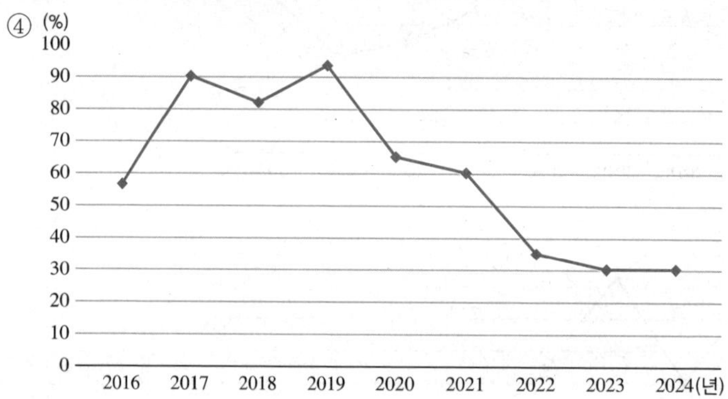
(%)
100
90
80
70
60
50
40
30
20
10
0
2016
2017
2018
2019
2020
2021
2022
2023
2024(년)

⑤
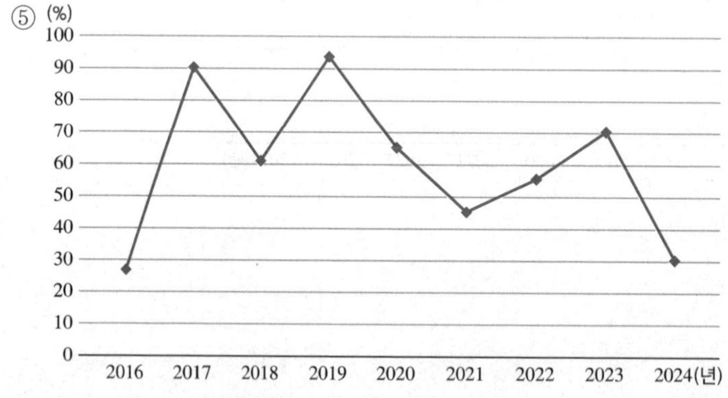
(%)
100
90
80
70
60
50
40
30
20
10
0
2016
2017
2018
2019
2020
2021
2022
2023
2024(년)

Hard

07 다음은 10년간 국내 의사와 간호사 인원 현황에 대한 자료이다. 이에 대한 〈보기〉의 설명 중 옳은 것을 모두 고르면?(단, 비율은 소수점 셋째 자리에서 버림한다)

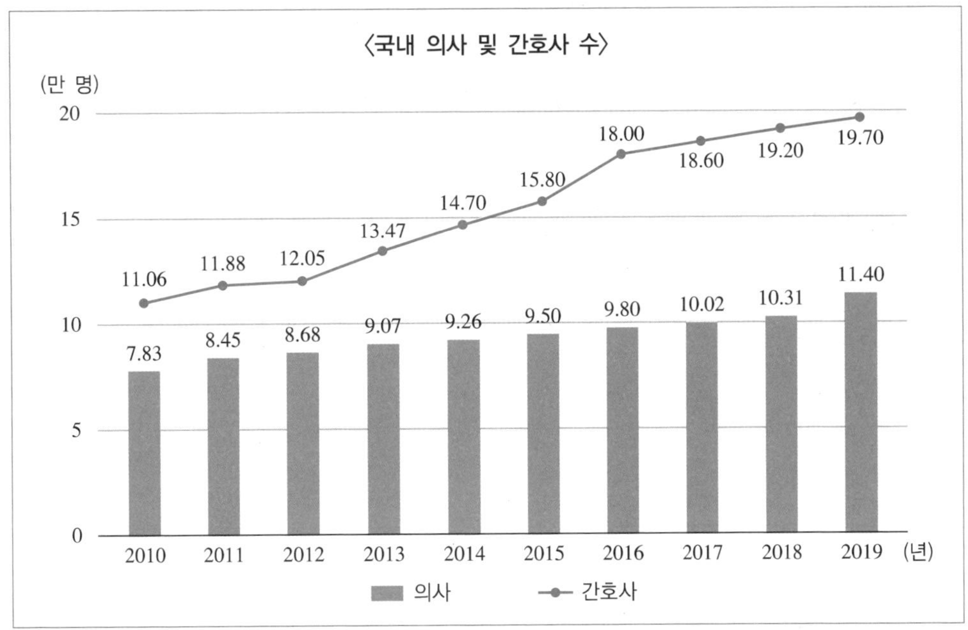

보기

ㄱ. 2017년 대비 2019년 의사 수의 증가율은 간호사 수의 증가율보다 5%p 이상 높다.

ㄴ. 2011 ~ 2019년 동안 전년 대비 의사 수 증가량이 2천 명 이하인 해의 의사와 간호사 수의 차이는 5만 명 미만이다.

ㄷ. 2010 ~ 2014년 동안 의사 한 명당 간호사 수가 가장 많은 연도는 2014년도이다.

ㄹ. 2013 ~ 2016년까지 간호사 수의 평균은 15만 명 이상이다.

① ㄱ

② ㄱ, ㄴ

③ ㄷ, ㄹ

④ ㄴ, ㄹ

⑤ ㄱ, ㄷ, ㄹ

| 02 | 추리

※ 제시된 단어의 대응 관계로 볼 때, 다음 중 빈칸에 들어갈 단어로 가장 적절한 것을 고르시오. [1~2]

01

제한하다 : 통제하다 = 만족하다 : (　　)

① 번잡하다
② 부족하다
③ 탐탁하다
④ 모자라다
⑤ 듬직하다

02

돛단배 : 바람 = 전등 : (　　)

① 어둠
② 전기
③ 태양
④ 에어컨
⑤ 빛

※ 다음 짝지어진 단어 사이의 관계가 나머지와 다른 하나를 고르시오. [3~4]

Easy

03 ① 견사 – 비단
② 오디 – 뽕잎
③ 콩 – 두부
④ 포도 – 와인
⑤ 우유 – 치즈

04 ① 괄시 – 후대
② 비호 – 보호
③ 숙려 – 숙고
④ 속박 – 농반
⑤ 채근 – 독촉

05 경제학과, 물리학과, 통계학과, 지리학과 학생인 A ~ D는 검은색, 빨간색, 흰색의 3가지 색 중 최소 1가지 이상의 색을 좋아한다. 다음 〈조건〉에 따라 항상 참이 되는 것은?

조건

- 경제학과 학생은 검은색과 빨간색만 좋아한다.
- 경제학과 학생과 물리학과 학생은 좋아하는 색이 서로 다르다.
- 통계학과 학생은 빨간색만 좋아한다.
- 지리학과 학생은 물리학과 학생과 통계학과 학생이 좋아하는 색만 좋아한다.
- C는 검은색을 좋아하고, B는 빨간색을 좋아하지 않는다.

① A는 통계학과이다.
② B는 물리학과이다.
③ C는 지리학과이다.
④ D는 경제학과이다.
⑤ B와 C는 빨간색을 좋아한다.

06 다음 도형의 규칙을 보고 물음표에 들어갈 도형으로 알맞은 것을 고르면?

①
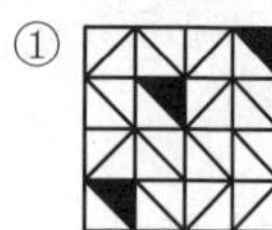

②
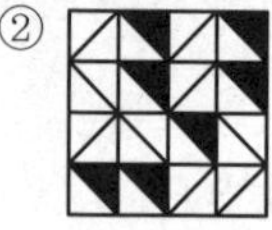

③
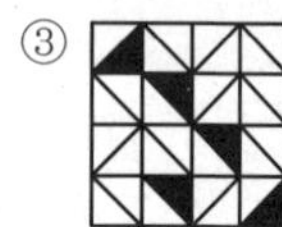

④
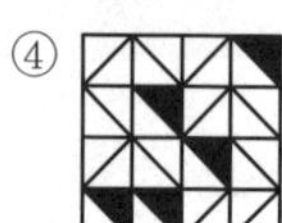

⑤
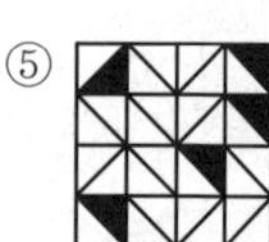

CHAPTER 12

2019년 상반기 기출복원문제

정답 및 해설 p.087

| 01 | 수리

Hard

01 테니스 경기를 진행하는데 1팀은 6명, 2팀은 7명으로 구성되었고, 팀별 예선을 진행한다. 예선전은 팀에 속한 선수들이 빠지지 않고 모두 한 번씩 경기를 진행한 후 각 팀의 1, 2등이 준결승전에 진출하는 방식이다. 그리고 본선에 진출한 선수 4명을 임의로 2명씩 나눠 준결승전을 진행한 후 이긴 두 선수는 결승전, 진 두 선수는 3·4위전을 진행한다. 예선 경기의 입장권 가격이 20,000원이고, 본선 경기의 입장권 가격이 30,000원이라면 전체경기를 관람하는 데 필요한 금액은?

① 84만 원
② 85만 원
③ 86만 원
④ 87만 원
⑤ 88만 원

02 0, 1, 2, 3, 4가 적힌 5장의 카드가 있다. A와 B는 이 중 3장의 카드를 뽑아 큰 숫자부터 나열하여 가장 큰 세 자리 숫자를 만든 사람이 이기는 게임을 하기로 했다. A가 0, 2, 3을 뽑았을 때, B가 이길 확률은?

① 60%
② 65%
③ 70%
④ 75%
⑤ 80%

03 집에서 회사까지의 거리는 1.8km이다. O사원은 운동을 위해 회사까지 걷거나 자전거를 타고 출근하기로 했다. 전체 거리의 25%는 3km/h의 속력으로 걷고, 나머지 거리는 30km/h의 속력으로 자전거를 이용해서 회사에 도착했다고 할 때, O사원이 출근하는 데 걸린 시간은?

① 10분 46초
② 10분 52초
③ 11분 20초
④ 11분 42초
⑤ 12분 10초

04 농도가 15%인 소금물을 5% 증발시킨 후 농도가 30%인 소금물 200g을 섞어서 농도가 20%인 소금물을 만들었다. 증발 전 농도가 15%인 소금물의 양은?

① 350g　　② 400g
③ 450g　　④ 500g
⑤ 550g

05 어항 안에 A금붕어와 B금붕어가 각각 1,675마리, 1,000마리가 있다. 다음과 같이 일정한 규칙으로 금붕어가 팔리고 있다면, 10일 차에 남아있는 금붕어의 수는?

(단위 : 마리)

구분	1일 차	2일 차	3일 차	4일 차	5일 차
A금붕어	1,675	1,554	1,433	1,312	1,191
B금붕어	1,000	997	992	983	968

	A금붕어	B금붕어
①	560마리	733마리
②	586마리	733마리
③	621마리	758마리
④	700마리	758마리
⑤	782마리	783마리

Hard

06 다음은 우리나라 국가채권 현황에 대한 자료이다. 이에 대한 〈보기〉의 설명 중 옳은 것을 모두 고르면?

〈우리나라 국가채권 현황〉

(단위 : 조 원)

구분	2014년		2015년		2016년		2017년	
	국가채권	연체채권	국가채권	연체채권	국가채권	연체채권	국가채권	연체채권
합계	238	27	268	31	298	36	317	39
조세채권	26	18	30	22	34	25	38	29
경상 이전수입	8	7	8	7	9	8	10	8
융자회수금	126	–	129	–	132	–	142	–
예금 및 예탁금	73	–	97	–	118	–	123	–
기타	5	2	4	2	5	3	4	2

보기

ㄱ. 2014년 총 연체채권은 2016년 총 연체채권의 80% 이상이다.

ㄴ. 국가채권 중 조세채권의 전년 대비 증가율은 2015년이 2017년보다 높다.

ㄷ. 융자회수금의 국가채권과 연체채권의 총합이 가장 높은 해에는 경상 이전수입의 국가채권과 연체채권의 총합도 가장 높다.

ㄹ. 2014년 대비 2017년 경상 이전수입 중 국가채권의 증가율은 경상 이전수입 중 연체채권의 증가율보다 낮다.

① ㄱ, ㄴ
② ㄱ, ㄷ
③ ㄴ, ㄷ
④ ㄴ, ㄹ
⑤ ㄷ, ㄹ

07 다음은 우리나라 강수량에 대한 자료이다. 이를 그래프로 바르게 변환한 것은?

〈2018년 우리나라 강수량〉

(단위 : mm, 위)

구분	1월	2월	3월	4월	5월	6월	7월	8월	9월	10월	11월	12월
강수량	15.3	29.8	24.1	65.0	29.5	60.7	308.0	241.0	92.1	67.6	12.7	21.9
역대순위	32	23	39	30	44	43	14	24	26	13	44	27

①
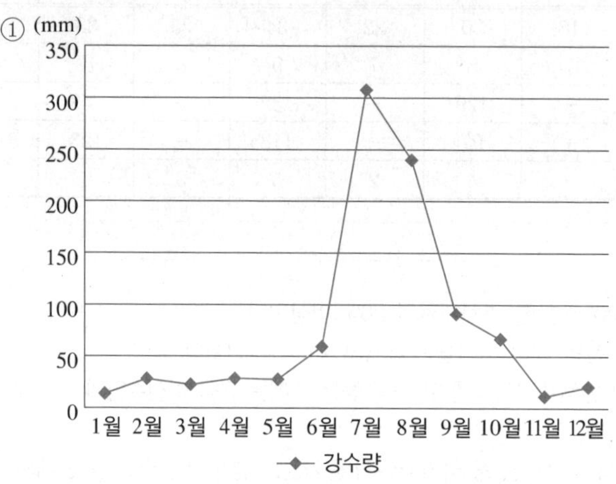

②
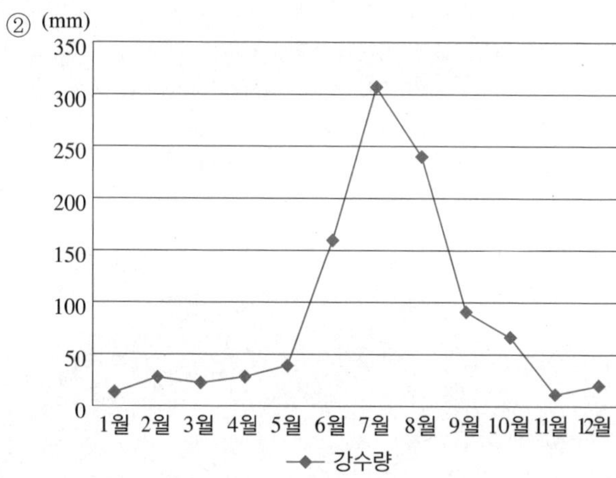

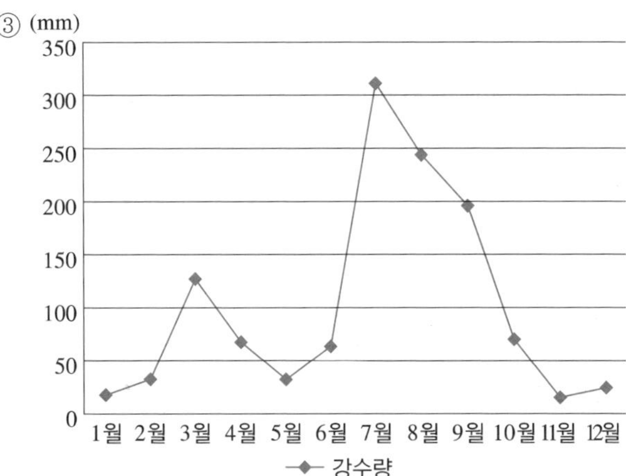
③ (mm)
350
300
250
200
150
100
50
0
1월 2월 3월 4월 5월 6월 7월 8월 9월 10월 11월 12월
강수량

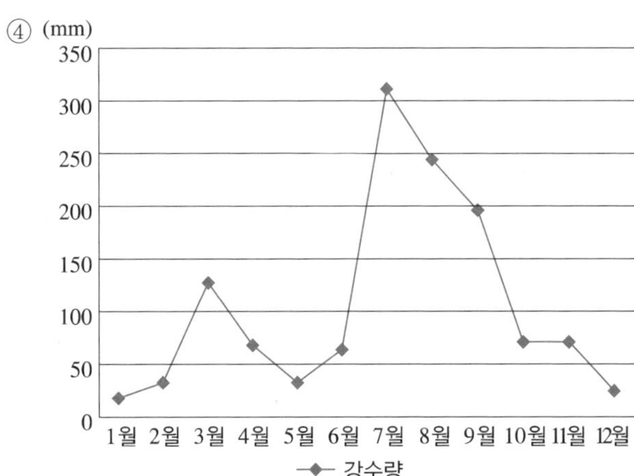
④ (mm)
350
300
250
200
150
100
50
0
1월 2월 3월 4월 5월 6월 7월 8월 9월 10월 11월 12월
강수량

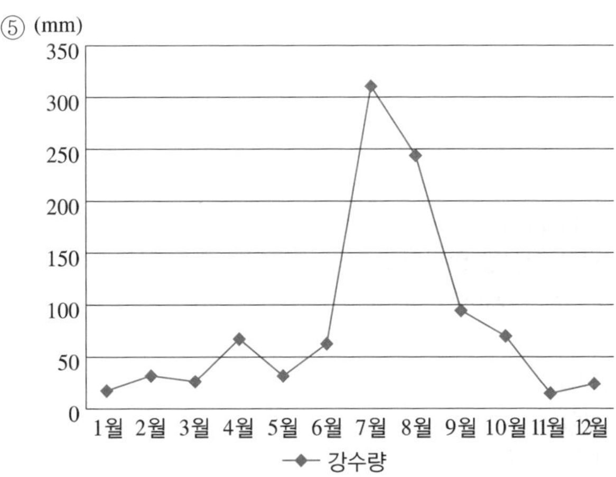
⑤ (mm)
350
300
250
200
150
100
50
0
1월 2월 3월 4월 5월 6월 7월 8월 9월 10월 11월 12월
강수량

| 02 | 추리

※ 제시된 단어의 대응 관계로 볼 때, 다음 중 빈칸에 들어갈 단어로 가장 적절한 것을 고르시오. [1~2]

Hard

01

응분 : 과분 = 겸양하다 : (　　)

① 강직하다
② 너그럽다
③ 쩨쩨하다
④ 겸손하다
⑤ 젠체하다

02

칠칠하다 : 야무지다 = (　　) : (　　)

① 순간, 영원
② 낙찰, 유찰
③ 널널하다, 너르다
④ 가축, 야수
⑤ 천진, 사악

03 어젯밤 회사에 남아있던 A~E 5명 중에서 창문을 깬 범인을 찾고 있다. 범인은 2명이고, 범인은 거짓을 말하며, 범인이 아닌 사람은 진실을 말한다고 한다. 5명의 진술이 다음과 같을 때, 동시에 범인이 될 수 있는 사람끼리 바르게 짝지어진 것은?

- A : B와 C가 함께 창문을 깼어요.
- B : A가 창문을 깨는 것을 봤어요.
- C : 저랑 E는 확실히 범인이 아니에요.
- D : C가 범인이 확실해요.
- E : 제가 아는데, B는 확실히 범인이 아닙니다.

① A, B
② A, C
③ B, C
④ C, D
⑤ D, E

Hard

04 S전자 마케팅부 직원 A～J 10명이 점심식사를 하러 가서, 제시된 〈조건〉에 따라 6인용 원형테이블 2개에 각각 4명, 6명씩 나눠 앉았다. 다음 중 항상 거짓인 것은?

조건

- A와 I는 빈자리 하나만 사이에 두고 앉아 있다.
- C와 D는 1명을 사이에 두고 앉아 있다.
- F의 양 옆 중 오른쪽 자리만 비어 있다.
- E는 C나 D의 옆자리가 아니다.
- H의 바로 옆에 G가 앉아 있다.
- H는 J와 마주보고 앉아 있다.

① A와 B는 같은 테이블이다.
② H와 I는 다른 테이블이다.
③ C와 G는 마주보고 앉아 있다.
④ A의 양 옆은 모두 빈자리이다.
⑤ D의 옆에 J가 앉아 있다.

05 다음 도형의 규칙을 보고 물음표에 들어갈 도형으로 알맞은 것을 고르면?

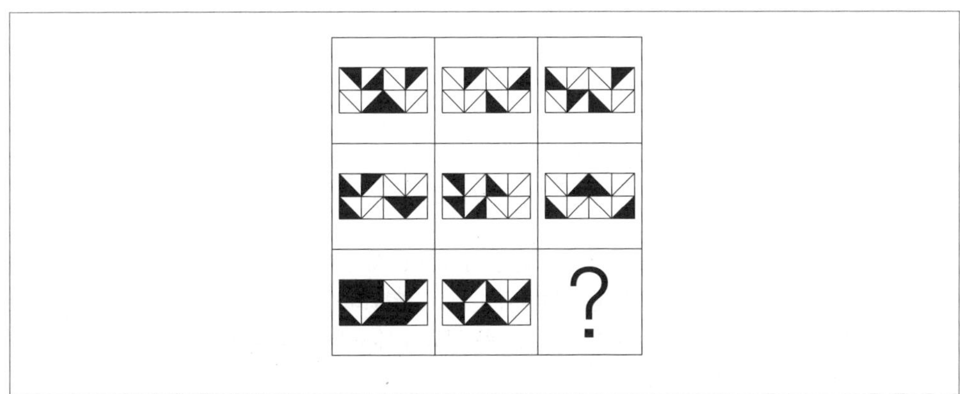

① 

② 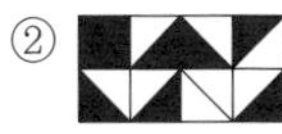

③ 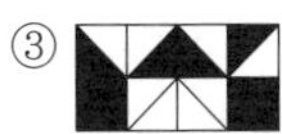

④ 

⑤ 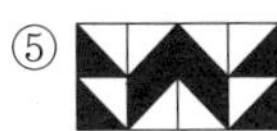

PART 2 기출복원문제

CHAPTER 13

2018년 하반기 기출복원문제

정답 및 해설 p.091

| 01 | 수리

01 어떤 테니스 대회는 총 8개의 팀이 상대 팀과 각각 한 번씩 경기하는 리그 형식으로 예선을 치른 후, 상위 4개 팀이 토너먼트 형식으로 본선을 치른다. 예선 티켓 값이 1만 원, 본선 티켓 값이 2만 원이라고 할 때, 모든 경기를 한 번씩 보는 데 드는 티켓 비용은?

① 30만 원 ② 32만 원
③ 34만 원 ④ 36만 원
⑤ 38만 원

02 어떤 프로젝트를 A사원이 혼자서 진행하면 시작부터 끝내기까지 총 4시간이 걸린다고 한다. A사원과 B사원이 함께 프로젝트 업무를 2시간 동안 진행하다가, B사원이 급한 업무가 생겨 퇴근한 후 A사원 혼자 40분을 더 일하여 마무리 지었다. B사원이 혼자 프로젝트를 진행했을 때 걸리는 시간은?

① 4시간 ② 5시간
③ 6시간 ④ 7시간
⑤ 8시간

Hard

03 S연구소에서 식물 배양세포의 증식이 얼마나 빠른지 알아보기 위해 두 가지 세포의 증식 속도를 측정해 보았다. A세포는 한 개당 하루에 4개로 분열되며, B세포는 한 개당 하루에 3개로 분열된다. A세포 한 개와 B세포 두 개가 있을 때, 두 세포의 개수가 각각 250개 이상이 되는 데 걸리는 기간은?(단, $\log 2=0.30$, $\log 3=0.48$, $\log 10=1$로 계산한다)

	A세포	B세포
①	5일	4일
②	5일	5일
③	4일	4일
④	4일	5일
⑤	4일	6일

04 S전자에서는 컴퓨터 모니터를 생산한다. 지난달에 생산한 모니터의 불량률은 10%였고, 모니터 한 대당 17만 원에 판매하였다. 이번 달도 지난달과 동일한 양을 생산했는데, 불량률은 15%로 올랐다고 한다. 지난달보다 매출액이 떨어지지 않기 위한 모니터의 한 대당 최소 금액은?(단, 불량품은 매출액에서 제외한다)

① 18만 원
② 19만 원
③ 20만 원
④ 21만 원
⑤ 22만 원

05 다음은 2018년 달러와 엔화의 환율 변동에 대한 자료이다. 이에 대한 설명으로 옳은 것은?(단, 소수점 둘째 자리에서 반올림한다)

〈2018년 달러 및 엔화 환율 변동 현황〉

구분	1월	2월	3월	4월	5월	6월	7월	8월	9월	10월
달러 환율(원/달러)	1,065	1,090	1,082	1,070	1,072	1,071	1,119	1,117	1,119	1,133
엔화 환율(원/100엔)	946	990	1,020	992	984	980	1,011	1,003	1,004	1,003

① 2월에 일본 여행을 갔다면, 2월보다 1월에 미리 환전해야 5% 이상 이득이었다.
② 5월부터 10월까지 달러 환율은 계속 증가하고 있다.
③ 달러 환율과 엔화 환율의 차가 가장 큰 것은 1월이다.
④ 전월 대비 달러 환율 증가율은 7월의 증가율이 10월의 증가율보다 4배 이상 높다.
⑤ 달러 환율이 가장 낮을 때의 엔화 환율은 달러 환율이 가장 높을 때의 엔화 환율에 비해 5% 이상 낮다.

Easy

06 **다음은 2014 ~ 2018년 S국의 네 종류 스포츠 경기 수를 나타낸 자료이다. 이에 대한 설명으로 옳지 않은 것은?**

〈국내 연도별 스포츠 경기 수〉

(단위 : 회)

구분	2014년	2015년	2016년	2017년	2018년
농구	413	403	403	403	410
야구	432	442	425	433	432
배구	226	226	227	230	230
축구	228	230	231	233	233

① 농구의 경기 수는 2015년의 전년 대비 감소율이 2018년의 전년 대비 증가율보다 크다.
② 제시된 네 종류 스포츠의 경기 수 총합이 가장 많았던 연도는 2018년이다.
③ 2014년부터 2018년까지 야구의 평균 경기 수는 축구의 평균 경기 수의 2배 이하이다.
④ 2015년부터 2017년까지 경기 수가 증가하는 종목은 한 종류이다.
⑤ 2018년도 경기 수가 5년 동안의 평균 경기 수보다 적은 스포츠는 한 종류이다.

| 02 | 추리

※ 제시된 단어의 대응 관계로 볼 때 다음 중 빈칸에 들어갈 단어로 가장 적절한 것을 고르시오. [1~2]

01

용호상박 : 용, 호랑이 = 토사구팽 : (　　)

① 뱀, 토끼
② 개, 토끼
③ 뱀, 개
④ 토끼, 호랑이
⑤ 개, 호랑이

Easy

02

동가홍상 : 붉은색 = 청렴결백 : (　　)

① 흰색
② 푸른색
③ 검은색
④ 노란색
⑤ 회색

03 다음 중 짝지어진 단어 사이의 관계가 나머지와 다른 하나는?

① 원자 – 분자
② 우유 – 치즈
③ 단어 – 문장
④ 고무 – 바퀴
⑤ 돈 – 지갑

04 A～E는 함께 카페에 가서 다음과 같이 음료를 주문하였다. 〈조건〉이 다음과 같을 때, 녹차를 주문한 사람은?(단, 한 사람당 하나의 음료만 주문하였다)

조건

- 홍차를 주문한 사람은 2명이며, B는 커피를 주문하였다.
- A는 홍차를 주문하였다.
- C는 홍차 또는 녹차를 주문하였다.
- D는 커피 또는 녹차를 주문하였다.
- E는 딸기주스 또는 홍차를 주문하였다.
- 직원의 실수로 E만 잘못된 음료를 받았다.
- 주문 결과 홍차 1잔과 커피 2잔, 딸기주스 1잔, 녹차 1잔이 나왔다.

① A　　② B
③ C　　④ D
⑤ E

Hard

05 S기업의 영업1팀은 강팀장, 김대리, 이대리, 박사원, 유사원으로 이루어져 있었으나 최근 인사이동으로 인해 팀원의 변화가 일어났고, 이로 인해 자리를 새롭게 배치하려고 한다. 〈조건〉이 다음과 같을 때, 항상 참인 것은?

조건

- 영업1팀의 김대리는 영업2팀의 팀장으로 승진하였다.
- 이번 달 영업1팀에 김사원과 이사원이 새로 입사하였다.
- 각 팀마다 자리는 일렬로 위치해 있으며, 영업1팀은 영업2팀과 마주하고 있다.
- 자리의 가장 안쪽 옆은 벽이며, 반대편 끝자리의 옆은 복도이다.
- 각 팀의 팀장은 가장 안쪽인 왼쪽 끝에 앉는다.
- 이대리는 영업2팀 팀장의 대각선에 앉는다.
- 박사원의 양 옆은 신입사원이 앉는다.
- 김사원의 자리는 이사원의 자리보다 왼쪽에 있다.

① 유사원과 이대리의 자리는 서로 인접한다.
② 박사원의 자리는 유사원의 자리보다 왼쪽에 있다.
③ 이사원의 양 옆 중 한쪽은 복도이다.
④ 김사원의 자리는 유사원의 자리와 인접하지 않는다.
⑤ 이대리의 자리는 강팀장의 자리와 서로 인접한다.

06 다음 글에 대한 논리적인 반박으로 가장 적절한 것은?

> 아마란스는 남아메리카 지방에서 예로부터 잉카인들이 즐겨 먹어 오던, 5천 년의 재배 역사를 지닌 곡물이다. 척박한 안데스 고산지대에서 자라날 수 있는 강한 생명력을 가지고 있으며, 각종 풍부한 영양소로 인해 '신이 내린 곡물'이라는 별명을 얻기도 했다.
> 아마란스는 곡물로서는 흔치 않은 고단백 식품이라는 점도 주목할 만하다. 성분 전체 중 15 ~ 17%에 달할 정도로 식물성 단백질 성분이 풍부하며, 식이섬유 성분이 다량 함유되어 있다. 반면 쌀, 보리, 밀 등 다른 곡류에 비해 탄수화물이나 나트륨 함량이 낮은 편이며, 체중에 위협이 되는 글루텐 성분 또한 없다. 또한 칼슘 · 칼륨 · 인 · 철분 등의 무기질을 비롯해 다양한 영양성분이 풍부하여 다른 곡물에 부족한 영양소를 보충할 수 있다. 아마란스가 최근 비만 환자들에게 의사들이 적극 추천하는 식품이 된 이유가 여기에 있다.
> 때문에 아마란스는 향후 우리나라 사람들의 주식인 백미를 대체할 수 있는 식품이 될 수 있다. 백미의 경우 구성성분이 대부분 탄수화물로 이루어져 있는 반면, 유효한 영양소는 적기 때문에 비만의 주범이 되고 있다. 바꾸어 말해, 주식으로 백미 대신 동일한 양의 아마란스를 섭취하는 것은 탄수화물 섭취를 크게 줄일 수 있고, 체중 조절에 훨씬 유리하다. 따라서 국내 비만율을 낮추기 위해 국가 차원에서 정책적으로 뒷받침하여 쌀 대신 아마란스를 대량 재배해야 한다.

① 아마란스도 과량으로 섭취하면 체중이 증가한다.
② 아마란스는 우리나라 기후와 맞지 않아 국내 재배가 어렵다.
③ 국내에는 아마란스를 이용한 요리가 거의 알려지지 않았다.
④ 섭취하는 식품뿐만 아니라 운동 부족도 비만에 지대한 영향을 끼친다.
⑤ 백미를 일일권장량 이상 섭취해도 정상체중이거나 저체중인 사람들이 많다.

CHAPTER 14

2018년 상반기 기출복원문제

정답 및 해설 p.095

| 01 | 수리

01 A충전기로 스마트폰을 충전할 때 사용하지 않으면서 충전만 할 경우 분당 2%p씩 충전이 되고, 충전기에 연결한 상태로 스마트폰을 사용하면 분당 1%p씩 충전이 된다. 배터리가 20% 남아있는 상태에서 스마트폰을 충전하기 시작하였더니 48분 후에 충전이 완료되었다면 충전 중 스마트폰을 사용한 시간은?

① 13분
② 14분
③ 15분
④ 16분
⑤ 17분

02 농도 10% 소금물과 농도 8% 소금물을 섞어서 농도 9.2%의 소금물을 만들었다. 농도 8% 소금물이 40g이라면 농도 10% 소금물의 양은?

① 50g
② 54g
③ 60g
④ 64g
⑤ 70g

03 둘레가 20km인 운동장의 반은 시속 20km로 달리고, 나머지 반은 시속 $x$km로 달렸더니 운동장 전체를 완주하기까지 평균 24km/h의 속력으로 달린 셈이 되었다. x의 값은?

① 24
② 26
③ 28
④ 30
⑤ 32

| 02 | 추리

※ 제시된 단어의 대응 관계로 볼 때, 다음 중 빈칸에 들어갈 단어로 가장 적절한 것을 고르시오. [1~2]

01

마이동풍 : 말 = 당구풍월 : (　　)

① 당나귀
② 여우
③ 개
④ 새
⑤ 원숭이

Easy

02

문학 : 수필 = 포유류 : (　　)

① 박쥐
② 펭귄
③ 도마뱀
④ 상어
⑤ 개구리

03 다음 짝지어진 단어 사이의 관계가 나머지와 다른 하나는?

① 이따금 – 간혹
② 다독 – 정독
③ 값 – 액수
④ 파견 – 파송
⑤ 우수리 – 잔돈

04 A, B, C 세 사람이 각각 빨간색, 파란색, 노란색 모자를 쓰고 일렬로 서 있다. 세 사람 모두 누가 어떤 모자를 쓰고 몇 번째 줄에 서 있는지 모른다고 대답할 때, 〈조건〉에 따라 반드시 거짓인 것을 고르면?

조건

- B는 파란색 모자를 쓰지 않았다.
- C는 바로 앞에 있는 파란색 모자를 보고 있다.

① C는 빨간색 모자를 쓰고 세 번째에 서 있다.
② B는 빨간색 모자를 쓰고 세 번째에 서 있다.
③ B는 노란색 모자를 쓰고 두 번째에 서 있다.
④ A는 무조건 파란색 모자밖에 쓸 수 없다.
⑤ A는 B와 C 사이에 서 있다.

Hard

05 다음 글을 바탕으로 한 추론으로 적절하지 않은 것은?

사람들이 즐겨 마시는 맥주에는 사실 알고 보면 뛰어난 효능이 많이 잠재되어 있다. 전문가들은 맥주에는 특정 질병과 싸우는 효능이 있으므로 적당히 섭취하면 건강에 좋다고 말한다.

맥주가 건강에 미치는 긍정적 영향에는 크게 세 가지가 있는데, 그 첫 번째는 바로 '암 예방'이다. 맥주의 '잔토휴몰' 성분에는 항산화 기능이 있어 인간의 몸에 암을 일으키는 요소를 몸 밖으로 배출하는 데 큰 도움이 된다. 남성의 경우 전립선암을, 여성의 경우 유방암을 예방하는 데 효과적이다. 특히 맥주의 대표적인 미네랄인 '셀레늄'은 비타민 E의 1,970배에 달하는 강력한 항산화 작용을 함으로써 활성산소를 제거하는 효과가 있으며, 수용성 섬유질은 콜레스테롤 수치를 낮추고 고혈압과 동맥경화 등의 성인병을 예방하는 데에도 도움이 된다.

맥주의 두 번째 효능은 '심장 질환 예방'이다. 맥주는 보리로 만들어지기 때문에 수용성 섬유질이 많이 들어있다. 섬유질은 나쁜 콜레스테롤로 불리는 혈중 LDL의 수치를 낮추는 데 도움을 준다. 또한, 맥주의 원료인 홉과 맥아에는 심장 건강에 좋은 항산화제가 풍부하게 함유되어 있으며, 특히 흑맥주에 그 함유량이 많은 것으로 알려져 있다. 이탈리아의 한 연구에 따르면 매일 맥주 한 잔을 마시면 심장 질환을 앓을 확률이 31%로 감소한다고 한다. 맥주 효모에 풍부하게 함유되어 있는 핵산은 면역세포의 생성을 도와 면역을 증진하고, 피부나 모발의 생성을 도와 노화 방지에도 탁월하다.

마지막으로 런던 케임브리지 대학에서 실시한 연구 결과에 따르면 적당량의 맥주 섭취가 알츠하이머병 예방에도 도움이 된다고 한다. 연구팀에 의하면 적당량의 맥주를 주기적으로 섭취한 사람들에게서 알츠하이머 발병률이 23%나 감소했다고 한다.

맥주에는 맥아, 효모, 규소, 효소 등의 성분이 함유되어 있다. 맥주의 맥아에는 각종 비타민이 풍부하게 함유되어 있으며, 이중 비타민 B는 신진대사를 원활히 하는 데 도움을 주므로 피로 회복에 효과적이다. 또한, 노폐물과 독소 배출에도 좋은 것으로 널리 알려져 있다. 그밖에 '루풀린'과 '후물론'이라는 성분이 중추신경에 영향을 미쳐 신경을 안정시키고 숙면을 취할 수 있게 해준다.

탈모 개선에 도움이 되는 것으로 알려진 맥주 효모는 단백질이 풍부하며, 특히 비타민 B_2인 리보플라빈은 지방과 단백질 대사를 도와 두피 건강에 좋다.

콜라겐을 묶어 결합조직을 튼튼하게 하는 화학물질인 규소는 뼈를 튼튼하게 하는 데 도움이 된다. 피부, 혈관, 뼈, 치아, 근육 등 모든 결합조직의 주된 단백질인 콜라겐은 뼈의 밀도를 강화하고, 관절을 유연하게 유지하는 역할을 한다. 따라서 홉과 맥아로 만든 맥주는 뼈 건강에 아주 좋으며 골다공증을 예방하는 데 큰 도움이 된다.

효소는 맥주의 맥아에 들어있으며, 항균력이 뛰어나 여드름, 두드러기 등의 피부 트러블을 예방한다. 또한, 여성호르몬과 유사한 '호프케톤' 성분은 유방암을 예방하는 데 도움을 준다.

이와 같이 적당량의 맥주 섭취는 건강에 도움이 된다. 하지만 과용은 금물이다. 뉴저지와 매사추세츠의 알코올 상담교사 폴라 벨라 주니어는 "세계에서 가장 건강한 사람들에게 술은 항상 식사자리에 있다."라고 말하며, 이와 더불어 과음의 위험성을 지적하는 것 또한 잊지 않았다.

① 적당한 음주는 건강에 긍정적인 영향을 미친다.
② 맥주의 효모는 심장 건강에 좋은 항산화제를 다량 함유하고 있어 심장 질환 예방에 도움이 된다.
③ 맥주를 적당량 섭취하는 것은 탈모 환자들에게도 도움이 된다.
④ 맥주에는 강력한 항산화 효과가 있으며, 특히 흑맥주에 항산화제가 풍부히 함유되어 있다.
⑤ 여드름 때문에 고민하는 사람들에게 적당량의 맥주 섭취를 권장해 볼 수 있다.

PART 3

2개년 주요기업 기출복원문제

PART 3

2개년 주요기업 기출복원문제

정답 및 해설 p.098

| 01 | 언어

※ 다음 글의 주제로 가장 적절한 것을 고르시오. [1~2]

| 2024년 하반기 SK그룹

01

인간의 존엄성, 자유, 평등과 같은 가치는 문화, 사회, 시대를 넘어 대부분의 사람들이 공유하고 동의하는 가치관인 보편적 가치로 알려져 있다. 그러나 보편적 가치는 사회에서 규정된 법과 서로 상충하는 경우가 생긴다. 예를 들어 난민 문제에서는 인도주의적 가치와 국가 안보를 위한 필요성이 서로 충돌할 수 있다. 이와 같이 보편적 가치와 법이 충돌하는 것은 기원전 고대 그리스의 소포클레스의 희곡 『안티고네』에서도 나타나고 있다.

오이디푸스의 딸인 안티고네는 두 명의 오빠 에테오클래스, 폴리네이케스가 있었는데, 이 두 명은 고대 폴리스인 테베의 왕권을 두고 전쟁을 하던 중 죽게 된다. 에테오클래스와 폴리네이케스가 죽고 난 뒤 왕위에 오른 안티고네의 외숙부 크레온은 에테오클래스는 성대하게 장례를 치러 주었지만, 외세의 군대를 끌고 온 폴리네이케스는 들판에 버려두어 누구든지 장례를 치르거나 애도를 한다면 사형에 처할 것이라고 공표한다. 그러나 안티고네는 자신의 양심에 따라 오빠인 폴리네이케스가 들판에 버려져 있는 것을 볼 수 없어 그의 시신을 묻어주었다가 붙잡힌다. 크레온은 자신의 명령을 어긴 안티고네에게 분노하여 그녀가 굶어 죽도록 산 채로 무덤에 가둔다. 이때 테베의 유명한 장님 예언가인 테이레시아스가 크레온을 찾아와 신의 법도에 따라 행동한 안티고네를 가두었으니 곧 큰 불행이 올 것이라고 예언하게 된다. 이에 크레온은 자신의 결정을 후회하고 안티고네를 풀어주려고 하였으나, 이미 안티고네는 무덤 속에서 목을 매달아 스스로 목숨을 끊은 상태였다. 이 사건으로 인해 크레온의 아들이자 안티고네의 약혼자인 하이몬은 아버지를 죽이려다 실패하여 스스로 목숨을 끊었고, 하이몬의 어머니이자 크레온의 아내인 에우리디케도 남편을 저주하며 목숨을 끊는 연속적인 비극이 일어나게 된다.

안티고네의 비극적 죽음은 개인의 신념과 사회적 법 사이의 충돌을 보여주고 있다. 이는 앞서 말한 것과 같이 고대 그리스에 한정된 것이 아니라 시대를 초월하여 현재에도 발생하는 문제로서 인간이 도덕적이기 위해서는 신념과 법이 충돌할 때 어떤 선택을 해야 하는지 의문점을 던지고 있는 작품이다.

① 테베 내전의 정치적 갈등과 권력 다툼
② 개인의 양심과 사회적 질서의 차이 분석
③ 고대 그리스 시기 신의 법도가 가지는 의미
④ 개인의 의무와 국가의 권위 사이의 갈등과 결과
⑤ 자연법과 실정법 사이의 상충과 도덕적인 인간의 선택

Easy

02

동양 사상이라 해서 언어와 개념을 무조건 무시하는 것은 결코 아니다. 만약 그렇다면 동양 사상은 경전이나 저술을 통해 언어화되지 않고 순전히 침묵 속에서 전수되어 왔을 것이다. 물론 이것은 사실이 아니다. 동양 사상도 끊임없이 언어적으로 다듬어져 왔으며 논리적으로 전개되어 왔다. 흔히 동양 사상은 신비주의적이라고 말하지만, 이것은 동양 사상의 한 면만을 특정 지우는 것이지 결코 동양의 철인(哲人)들이 사상을 전개함에 있어 논리를 무시했다거나 항시 어떤 신비적인 체험에 호소해서 자신의 주장들을 폈다는 것을 뜻하지는 않는다. 그러나 역시 동양 사상은 신비주의적임에 틀림없다. 거기서는 지고(至高)의 진리란 언제나 언어화될 수 없는 어떤 신비한 체험의 경지임이 늘 강조되어 왔기 때문이다. 최고의 진리는 언어 이전, 혹은 언어 이후의 무언(無言)의 진리이다. 엉뚱하게 들리겠지만, 동양 사상의 정수(精髓)는 말로써 말이 필요 없는 경지를 가리키려는 데에 있다고 해도 과언이 아니다. 말이 스스로를 부정하고 초월하는 경지를 나타내도록 사용된 것이다. 언어로써 언어를 초월하는 경지를 나타내고자 하는 것이야말로 동양 철학이 지닌 가장 특징적인 정신이다. 동양에서는 인식의 주체를 심(心)이라는 매우 애매하면서도 포괄적인 말로 이해해 왔다. 심(心)은 물(物)과 항시 자연스러운 교류를 하고 있으며, 이성은 단지 심(心)의 일면일 뿐인 것이다. 동양은 이성의 오만이라는 것을 모른다. 지고의 진리, 인간을 살리고 자유롭게 하는 생동적 진리는 언어적 지성을 넘어선다는 의식이 있었기 때문일 것이다. 언어는 언제나 마음을 못 따르며 둘 사이에는 항시 괴리가 있다는 생각이 동양인들의 의식 저변에 깔려 있는 것이다.

① 동양 사상은 신비주의적인 요소가 많다.
② 언어와 개념을 무시하면 동양 사상을 이해할 수 없다.
③ 동양 사상은 언어적 지식을 초월하는 진리를 추구한다.
④ 인식의 주체를 심(心)으로 표현하는 동양 사상은 이성적이라 할 수 없다.
⑤ 동양 사상에서는 언어는 마음을 따르므로 진리는 마음속에 있다고 주장한다.

03 다음 글의 제목으로 가장 적절한 것은?

평균연령이 증가하는 요즘은 무병장수로 오래 사는 것이 아닌 유병장수로 오래 사는 시대이다. 그러기 위해서는 내 몸의 어느 부분이 약하고 강한지 알아야 건강관리에 있어서도 수월해진다.
타고난 체형과 체질에 따라 우리 몸은 평생을 살아간다. 따라서 타고난 게 무엇인지 아는 것이 건강관리에 있어 가장 중요한 첫걸음이다.
타고난 게 무엇인지에 대해 알 수 있는 방법 중 하나는 사주팔자에 대한 분석이다. 이 사주팔자는 각 사람이 타고난 자연의 섭리에 대해 말해주기 때문이다. 이러한 분석을 통해서 우리는 우리 몸의 어느 부분이 강하고 또 약한지, 어느 질병에 특히 주의해야 하는지에 대해서도 알 수 있다.
질병은 음양과 오행으로 알 수 있다. 사주와 대운 그리고 세운의 음양오행을 배합하면 우리 몸이 어느 부분에 약하고 강한지를 알 수 있게 된다. 예를 들어 오행 중 목 기운은 간, 담, 쓸개와 연관이 있으므로 만일 목이 약하다면 간과 담을 주의해 건강관리를 해야 할 것이다. 하지만 목이 강하다고 무조건적으로 간과 담이 건강하다는 것은 아니다. 타고난 간과 담, 쓸개가 비록 강하더라도 지나친 자만으로 인해 술을 많이 마시는 등 건강관리를 소홀히 한다면 간 관련 질병은 언제든 생길 수 있다. 즉, 중요한 것은 사주를 통해 우리 몸을 파악하는 데서 그치는 것이 아닌, 약한 부분은 더 관리하고 강한 부분은 조절하여 관리해 질병을 미리 예방해야 한다는 것이다.

① 사주로 건강 관리하기
② 사주로 길흉화복 예측하기
③ 사주로 음양오행 배합하기
④ 사주 분석으로 질병 치료하기
⑤ 사주 분석으로 체형 및 체질 개선하기

※ 다음 문단을 논리적 순서대로 바르게 나열한 것을 고르시오. [4~7]

| 2024년 하반기 SK그룹

04

(가) 다행히 성인 ADHD는 치료가 가능한 질환으로 보통 약물 치료와 비약물 치료를 병행한다. 약물 치료는 '염산메틸페니데이트' 등의 중추신경 자극제를 통해 집중력을 높이고 충동성을 감소시키는 데 도움을 준다. 비약물 치료에는 대표적으로 인지행동치료가 있는데 잘못된 생각과 행동 패턴을 바꾸고 스트레스 관리 능력을 향상시키는 데 도움을 준다. 이와 같이 약물 치료와 인지행동치료는 대표적인 ADHD 치료 방법으로 'ADHD의 표준 치료'라고도 불린다.

(나) 이처럼 ADHD는 성인에게도 나타날 수 있으며 성인이라고 숨겨야 할 질병은 더더욱 아니다. 많은 사람들이 ADHD로 인해 어려움을 겪고 있지만 적절한 치료와 관리를 통해 충분히 일상생활에 적응하고 성공적인 삶을 살 수 있다. 충동성, 주의력 결핍 등의 문제로 일상생활이 어려울 경우 주저하지 말고 전문가의 도움을 받는 것이 좋다.

(다) 주의력 결핍 및 과잉행동 장애(ADHD; Attention Deficit / Hyperactivity Disorder)는 연령이나 발달 수준에 비하여 주의력이 부족하여 일상생활에 지장이 있는 병적 상태를 의미한다. ADHD라고 하면 주로 뛰어다니고 산만한 아이들을 떠올리기 쉽다. 하지만 ADHD는 어른에게도 나타날 수 있는 질환이며, 성인 ADHD는 단순히 주의가 산만한 것을 넘어 일상생활 전반에 어려움을 초래할 수 있다.

(라) ADHD의 정확한 원인은 아직 밝혀지지 않았지만 유전적인 요인, 뇌 기능 이상, 환경적인 요인 등이 복합적으로 작용하는 것으로 알려져 있다. 특히 뇌의 도파민과 노르에피네프린과 같은 신경전달물질의 불균형이 ADHD와 깊은 관련이 있다는 연구 결과도 있다.

(마) 성인 ADHD는 어린 시절과 달리 과잉 행동보다는 주의력 결핍과 충동성이 더 두드러지는 경우가 많다. 업무에 집중하기 어렵고 자꾸 딴 생각을 하거나 일을 미루는 경향이 있다. 또한, 물건을 자주 잃어버리거나 약속 시간을 잘 지키지 못하는 등 조직적인 생활이 어렵다. 이 외에도 불안, 우울, 자존감 저하 등 다양한 정신적인 어려움을 겪기도 한다.

① (다) – (가) – (나) – (마) – (라)
② (다) – (라) – (마) – (가) – (나)
③ (다) – (마) – (라) – (가) – (나)
④ (마) – (다) – (라) – (가) – (나)
⑤ (마) – (라) – (가) – (나) – (다)

05

(가) 덕후에 대한 사회의 시선도 달라졌다. 과거의 덕후는 이해할 수 없는 자기들만의 세계에 빠져 사는 소통 능력이 부족한 잉여 인간이라는 이미지가 강했다. 하지만 이제는 특정 분야에 해박한 지식을 가진 전문가, 독특한 취향을 지닌 조금 특이하지만 멋있는 존재로 받아들여진다. 전문가들은 이제 한국의 덕후는 단어의 어원이었던 일본의 오타쿠와는 완전히 다른 존재로 진화하고 있다고 진단한다.

(나) 현재 진화한 덕후들은 자신만의 취미에 더욱 몰입한다. 취향에 맞는다면 아낌없이 지갑을 연다. 좋아하는 대상도 다양해지고 있다. 립스틱이나 매니큐어 같은 화장품, 스타벅스 컵까지도 덕질(덕후+질)의 대상이 된다. 이른바 취향 소비를 덕후들이 이끌고 있는 것이다. 덕후들은 자신이 좋아하는 대상을 위해 댓글을 달며 기업이 내놓는 상품에 입김을 발휘하기도 한다. 아예 스스로 좋아하는 대상과 관련된 상품을 제작해 판매하기도 하고, 파생산업까지 나오고 있다.

(다) 덕후는 일본의 오타쿠(御宅)를 한국식으로 발음한 인터넷 신조어 오덕후를 줄인 말이다. 얼마 전까지 덕후 이미지는 사회성이 부족하거나 우스꽝스럽다는 식으로 그다지 긍정적이지 않았다. 하지만 최근 들어 인터넷과 SNS는 물론 일상생활에서도 자신이 덕후임을 만천하에 드러내며 덕밍아웃(덕후+커밍아웃)하는 사례가 늘고 있다.

① (가) – (나) – (다)
② (가) – (다) – (나)
③ (나) – (가) – (다)
④ (다) – (가) – (나)
⑤ (다) – (나) – (가)

06

(가) 칸트의 '무관심성'에 대한 논의에서 이에 대한 단서를 얻을 수 있다. 칸트는 미적 경험의 주체가 '객체가 존재한다.'는 사실성 자체로부터 거리를 둔다고 주장한다.
이에 따르면 영화관에서 관객은 영상의 존재 자체에 대해 '무관심한' 상태에 있다. 영상의 흐름을 냉정하고 분석적인 태도로 받아들이는 것이 아니라 영상의 흐름이 자신에게 말을 걸어오는 듯이, 자신이 미적 경험의 유희에 초대된 듯이 공감하며 체험하고 있다. 미적 거리 두기와 공감적 참여의 상태를 경험하는 것이다. 주체와 객체가 엄격하게 분리되거나 완전히 겹쳐지는 것으로 이해하는 통상적인 동일시 이론과 달리, 칸트는 미적 지각을 지각 주체와 지각 대상 사이의 분리와 융합의 긴장감 넘치는 '중간 상태'로 본 것이다.

(나) 관객은 영화를 보면서 영상의 흐름을 어떻게 지각하는 것일까? 그토록 빠르게 변화하는 앵글, 인물, 공간, 시간 등을 어떻게 별 어려움 없이 흥미진진하게 따라가는 것일까? 흔히 영화의 수용에 대해 설명할 때 관객의 눈과 카메라의 시선 사이에 일어나는 동일시 과정을 내세운다. 그러나 동일시 이론은 어떠한 조건을 기반으로 어떠한 과정을 거쳐서 동일시가 일어나는지, 영상의 흐름을 지각할 때 일어나는 동일시의 고유한 방식이 어떤 것인지에 대해 의미 있는 설명을 제시하지 못하고 있다.

(다) 이렇게 볼 때 영화 관객은 자신의 눈을 단순히 카메라의 시선과 직접적으로 동일시하는 것이 아니다. 관객은 영화를 보면서 영화 속 공간, 운동의 양상 등을 유희적으로 동일시하며, 장소 공간이나 방향 공간 등 다양한 공간의 층들을 동시에 인지할 뿐만 아니라 감정 공간에서 나오는 독특한 분위기의 힘을 감지하고, 이를 통해 영화 속의 공간과 공감하며 소통하고 있는 것이다.

(라) 관객이 영상의 흐름을 생동감 있게 체험할 수 있는 이유는 영화 속의 공간이 단순한 장소로서의 공간이라기보다는 '방향 공간'이기 때문이다. 카메라의 다양한 앵글 선택과 움직임, 자유로운 시점 선택이 방향 공간적 표현을 용이하게 해 준다.
두 사람의 대화 장면을 보여 주는 장면을 생각해 보자. 관객은 단지 대화에 참여한 두 사람의 존재와 위치만 확인하는 것이 아니라 두 사람의 시선 자체가 지닌 방향성의 암시, 즉 두 사람의 얼굴과 상반신이 서로를 향하고 있는 방향 공간적 상황을 함께 지각하고 있는 것이다.

(마) 영화의 매체적 강점은 방향 공간적 표현이라는 데에만 그치지 않는다. 영상의 흐름에 대한 지각은 언제나 생생한 느낌을 동반한다. 관객은 영화 속 공간과 인물의 독특한 감정에서 비롯된 분위기의 힘을 늘 느끼고 있다. 따라서 영화 속 공간은 근본적으로 이러한 분위기의 힘을 느끼도록 해 주는 '감정 공간'이라 할 수 있다.

① (가) – (나) – (라) – (마) – (다)
② (가) – (라) – (마) – (다) – (나)
③ (나) – (가) – (라) – (마) – (다)
④ (나) – (다) – (가) – (라) – (마)
⑤ (라) – (가) – (다) – (나) – (마)

07

(가) 나무를 가꾸기 위해서는 처음부터 여러 가지를 고려해 보아야 한다. 심을 나무의 생육조건, 나무의 형태, 성목이 되었을 때의 크기, 꽃과 단풍의 색, 식재 지역의 기후와 토양 등을 종합적으로 생각하고 심어야 한다. 나무의 생육조건은 저마다 다르기 때문에 지역의 환경조건에 적합한 나무를 선별하여 환경에 적응하도록 해야 한다. 동백나무와 석류, 홍가시나무는 남부지방에 키우기 적합한 나무로 알려져 있지만 지구온난화로 남부수종의 생육한계선이 많이 북상하여 중부지방에서도 재배가 가능한 나무도 있다. 부산의 도로 중앙분리대에서 보았던 잎이 붉은 홍가시나무는 여주의 시골집 마당 양지바른 곳에서 3년째 잘 적응하고 있다.

(나) 더불어 나무의 특성을 외면하고 주관적인 해석에 따라 심었다가는 훗날 낭패를 보기 쉽다. 물을 좋아하는 수국 곁에 물을 싫어하는 소나무를 심었다면 둘 중 하나는 살기 어려운 환경이 조성된다. 나무를 심고 가꾸기 위해서는 전체적인 밑그림을 그려보고 생태적 특징을 살펴본 후에 심는 것이 바람직하다.

(다) 나무들이 밀집해 있으면 나무들끼리의 경쟁은 물론 바람길과 햇빛의 방해로 성장은 고사하고 병충해에 시달리기 쉽다. 또한 나무들은 성장 속도가 다르기 때문에 항상 다 자란 나무의 모습을 상상하며 나무들 사이의 공간 확보를 염두에 두어야 한다. 그러나 묘목을 심고 보니 듬성듬성한 공간을 메꾸기 위하여 자꾸 나무를 심게 되는 실수를 저지른다.

(라) 식재 계획의 시작은 장기적인 안목으로 적재적소의 원칙을 염두에 두고 나무를 선정해야 한다. 식물은 햇빛, 물, 바람의 조화를 이루면 잘 산다고 하지 않는가. 그래서 나무의 특성 중에서 햇볕을 좋아하는지 그늘을 좋아하는지, 물을 좋아하는지 여부를 살펴보는 것이 중요하다. 어린 묘목을 심을 경우 실수하는 것은 나무가 자랐을 때의 생육공간을 생각하지 않고 촘촘하게 심는 것이다.

① (가) – (나) – (다) – (라)
② (가) – (라) – (다) – (나)
③ (다) – (가) – (나) – (라)
④ (다) – (나) – (라) – (가)
⑤ (라) – (다) – (나) – (가)

| 2024년 상반기 LG그룹

08 다음 중 A의 주장에 대해 반박할 수 있는 내용으로 가장 적절한 것은?

A : 우리나라의 장기 기증률은 선진국에 비해 너무 낮아. 이게 다 부모로부터 받은 신체를 함부로 훼손해서는 안 된다는 전통적 유교 사상 때문이야.
B : 맞아. 그런데 장기기증 희망자로 등록이 돼 있어도 유족들이 장기기증을 반대하여 기증이 이뤄지지 않는 경우도 많아.
A : 유족들도 결국 유교 사상으로 인해 신체 일부를 다른 사람에게 준다는 방식을 잘 이해하지 못하는 거야.
B : 글쎄, 유족들이 동의해서 기증이 이뤄지더라도 보상금을 받고 '장기를 팔았다.'는 죄책감을 느끼는 유족들도 있다고 들었어. 또 아직은 장기기증에 대한 생소함 때문일 수도 있어.

① 제도 변화만으로는 장기 기증률을 높이기 어렵다.
② 장기기증 희망자는 반드시 가족들의 동의를 미리 받아야 한다.
③ 캠페인을 통해 장기기증에 대한 사람들의 인식을 변화시켜야 한다.
④ 유족에게 지급하는 보상금 액수가 증가하면 장기 기증률도 높아질 것이다.
⑤ 장기 기증률이 낮은 이유에는 유교 사상 외에도 여러 가지 원인이 있을 수 있다.

| 2024년 상반기 LG그룹

09 다음 글의 빈칸에 들어갈 내용으로 가장 적절한 것은?

1979년 경찰관 출신이자 샌프란시스코 시의원이었던 댄 화이트는 시장과 시의원을 살해했다는 이유로 1급 살인죄로 기소되었다. 댄 화이트의 변호인은 피고인이 스낵을 비롯해 컵케이크, 캔디 등을 과다 섭취해 당분 과다로 뇌의 화학적 균형이 무너져 정신에 장애가 왔다고 주장하면서 책임 경감을 요구하였다. 재판부는 변호인의 주장을 인정하여 계획 살인죄보다 약한 일반 살인죄를 적용하여 7년 8개월의 금고형을 선고했다. 이 항변은 당시 미국에서 인기 있던 스낵의 이름을 따 '트윙키 항변'이라 불렸고 사건의 사회성이나 의외의 소송 전개 때문에 큰 화제가 되었다.
이를 계기로 1982년 슈엔달러는 교정시설에 수용된 소년범 276명을 대상으로 섭식과 반사회 행동의 상관관계에 대해 실험을 하였다. 기존의 식단에서 각설탕을 꿀로 바꾸어 보고, 설탕이 들어간 음료수에서 천연 과일주스를 주는 등으로 변화를 주었다. 이처럼 정제한 당의 섭취를 원천적으로 차단한 결과 시설 내 폭행, 절도, 규율 위반, 패싸움 등이 실험 전에 비해 무려 45%나 감소했다는 것을 알게 되었다. 따라서 이 실험을 통해 ______________________

① 과다한 영양 섭취가 범죄 발생에 영향을 미친다는 것을 알 수 있다.
② 과다한 정제당 섭취는 반사회적 행동을 유발할 수 있다는 것을 알 수 있다.
③ 가공식품의 섭취가 일반적으로 폭력 행위를 증가시킨다는 것을 알 수 있다.
④ 정제당 첨가물로 인한 범죄 행위는 그 책임이 경감되어야 한다는 것을 알 수 있다.
⑤ 범죄 예방을 위해 교정시설 내에 정제당을 제공하지 말아야 한다는 것을 알 수 있다.

※ 다음 글을 읽고 추론한 내용으로 적절하지 않은 것을 고르시오. [10~13]

| 2024년 하반기 SK그룹

10

최근 자동차 회사에서는 친환경 에너지 시대에 맞춰 내연기관 대신 전기를 이용하는 전기 자동차를 생산하기 위해 많은 노력을 기울이고 있다. 전기 자동차에서 가장 중요한 기술을 꼽는다면 단연 2차 전지 기술일 것이다. 2차 전지(Secondary Cell)는 일회용 건전지와 달리 충전을 통해 반복해서 사용할 수 있는 전지를 말한다. 기존의 내연기관 자동차에서 시동을 걸 때 사용하는 납축전지 또한 최초로 발명된 2차 전지이다. 2차 전지는 일반적으로 양극, 음극, 전해질, 분리막으로 구성되어 있다. 외부에서 전기를 2차 전지에 공급하면 2차 전지 내의 이온이 전해질을 통해 분리막을 넘어 한쪽 극으로 이동하게 되고, 2차 전지의 전기를 사용할 때는 다시 반대편 극으로 이온이 이동하면서 전기를 발생시키게 된다. 이와 같이 2차 전지는 이온이 극과 극으로 이동하면서 충전과 방전을 할 수 있는 전지이다.

현재 2차 전지에는 다양한 종류가 있다. 앞서 말했던 납축전지가 최초의 2차 전지이며 이 외에도 니켈 카드뮴 전지, 니켈 수소 전지가 있지만 가장 유명한 2차 전지는 스마트폰, 노트북, 전기 자동차 등 다양한 분야에서 사용되는 리튬 이온 전지이다. 리튬 이온 전지는 높은 에너지 밀도, 긴 수명, 빠른 충전 속도 등의 장점을 가져 미래 2차 전지 시장을 주도하고 있지만 과방전 시의 전지 손상, 과충전 시의 폭발 사고 등 한계점을 가져 앞으로 더욱 많은 연구 및 개선이 필요한 전지이다.

그럼에도 불구하고 2차 전지는 친환경 에너지 시대를 실현하는 데 필수적인 역할을 한다. 전기 자동차의 장거리 주행, 신재생 에너지의 안정적인 공급, 스마트 그리드 구축 등 다양한 분야에서 활용되고 있으며, 탄소중립을 위한 필수 기술 중의 하나로 세계 곳곳에서는 더욱 높은 에너지 밀도, 빠른 충전 속도, 긴 수명, 안전한 사용 등 발전된 2차 전지를 개발하기 위해 많은 노력을 기울이고 있다. 대표적인 차세대 2차 전지로는 고체 전해질을 사용하는 전고체 전지, 황을 양극으로 사용하는 리튬 황 전지, 금속을 음극에, 공기를 양극에 사용하는 금속 공기 전지, 나트륨 이온 전지, 칼륨이나 마그네슘을 사용하는 다가이온 전지가 있으며 이 외에도 소재 개발 및 제조 공정 연구도 활발하게 이루어지고 있다.

2차 전지는 우리의 삶을 편리하게 만들고 지속 가능한 미래를 위한 필수적인 기술이다. 차세대 2차 전지 기술은 다양한 산업 분야의 혁신을 이끌어 낼 것이다. 안전성, 효율 등 해결해야 할 문제는 산적해 있지만 막대한 부가가치를 가지고 있으므로 새로운 시대를 열어갈 핵심 기술이 될 것이다.

① 2차 전지의 발전은 미래 산업의 혁신을 이끌어 낼 것이다.
② 과충전 및 과방전은 2차 전지의 성능 및 수명을 단축시킨다.
③ 지속 가능한 개발을 위해 앞으로 2차 전지의 중요성이 더욱 강조될 것이다.
④ 최초의 2차 전지인 납축전지는 현재까지도 전기 자동차의 시동을 걸 때 사용된다.
⑤ 2차 전지 내부의 이온은 전해질을 통해 양쪽의 극으로 이동하며 전기를 발생시킨다.

11

> 한국인의 대표적 만성질환인 당뇨병은 소변을 통해 포도당이 대량으로 유출되는 병이다. 대한당뇨병학회가 공개한 자료에 따르면 2020년 기준 30세 이상 한국인 중 당뇨 유병자는 약 600만 명으로 6명 중 1명이 당뇨병을 앓는 것으로 나타났다.
> 우리 몸은 식사와 소화를 통해 생산한 포도당을 세포에 저장하기 위해 췌장에서 인슐린을 분비한다. 인슐린은 세포의 겉에 있는 인슐린 수용체와 결합하여 포도당을 글리코겐으로 변환하게 된다. 이 과정에서 문제가 생기면 혈액 속의 포도당을 처리하지 못해 당뇨병에 걸리게 되는데 췌장에 문제가 생겨 인슐린이 분비되지 않으면 1형 당뇨, 인슐린 수용체가 부족하거나, 인슐린 저항성이 생겨 인슐린 작용에 문제가 생기면 2형 당뇨로 구분한다. 특히 대부분의 당뇨병 환자는 2형 당뇨로, 전체 당뇨병 환자의 약 90%를 차지한다.
> 유전적 요인이 크게 작용하는 1형 당뇨는 평생 인슐린 주사에 의존해야 하며 비만, 운동부족 등 생활 습관적 요인이 크게 작용하는 2형 당뇨는 생활 습관 개선이나 경구 혈당강하제로 관리할 수 있지만 지속될 경우 인슐린 주사가 필요할 수 있다.

① 나쁜 생활 습관은 1형 당뇨를 유발할 수 있다.
② 2형 당뇨 초기에는 혈당강하제를 통해 혈당을 관리할 수 있다.
③ 당뇨병은 혈액 속에 남아있는 포도당이 소변을 통해 배출되는 병이다.
④ 2020년 당뇨 유병자 기준 2형 당뇨를 앓고 있는 사람은 약 540만 명이다.
⑤ 포도당이 글리코겐으로 세포에 저장되기 위해서는 인슐린과 인슐린 수용체가 결합해야 한다.

12

김치는 넓은 의미에서 소금, 초, 장 등에 '절인 채소'를 말한다. 김치의 어원인 '딤채(沈菜)'도 '담근 채소'라는 뜻이다. 그러므로 깍두기, 오이지, 오이소박이, 단무지는 물론 장아찌까지도 김치류에 속한다고 볼 수 있다. 우리나라의 김치는 '지'라고 불렸다. 그래서 짠지, 싱건지, 오이지 등의 김치에는 지금도 '지'가 붙는다. 초기의 김치는 단무지나 장아찌에 가까웠을 것이다.

처음에는 서양의 피클이나 일본의 쓰케모노와 비슷했던 김치가 이들과 전혀 다른 음식이 된 것은 젓갈과 고춧가루를 쓰기 시작하면서부터이다. 하지만 이때에도 김치의 주재료는 무나 오이였다. 우리가 지금 흔히 먹는 배추김치는 18세기 말 중국으로부터 크고 맛이 좋은 배추 품종을 들여온 뒤로 사람들이 널리 담그기 시작하였고, 20세기에 들어와서야 무김치를 능가하게 되었다.

김치와 관련하여 우리나라 향신료의 대명사로 쓰이는 고추는 생각만큼 오랜 역사를 갖고 있지 못하다. 중미 멕시코가 원산지인 고추는 '남만초'나 '왜겨자'라는 이름으로 16세기 말 조선에 전래되어 17세기부터 서서히 보급되다가 17세기 말부터 가루로 만들어 비로소 김치에 쓰이게 되었다. 조선 전기까지 주요 향신료는 후추, 천초 등이었고, 이 가운데 후추는 값이 비싸 쉽게 얻을 수 없었다. 19세기 무렵에 와서 고추는 향신료로서 압도적인 우위를 차지하게 되었다. 그 결과 후추는 더 이상 고가품이 아니게 되었으며, '산초'라고도 불리는 천초의 경우 지금에 와서는 간혹 추어탕에나 쓰일 정도로 되었다.

우리나라의 고추는 다른 나라의 고추 품종과 달리 매운맛에 비해 단맛 성분이 많고, 색소는 강렬하면서 비타민C 함유량이 매우 많다. 더구나 고추는 소금이나 젓갈과 어우러져 몸에 좋은 효소를 만들어 내고 몸의 지방 성분을 산화시켜 열이 나게 함으로써 겨울의 추위를 이기게 하는 기능이 있다. 고추가 김장김치에 사용되기 시작한 것도 이 때문이라고 한다.

① 초기의 김치는 서양의 피클이나 일본의 쓰케모노와 크게 다르지 않았다.
② 고추가 들어오기 전까지는 김치에 고추 대신 후추, 천초와 같은 향신료를 사용하였다.
③ 김장김치에 고추가 사용되기 시작한 것은 몸에 열을 발생시키는 효능 때문이다.
④ 배추김치가 김치의 대명사가 된 것은 불과 100여 년밖에 되지 않았다.
⑤ 19세기 이후 후추와 천초는 향신료로서의 우위를 고추에 빼앗겼다.

Hard

13

> 인간의 삶과 행위를 하나의 질서로 파악하고 개념과 논리를 통해 이해하고자 하는 시도는 소크라테스와 플라톤을 기점으로 시작된 가장 전통적인 방법론이라고 할 수 있다. 이는 결국 경험적이고 우연적인 요소를 배제하여 논리적 필연으로 인간을 규정하고자 한 것이다. 이에 반해 경험과 감각을 중시하고 욕구하는 실체로서의 인간을 파악하고자 한 이들이 소피스트들이다. 이 두 관점은 두 개의 큰 축으로 서구 지성사에 작용해 온 것이 사실이다.
> 하지만 이는 곧 소크라테스와 플라톤의 관점에서는 삶과 행위의 구체적이고 실제적인 일상이 무시된 채 본질적이고 이념적인 영역을 추구하였다는 것이며, 소피스트들의 관점에서는 고정적 실체로서의 도덕이나 정당화의 문제보다는 변화하는 실제적 행위만이 인정되었다는 이야기로 환원되어왔다. 그리고 이와 같은 문제를 제대로 파악한 것이 바로 고대 그리스의 웅변가이자 소피스트인 '이소크라테스'이다.
> 이소크라테스는 소피스트들에 대해서는 그들의 교육이 도덕이나 시민적 덕성의 함양과는 무관하게 탐욕과 사리사욕을 위한 교육에 그치고 있다고 비판했으며, 동시에 영원불변하는 보편적 지식의 무용성을 주장했다. 그는 시의적절한 의견들을 통해 더 좋은 결과에 이를 수 있는 능력을 얻으려는 자가 바로 철학자라고 주장했다. 그렇기에 이소크라테스의 수사학은 플라톤의 이데아론은 물론 소피스트들의 무분별한 실용성을 지양하면서도, 동시에 삶과 행위의 문제를 이론적이고도 실제적으로 해석하는 것으로 평가할 수 있다.

① 이소크라테스의 주장에 따르면 플라톤의 이데아론은 과연 그것이 현실을 살아가는 이들에게 무슨 의미가 있는가에 대한 필연적인 물음에 맞닥뜨리게 된다.
② 소피스트들의 주장과 관점은 현대사회의 물질만능주의를 이해하기에 적절한 사례가 된다.
③ 소피스트와 이소크라테스는 영원불변하는 보편적 지식의 존재를 부정하며 구체적이고 실제적인 일상을 중요하게 여겼다.
④ 이소크라테스를 통해 절대적인 진리를 추구하지 않는 것이 반드시 비도덕적인 일로 환원된다고는 볼 수 없음을 확인할 수 있다.
⑤ 훌륭한 말과 미덕을 갖춘 지성인은 이소크라테스가 추구한 목표에 가장 가까운 존재라고 할 수 있다.

※ 다음 글의 내용으로 가장 적절한 것을 고르시오. [14~15]

| 2024년 상반기 LG그룹

14

조선 후기의 대표적인 관료 선발제도 개혁론인 유형원의 공거제 구상은 능력주의적, 결과주의적 인재 선발의 약점을 극복하려는 의도와 함께 신분적 세습의 문제점도 의식한 것이었다. 중국에서는 17세기 무렵 관료 선발에서 세습과 같은 봉건적인 요소를 부분적으로 재도입하려는 개혁론이 등장했다. 고염무는 관료제의 상층에는 능력주의적 제도를 유지하되, 지방관인 지현들은 어느 정도의 검증 기간을 거친 이후 그 지위를 평생 유지시켜 주고 세습의 길까지 열어 놓는 방안을 제안했다. 황종희는 지방의 관료가 자체적으로 관리를 초빙해서 시험한 후에 추천하는 '벽소'와 같은 옛 제도를 되살리는 방법으로 과거제를 보완하자고 주장했다.

이러한 개혁론은 갑작스럽게 등장한 것이 아니었다. 과거제를 시행했던 국가들에서는 수백 년에 걸쳐 과거제를 개선하라는 압력이 있었다. 시험 방식이 가져오는 부작용들은 과거제의 중요한 문제였다. 치열한 경쟁은 학문에 대한 깊이 있는 학습이 아니라 합격만을 목적으로 하는 형식적 학습을 하게 만들었고, 많은 인재들이 수험생활에 장기간 매달리면서 재능을 낭비하는 현상도 낳았다. 또한 학습 능력 이외의 인성이나 실무 능력을 평가할 수 없다는 이유로 시험의 익명성에 대한 회의도 있었다.

과거제의 부작용에 대한 인식은 과거제를 통해 임용된 관리들의 활동에 대한 비판적 시각으로 연결되었다. 능력주의적 태도는 시험뿐 아니라 관리의 업무에 대한 평가에도 적용되었다. 세습적이지 않으면서 몇 년의 임기마다 다른 지역으로 이동하는 관리들은 승진을 위해서 빨리 성과를 낼 필요가 있었기에, 지역사회를 위해 장기적인 전망을 가지고 정책을 추진하기보다 가시적이고 단기적인 결과만을 중시하는 부작용을 가져왔다. 개인적 동기가 공공성과 상충되는 현상이 나타났던 것이다. 공동체 의식의 약화 역시 과거제의 부정적 결과로 인식되었다. 과거제 출신의 관리들이 공동체에 대한 소속감이 낮고 출세 지향적이기 때문에 세습 엘리트나 지역에서 천거된 관리에 비해 공동체에 대한 충성심이 약했던 것이다.

① '벽소'는 과거제를 없애고자 등장한 새로운 제도이다.
② 과거제 출신의 관리들은 공동체에 대한 소속감이 낮고 출세 지향적이었다.
③ 과거제는 학습 능력 이외의 인성이나 실무능력까지 정확하게 평가할 수 있는 제도였다.
④ 과거제를 통해 임용된 관리들은 지역 사회를 위해 장기적인 전망을 가지고 정책을 추진하였다.
⑤ 고염무는 관료제의 상층에는 세습제를 실시하고, 지방관에게는 능력주의적 제도를 실시하자는 방안을 제안했다.

Hard

15

> 뉴턴은 빛이 눈에 보이지 않는 작은 입자라고 주장하였고, 이것은 그의 권위에 의지하여 오랫동안 정설로 여겨졌다. 그러나 19세기 초에 토머스 영의 겹실틈 실험은 빛의 파동성을 증명하였다. 이 실험의 방법은 먼저 한 개의 실틈을 거쳐 생긴 빛이 다음에 설치된 두 개의 겹실틈을 지나가게 하여 스크린에 나타나는 무늬를 관찰하는 것이다.
> 이때 빛이 파동이냐 입자이냐에 따라 결과 값이 달라진다. 즉, 빛이 입자라면 일자 형태의 띠가 두 개 나타나야 하는데 실험 결과 스크린에는 예상과 다른 무늬가 나타났다. 마치 두 개의 파도가 만나면 골과 마루가 상쇄와 간섭을 일으키듯이, 보강 간섭이 일어난 곳은 밝아지고 상쇄 간섭이 일어난 곳은 어두워지는 간섭무늬가 연속적으로 나타난 것이다. 그러나 19세기 말부터 빛의 파동성으로는 설명할 수 없는 몇 가지 실험적 사실이 나타났다. 1905년에 아인슈타인은 빛은 광량자라고 하는 작은 입자로 이루어졌다는 광량자설을 주장하였다. 빛의 파동성은 명백한 사실이었으므로 이것은 빛이 파동이면서 동시에 입자인 이중적인 본질을 가지고 있다는 것을 의미하는 것이었다.

① 뉴턴의 가설은 그의 권위에 의해 현재까지도 정설로 여겨진다.

② 겹실틈 실험은 한 개의 실틈을 거쳐 생긴 빛이 다음 설치된 두 개의 겹실틈을 지나가게 해서 그 틈을 관찰하는 것이다.

③ 겹실틈 실험 결과, 일자 형태의 띠가 두 개 나타났으므로 빛은 입자이다.

④ 토머스 영의 겹실틈 실험은 빛의 파동성을 증명하였지만, 이는 아인슈타인에 의해서 거짓으로 판명 났다.

⑤ 아인슈타인의 광량자설은 뉴턴과 토머스 영의 가설을 모두 포함한다.

※ 다음 글의 내용으로 적절하지 않은 것을 고르시오. [16~21]

| 2024년 하반기 CJ그룹

16

세상은 흔히 학문밖에 모르는 상아탑(象芽塔) 속의 연구 생활이 현실을 도피한 짓이라고 비난하기가 일쑤지만 상아탑의 덕택이 큰 것임을 알아야 한다. 모든 점에서 편리해진 생활을 향락하고 있는 소위 현대인이 있기 전에, 그런 것이 가능하기 위해서 오히려 그런 향락과는 담을 쌓고 있는 진리 탐구에 몰두한 학자들의 상아탑 속에서의 노고가 앞서 있었던 것이다. 그렇다고 남의 향락을 위하여 스스로 고난의 길을 일부러 걷는 것이 학자는 아니다. 학자는 그저 진리를 탐구하기 위하여 학문을 하는 것뿐이다. 상아탑이 나쁜 것이 아니라, 진리를 탐구해야 할 상아탑이 제구실을 옳게 다하지 못하는 것이 탈이다. 학문에 진리 탐구 이외의 다른 목적이 섣불리 앞장을 설 때, 그 학문은 자유를 잃고 왜곡(歪曲)될 염려조차 있다. 학문을 악용하기 때문에 오히려 좋지 못한 일을 하는 경우가 얼마나 많은가? 진리 이외의 것을 목적으로 할 때, 그 학문은 한때의 신기루와도 같아, 우선은 찬연함을 자랑할 수 있을지 모르나, 과연 학문이라고 할 수 있을까부터가 문제이다.

진리의 탐구가 학문의 유일한 목적일 때 그리고 그 길로 매진(邁進)할 때, 그 무엇에도 속박(束縛)됨이 없는 숭고한 학적인 정신이 만난(萬難)을 극복하는 기백(氣魄)을 길러 줄 것이요, 또 그것대로 우리의 인격 완성의 길로 통하게도 되는 것이다.

① 진리를 탐구하다 보면 생활에 유용한 것도 얻을 수 있다.

② 진리 탐구를 위해 학문을 하면 인격 완성에도 이를 수 있다.

③ 학자들은 인간의 생활을 향상시킨다는 목적의식을 가져야 한다.

④ 학문이 진리 탐구 이외의 것을 목적으로 하면 왜곡될 위험이 있다.

⑤ 학문하는 사람은 사명감으로 괴로움을 참고 나가야 하는 경우가 많다.

17

> 경제학자인 사이먼 뉴컴이 소개한 화폐와 실물 교환의 관계식인 '교환방정식'을 경제학자인 어빙 피셔가 발전시켜 재소개한 것이 바로 '화폐수량설'이다. 사이먼 뉴컴의 교환방정식은 'MV=PQ'로 나타나는데, M(Money)은 화폐의 공급, V(Velocity)는 화폐유통속도, P(Price)는 상품 및 서비스의 가격, Q(Quantity)는 상품 및 서비스의 수량이다. 즉, 화폐공급과 화폐유통속도의 곱은 상품의 가격과 거래된 상품 수의 곱과 같다는 항등식이다.
> 어빙 피셔는 이러한 교환방정식을 인플레이션율과 화폐공급의 증가율 간 관계를 나타내는 이론인 화폐수량설로 재탄생시켰다. 이 중 기본모형이 되는 피셔의 거래모형에 따르면 교환방정식은 'MV=PT'로 나타나는데, M은 명목화폐수량, V는 화폐유통속도, P는 상품 및 서비스의 평균가격, T(Trade)는 거래를 나타낸다. 다만 거래의 수를 측정하기 어렵기 때문에 최근에는 총거래 수인 T를 총생산량인 Y로 대체하여 소득모형인 'MV=PY'로 사용되고 있다.

① 교환방정식 'MV=PT'는 화폐수량설의 기본모형이 된다.

② 사이먼 뉴컴의 교환방정식 'MV=PQ'에서 Q는 상품 및 서비스의 수량을 의미한다.

③ 어빙 피셔의 화폐수량설은 최근 총거래 수를 총생산량으로 대체하여 사용되고 있다.

④ 어빙 피셔의 교환방정식 'MV=PT'의 V는 교환방정식 'MV=PY'에서 Y와 함께 대체되어 사용되고 있다.

⑤ 어빙 피셔는 사이먼 뉴컴의 교환방정식을 인플레이션율과 화폐공급의 증가율 간 관계를 나타내는 이론으로 재탄생시켰다.

Hard

18

'갑'이라는 사람이 있다고 하자. 이때 사회가 갑에게 강제적 힘을 행사하는 것이 정당화되는 근거는 무엇일까? 그것은 갑이 다른 사람에게 미치는 해악을 방지하려는 데 있다. 특정 행위가 갑에게 도움이 될 것이라든가, 이 행위가 갑을 더욱 행복하게 할 것이라든가 또는 이 행위가 현명하다든가 혹은 옳은 것이라든가 하는 이유를 들면서 갑에게 이 행위를 강제하는 것은 정당하지 않다. 이러한 이유는 갑에게 권고하거나 이치를 이해시키거나 무엇인가를 간청하거나 할 때는 충분한 이유가 된다. 그러나 갑에게 강제를 가하는 이유 혹은 어떤 처벌을 가할 이유는 되지 않는다. 이와 같은 사회적 간섭이 정당화되기 위해서는 갑이 행하려는 행위가 다른 어떤 이에게 해악을 끼칠 것이라는 점이 충분히 예측되어야 한다. 한 사람이 행하고자 하는 행위 중에서 그가 사회에 대해서 책임을 져야 할 유일한 부분은 다른 사람에게 관계되는 부분이다.

① 개인에 대한 사회의 간섭은 어떤 조건이 필요하다.
② 행위 수행 혹은 행위 금지의 도덕적 이유와 법적 이유는 구분된다.
③ 한 사람의 행위는 타인에 대한 행위와 자신에 대한 행위로 구분된다.
④ 사회는 개인의 해악에 관해서는 관심이 있지만, 그 해악을 방지할 강제성의 근거는 가지고 있지 않다.
⑤ 타인과 관계되는 행위는 사회적 책임이 따른다.

19

최근 국내 건설업계에서는 3D프린팅 기술을 건설 분야와 접목하고자 노력하고 있다. 해외 건설사들도 3D프린팅 기술을 이용한 건축 시장을 선점하기 위한 경쟁이 활발히 이루어지고 있으며 이미 미국 텍사스 지역에서 3D프린팅 기술을 이용하여 주택 4채를 1주일 만에 완공한 바 있다. 또한 우리나라에서도 인공 조경 벽 등 건설 현장에서 3D프린팅 건축물을 차차 도입해 가고 있다.
왜 건설업계에서는 3D프린팅 기술을 주목하게 되었을까? 3D프린팅 건축 방식은 전통 건축 방식과 비교하여 비용을 절감할 수 있고 공사 기간이 단축되는 점을 장점으로 꼽을 수 있다. 특히 공사 기간이 짧은 점은 천재지변으로 인한 이재민 등을 위한 주거시설을 빠르게 준비할 수 있다는 점에서 호평받고 있다. 또한 전통 건축 방식으로는 구현하기 힘든 다양한 디자인을 구현할 수 있는 점과 건축 폐기물 감소 및 CO_2 배출량 감소 등 환경보호 면에서도 긍정적인 평가를 받고 있으며 각 국가 간 이해관계 충돌로 인한 직·간접적 자재 수급난을 해결할 수 있는 점도 긍정적 평가를 받는 요인이다.
어떻게 3D프린터로 건축물을 세우는 것일까? 먼저 일반적인 3D프린팅의 과정을 알아야 한다. 일반적인 3D프린팅은 컴퓨터로 물체를 3D 형태로 모델링한 후 용융성 플라스틱이나 금속 등을 3D프린터 노즐을 통해 분사하여 아래부터 층별로 겹겹이 쌓는 과정을 거친다.
3D프린팅 건축 방식도 마찬가지이다. 컴퓨터를 통해 건축물을 모델링 후 모델링한 정보에 따라 콘크리트, 금속, 폴리머 등의 건축자재를 노즐을 통해 분사시켜 층층이 쌓아 올리면서 컴퓨터로 설계한 대로 건축물을 만든다. 기계가 대신 건축물을 만든다는 점에서 사람의 힘으로 한계가 있는 기존 건축방식의 해결은 물론 코로나19 사태로 인한 인건비 상승 및 전문인력 수급난을 해결할 수 있다는 점 또한 호평받고 있다.
하지만 아쉽게도 우리나라에서의 3D프린팅 건설 사업은 관련 인증 및 안전 규정 미비 등의 제도적 한계와 기술적 한계가 있어 상용화 단계가 이루어지기는 힘들다. 특히 3D프린터로 구조물을 적층하여 구조물을 쌓아 올리는 데에는 로봇 팔이 필요한데 아직은 5층 이하의 저층 주택 준공이 한계이고 현 대한민국 주택시장은 고층 아파트 등 고층 건물이 주력이므로 3D프린팅 고층 건축물 제작 기술을 개발해야 한다는 주장도 더러 나오고 있다.

① 현재 우리나라는 3D프린팅 건축 기술의 제도적 장치 및 기술적 한계를 해결해야만 하는 과제가 있다.
② 3D프린팅 건축 기술은 전통 건축 기술과는 달리 환경에 영향을 덜 끼친다.
③ 3D프린팅 건축 기술은 인력난을 해소할 수 있는 새로운 기술이다.
④ 이미 해외에서는 3D프린팅를 이용하여 주택을 시공한 바 있다.
⑤ 3D프린팅 건축 기술로 인해 대량의 실업자가 발생할 것이다.

| 2023년 상반기 KT그룹

20

> 혐기성 미생물은 산소에 비해 에너지 대사 효율이 낮은 질소산화물로 에너지를 만든다.
> 혐기성 미생물이 에너지 대사 효율이 높은 산소를 사용하지 않는 이유는 무엇일까? 생물체가 체내에 들어온 영양분을 흡수하기 위해서는 산소를 매개로 한 여러 가지 화학 반응을 수행해야 한다. 영양분이 산화 반응을 통해 세포 안으로 흡수되면 전자가 나오는데, 이 전자가 체내에서 퍼지는 과정에서 ATP가 생긴다. 그리고 에너지를 생산하기 위해 산소를 이용하는 호흡 과정에서 독성 물질인 과산화물과 과산화수소와 같은 활성산소가 생긴다.
> 이 두 물질은 DNA나 단백질 같은 세포 속 물질을 산화시켜 손상시킨다. 일반 미생물은 활성산소로부터 자신을 보호하는 메커니즘이 발달했다. 사람도 몸속에 독성 산소화합물을 해독하는 메커니즘이 있어 활성산소로 인해 죽지는 않는다. 단지 주름살이 늘거나 신체 기관이 서서히 노화될 뿐이다. 인체 내에서 '슈퍼 옥사이드 분해효소(SOD)'가 과산화물 분자를 과산화수소와 산소로 바꾸고, 카탈리아제가 과산화수소를 물과 산소로 분해하기 때문이다. 그러나 혐기성 미생물에는 활성산소를 해독할 기관이 없다. 그렇기 때문에 혐기성 미생물은 활성산소를 피하는 방향으로 진화해 왔다고 할 수 있다.

① 산소는 일반 생물체에 이로움과 함께 해로움을 주기도 한다.
② 체내 활성산소의 농도가 증가되면 생물체의 생명이 연장된다.
③ 혐기성 미생물은 활성산소를 분해하는 메커니즘을 갖지 못했다.
④ 활성산소가 생물체의 죽음을 유발하는 직접적인 원인은 아니다.
⑤ 혐기성 미생물은 활성산소를 피하는 방향으로 진화해 왔다.

Hard

| 2023년 상반기 LG그룹

21

> 수소와 산소는 H_2와 O_2의 분자 상태로 존재한다. 수소와 산소가 화합해서 물 분자가 되려면 이 두 분자가 충돌해야 하는데, 충돌하는 횟수가 많으면 많을수록 물 분자가 생기는 확률은 높아진다. 또한 반응하기 위해서는 분자가 원자로 분해되어야 한다. 좀 더 정확히 말한다면, 각각의 분자에서 산소 원자끼리 그리고 수소 원자끼리의 결합력이 약해져야 한다. 높은 온도는 분자 간의 충돌 횟수를 증가시킬 뿐 아니라 분자를 강하게 진동시켜 분자의 결합력을 약하게 한다. 그리하여 수소와 산소는 이전까지 결합하고 있던 자신과 동일한 원자와 떨어져, 산소 원자 하나에 수소 원자 두 개가 결합한 물(H_2O)이라는 새로운 화합물이 되는 것이다.

① 수소 분자와 산소 분자가 충돌해야 물 분자가 생긴다.
② 수소 분자와 산소 분자가 원자로 분해되어야 반응을 할 수 있다.
③ 높은 온도는 분자를 강하게 진동시켜 결합력을 약하게 한다.
④ 산소 분자와 수소 분자가 각각 물(H_2O)이라는 새로운 화합물이 된다.
⑤ 산소 분자와 수소 분자의 충돌 횟수가 많아지면 물 분자가 될 확률이 높다.

※ 다음 글을 읽고 추론한 내용으로 가장 적절한 것을 고르시오. [22~23]

| 2024년 상반기 KT그룹

22

환경 결정론을 간단히 정의하면 모든 인간의 행동, 노동과 창조 등은 환경 내의 자연적 요소들에 의해 미리 결정되거나 통제된다는 것이다. 이에 대하여 환경 가능론은 자연 환경은 단지 인간이 반응할 수 있는 다양한 가능성의 기회를 제공할 뿐이며, 인간은 환경을 변화시킬 수 있는 능동적인 힘을 가지고 있다고 반박한다.

환경 결정론 사조 형성에 영향을 준 사상은 1859년에 발표된 다윈의 진화론이다. 다윈의 진화 사상과 생물체가 환경에 적응한다는 개념은 인간도 특정 환경에 적응해야 한다는 것으로 수용되었다. 이러한 철학적 배경하에 형성되기 시작한 환경 결정론의 발달에 공헌한 사람으로는 라첼, 드모랭, 샘플 등이 있다. 라첼은 인간도 자연 법칙 아래에서 살고 있다고 보았으며, 문화의 형태도 자연적 조건에 의해 결정되고 적응한 결과로 간주하였다. 드모랭은 보다 극단적으로 사회 유형은 환경적 힘의 산물로 보고 초원 지대의 유목 사회, 지중해 연안의 상업 사회를 환경 결정론적 사고에 입각하여 해석하였다.

환경 결정론이 인간의 의지와 선택의 자유를 인정하지 않는다는 점이 문제라면 환경 가능론은 환경이 제공한 많은 가능성 중 왜 어떤 가능성이 선택되어야 하는가를 설명하기 힘들다. 과학 기술의 발달에 의해 인간이 자연의 많은 장애물을 극복하게 된 것은 사실이지만, 실패로 인해 고통받는 사례도 많다. 사실 결정론이냐 가능론이냐 결론을 내리는 것은 그리 중요하지 않다. 인간과 환경의 관계는 매우 복잡하며, 지표상의 경관은 자연적인 힘과 문화적인 힘에 의해 이루어지기 때문에 어떤 한 가지 결정 인자를 과소평가하거나 과장하면 안 된다. 인간 활동의 결과로 인한 총체적인 환경 파괴 문제가 현대 문명 전반의 위기로까지 심화되는 오늘날, 인간과 자연의 진정한 상호 관계는 어떠해야 할지 생각해야 할 것이다. 이제 자연이 부여한 여러 가지 가능성 중에서 자연 환경과 조화를 이룰 수 있는 가능성을 선택해야 할 때이다.

① 인간과 자연은 항상 대립하고 있어. 자연의 위력 앞에서 우리는 맞서 싸워야 해.

② 자연의 힘은 대단해. 몇 해 전 동남아 대해일을 봤지? 인간이 얼마나 무력한지 알겠어.

③ 우리는 잘 살기 위해서 자연을 너무 훼손했어. 이제는 자연과 공존하는 삶을 생각해야 해.

④ 인간은 자연의 위대함 앞에 굴복해야 돼. 인간의 끝없는 욕망이 오늘의 재앙을 불러왔다고 봐야 해.

⑤ 인간의 능력은 초자연적이야. 이런 능력을 잘 살려 나간다면 에너지 부족 사태쯤이야 충분히 해결할 거야.

23

1896년 『독립신문』 창간을 계기로 여러 가지의 애국가 가사가 신문에 게재되기 시작했는데, 어떤 곡조에 따라 이 가사들을 노래로 불렀는지는 명확하지 않다. 다만 대한제국이 서구식 군악대를 조직해 1902년 '대한제국 애국가'라는 이름의 국가(國歌)를 만들어 나라의 주요 행사에 사용했다는 기록은 남아 있다. 오늘날 우리가 부르는 애국가의 노랫말은 외세의 침략으로 나라가 위기에 처해있던 1907년을 전후하여 조국애와 충성심을 북돋우기 위하여 만들어졌다.

1935년 해외에서 활동 중이던 안익태는 오늘날 우리가 부르고 있는 국가를 작곡하였다. 대한민국 임시정부는 이 곡을 애국가로 채택해 사용했으나 이는 해외에서만 퍼져나갔을 뿐, 국내에서는 광복 이후 정부수립 무렵까지 애국가 노랫말을 스코틀랜드 민요에 맞춰 부르고 있었다. 그러다가 1948년 대한민국 정부가 수립된 이후 현재의 노랫말과 함께 안익태가 작곡한 곡조의 애국가가 정부의 공식 행사에 사용되고 각급 학교 교과서에도 실리면서 전국적으로 애창되기 시작하였다.

애국가가 국가로 공식화되면서 1950년대에는 대한뉴스 등을 통해 적극적으로 홍보가 이루어졌다. 그리고 「국기게양 및 애국가 제창 시의 예의에 관한 지시(1966)」 등에 의해 점차 국가의례의 하나로 간주되었다.

1970년대 초에는 공연장에서 본공연 전에 애국가가 상영되기 시작하였다. 이후 1980년대 중반까지 주요 방송국에서 국기강하식에 맞춰 애국가를 방송하였다. 주요 방송국의 국기강하식 방송, 극장에서의 애국가 상영 등은 1980년대 후반 중지되었으며 음악회와 같은 공연 시 애국가 연주도 이때 자율화되었다.

오늘날 주요 행사 등에서 애국가를 제창하는 경우에는 부득이한 경우를 제외하고 4절까지 제창하여야 한다. 애국가는 모두 함께 부르는 경우에는 전주곡을 연주한다. 다만, 약식 절차로 국민의례를 행할 때 애국가를 부르지 않고 연주만 하는 의전행사(외국에서 하는 경우 포함)나 시상식·공연 등에서는 전주곡을 연주해서는 안 된다.

① 1940년에 해외에서는 안익태가 만든 애국가 곡조를 들을 수 없었다.

② 1990년대 초반에는 국기강하식 방송과 극장에서의 애국가 상영이 의무화되었다.

③ 오늘날 우리가 부르는 애국가의 노랫말은 1896년 『독립신문』에 게재되지 않았다.

④ 시상식에서 애국가를 부르지 않고 연주만 하는 경우에는 전주곡을 연주할 수 있다.

24 다음 글을 바탕으로 〈보기〉를 추론할 수 있는 내용으로 가장 적절한 것은?

독립신문은 우리나라 최초의 민간 신문이다. 사장 겸 주필(신문의 최고 책임자)은 서재필 선생이, 국문판 편집과 교정은 최고의 국어학자로 유명한 주시경 선생이 그리고 영문판 편집은 선교사 호머 헐버트가 맡았다. 창간 당시 독립신문은 이들 세 명에 기자 두 명과 몇몇 인쇄공들이 합쳐 단출하게 시작했다.
신문은 우리가 흔히 사용하는 'A4 용지'보다 약간 큰 '국배판(218×304mm)' 크기로 제작됐고, 총 4면 중 3면은 순 한글판으로 나머지 1면은 영문판으로 발행했다. 제1호는 '독닙신문'이고 영문판은 'Independent(독립)'로 조판했고, 내용을 살펴보면 제1면에는 대체로 논설과 광고가 실렸고, 제2면에는 관보 · 외국통신 · 잡보가, 제3면에는 물가 · 우체시간표 · 제물포 기선 출입항 시간표와 광고가 게재됐다.
독립신문은 민중을 개화시키고 교육하기 위해 발간된 것이지만, 그 이름에서부터 알 수 있듯 스스로 우뚝 서는 독립국을 만들고자 자주적 근대화 사상을 강조했다. 창간호 표지에는 '데일권 데일호. 조선 서울 건양 원년 사월 초칠일 금요일'이라고 표기했는데 '건양(建陽)'은 조선의 연호이고, 한성 대신 서울을 표기한 점과 음력 대신 양력을 쓴 점 모두 중국 사대주의에서 벗어난 자주독립을 꾀한 것으로 볼 수 있다.
독립신문이 발행되자 사람들은 모두 깜짝 놀랄 수밖에 없었다. 순 한글로 만들어진 것은 물론 유려한 편집 솜씨에 조판과 내용까지 완벽했기 때문이다. 무엇보다 제4면을 영어로 발행해 국내 사정을 외국에 알린다는 점은 호시탐탐 한반도를 노리던 일본 당국에 큰 부담을 안겨주었고, 더는 자기네들 마음대로 조선의 사정을 왜곡 보도할 수 없게 된 것이다.
날이 갈수록 독립신문을 구독하려는 사람은 늘어났고, 처음 300부씩 인쇄되던 신문이 곧 500부로, 나중에는 3,000부까지 확대된다. 오늘날에는 한 사람이 신문 한 부를 읽으면 폐지 처리하지만, 과거에는 돌려가며 읽는 경우가 많았고 시장이나 광장에서 글을 아는 사람이 낭독해 주는 일도 빈번했기에 한 부의 독자 수는 50명에서 100명에 달했다. 이런 점을 감안해보면 실제 독립신문의 독자 수는 10만 명을 넘어섰다고 가늠해 볼 수 있다.

보기

우리 신문이 한문은 아니 쓰고 다만 국문으로만 쓰는 것은 상하귀천이 다 보게 함이라. 또 국문을 이렇게 구절을 띄어 쓴즉 아무라도 이 신문을 보기가 쉽고 신문 속에 있는 말을 자세히 알아보게 함이라.

① 교통수단도 발달하지 않던 과거에는 활자 매체인 신문이 소식 전달에 있어 절대적인 역할을 차지했다.
② 민중을 개화시키고 교육하기 위해 발간된 것으로 역사적 · 정치적으로 큰 의의를 가진다.
③ 한글을 사용해야 누구나 읽을 수 있다는 점을 인식해 한문우월주의에 영향을 받지 않고, 소신 있는 행보를 했다.
④ 일본이 한반도를 집어삼키려 하던 혼란기 우리만의 신문을 펴낼 수 있었다는 것에 큰 의의가 있다.
⑤ 중국의 지배에서 벗어나 자주독립을 꾀하고 스스로 우뚝 서는 독립국을 만들고자 자주적 사상을 강조했다.

25 다음 (가)~(다)와 관련된 사례를 〈보기〉에서 골라 바르게 연결한 것은?

윤리적 소비란 무의식적으로 하는 단순한 소비 활동이 아닌 자신의 소비 활동의 결과가 사람과 동물, 사회와 환경에 어떠한 영향을 끼칠지 고려하여 행동하는 것을 말한다. 이와 같은 소비 행위는 그 이념에 따라 다음과 같이 나눌 수 있다.

(가) 녹색소비 : 환경보호에 도움이 되거나, 환경을 고려하여 제품을 생산 및 개발하거나 서비스를 제공하는 기업의 제품을 구매하는 친환경적인 소비행위를 말한다.

(나) 로컬소비 : 자신이 거주하는 지역의 경제 활성화를 돕고, 운반 시 소비되는 연료나 배출되는 환경오염 물질을 줄이기 위해 자신이 거주하는 지역에서 만들어진 상품과 서비스를 소비하는 지속 가능한 소비 행위를 말한다.

(다) 공정무역 : 불공정 무역구조로 인하여 선진국에 비해 경제적 개발이 늦은 저개발국가에서 발생하는 노동력 착취, 환경파괴, 부의 편중 등의 문제를 해소하기 위한 사회적 소비 운동이다. 이를 위해 소비자는 저개발국가의 생산자가 경제적 자립을 이루고 지속 가능한 발전을 할 수 있도록 '가장 저렴한 가격'이 아닌 '공정한 가격'을 지불한다.

이와 같이 소비자는 자신의 소비행위를 통해 사회적 정의와 평등을 촉진하고, 환경 보호에 기여하는 등 사회적 영향력을 행사할 수 있다.

보기

ㄱ. A사는 비건 트렌드에 맞춰 기존에 사용해 왔던 동물성 원료 대신 친환경 성분의 원료를 구입하여 화장품을 출시했다.

ㄴ. B레스토랑은 고객들에게 신선한 샐러드를 제공하고 지역 내 농가와의 상생을 위하여 인접 농가에서 갓 생산한 채소들을 구매한다.

ㄷ. C사는 해안가에 버려진 폐어망 및 폐페트병을 수집해 이를 원사로 한 가방 및 액세서리를 구매해 유통한다.

ㄹ. D카페는 제3세계에서 생산하는 우수한 품질의 원두를 직수입하여 고객들에게 합리적인 가격에 제공한다.

ㅁ. E사는 아시아 국가의 빈곤한 여성 생산자들의 경제적 자립을 돕기 위해 이들이 생산한 의류, 생활용품, 향신료 등을 국내에 수입 판매하고 있다.

	(가)	(나)	(다)
①	ㄱ, ㄷ	ㄴ	ㄹ, ㅁ
②	ㄱ, ㄹ	ㄴ	ㄷ, ㅁ
③	ㄱ, ㄴ, ㄷ	ㅁ	ㄹ
④	ㄱ, ㄷ, ㅁ	ㄴ	ㄹ
⑤	ㄹ, ㅁ	ㄴ	ㄱ, ㄷ

| 02 | 수리

| 2024년 하반기 LG그룹

01 L공장에서 제조하는 휴대폰 액세서리는 원가가 700원이고 표시된 정가는 a원이다. 서울의 A매장에서 이 액세서리를 표시된 정가에서 14% 할인하여 50개 팔았을 때의 이익과 B매장에서 20% 할인하여 80개 팔았을 때의 이익이 같다고 한다. 이때, a의 각 자리의 수를 모두 더한 값은?

① 1
② 2
③ 3
④ 4
⑤ 5

| 2024년 하반기 CJ그룹

02 어떤 시험에서 A, B, C 세 사람이 합격할 확률은 각각 $\frac{1}{3}$, $\frac{1}{4}$, $\frac{1}{5}$이라고 할 때, B만 합격할 확률은?

① $\frac{1}{60}$
② $\frac{2}{15}$
③ $\frac{1}{6}$
④ $\frac{1}{4}$
⑤ $\frac{3}{5}$

| 2024년 상반기 KT그룹

03 소연이는 집에서 마트까지 시속 6km의 속력으로 걸어가서 40분 동안 물건을 구매한 후 같은 길을 시속 4km로 걸어 집으로 돌아왔더니 2시간 30분이 걸렸다고 할 때, 집에서 마트까지의 거리는?

① 4.1km
② 4.4km
③ 4.9km
④ 5.4km
⑤ 6.3km

| 2024년 상반기 KT그룹

04 민지네 과일가게에서는 토마토와 배를 각각 1개당 90원, 210원에 판매를 하고, 1개의 무게는 각각 120g, 450g이다. 한 바구니에 토마토와 배를 몇 개씩 담아 무게를 재어보니 6.15kg이었고, 가격은 3,150원이었다. 바구니의 무게가 990g이며 가격은 300원이라고 할 때, 바구니 안에 들어있는 배의 개수는?

① 5개
② 6개
③ 7개
④ 8개
⑤ 9개

| 2024년 상반기 KT그룹

05 A ~ E 5명은 원피스를 사러 백화점에 갔다. 모두 마음에 드는 원피스 하나를 발견해 각자 원하는 색깔을 고르기로 하였다. 원피스가 노란색 2벌, 파란색 2벌, 초록색 1벌이 있을 때, 5명이 각자 1벌씩 고를 수 있는 경우의 수는?

① 28가지 ② 30가지
③ 32가지 ④ 34가지
⑤ 36가지

| 2024년 상반기 LG그룹

06 같은 헤어숍에 다니고 있는 A와 B는 일요일에 헤어숍에서 마주쳤다. 서로 마주친 이후 A는 10일, B는 16일 간격으로 방문했다. 두 사람이 다시 헤어숍에서 만났을 때의 요일은?

① 월요일 ② 화요일
③ 수요일 ④ 목요일
⑤ 금요일

Easy

| 2023년 하반기 SK그룹

07 하이킹을 하는데 올라갈 때는 시속 10km로 달리고, 내려올 때는 올라갈 때보다 10km 더 먼 길을 시속 20km로 달렸다. 올라갔다가 내려오는 데 총 5시간이 걸렸다면, 올라갈 때 달린 거리는?

① 15km ② 20km
③ 25km ④ 30km
⑤ 35km

| 2023년 하반기 SK그룹

08 보트를 타고 길이가 35km인 강을 왕복하려고 한다. 유속이 2km/h이고 보트의 속력이 12km/h일 때, 걸린 시간은?

① 7시간 ② 6시간
③ 5시간 ④ 4시간
⑤ 3시간

| 2023년 하반기 SK그룹

09 S회사 회계팀에는 A～E 다섯 명의 팀원이 일을 하고 있다. 이들은 다가오는 감사에 대비하기 위해 월요일부터 금요일에 한 명씩 돌아가면서 당직 근무를 하기로 하였다. D는 금요일에, E는 수요일에 당직 근무를 할 확률은?

① $\frac{1}{2}$　② $\frac{1}{4}$
③ $\frac{1}{5}$　④ $\frac{1}{10}$
⑤ $\frac{1}{20}$

Easy　| 2023년 하반기 SK그룹

10 농도가 20%인 소금물 100g에서 50g 덜어낸 뒤, 남아있는 소금물에 물을 더 넣어 농도 10%의 소금물을 만들려고 할 때, 필요한 물의 양은?

① 10g　② 20g
③ 30g　④ 40g
⑤ 50g

Hard　| 2023년 하반기 KT그룹

11 길이 258m인 터널을 완전히 통과하는 데 18초 걸리는 A열차가 있다. 이 열차는 길이가 144m인 터널을 완전히 통과하는 데 16초 걸리는 B열차와 서로 마주보는 방향으로 달려 완전히 지나는 데 9초가 걸렸다. B열차의 길이가 80m라면 A열차의 길이는?

① 320m　② 330m
③ 340m　④ 350m
⑤ 360m

| 2023년 하반기 KT그룹

12 세빈이는 이번 주말에 등산을 하였다. 올라갈 때에는 시속 4km로 걷고 내려올 때에는 올라갈 때보다 2km 더 먼 거리를 시속 6km의 속력으로 걸어 내려왔다. 올라갈 때와 내려올 때 걸린 시간이 같았다면 내려올 때 걸린 시간은?

① 1시간　② 1.5시간
③ 2시간　④ 2.5시간
⑤ 3시간

| 2023년 하반기 KT그룹

13 직원 A ~ P 16명이 야유회에 가서 4명씩 4개의 조로 행사를 한다. 첫 번째 이벤트에서 같은 조였던 사람은 두 번째 이벤트에서 같은 조가 될 수 없다. 두 번째 이벤트에서 1, 4조가 〈보기〉처럼 주어졌을 때, 두 번째 이벤트에서 나머지 두 개 조로 가능한 경우의 수는?

> 보기
>
> • 1조 : I, J, K, L
> • 4조 : M, N, O, P

① 8가지
② 10가지
③ 12가지
④ 14가지
⑤ 16가지

| 2023년 상반기 KT그룹

14 어느 학생이 A문제와 B문제를 푸는데 A문제를 맞히지 못할 확률은 60%, 두 문제를 모두 맞힐 확률은 24%라고 한다. 이 학생이 A문제는 맞히고, B문제는 맞히지 못할 확률은?

① 36%
② 30%
③ 28%
④ 24%
⑤ 16%

Hard

| 2023년 상반기 LG그룹

15 A와 B가 같이 일을 하면 12일, B와 C가 같이 일을 하면 6일, C와 A가 같이 일을 하면 18일이 걸리는 일이 있다. 만약 A ~ C 모두 함께 72일 동안 일을 하면 기존에 했던 일의 몇 배의 일을 할 수 있는가?

① 9배
② 10배
③ 11배
④ 12배
⑤ 13배

※ 다음과 같이 일정한 규칙으로 수를 나열할 때, 빈칸에 들어갈 수로 알맞은 것을 고르시오. **[16~34]**

| 2024년 하반기 포스코그룹

16

345　307　269　231　193　(　)

① 151　② 153
③ 155　④ 157

Hard

| 2024년 하반기 LG그룹

17

$2\frac{3}{4}$　$4\frac{7}{26}$　(　)　$8\frac{15}{118}$　$10\frac{19}{188}$　$12\frac{23}{274}$　$14\frac{27}{376}$

① $6\frac{11}{90}$　② $6\frac{11}{80}$
③ $6\frac{11}{72}$　④ $6\frac{11}{64}$
⑤ $6\frac{11}{56}$

| 2024년 상반기 KT그룹

18

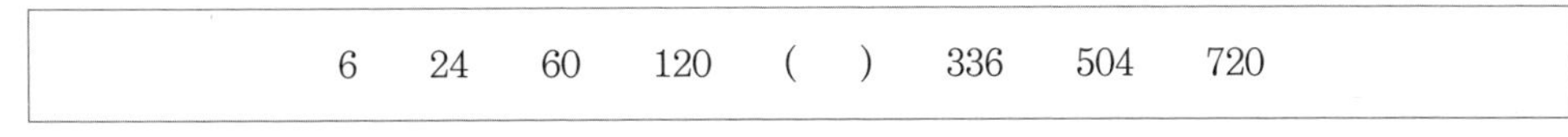

6　24　60　120　(　)　336　504　720

① 198　② 210
③ 256　④ 274
⑤ 292

| 2024년 상반기 KT그룹

19

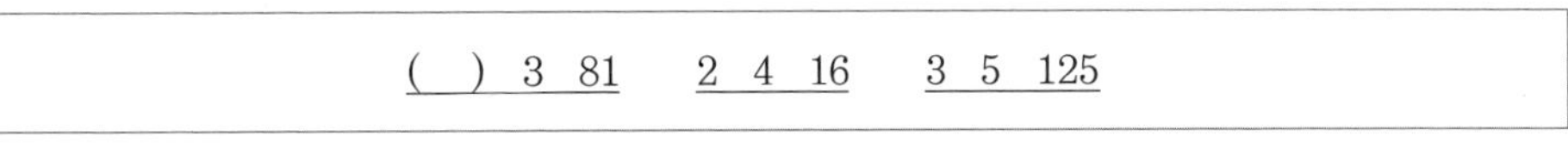

(　)　3　81　　2　4　16　　3　5　125

① 1　② 3
③ 4　④ 5
⑤ 7

| 2024년 상반기 LG그룹

20

1 −2 1 −2 4 −8 1 −2 ( )

① 8 ② 9
③ 10 ④ 11
⑤ 12

Easy

| 2024년 상반기 LG그룹

21

100 80 61 43 ( ) 10 −5

① 28 ② 27
③ 26 ④ 25
⑤ 24

| 2023년 하반기 KT그룹

22

3 4 0 16 −5 36 −12 ( )

① 36 ② 64
③ 72 ④ 121
⑤ 144

| 2023년 하반기 KT그룹

23

$\frac{27}{358}$ $\frac{30}{351}$ $\frac{32}{345}$ $\frac{33}{340}$ ( ) $\frac{32}{333}$

① $\frac{35}{338}$ ② $\frac{34}{338}$
③ $\frac{33}{338}$ ④ $\frac{34}{336}$
⑤ $\frac{33}{336}$

| 2023년 하반기 KT그룹

24

0.2　(　)　2.8　20.6　146.2　1026.4

① 0.4　② 1.4
③ 1.5　④ 1.6
⑤ 2.4

| 2023년 하반기 SK그룹

25

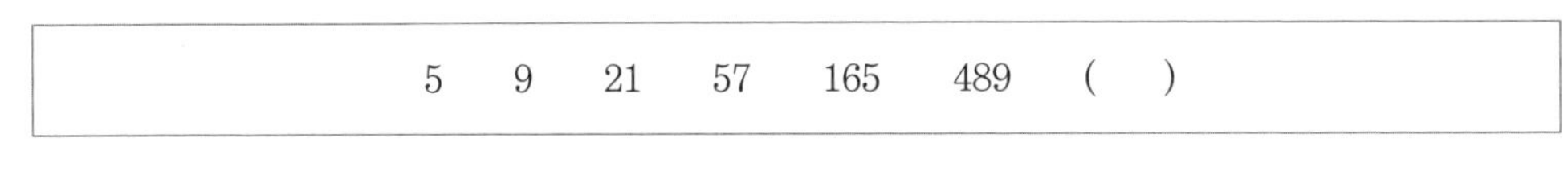

① 1,355　② 1,402
③ 1,438　④ 1,461
⑤ 1,476

Hard

| 2023년 하반기 SK그룹

26

0.8　0.9　2.7　0.7　6.6　0.3　14.5　(　)

① −0.5　② −0.6
③ −0.7　④ −0.8
⑤ −0.9

| 2023년 하반기 SK그룹

27

1　2　3　5　8　(　)

① 12　② 13
③ 14　④ 15
⑤ 16

| 2023년 하반기 SK그룹

28

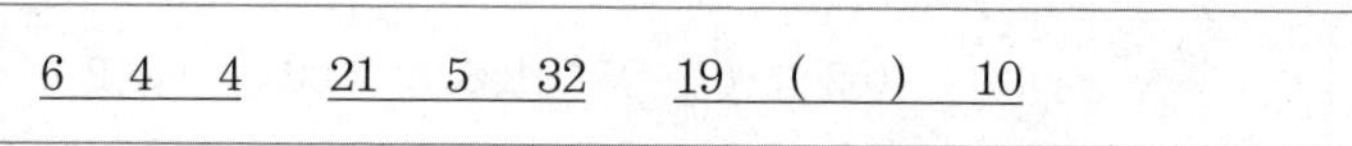

6 4 4 21 5 32 19 ( ) 10

① 18
② 16
③ 14
④ 12
⑤ 10

| 2023년 하반기 KT그룹

29

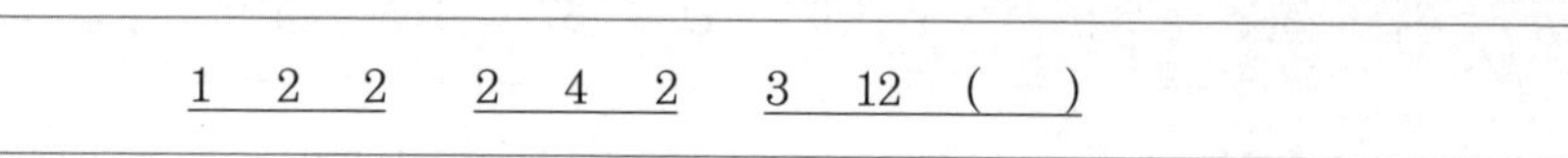

1 2 2 2 4 2 3 12 ( )

① 4
② 5
③ 6
④ 7
⑤ 8

Easy

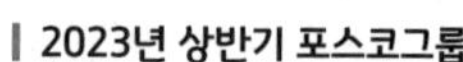

| 2023년 상반기 포스코그룹

30

216 ( ) 324 432 486 576 729 768

① 324
② 340
③ 384
④ 410

| 2023년 상반기 포스코그룹

31

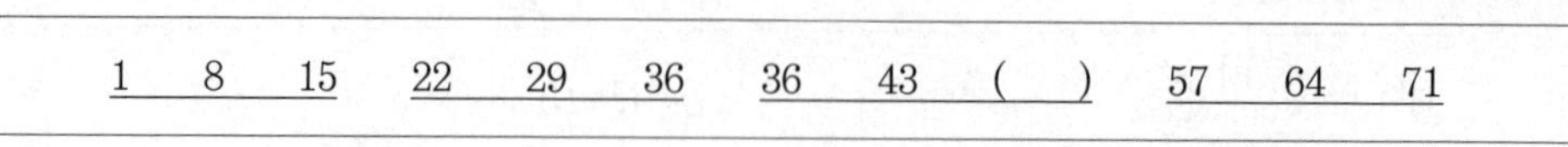

1 8 15 22 29 36 36 43 ( ) 57 64 71

① 42
② 43
③ 45
④ 50

| 2023년 상반기 KT그룹

32

0.4　0.5　0.65　0.85　1.1　(　)

① 1.35
② 1.4
③ 1.45
④ 1.5
⑤ 1.55

Hard

| 2023년 상반기 KT그룹

33

$\frac{7}{11}$　$\frac{2}{22}$　$-\frac{4}{44}$　$-\frac{11}{77}$　$-\frac{19}{121}$　(　)

① $-\frac{26}{150}$
② $-\frac{28}{176}$
③ $-\frac{31}{176}$
④ $-\frac{38}{242}$
⑤ $-\frac{45}{242}$

| 2024년 상반기 LG그룹

34

1	3	5	7
11	15	19	23
30	35	40	45
98	( )	74	62

① 80
② 82
③ 84
④ 86
⑤ 88

Hard

| 2024년 하반기 SK그룹

35 다음은 K공단에서 조사한 2018 ~ 2023년 건강보험 진료비 및 약품비 현황에 대한 자료이다. 이에 대한 설명으로 옳지 않은 것은?

〈건강보험 진료비 및 약품비 현황〉

(단위 : 억 원)

구분	2018년	2019년	2020년	2021년	2022년	2023년
진료비	750,000	810,000	820,000	890,000	980,000	1,050,000
약품비	180,000	200,000	210,000	220,500	245,000	260,000

① 약품비는 항상 진료비의 25% 이하이다.
② 2023년의 약품비는 2018년 대비 약 44% 증가하였다.
③ 진료비는 2023년에 처음으로 100조 원을 초과하였다.
④ 진료비 증가액이 전년 대비 가장 큰 해는 2022년이다.
⑤ 약품비 증가액이 전년 대비 가장 작은 해는 2020년이다.

| 2024년 하반기 SK그룹

36 다음은 2023년 S국의 쌀, 보리, 콩, 수수, 귀리의 수입 및 수출량에 대한 자료이다. 이에 대한 설명으로 옳은 것은?

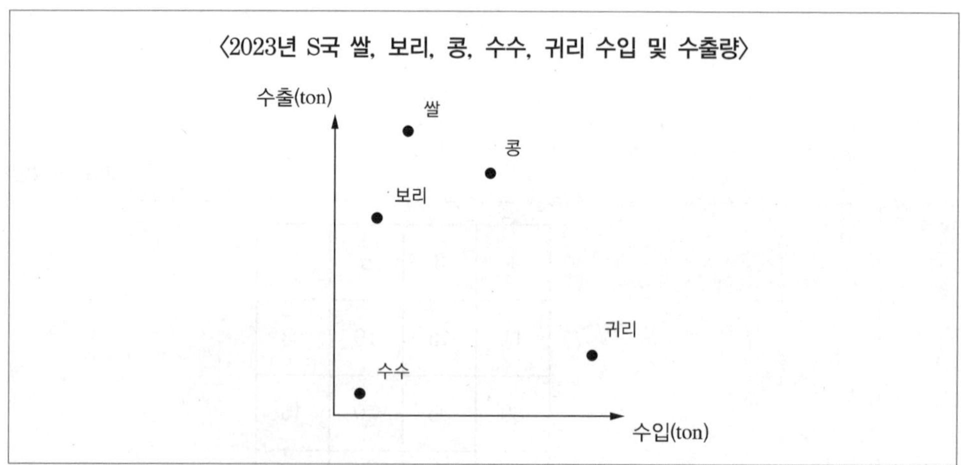

① 수입량이 가장 많은 곡식은 쌀이다.
② 수출량이 가장 많은 곡식은 귀리이다.
③ 보리는 수입량 대비 수출량이 가장 크다.
④ 수수는 수입량과 수출량 모두 가장 적다.
⑤ 콩은 수입량과 수출량 모두 세 번째로 많다.

37 다음은 보건복지부에서 발표한 연도별 의료기기 생산 실적 통계자료이다. 이에 대한 설명으로 옳지 않은 것은?

〈연도별 의료기기 생산 실적 총괄 현황〉

(단위 : 개, %, 명, 백만 원)

구분	업체 수	증감률	품목 수	증감률	운영 인원	증감률	생산 금액	증감률
2016년	1,500	-	5,862	-	25,287	-	1,478,165	-
2017년	1,596	6.4	6,392	9.04	25,610	1.28	1,704,161	15.29
2018년	1,624	1.75	6,639	3.86	26,399	3.08	1,949,159	14.38
2019년	1,662	2.34	6,899	3.92	26,936	2.03	2,216,965	13.74
2020년	1,726	3.85	7,367	6.78	27,527	2.19	2,525,203	13.9
2021년	1,754	1.62	8,003	8.63	28,167	2.32	2,764,261	9.47
2022년	1,857	5.87	8,704	8.76	30,190	7.18	2,964,445	7.24
2023년	1,958	5.44	9,086	4.39	32,255	6.84	3,366,462	13.56

① 2016 ~ 2023년까지 의료기기 생산업체 수는 꾸준히 증가하고 있으며, 품목 또한 해마다 다양해지고 있다.

② 업체 수의 2017 ~ 2023년까지의 평균 증감률은 5% 이하이다.

③ 전년 대비 업체 수가 가장 많이 늘어난 해는 2017년이며, 전년 대비 생산 금액이 가장 많이 늘어난 해는 2020년이다.

④ 전년 대비 2020 ~ 2023년 운영 인원의 증감률 추이와 품목 수의 증감률 추이는 같다.

⑤ 품목 수의 평균 증감률은 업체 수의 평균 증감률을 넘어선다.

| 2024년 하반기 CJ그룹

38 다음은 C중학교 여름방학 방과 후 학교 신청 학생 중 과목별 학생 수를 비율로 나타낸 그래프이다. 방과 후 학교를 신청한 전체 학생이 200명일 때, 수학을 선택한 학생은 미술을 선택한 학생보다 몇 명이 더 적은가?

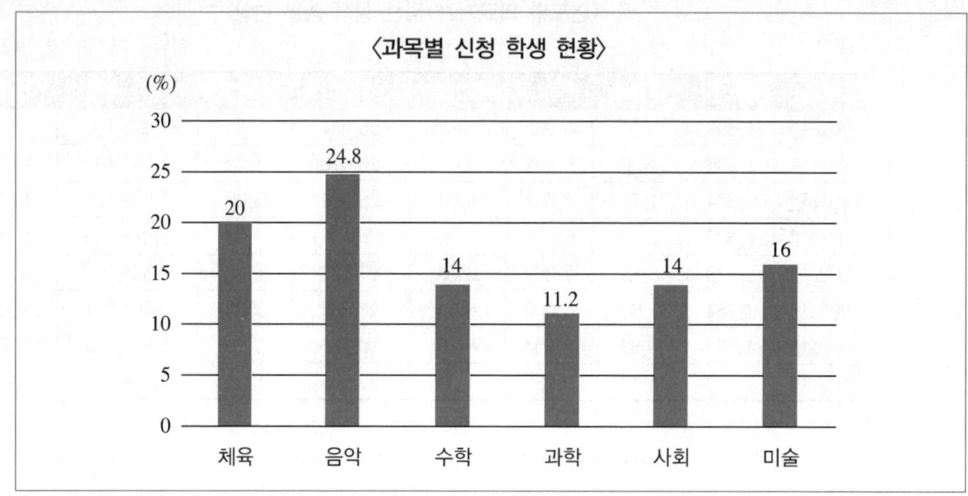

① 3명
② 4명
③ 5명
④ 6명
⑤ 7명

| 2024년 하반기 KT그룹

39 다음은 1월 2일 K사 주식에 100,000원을 투자한 후 매일 주가 등락률을 정리한 자료이다. 이를 참고하여 주식을 모두 매도했을 때의 설명으로 옳은 것은?

〈전일 대비 주가 등락률〉

구분	1월 3일	1월 4일	1월 5일	1월 6일	1월 9일
등락률	10% 상승	20% 상승	10% 하락	20% 하락	10% 상승

① 1월 5일에 매도할 경우 5,320원 이익이다.
② 1월 6일에 매도할 경우 이익률은 −6.9%이다.
③ 1월 4일은 매도할 경우 이익률은 30%이다.
④ 1월 6일에 매도할 경우 4,450원 손실이다.
⑤ 1월 9일에 매도할 경우 주식가격은 104,544원이다.

40 다음은 연령별 선물환거래 금액 비율을 나타낸 자료이다. 이에 대한 설명으로 옳은 것은?

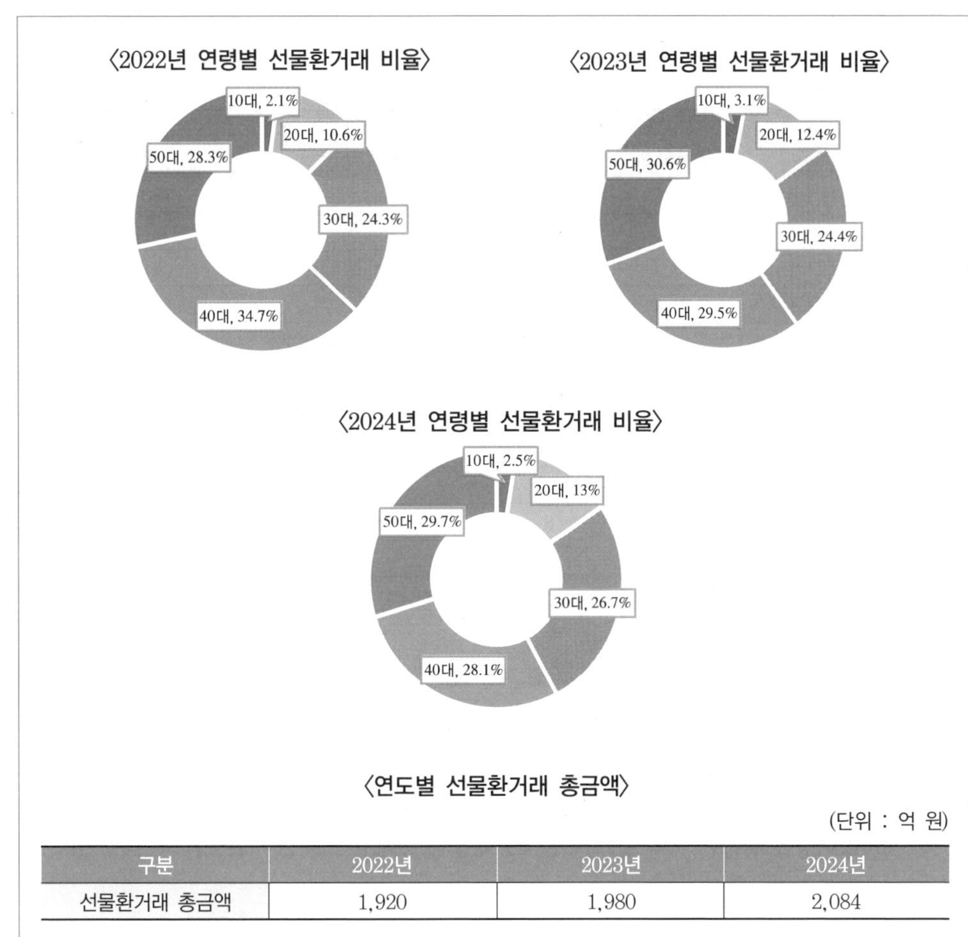

〈연도별 선물환거래 총금액〉

(단위 : 억 원)

구분	2022년	2023년	2024년
선물환거래 총금액	1,920	1,980	2,084

① 2023～2024년의 전년 대비 10대와 20대의 선물환거래 금액 비율 증감 추이는 같다.

② 2023년 대비 2024년 50대 선물환거래 금액 증가량은 13억 원 이상이다.

③ 2023～2024년 동안 전년 대비 매년 40대 선물환거래 금액은 지속적으로 감소하고 있다.

④ 2024년 10～40대 선물환거래 금액 총비율은 2023년 50대 비율의 2.5배 이상이다.

41 다음은 제54회 전국기능경기대회 지역별 결과이다. 이에 대한 설명으로 옳은 것은?

〈제54회 전국기능경기대회 지역별 결과표〉

(단위 : 개)

상 / 지역	금메달	은메달	동메달	최우수상	우수상	장려상
합계(점)	3,200	2,170	900	1,640	780	1,120
서울	2	5		10		
부산	9		11	3	4	
대구	2					16
인천			1	2	15	
울산	3				7	18
대전	7		3	8		
제주		10				
경기도	13	1				22
경상도	4	8		12		
충청도		7		6		

※ 합계는 전체 참가 지역의 각 메달 및 상의 점수 합계임

① 메달 한 개당 점수는 금메달 80점, 은메달 70점, 동메달 60점이다.

② 메달 및 상을 가장 많이 획득한 지역은 경상도이다.

③ 전국기능경기대회 결과표에서 메달 및 상 중 동메달의 개수가 가장 많다.

④ 울산 지역에서 획득한 메달 및 상의 총점은 800점이다.

⑤ 장려상을 획득한 지역 중 금·은·동메달의 총개수가 가장 적은 지역은 대전이다.

42 다음은 국민연금 운용수익률 추이에 대한 자료이다. 이에 대한 설명으로 옳은 것은?

〈국민연금 운용수익률 추이〉

(단위 : %)

구분		11년 연평균 (2013 ~ 2023년)	5년 연평균 (2019 ~ 2023년)	3년 연평균 (2021 ~ 2023년)	2023년 (2023년 1년간)
전체		5.24	3.97	3.48	−0.92
금융부문		5.11	3.98	3.49	−0.93
	국내주식	4.72	1.30	3.07	−16.77
	해외주식	5.15	4.75	3.79	−6.19
	국내채권	4.84	3.60	2.45	4.85
	해외채권	4.37	3.58	2.77	4.21
	대체투자	8.75	9.87	8.75	11.80
	단기자금	4.08	1.58	1.59	2.43
공공부문		8.26	−	−	−
복지부문		6.34	−1.65	−1.51	−1.52
기타부문		1.69	0.84	0.73	0.96

① 2023년 현재 운용수익률은 모든 부문에서 적자를 기록했다.
② 금융부문 운용수익률은 연평균기간이 짧을수록 꾸준히 증가하고 있다.
③ 공공부문은 조사기간 내내 운용수익률이 가장 높은 부문이다.
④ 국민연금 전체 운용수익률은 연평균기간이 짧을수록 점차 감소하고 있다.
⑤ 단기자금 운용수익률은 매년 증가하고 있다.

Easy

| 2023년 하반기 KT그룹

43 다음은 주요 온실가스의 연평균 농도 변화 추이를 나타낸 자료이다. 이에 대한 설명으로 옳지 않은 것은?

〈주요 온실가스의 연평균 농도 변화 추이〉

구분	2016년	2017년	2018년	2019년	2020년	2021년	2022년
이산화탄소(CO_2, ppm)	387.2	388.7	389.9	391.4	392.5	394.5	395.7
오존전량(O_3, DU)	331	330	328	325	329	343	335

① 이산화탄소의 농도는 계속해서 증가하고 있다.
② 오존전량은 계속해서 증가하고 있다.
③ 2022년 오존전량은 2016년의 오존전량보다 4DU 증가했다.
④ 2022년 이산화탄소의 농도는 2017년보다 7ppm 증가했다.
⑤ 오존전량이 가장 크게 감소한 해는 2022년이다.

| 2023년 하반기 KT그룹

44 다음은 우리나라 부패인식지수(CPI) 연도별 변동 추이에 대한 자료이다. 이에 대한 설명으로 옳지 않은 것은?

〈우리나라 부패인식지수(CPI) 연도별 변동 추이〉

구분		2016년	2017년	2018년	2019년	2020년	2021년	2022년
CPI	점수	4.5	5.0	5.1	5.1	5.6	5.5	5.4
	조사대상국	146	159	163	180	180	180	178
	순위	47	40	42	43	40	39	39
	백분율	32.2	25.2	25.8	23.9	22.2	21.6	21.9
OECD	회원국	30	30	30	30	30	30	30
	순위	24	22	23	25	22	22	22

※ CPI 0~10점 : 점수가 높을수록 청렴함

① CPI를 확인해 볼 때, 우리나라는 다른 해에 비해 2020년도에 가장 청렴했다고 볼 수 있다.
② CPI 순위는 2021년에 처음으로 30위권에 진입했다.
③ 청렴도가 가장 낮은 해와 2022년도의 청렴도 점수의 차이는 0.9점이다.
④ 우리나라의 OECD 순위는 2016년부터 현재까지 상위권이라 볼 수 있다.
⑤ CPI 조사대상국은 2019년까지 증가하고 이후 2021년까지 유지되었다.

45 다음은 S기업 지원자의 인턴 및 해외연수 경험과 합격 여부에 대한 자료이다. 이에 대한 〈보기〉의 설명 중 옳은 것을 모두 고르면?

〈S기업 지원자의 인턴 및 해외연수 경험과 합격 여부〉

(단위 : 명, %)

인턴 경험	해외연수 경험	합격여부		합격률
		합격	불합격	
있음	있음	53	414	11.3
	없음	11	37	22.9
없음	있음	0	16	0.0
	없음	4	139	2.8

※ 합격률(%)$=\frac{\text{(합격자 수)}}{\text{(합격자 수)+(불합격자 수)}}\times 100$

※ 합격률은 소수점 둘째 자리에서 반올림한 값임

보기

ㄱ. 해외연수 경험이 있는 지원자가 해외연수 경험이 없는 지원자보다 합격률이 높다.

ㄴ. 인턴 경험이 있는 지원자가 인턴 경험이 없는 지원자보다 합격률이 높다.

ㄷ. 인턴 경험과 해외연수 경험이 모두 있는 지원자 합격률은 인턴 경험만 있는 지원자 합격률의 2배 이상이다.

ㄹ. 인턴 경험과 해외연수 경험이 모두 없는 지원자와 인턴 경험만 있는 지원자 간 합격률 차이는 30%p보다 크다.

① ㄱ, ㄴ　② ㄱ, ㄷ

③ ㄴ, ㄷ　④ ㄱ, ㄴ, ㄹ

⑤ ㄴ, ㄷ, ㄹ

Easy

46 다음은 어느 지역에서 세대 간 직업 이동성을 알아보기 위하여 임의로 표본 추출하여 조사한 자료이다. 직업은 편의상 A ~ C로 구분하였다. 이에 대한 〈보기〉의 설명 중 옳은 것을 모두 고르면?

〈세대 간 직업 이동성 비율〉

(단위 : %)

부모의 직업 \ 자녀의 직업	A	B	C
A	45	48	7
B	5	70	25
C	1	50	49

※ 전체 부모 세대의 직업은 A가 10%, B가 40%, C가 50%이고, 조사한 부모당 자녀 수는 한 명임

보기

ㄱ. 자녀의 직업이 C일 확률은 $\frac{81}{100}$ 이다.

ㄴ. 자녀의 직업이 B인 경우에 부모의 직업이 C일 확률은 구할 수 없다.

ㄷ. 부모와 자녀의 직업이 모두 A일 확률은 $0.1\times\frac{45}{100}$ 이다.

ㄹ. 자녀의 직업이 A일 확률은 부모의 직업이 A일 확률보다 낮다.

① ㄱ, ㄷ

② ㄱ, ㄹ

③ ㄴ, ㄷ

④ ㄴ, ㄹ

⑤ ㄷ, ㄹ

47 다음은 1인 1일 이메일과 휴대전화 스팸 수신량을 나타낸 그래프이다. 이에 대한 설명으로 옳은 것은?

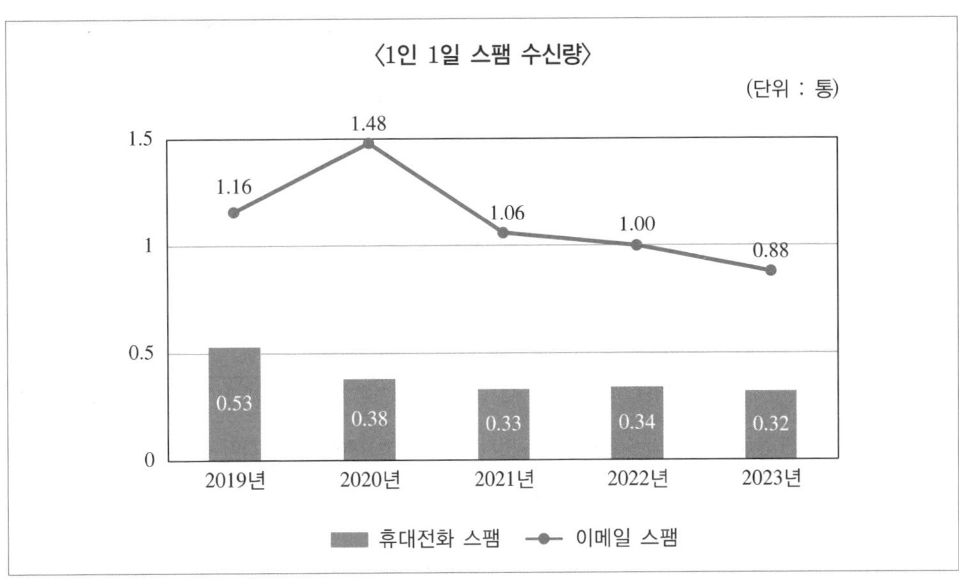

① 이메일 스팸 수신량은 같은 해의 휴대전화 스팸 수신량보다 항상 2.5배 이상이다.

② 2021 ~ 2023년까지 휴대전화 스팸 수신량과 이메일 스팸 수신량 증감 추이는 같다.

③ 전년 대비 2021년 이메일 스팸 수신량 감소율은 전년 대비 2022년 감소율의 4배 이하이다.

④ 전년 대비 2022년 휴대전화 스팸 증가량과 2021년 대비 2023년도 휴대전화 스팸 감소량은 같다.

⑤ 이메일 스팸 수신량이 가장 많은 해는 2020년이고, 휴대전화 스팸 수신량이 가장 적은 해는 2022년이다.

48 다음은 2013 ~ 2022년 물이용부담금 총액에 대한 자료이다. 이에 대한 〈보기〉의 설명 중 옳지 않은 것을 모두 고르면?

〈물이용부담금 총액〉

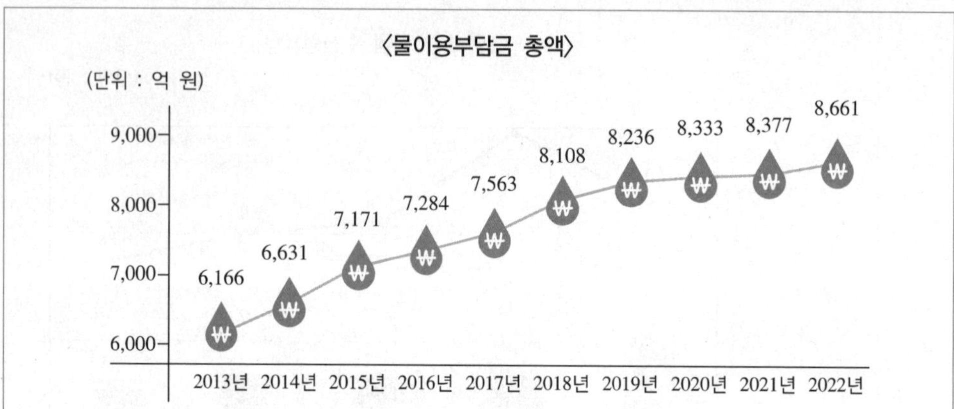

※ 상수원 상류지역에서의 수질개선 및 주민지원 사업을 효율적으로 추진하기 위한 재원 마련을 위해 최종수요자에게 물 사용량에 비례하여 물이용부담금 부과함

※ 한강, 낙동강, 영·섬유역의 물이용부담금 단가는 170원/m^3, 금강유역은 160원/m^3임

보기

ㄱ. 물이용부담금 총액은 지속적으로 증가하는 추세를 보이고 있다.

ㄴ. 2014 ~ 2022년 중 물이용부담금 총액이 전년 대비 가장 많이 증가한 해는 2015년이다.

ㄷ. 2022년 물이용부담금 총액에서 금강유역 물이용부담금 총액이 차지하는 비중이 20%라면, 2022년 금강유역에서 사용한 물의 양은 약 10.83억m^3이다.

ㄹ. 2022년 물이용부담금 총액은 전년 대비 약 3.2% 이상 증가했다.

① ㄱ
② ㄴ
③ ㄷ
④ ㄱ, ㄹ
⑤ ㄴ, ㄷ

49 다음은 봉사 장소별 봉사자 수를 연령별로 조사한 자료이다. 이에 대한 〈보기〉의 설명 중 옳은 것을 모두 고르면?

〈봉사 장소의 연령대별 봉사자 수〉

(단위 : 명)

구분	10대	20대	30대	40대	50대	전체
보육원	148	197	405	674	576	2,000
요양원	65	42	33	298	296	734
무료급식소	121	201	138	274	381	1,115
노숙자쉼터	0	93	118	242	347	800
유기견보호소	166	117	56	12	0	351
전체	500	650	750	1,500	1,600	5,000

보기

ㄱ. 전체 보육원 봉사자 중 30대 이하가 차지하는 비율은 36%이다.
ㄴ. 전체 무료급식소 봉사자 중 40·50대는 절반 이상이다.
ㄷ. 전체 봉사자 중 50대의 비율은 20대의 3배이다.
ㄹ. 노숙자쉼터 봉사자 중 30대는 15% 미만이다.

① ㄱ, ㄷ　　② ㄱ, ㄹ
③ ㄴ, ㄷ　　④ ㄴ, ㄹ
⑤ ㄷ, ㄹ

50 다음은 어느 지역의 주화 공급에 대한 자료이다. 이에 대한 〈보기〉의 설명 중 옳은 것을 모두 고르면?

구분	액면가				
	10원	50원	100원	500원	합계
공급량(만 개)	3,469	2,140	2,589	1,825	10,023
공급기관 수(개)	1,519	929	801	953	4,202

※ (평균 주화 공급량)$=\frac{\text{(주화 종류별 공급량의 합)}}{\text{(주화 종류 수)}}$

※ (주화 공급액)=(주화 공급량)×(액면가)

보기

ㄱ. 주화 공급량이 주화 종류별로 각각 200만 개씩 증가한다면, 이 지역의 평균 주화 공급량은 2,700만 개 이상이다.

ㄴ. 주화 종류별 공급기관당 공급량은 10원 주화가 500원 주화보다 적다.

ㄷ. 10원과 500원 주화는 각각 10%씩, 50원과 100원 주화는 각각 20%씩 공급량이 증가한다면, 이 지역의 평균 주화 공급량의 증가율은 15% 이하이다.

ㄹ. 총 주화 공급액 규모가 12% 증가해도 주화 종류별 주화 공급량의 비율은 변하지 않는다.

① ㄱ, ㄴ　② ㄱ, ㄷ

③ ㄷ, ㄹ　④ ㄱ, ㄷ, ㄹ

⑤ ㄴ, ㄷ, ㄹ

| 03 | 추리

※ 다음 명제가 모두 참일 때, 반드시 참인 명제를 고르시오. [1~3]

| 2024년 하반기 KT그룹

01

- 진달래를 좋아하는 사람은 감성적이다.
- 백합을 좋아하는 사람은 보라색을 좋아하지 않는다.
- 감성적인 사람은 보라색을 좋아한다.

① 감성적인 사람은 백합을 좋아한다.
② 백합을 좋아하는 사람은 감성적이다.
③ 진달래를 좋아하는 사람은 보라색을 좋아한다.
④ 보라색을 좋아하는 사람은 감성적이다.
⑤ 백합을 좋아하는 사람은 진달래를 좋아한다.

| 2024년 상반기 KT그룹

02

- 창조적인 기업은 융통성이 있다.
- 오래 가는 기업은 건실하다.
- 오래 가는 기업이라고 해서 모두가 융통성이 있는 것은 아니다.

① 융통성이 있는 기업은 건실하다.
② 창조적인 기업이 오래 갈지 아닐지 알 수 없다.
③ 융통성이 있는 기업은 오래 간다.
④ 어떤 창조적인 기업은 건실하다.
⑤ 창조적인 기업은 오래 간다.

| 2023년 하반기 KT그룹

03

> • 사과를 좋아하면 배를 좋아하지 않는다.
> • 귤을 좋아하면 배를 좋아한다.
> • 귤을 좋아하지 않으면 오이를 좋아한다.

① 사과를 좋아하면 오이를 좋아하지 않는다.
② 배를 좋아하면 오이를 좋아한다.
③ 귤을 좋아하면 사과를 좋아한다.
④ 배를 좋아하지 않으면 사과를 좋아한다.
⑤ 사과를 좋아하면 오이를 좋아한다.

※ 제시된 내용을 바탕으로 내린 A, B의 결론에 대한 판단으로 항상 옳은 것을 고르시오. [4~6]

| 2024년 상반기 KT그룹

04

> • 원숭이를 좋아하면 코끼리를 좋아한다.
> • 낙타를 좋아하면 코끼리를 좋아하지 않는다.
> • 토끼를 좋아하면 원숭이를 좋아하지 않는다.

> A : 코끼리를 좋아하면 토끼를 좋아한다.
> B : 낙타를 좋아하면 원숭이를 좋아하지 않는다.

① A만 옳다.
② B만 옳다.
③ A, B 모두 옳다.
④ A, B 모두 틀리다.
⑤ A, B 모두 옳은지 틀린지 판단할 수 없다.

Easy

| 2023년 하반기 KT그룹

05

- 휴가는 2박 3일이다.
- 혜진이는 수연이보다 하루 일찍 휴가를 간다.
- 지연이는 수연이보다 이틀 늦게 휴가를 간다.
- 태현이는 지연이보다 하루 일찍 휴가를 간다.
- 수연이는 화요일에 휴가를 간다.

A : 수요일에 휴가 중인 사람의 수와 목요일의 휴가 중인 사람의 수는 같다.
B : 태현이는 금요일까지 휴가이다.

① A만 옳다.
② B만 옳다.
③ A, B 모두 옳다.
④ A, B 모두 틀리다.
⑤ A, B 모두 옳은지 틀린지 판단할 수 없다.

| 2023년 상반기 LG그룹

06

- 자동차 외판원인 C ~ H 여섯 명의 판매실적을 비교했다.
- C는 D에게 실적에서 앞섰다.
- E는 F에게 실적에서 뒤졌다.
- G는 H에게 실적에서 뒤졌지만, C에게는 실적에서 앞섰다.
- D는 F에게 실적에서 앞섰지만, G에게는 실적에서 뒤졌다.

A : 실적이 가장 좋은 외판원은 H이다.
B : 실적이 가장 나쁜 외판원은 E이다.

① A만 옳다.
② B만 옳다.
③ A, B 모두 옳다.
④ A, B 모두 틀리다.
⑤ A, B 모두 옳은지 틀린지 판단할 수 없다.

| 2024년 하반기 포스코그룹

07 민지, 아름, 진희, 희정, 세영은 상영시간에 맞춰 영화관에 도착하는 순서대로 각자 상영관에 입장하였다. 다음 대화에서 한 사람이 거짓말을 하고 있을 때, 가장 마지막으로 영화관에 도착한 사람은?(단, 다섯 명 모두 다른 시간에 도착하였다)

- 민지 : 나는 마지막에 도착하지 않았어. 다음에 분명 누군가가 왔어.
- 아름 : 내가 가장 먼저 영화관에 도착했어. 진희의 말은 진실이야.
- 진희 : 나는 두 번째로 영화관에 도착했어.
- 희정 : 나는 세 번째로 도착했고, 진희는 내가 도착한 다음에서야 왔어.
- 세영 : 나는 영화가 시작한 뒤에야 도착했어. 나는 마지막으로 도착했어.

① 민지 ② 아름
③ 진희 ④ 세영

| 2024년 하반기 SK그룹

08 다음 〈조건〉과 같이 A～E 5명이 일렬로 줄을 선다고 할 때, D는 왼쪽에서 몇 번째에 위치하는가?

조건

- A～E 5명은 왼쪽부터 오른쪽까지 일렬로 줄을 선다.
- A와 D 사이에는 1명이 있다.
- E는 B보다 왼쪽에 위치하며 둘 사이에는 2명이 있다.
- C의 오른쪽에는 D가 있다.

① 첫 번째 ② 두 번째
③ 세 번째 ④ 네 번째
⑤ 다섯 번째

Easy

| 2024년 하반기 CJ그룹

09 다음 명제에 따라 숨은 그림을 많이 찾은 순서대로 바르게 나열한 것은?

- 숨은 그림 찾기에서 민수가 철수보다 더 많이 찾았다.
- 숨은 그림 찾기에서 철수가 영희보다 더 적게 찾았다.
- 숨은 그림 찾기에서 민수가 영희보다 더 적게 찾았다.

① 영희 – 철수 – 민수
② 영희 – 민수 – 철수
③ 철수 – 영희 – 민수
④ 민수 – 철수 – 영희
⑤ 민수 – 영희 – 철수

| 2024년 상반기 KT그룹

10 회사원 K씨는 건강을 위해 평일에 다양한 영양제를 먹고 있다. 요일별로 비타민 B, 비타민 C, 비타민 D, 칼슘, 마그네슘을 하나씩 먹는다고 할 때, 다음에 근거하여 바르게 추론한 것은?

- 비타민 C는 월요일에 먹지 않으며, 수요일에도 먹지 않는다.
- 비타민 D는 월요일에 먹지 않으며, 화요일에도 먹지 않는다.
- 비타민 B는 수요일에 먹지 않으며, 목요일에도 먹지 않는다.
- 칼슘은 비타민 C와 비타민 D보다 먼저 먹는다.
- 마그네슘은 비타민 D보다 늦게 먹고, 비타민 B보다는 먼저 먹는다.

① 비타민 C는 금요일에 먹는다.
② 마그네슘은 수요일에 먹는다.
③ 칼슘은 비타민 C보다 먼저 먹지만, 마그네슘보다는 늦게 먹는다.
④ 마그네슘은 비타민 C보다 먼저 먹는다.
⑤ 월요일에는 칼슘, 금요일에는 비타민 B를 먹는다.

| 2024년 상반기 LG그룹

11 어느 사무실에 도둑이 들어서 갑~무 5명의 용의자를 대상으로 조사를 했다. 이 중 1명만 진실을 말하고 나머지는 거짓을 말한다고 할 때, 범인은 누구인가?

- 갑 : 을이 범인이에요.
- 을 : 정이 범인이 확실해요.
- 병 : 저는 확실히 도둑이 아닙니다.
- 정 : 을은 거짓말쟁이에요.
- 무 : 제가 도둑입니다.

① 갑
② 을
③ 병
④ 정
⑤ 무

Easy

| 2024년 상반기 LG그룹

12 재은이가 건강을 위해 매일 아침마다 달리기를 한다고 할 때, 다음 사실로부터 추론할 수 있는 것은?

- 재은이는 화요일에 월요일보다 50m 더 달려 200m를 달렸다.
- 재은이는 수요일에 화요일보다 30m 적게 달렸다.
- 재은이는 목요일에 수요일보다 10m 더 달렸다.

① 재은이는 월요일에 수요일보다 50m 적게 달렸다.
② 재은이는 수요일에 가장 적게 달렸다.
③ 재은이는 목요일에 가장 많이 달렸다.
④ 재은이는 목요일에 가장 적게 달렸다.
⑤ 재은이는 목요일에 화요일보다 20m 적게 달렸다.

13 **다음 다섯 사람이 얘기를 하고 있다. 이 중 두 사람은 진실만을 말하고, 세 사람은 거짓만을 말하고 있다. 지훈이 거짓을 말한다고 할 때, 진실만을 말하는 사람끼리 바르게 짝지은 것은?**

- 동현 : 정은이는 지훈이와 영석이를 싫어해.
- 정은 : 아니야. 난 둘 중 한 사람은 좋아해.
- 선영 : 동현이는 정은이를 좋아해.
- 지훈 : 선영이는 거짓말만 해.
- 영석 : 선영이는 동현이를 싫어해.
- 선영 : 맞아. 그런데 정은이는 지훈이와 영석이 둘 다 좋아해.

① 동현, 선영　　② 정은, 영석
③ 동현, 영석　　④ 정은, 선영
⑤ 선영, 영석

Hard

14 **S그룹의 A ~ D 네 명의 사원은 각각 홍보팀, 총무팀, 영업팀, 기획팀 소속으로 3 ~ 6층의 서로 다른 층에서 근무하고 있다. 이들 중 한 명이 거짓말을 하고 있을 때, 바르게 추론한 것은?(단, 각 팀은 서로 다른 층에 위치한다)**

- A사원 : 저는 홍보팀과 총무팀 소속이 아니며, 3층에서 근무하고 있지 않습니다.
- B사원 : 저는 영업팀 소속이며, 4층에서 근무하고 있습니다.
- C사원 : 저는 홍보팀 소속이며, 5층에서 근무하고 있습니다.
- D사원 : 저는 기획팀 소속이며, 3층에서 근무하고 있습니다.

① A사원은 홍보팀 소속이다.
② B사원은 6층에서 근무하고 있다.
③ 홍보팀은 3층에 위치한다.
④ 기획팀은 4층에 위치한다.
⑤ D사원은 5층에서 근무하고 있다.

| 2023년 하반기 SK그룹

15 S병원에는 A ~ E 5명의 심리상담사가 근무 중이다. 얼마 전 시행한 감사 결과 이들 중 1명이 근무시간에 자리를 비운 것이 확인되었다. 3명이 진실을 말하고 2명이 거짓을 말한다고 할 때, 거짓을 말하고 있는 심리상담사끼리 바르게 짝지어진 것은?

- A : B는 진실을 말하고 있어요.
- B : 제가 근무시간에 C를 찾아갔을 때, C는 자리에 없었어요.
- C : 근무시간에 자리를 비운 사람은 A입니다.
- D : 저는 C가 근무시간에 밖으로 나가는 것을 봤어요.
- E : D는 어제도 근무시간에 자리를 비웠어요.

① A, B
② A, D
③ B, C
④ B, D
⑤ C, E

| 2023년 하반기 SK그룹

16 TV광고 모델에 지원한 A ~ G 7명 중에서 2명이 선발되었다. 선발 내용에 대하여 5명이 다음과 같이 진술하였다. 이 중 3가지 진술만 참일 때, 항상 선발되는 사람은?

- A, B, G는 모두 탈락하였다.
- E, F, G는 모두 탈락하였다.
- C와 G 중에서 1명만 선발되었다.
- A, B, C, D 중에서 1명만 선발되었다.
- B, C, D 중에서 1명만 선발되었고, D, E, F 중에서 1명만 선발되었다.

① A
② C
③ D
④ E
⑤ G

Easy

| 2023년 하반기 SK그룹

17 A ~ E 다섯 명은 S시에서 개최하는 마라톤에 참가하였다. 다음 내용이 모두 참일 때, 반드시 거짓인 것은?

- A는 B와 C보다 앞서 달리고 있다.
- D는 A보다 뒤에 달리고 있지만, B보다는 앞서 달리고 있다.
- C는 D보다 뒤에 달리고 있지만, B보다는 앞서 달리고 있다.
- E는 C보다 뒤에 달리고 있지만, 다섯 명 중 꼴찌는 아니다.

① 현재 1등은 A이다.
② 현재 꼴찌는 B이다.
③ E는 C와 B 사이에서 달리고 있다.
④ D는 A와 C 사이에서 달리고 있다.
⑤ 현재 순위에 변동 없이 결승점까지 달린다면 C가 4등을 할 것이다.

| 2023년 상반기 KT그룹

18 K사의 기획팀에서 근무하고 있는 직원 A ~ D 네 명은 서로의 프로젝트 참여 여부에 대하여 다음과 같이 진술하였다. 이들 중 단 한 명만이 진실을 말한다고 할 때, 반드시 프로젝트에 참여하는 사람은?

- A : 나는 프로젝트에 참여하고, B는 프로젝트에 참여하지 않는다.
- B : A와 C 중 적어도 한 명은 프로젝트에 참여한다.
- C : 나와 B 중 적어도 한 명은 프로젝트에 참여하지 않는다.
- D : B와 C 중 한 명이라도 프로젝트에 참여한다면, 나도 프로젝트에 참여한다.

① A　② B
③ C　④ D
⑤ 없음

Hard

19 **C사는 A ~ E제품을 대상으로 내구성, 효율성, 실용성 세 개 영역에 대해 1 ~ 3등급을 기준에 따라 평가하였다. A ~ E제품에 대한 평가 결과가 다음과 같을 때, 반드시 참이 아닌 것은?**

- 모든 영역에서 3등급을 받은 제품이 있다.
- 모든 제품이 3등급을 받은 영역이 있다.
- A제품은 내구성 영역에서만 3등급을 받았다.
- B제품만 실용성 영역에서 3등급을 받았다.
- C, D제품만 효율성 영역에서 2등급을 받았다.
- E제품은 1개의 영역에서만 2등급을 받았다.
- A와 C제품이 세 영역에서 받은 등급의 총합은 서로 같다.

① A제품은 효율성 영역에서 1등급을 받았다.
② B제품은 내구성 영역에서 3등급을 받았다.
③ C제품은 내구성 영역에서 3등급을 받았다.
④ D제품은 실용성 영역에서 2등급을 받았다.
⑤ E제품은 실용성 영역에서 2등급을 받았다.

| 2023년 상반기 LG그룹

20 **S사의 A ~ D 4명은 각각 다른 팀에 근무하며, 각 팀은 2 ~ 5층에 위치하고 있다. 다음 〈조건〉을 참고할 때, 항상 참인 것은?**

조건

- A ~ D 중 2명은 부장, 1명은 과장, 1명은 대리이다.
- 대리의 사무실은 B보다 높은 층에 있다.
- B는 과장이다.
- A는 대리가 아니다.
- A의 사무실이 가장 높다.

① 부장 중 1명은 반드시 2층에 근무한다.
② A는 부장이다.
③ 대리는 4층에 근무한다.
④ B는 2층에 근무한다.
⑤ C는 대리이다.

앞선 정보 제공! 도서 업데이트

언제, 왜 업데이트될까?

도서의 학습 효율을 높이기 위해 자료를 추가로 제공할 때!
공기업 · 대기업 필기시험에 변동사항 발생 시 정보 공유를 위해!
공기업 · 대기업 채용 및 시험 관련 중요 이슈가 생겼을 때!

01 시대에듀 도서 www.sdedu.co.kr/book 홈페이지 접속

02 상단 카테고리 「도서업데이트」 클릭

03 해당 기업명으로 검색

참고자료, 시험 개정사항 등 정보 제공으로 학습효율을 높여 드립니다.

최신판 2025

GSAT

온라인 삼성직무적성검사

기출이 답이다

편저 | SDC(Sidae Data Center)

SDC

SDC는 시대에듀 데이터 센터의 약자로 약 30만 개의 NCS · 적성 문제 데이터를
바탕으로 최신 출제경향을 반영하여 문제를 출제합니다.

2025 상반기 대비

7개년 기출복원문제 + 기출유형 완전 분석 + 무료삼성특강

[합격시대]
온라인 모의고사
무료쿠폰

—

10대기업
면접 기출
질문 자료집

—

영역별
공략비법
강의

정답 및 해설

시대에듀

PART 2

기출복원문제

정답 및 해설

시대
에듀

CHAPTER

01 2024년 하반기 기출복원문제

| 01 | 수리

01	02	03	04	05	06	07	08	09	10
③	④	④	④	③	④	①	④	②	⑤

01 정답 ③

먼저 전체 경우의 수를 구하면 A ~ D 4명이 3가지 색의 깃발 중 1개씩 중복되게 고를 수 있으므로 $3^4=81$이다.
다음으로 빨간색 깃발을 1명만 선택하는 경우의 수를 구하면, 먼저 1명이 빨간색 깃발을 고르고 나머지 3명이 다른 2가지 색의 깃발을 고르므로 $4\times2^3=32$이다.
따라서 모든 경우의 수에서 빨간색 깃발을 1명만 선택하는 확률은 $\frac{32}{81}$ 이다.

02 정답 ④

작년보다 제주도 숙박권은 20%, 여행용 파우치는 10%를 더 준비했다고 했으므로 제주도 숙박권은 $10\times0.2=2$명, 여행용 파우치는 $20\times0.1=2$명이 경품을 더 받는다.
따라서 작년보다 총 4명이 경품을 더 받을 수 있다.

03 정답 ④

2023년 A씨의 주거비는 전체 지출 2,500만 원의 30%이므로 2,500만×0.3=750만 원이다. 또한 2024년 A씨의 전제 지출은 2023년보다 10% 증가했으므로 2,500만×1.1=2,750만 원이고, 2024년의 주거비는 전체 지출의 40%이므로 2,750만×0.4=1,100만 원이다.
따라서 2024년과 2023년의 주거비의 차는 1,100−750=350만 원이다.

04 정답 ④

6월의 관광객 수는 전월 대비 $\frac{5,000-800}{5,000}\times100=84\%$ 감소하였다.

오답분석

① 5월의 관광객 수는 5,000명으로 관광객 수가 가장 많다.
② 2월의 전월 대비 관광객 수는 4,500−4,000=500명 감소하여 전월 대비 관광객 수가 가장 적게 감소하였다.
③ 3,500>1,500×2이므로 4월의 관광객 수는 3월 관광객 수의 2배 이상이다.
⑤ 1 ~ 6월의 전체 관광객 수는 4,500+4,000+1,500+3,500+5,000+800=19,300명으로 20,000명 미만이다.

05 정답 ③

1월의 1kg당 배추 가격은 650원이고, 9월의 1kg당 배추 가격은 1,850원이다. 따라서 650×3=1,950>1,850원이므로 9월의 배추 가격은 1월 대비 3배 미만이다.

오답분석

①·② 2~9월 1kg당 배추 가격의 전월 대비 증감폭은 다음과 같다.

(단위 : 원)

구분	2월	3월	4월	5월	6월	7월	8월	9월
가격	800−650 =150	1,100− 800=300	1,400− 1,100=300	900−1,400 =−500	700−900 =−200	900−700 =200	1,400− 900=500	1,850− 1,400=450

따라서 1kg당 배추 가격이 전월 대비 가장 크게 상승한 때는 8월이고, 가장 크게 하락한 때는 5월이다.

④ 1분기의 3개월 동안 1kg당 배추 가격의 합은 650+800+1,100=2,550원, 2분기의 3개월 동안 1kg당 배추 가격의 합은 1,400+900+700=3,000원, 3분기의 3개월 동안 1kg당 배추 가격의 합은 900+1,400+1,850=4,150원이다. 그러므로 평균 1kg당 배추 가격은 3분기가 가장 크다.

⑤ 변량의 개수는 9개로 홀수 개이므로 5번째로 큰 값이 중앙값이다. 그러므로 월별 1kg당 배추 가격을 값이 큰 순서대로 나열할 때, 5번째로 큰 값은 900원이기 때문에 중앙값은 900원이다.

06 정답 ④

ㄱ. 2024년 2월에 가장 많이 낮아졌다.

ㄴ. 제시된 수치는 전년 동월, 즉 2023년 6월보다 325건 높아졌다는 뜻이므로, 실제 심사건수는 알 수 없다.

ㄷ. 2023년 5월에 비해 3.3% 증가했다는 뜻이므로, 실제 등록률은 알 수 없다.

오답분석

ㄹ. 전년 동월 대비 125건이 증가했으므로, 100+125=225건이다.

07 정답 ①

교내 장학금 전체 수혜 인원은 유형별 수혜 인원의 합인 30+70+20+180=300명이다.

따라서 성적 우수 장학금 수혜 인원은 교내 장학금 수혜 인원의 $\frac{30}{300}\times100=10\%$이다.

08 정답 ④

학자금대출만 신청한 학생이 추가로 교내 장학금을 수혜받는다면 교내 장학금을 수혜받고 동시에 학자금대출을 신청한 학생 수는 100+50=150명이 된다.

따라서 학자금대출을 신청하거나 교내 장학금을 수혜받은 학생 수는 변하지 않으므로 구하고자 하는 비율은 $\frac{150}{750}\times100=20\%$이다.

09 정답 ②

해수면은 매년 3mm씩 증가하고 있다.
2028년의 예상 해수면의 높이를 구하는 식은 다음과 같다.
$85+(3\times5)=100$mm
따라서 2028년 예상 해수면의 높이는 100mm이다.

10 정답 ⑤

S사의 매년 입사하는 신입사원 수는 매년 30명씩 증가하고 있으므로 2020년으로부터 n년 후 입사하는 신입사원 수를 a_n명이라 하면, $a_n=(50+30n)$명이다.
따라서 2030년은 2020년으로부터 10년 후이므로, 2030년의 S사의 신입사원 수는 $50+(30\times10)=350$명이다.

| 02 | 추리

01	02	03	04	05	06	07	08	09	10
③	④	②	④	②	①	②	②	③	④
11	12	13	14	15	16	17	18	19	20
⑤	④	①	②	②	⑤	④	④	④	⑤

01 정답 ③

'날씨가 좋다.'를 A, '야외 활동을 한다.'를 B, '행복하다.'를 C라고 하면 전제1은 A → B, 전제2는 ~A → ~C이다. 전제2의 대우는 C → A이므로 C → A → B가 성립하여 결론은 C → B나 ~B → ~C이다. 따라서 빈칸에 들어갈 명제는 '야외 활동을 하지 않으면 행복하지 않다.'이다.

02 정답 ④

'책상을 정리한다.'를 A, '업무 효율이 높아진다.'를 B, '지각을 한다.'를 C라고 하면 전제1은 A → B, 전제2는 ~C → A이므로 ~C → A → B가 성립하여 결론은 ~C → B나 ~B → C이다. 따라서 빈칸에 들어갈 명제는 '지각을 하지 않으면 업무 효율이 높아진다.'이다.

03 정답 ②

'생명체'를 A, '물이 있어야 살 수 있다.'를 B, '동물'을 C라 하면 전제1은 A → B, 전제2는 C → A이므로 C → A → B가 성립하여 결론은 C → B이다. 따라서 빈칸에 들어갈 명제는 '동물들은 물이 있어야 살 수 있다.'이다.

04 정답 ④

주어진 조건에 따라 좌석을 입구와 가까운 순서대로 나열하면 '현수 – 형호 – 재현 – 지연 – 주현'이므로 형호는 현수와 재현 사이의 좌석을 예매했음을 알 수 있다. 그러나 제시된 조건만으로 정확한 좌석의 위치를 알 수 없으므로 서로의 좌석이 바로 뒤 또는 바로 앞의 좌석인지는 추론할 수 없다.

05 정답 ②

A ~ E의 진술에 따르면 B와 D의 진술은 반드시 동시에 진실 또는 거짓이 되어야 하며, B와 E의 진술은 동시에 진실이나 거짓이 될 수 없다.

i) B와 D의 진술이 거짓인 경우
참이어야 하는 A와 C의 진술이 서로 모순되므로 성립하지 않는다. 그러므로 B와 D는 모두 진실이다.

ii) B와 D의 진술이 참인 경우
A, C, E 중에서 1명의 진술은 참, 2명의 진술은 거짓인데, 만약 E가 진실이면 C도 진실이 되어 거짓을 말하는 사람이 1명이 되므로 성립하지 않는다. 그러므로 C와 E는 거짓을 말하고, A는 진실을 말한다.

A ~ E의 진술에 따라 정리하면 다음과 같다.

구분	필기구	의자	복사용지	사무용 전자제품
신청 사원	A, D	C		D

의자를 신청한 사원의 수는 3명이므로 필기구와 사무용 전자제품 2개의 항목을 신청한 D와 의자를 신청하지 않은 B를 제외한 A, E가 의자를 신청했음을 알 수 있다. 또한, 복사용지를 신청했다는 E의 진술이 거짓이므로 E가 신청한 나머지 항목은 사무용 전자제품이 된다.

이와 함께 남은 항목의 개수에 따라 신청 사원을 배치하면 다음과 같이 정리할 수 있다.

구분	필기구	의자	복사용지	사무용 전자제품
신청 사원	A, D	A, C, E	B, C	B, D, E

따라서 신청 사원과 신청 물품이 바르게 연결된 것은 ②이다.

06 정답 ①

네 번째 조건에 따라 일식을 먹은 전날은 반드시 한식을 먹으므로 일식은 월요일에 먹을 수 없다. 또한 다섯 번째 조건에 따라 일식은 금요일에도 먹을 수 없으므로 세 번째 조건과 더불어 일식을 화요일, 수요일에 먹거나, 수요일, 목요일에 먹게 된다.

i) 일식을 화요일, 수요일에 먹은 경우
 월요일과 금요일에 한식을 먹으므로 남은 목요일은 중식을 먹게 된다.

ii) 일식을 수요일, 목요일에 먹은 경우
 화요일과 금요일에 한식을 먹으므로 남은 월요일은 중식을 먹게 된다.

주어진 조건에 따른 경우를 정리하면 다음과 같다.

구분	월요일	화요일	수요일	목요일	금요일
경우 1	한식	일식	일식	중식	한식
경우 2	중식	한식	일식	일식	한식

따라서 중식은 월요일이나 목요일 중 한 번만 먹으므로 '중식은 한 주에 두 번 먹는다.'는 항상 거짓이다.

07 정답 ②

세 번째 조건과 네 번째 조건에 따라 A, C가 같은 음료를 선택하며, B, E가 같은 음료를 선택한다. 또한 두 그룹은 서로 다른 음료를 선택하게 된다. 그러므로 첫 번째 조건과 다섯 번째 조건에 따라 아메리카노 2잔, 카페라테 2잔, 콜드브루 1잔을 주문하게 되고, 같은 음료를 선택한 사람이 없는 D가 콜드브루를 주문하게 된다. 또한 두 번째 조건에 따라 A, C는 카페라테를 고르지 않으므로 A와 C는 아메리카노를 주문하고, 나머지 B, E가 카페라테를 주문하게 된다. 따라서 항상 거짓은 ②이다.

08 정답 ②

규칙은 세로로 적용된다.
첫 번째와 두 번째 도형을 겹쳐서 중복된 면을 흰색으로 변경한 것이 세 번째 도형이 된다.

09 정답 ③

규칙은 세로로 적용된다.
첫 번째 도형을 45° 방향 대각선으로 자른 후 윗부분을 시계 방향으로 45° 회전하면 두 번째 도형이 되고, 두 번째 도형을 수직으로 자른 오른쪽 부분이 세 번째 도형이다.

10 정답 ④

규칙은 가로로 적용된다.
첫 번째 도형을 시계 방향으로 90° 회전시키고 수평으로 자른 윗부분이 두 번째 도형이고, 두 번째 도형을 수직으로 자른 후 오른쪽 부분을 y축 대칭시키면 세 번째 도형이다.

[11~14]

- ▲ : 1234 → 4321
- ◇ : 각 자릿수 +1, +2, +1, +2
- ■ : 1234 → 3412
- ○ : 각 자릿수 −2, +1, −2, +1

11 정답 ⑤

OAIS → MBGT → GTMB
○ ■

12 정답 ④

14KV → VK41 → WM53
▲ ◇

13 정답 ①

G4C7 → C7G4 → 4G7C
■ ▲

14 정답 ②

T346 → R427 → 724R → 4R72
○ ▲ ■

15 정답 ②

첫 번째 문단은 최근 행동주의펀드가 기업의 주가에 영향을 미치고 있다는 내용을 담고 있으므로 이어지는 내용은 행동주의펀드가 어떻게 기업에 그 영향을 미치는지에 대해 서술하는 (나) 문단이고, 다음에는 이에 대한 대표적인 사례를 서술하는 (가) 문단이 이어지는 것이 적절하다. 다음 (다) 문단의 내용을 살펴보면 일부 은행에서는 A자산운용의 제안을 수락했고, 특정 은행에서는 이를 거부했다는 내용을 언급하고 있으므로 해당 제안에 대한 구체적인 내용을 다루고 있는 (라) 문단이 먼저 이어지는 것이 더 자연스럽다. 따라서 (나) – (가) – (라) – (다) 순으로 나열하는 것이 적절하다.

16 정답 ⑤

제시문은 HBM에 대한 소개와 함께, 특징 및 장점을 설명하고, 단점 및 개선 방안을 설명하는 글이므로 글의 첫 번째 문단은 HBM에 대한 간략한 소개를 하는 (다) 문단이 적절하다. 다음으로는 HBM의 특성을 설명하는 (마) 문단이 이어져야 하며, (가) 문단의 처음 부분이 '이러한 특성으로 인해'로 시작하여 HBM의 특성에 이어지는 문단이므로 (가) 문단이 이어져야 한다. 남은 (나) 문단과 (라) 문단 중 (나) 문단이 (가) 문단의 내용과 달리 HBM의 단점에 대해 설명하고, (라) 문단이 단점을 극복하기 위한 방법에 대해 설명하고 있으므로 (나) 문단 이후에 (라) 문단이 이어져야 한다. 따라서 (다) – (마) – (가) – (나) – (라) 순으로 나열하는 것이 적절하다.

17 정답 ④

바이오 하이드로겔은 천연 고분자 기반 하이드로겔과 합성 고분자 기반 하이드로겔로 나눌 수 있고, 이를 혼합한 하이브리드형도 있다. 그러나 두 번째 문단에 의하면 이러한 바이오 하이드로겔은 모두 높은 함수율, 생체적합성, 기계적 강도, 다공성 구조, 조직접착력, 생분해성, 세포친화성을 가진다. 따라서 합성 고분자 기반 하이드로겔 또한 천연 고분자 기반 하이드로겔과 마찬가지로 생분해성을 가지므로 분해가 쉬운 특성을 지닌다.

오답분석

①·② 높은 생체적합성 및 세포친화성으로 인해 바이오 하이드로겔은 인체의 다양한 부분에서 적은 거부반응으로 사용될 것이다. 따라서 하이드로겔의 발전은 의학, 생명공학 등에서 많은 혜택을 기대할 수 있을 것이다.

③ 다섯 번째 문단에서 밝히는 바이오 하이드로겔의 연구과제는 기계적 강도를 높이는 것과 생분해 속도를 정밀하게 조절하는 것이다. 따라서 차후 연구가 진행되면 바이오 하이드로겔의 생분해 속도를 목적에 따라 정밀하게 조정할 수 있을 것이다.

⑤ 바이오 하이드로겔은 3차원 구조를 가진 친수성 고분자 물질이므로 높은 함수율을 가진다. 따라서 수분이나 약물을 다량으로 함유하기 적합한 구조임을 알 수 있다.

18 정답 ④

제시문에 따르면 질량 요소들의 회전 관성은 질량 요소가 회전축에서 떨어져 있는 거리와 멀수록 커진다. 따라서 지름의 크기가 큰 공의 질량 요소가 상대적으로 회전축에서 더 멀리 떨어져 있기 때문에 회전 관성 역시 더 크다는 것을 추론할 수 있다.

19 정답 ④

감각으로 검증할 수 없는 존재에 대한 관념은 그것의 실체를 확인할 수 없기 때문에 거짓으로 보아야 하는 문제가 발생한다는 진리론은 대응설이다.

20 정답 ⑤

ㄴ. 두 번째 문단에 따르면 전자기파가 어떤 물체에 닿아 진동으로 간섭함으로써 결과적으로 물질의 온도를 높이므로 전자기파를 방출하는 물질이라면 다른 물체를 데울 수 있음을 추론할 수 있다.

ㄷ. 첫 번째 문단에 따르면 소리처럼 물질이 실제로 떨리는 역학적 파동과 달리 전자기파는 매질 없이도 전파되므로 소리는 매질이 있어야만 전파될 수 있음을 추론할 수 있다.

오답분석

ㄱ. 두 번째 문단에 따르면 태양에서 오는 것은 열의 입자가 아닌 전자기파이며, 전자기파가 진동으로 간섭함으로써 물질의 온도를 높이는 것이므로 옳지 않은 추론이다.

CHAPTER

02 2024년 상반기 기출복원문제

| 01 | 수리

01	02	03	04	05	06	07	08	09	10
②	③	④	②	③	④	④	④	④	⑤

01 정답 ②

3인실, 2인실, 1인실로 배정되는 인원을 정리하면 다음과 같다.

• (3, 2, 0) : ${}_5C_3 \times {}_2C_2 = 10$가지

• (3, 1, 1) : ${}_5C_3 \times {}_2C_1 \times {}_1C_1 = 20$가지

• (2, 2, 1) : ${}_5C_2 \times {}_3C_2 \times {}_1C_1 = 30$가지

∴ $10+20+30=60$가지

따라서 방에 배정되는 경우의 수는 총 60가지이다.

02 정답 ③

작년 남학생 수와 여학생 수를 각각 a, b명이라 하면 다음과 같다.

• 작년 전체 학생 수 : $a+b=820$ … ㉠

• 올해 전체 학생 수 : $1.08a+0.9b=810$ … ㉡

㉠과 ㉡을 연립하면 다음과 같다.

∴ $a=400$, $b=420$

따라서 작년 여학생의 수는 420명이다.

03 정답 ④

수도권에서 각 과일의 판매량은 다음과 같다.

• 배 : $800,000+1,500,000+200,000=2,500,000$개

• 귤 : $7,500,000+3,000,000+4,500,000=15,000,000$개

• 사과 : $300,000+450,000+750,000=1,500,000$개

∴ $a=\frac{800,000}{2,500,000}=0.32$, $b=\frac{3,000,000}{15,000,000}=0.2$, $c=\frac{750,000}{1,500,000}=0.5$

따라서 $a+b+c=1.02$이다.

PART 2 기출복원문제 정답 및 해설

04 정답 ②

2021년 상위 100대 기업까지 48.7%이고, 200대 기업까지 54.5%이다. 따라서 101 ~ 200대 기업이 차지하고 있는 비율은 54.5−48.7=5.8%이다.

오답분석

① · ③ 자료를 통해 쉽게 확인할 수 있다.
④ 자료를 통해 0.2%p 감소했음을 알 수 있다.
⑤ 등락률이 상승과 하락의 경향을 보이므로 옳은 설명이다.

05 정답 ③

2022년 전년 대비 A ~ D사의 판매 수익 감소율을 구하면 다음과 같다.

- A사 : $\frac{18-9}{18}\times100=50\%$
- B사 : $\frac{6-(-2)}{6}\times100\fallingdotseq133\%$
- C사 : $\frac{7-(-6)}{7}\times100\fallingdotseq186\%$
- D사 : $\frac{-5-(-8)}{-5}\times100=-60\%$이지만, 전년 대비 감소하였으므로 감소율은 60%이다.

따라서 2022년의 판매 수익은 A ~ D사 모두 전년 대비 50% 이상 감소하였다.

오답분석

① 2021 ~ 2023년의 전년 대비 판매 수익 증감 추이는 A ~ D사 모두 '감소 – 감소 – 증가'이다.
② 2022년 판매 수익 총합은 9+(−2)+(−6)+(−8)=−7조 원으로 적자를 기록하였다.
④ B사와 D사의 2020년 대비 2023년의 판매 수익은 각각 10−8=2조 원, −2−(−4)=2조 원으로 두 곳 모두 2조 원 감소하였다.
⑤ 2020년 대비 2023년의 판매 수익은 A사만 증가하였고, 나머지는 모두 감소하였다.

06 정답 ④

남성의 전체 인원은 75+180+15+30=300명이고, 여성의 전체 인원은 52+143+39+26=260명이다. 따라서 전체 남성 인원엔 대한 자녀 계획이 없는 남성 인원의 비율은 남성이 $\frac{75}{300}\times100=25\%$, 전체 여성 인원에 대한 자녀 계획이 없는 여성 인원의 비율은 $\frac{52}{260}\times100=20\%$로 남성이 여성보다 25−20=5%p 더 크다.

오답분석

① 전체 조사 인원은 300+260=560명으로 600명 미만이다.
② 전체 여성 인원에 대한 희망 자녀수가 1명인 여성 인원의 비율은 $\frac{143}{260}\times100=55\%$이다.
③ 전체 여성 인원에 대한 희망 자녀수가 2명인 여성 인원의 비율은 $\frac{39}{260}\times100=15\%$, 전체 남성 인원에 대한 희망 자녀수가 2명인 남성 인원의 비율은 $\frac{15}{300}\times100=5\%$로 여성이 남성의 3배이다.
⑤ 남성의 각 항목을 인원수가 많은 순서대로 나열하면 '1명– 계획 없음 – 3명 이상 – 2명'이고, 여성의 각 항목을 인원수가 많은 순서대로 나열하면 '1명 – 계획 없음 – 2명 – 3명 이상'이므로 남성과 여성의 항목별 순위는 서로 다르다.

07 정답 ④

신입사원의 수를 x명이라고 하자.
1인당 지급하는 국문 명함은 150장이므로 국문 명함 제작비용은 10,000(∵ 100장)+3,000(∵ 추가 50장)=13,000원이다.
$13,000x=195,000$
$\therefore x=15$
따라서 신입사원의 수는 15명이다.

08 정답 ④

1인당 지급하는 영문 명함은 200장이므로 1인 기준 영문 명함 제작비용(일반 종이 기준)은 15,000(∵ 100장)+10,000(∵ 추가 100장)=25,000원이다.

이때 고급 종이로 영문 명함을 제작하므로 해외영업부 사원들의 1인 기준 영문 명함 제작비용은 $25,000\left(1+\frac{1}{10}\right)=27,500$원이다.

따라서 8명의 영문 명함 제작비용은 $27,500\times8=220,000$원이다.

09 정답 ④

책의 수는 매월 25권씩 늘어난다.
따라서 2023년 5월에 보유하는 책의 수는 $500+25\times11=775$권이다.

10 정답 ⑤

전월에 제조되는 초콜릿의 개수와 금월에 제조되는 초콜릿의 개수의 합이 명월에 제조되는 초콜릿의 개수이다.

- 2023년 7월 초콜릿의 개수 : 80+130=210개
- 2023년 8월 초콜릿의 개수 : 130+210=340개
- 2023년 9월 초콜릿의 개수 : 210+340=550개
- 2023년 10월 초콜릿의 개수 : 340+550=890개
- 2023년 11월 초콜릿의 개수 : 550+890=1,440개

따라서 2023년 11월에는 1,440개의 초콜릿이 제조될 것이다.

| 02 | 추리

01	02	03	04	05	06	07	08	09	10
②	②	④	⑤	②	③	⑤	⑤	③	①
11	12	13	14	15	16	17	18	19	20
①	⑤	①	③	⑤	⑤	③	②	②	②

01 정답 ②

'하루에 두 끼를 먹는 어떤 사람도 뚱뚱하지 않다.'를 다르게 표현하면 '하루에 두 끼를 먹는 모든 사람은 뚱뚱하지 않다.'이다. 따라서 전제2와 연결하면 '아침을 먹는 모든 사람은 하루에 두 끼를 먹고, 하루에 두 끼를 먹는 사람은 뚱뚱하지 않다.'이므로 빈칸에 들어갈 명제는 '아침을 먹는 모든 사람은 뚱뚱하지 않다.'이다.

02 정답 ②

전제1과 전제3을 연결하면 '명랑한 사람 → 마라톤을 좋아하는 사람 → 체력이 좋고, 인내심 있는 사람'이고 전제2는 '몸무게가 무거운 사람 → 체력이 좋은 사람'이다. 따라서 '명랑한 사람은 인내심이 있다.'가 참이여서 그 대우도 참이므로 빈칸에 들어갈 명제는 '인내심이 없는 사람은 명랑하지 않다.'이다.

03 정답 ④

제시된 명제들을 순서대로 논리기호화 하면 다음과 같다.

- 전제1 : 재고
- 전제2 : ~설비투자 → ~재고
- 전제3 : 건설투자 → 설비투자('~때에만'이라는 한정 조건이 들어가면 논리기호의 방향이 바뀐다)

전제1이 참이므로 전제2의 대우(재고 → 설비투자)에 따라 설비를 투자한다. 전제3은 건설투자를 늘릴 때에만 이라는 한정 조건이 들어갔으므로 역(설비투자 → 건설투자) 또한 참이다. 따라서 이를 토대로 공장을 짓는다는 결론을 얻기 위해서는 '건설투자를 늘린다면, 공장을 짓는다(건설투자 → 공장건설).'라는 명제가 필요하다.

04 정답 ⑤

영래의 맞은편이 현석이고 현석이의 바로 옆자리가 수민이므로, 이를 기준으로 주어진 조건에 따라 자리를 배치해야 한다.
영래의 왼쪽 · 수민이의 오른쪽이 비어있을 때 또는 영래의 오른쪽 · 수민이의 왼쪽이 비어있을 때는 성표와 진모가 마주보면서 앉을 수 없으므로 성립하지 않는다. 그러므로 영래의 왼쪽 · 수민이의 왼쪽이 비어있을 때와 영래의 오른쪽 · 수민이의 오른쪽이 비어있을 때를 정리하면 다음과 같다.
i) 영래의 왼쪽, 수민이의 왼쪽이 비어있을 때

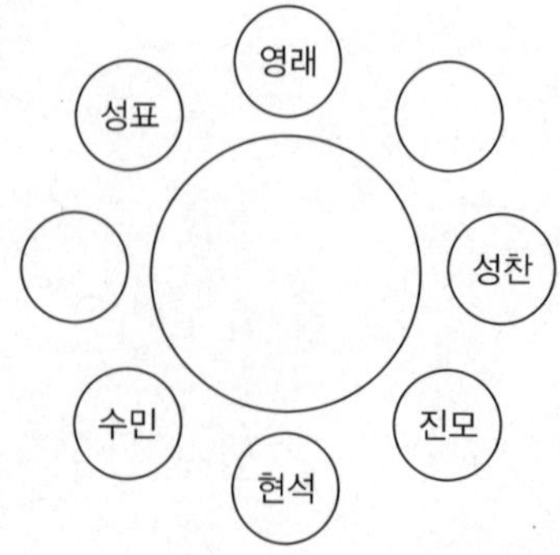

ii) 영래의 오른쪽, 수민이의 오른쪽이 비어있을 때

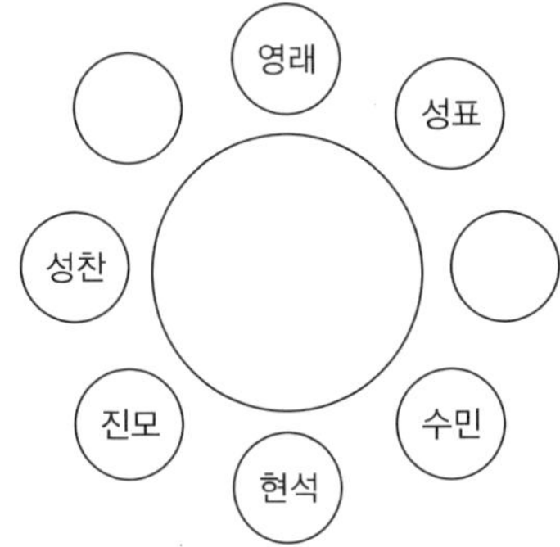

따라서 어느 상황에서든 진모와 수민이는 1명을 사이에 두고 앉는다.

05 정답 ②

먼저 첫 번째 조건에 따라 A가 출장을 간다고 하면 다음의 2가지 경우로 나뉜다.

<table>
<tr><td rowspan="2">A출장○</td><td>B출장○, C출장×</td></tr>
<tr><td>B출장× C출장○</td></tr>
</table>

또한 두 번째 조건에 따라 C가 출장을 가면 D와 E 중 1명이 출장을 가지 않거나 2명 모두 가지 않는 3가지 경우가 생기고, C가 출장을 가지 않으면 D와 E의 출장 여부를 정확히 알 수 없으므로 4가지 경우가 된다. 그리고 세 번째 조건에 따라 B가 출장을 가지 않으면 F는 출장을 가므로 이를 정리하면 다음과 같다.

<table>
<tr><td rowspan="7">A출장○</td><td rowspan="4">B출장○,
C출장×</td><td>D출장○, E출장×</td><td rowspan="4">F출장○
또는 출장×</td></tr>
<tr><td>D출장×, E출장○</td></tr>
<tr><td>D출장×, E출장×</td></tr>
<tr><td>D출장○, E출장○</td></tr>
<tr><td rowspan="3">B출장×,
C출장○</td><td>D출장○, E출장×</td><td rowspan="3">F출장○</td></tr>
<tr><td>D출장×, E출장○</td></tr>
<tr><td>D출장×, E출장×</td></tr>
</table>

따라서 A가 출장을 간다면 같이 출장을 가는 최소 인원이 되는 경우는 B와 둘이서 출장을 가는 것이다.

06 정답 ③

D가 런던을 고른 경우, A는 뉴욕만 고를 수 있으므로 B는 파리를 고른다.

오답분석

① A가 뉴욕을 고를 경우, D가 런던을 고르면 E는 방콕 또는 베를린을 고른다.
② B가 베를린을 고를 경우, F는 파리를 고른다.
④ E가 뉴욕을 고를 경우, A는 런던을 고르므로 D는 방콕을 고른다.
⑤ A가 런던을 고르고 B가 파리를 고를 경우, F는 뉴욕을 고를 수 있다.

07 정답 ⑤

먼저 D의 주문 금액은 4,000원, E의 주문 금액은 2,000원임을 알 수 있다. 그리고 C의 최대 주문 금액은 3,500원이고, B의 최대 주문 금액은 이보다 적은 3,000원이므로 A의 최대 주문 금액 또한 3,000원이다. 따라서 5명이 주문한 금액은 최대 3,000+3,000+3,500+4,000+2,000=15,500원이다.

오답분석

① A와 B의 주문 가격은 같고, B는 커피류를 마실 수 없으므로 A가 주문 가능한 최소 가격은 B가 주문 가능한 음료류의 최소 가격인 2,000원이다.
② 허브티는 음료류 중 가격이 최대이므로 B가 허브티를 주문할 경우 C는 이보다 비싼 음료류를 주문할 수 없다.
③ 핫초코는 음료류 중 가격이 최소이므로 C가 핫초코를 주문할 경우 B는 이보다 저렴한 음료류를 주문할 수 없다.
④ S카페에서 가장 비싼 것은 아포카토이고, 이는 커피류이다.

08 정답 ⑤

규칙은 가로로 적용된다.
첫 번째 도형을 시계 방향으로 90° 회전한 것이 두 번째 도형이고, 두 번째 도형의 색을 반전시킨 것이 세 번째 도형이다.

09 정답 ③

규칙은 가로로 적용된다.
첫 번째 도형에서 색칠된 칸이 오른쪽으로 2칸씩 이동한 것이 두 번째 도형이고, 두 번째 도형에서 색칠된 칸이 아래쪽으로 2칸씩 이동한 것이 세 번째 도형이다.

10 정답 ①

규칙은 가로로 적용된다.
첫 번째 도형 안쪽의 선을 좌우 반전하여 합친 것이 두 번째 도형이고, 두 번째 도형을 상하 반전하여 합친 것이 세 번째 도형이다.

[11~14]

- ❶ : 각 자릿수 +1
- ❹ : 12345 → 31245
- ❻ : 12345 → 52341

11 정답 ①

ㅏㅓㅋㅛㄷ → ㅋㅏㅓㅛㄷ → ㅌㅑㅕㅜㄹ
　　　　　❹　　　　　❶

12 정답 ⑤

4ㅑㄴdㅛ → ㅛㅑㄴd4 → ㄴㅛㅑd4
　　　　❻　　　　❹

13 정답 ①

ㅍㅇapㅓ → aㅍㅇpㅓ → bㅎㅈqㅕ → cㄱㅊrㅗ

　　　❹　　　　❶　　　　❶

14 정답 ③

Uㅜㅎㅊㅍ → ㅍㅜㅎㅊU → ㅎㅍㅜㅊU → Uㅍㅜㅊㅎ

　　　❻　　　　❹　　　　❻

15 정답 ⑤

제시문은 비휘발성 메모리인 NAND 플래시 메모리에 대해 먼저 소개하고, NAND 플래시 메모리에 데이터가 저장되는 과정을 설명한 후 반대로 지워지는 과정을 설명하고 있다.
따라서 (라) NAND 플래시 메모리의 정의 – (나) 컨트롤 게이트와 기저 상태 사이에 전위차 발생 – (가) 전자 터널링 현상으로 전자가 플로팅 게이트로 이동하며 데이터 저장 – (다) 전위차를 반대로 가할 때 전자 터널링 현상으로 전자가 기저상태로 되돌아가며 데이터 삭제 순으로 나열하는 것이 적절하다.

16 정답 ⑤

제시문은 스페인의 건축가 가우디의 건축물에 대해 설명하는 글이다. 따라서 (나) 가우디 건축물의 특징인 곡선과 대표 건축물인 카사 밀라 – (라) 카사 밀라에 대한 설명 – (다) 가우디 건축의 또 다른 특징인 자연과의 조화 – (가) 이를 뒷받침하는 건축물인 구엘 공원 순으로 나열하는 것이 적절하다.

17 정답 ③

세 번째 문단에서 치료용 항체는 암세포가 스스로 사멸되도록 암세포에 항체를 직접 투여하는 항암제라고 언급되어 있다.

오답분석

① 첫 번째 문단에서 면역 세포는 T세포와 B세포가 있다고 언급되어 있다.
② 두 번째 문단에서 암세포가 면역 시스템을 피하여 성장하면서 다른 곳으로 전이되어 암이 발병할 수 있음을 알 수 있다.
④ 네 번째 문단에서 CAR-T 치료제는 환자의 T세포를 추출하여 암세포를 공격하는 기능을 강화 후 재투여한다고 언급되어 있다.
⑤ 다섯 번째 문단에서 면역 활성물질이 과도하게 분비될 때, 환자에게 치명적인 사이토카인 폭풍을 일으키는 등 신체 이상 증상을 보일 수 있다고 언급되어 있다.

18 정답 ②

레이저 절단 가공은 고밀도, 고열원의 레이저를 쏘아 절단 부위를 녹이고 증발시켜 소재를 절단하는 작업이지만, 다른 열 절단 가공에 비해 열변형의 우려가 적다고 언급되어 있다.

오답분석

① 고밀도, 고열원의 레이저를 쏘아 소재를 녹이고 증발시켜 소재를 절단한다 하였으므로 절단 작업 중에는 기체가 발생함을 알 수 있다.
③ 레이저 절단 가공은 물리적 변형이 적어 깨지기 쉬운 소재도 다룰 수 있다고 언급되어 있다.
④ 반도체 소자가 나날이 작아지고 정교해졌다고 언급되어 있으므로 과거 반도체 소자는 현재 반도체 소자보다 덜 정교함을 추측할 수 있다.
⑤ 반도체 소자는 나날이 작아지며 정교해지고 있으므로 현재 기술력으로는 레이저 절단 가공 외의 가공법으로는 반도체 소자를 다루기 쉽지 않음을 추측할 수 있다.

19 정답 ②

제시문은 윤리적 상대주의가 참이라는 결론을 내리기 위한 논증이다. 어떤 행위에 대한 문화 간의 지속적인 시비 논란(윤리적 판단)은 사람들의 윤리적 기준 차이에 의하여 한 문화 안에서 시대마다 다르기도 하고, 동일한 문화와 시대 안에서도 다를 수 있다. 따라서 올바른 윤리적 기준은 그것을 적용하는 사람에 따라 상대적이고 이것이 윤리적 상대주의가 참이라는 논증이므로 이 논증의 반박은 '절대적 기준에 의한 보편적 윤리 판단은 존재한다.'가 되어야 한다. 그러나 ②는 '윤리적 판단이 항상 서로 다른 것은 아니다.'라는 내용으로, 제시문에서도 윤리적 판단이 '~ 다르기도 하다.', '다른 윤리적 판단을 하는 경우를 볼 수 있다.'고 했지 '항상 다르다.'고는 하지 않았다. 그러므로 ②는 제시문의 주장을 반박하는 내용으로 적절하지 않다.

20 정답 ②

아리스토텔레스는 관객과 극중 인물의 감정 교류를 강조하지만 브레히트는 관객이 거리를 두고 극을 보는 것을 강조하고 있다. 브레히트는 관객이 극에 지나치게 몰입하게 되면 극과의 거리두기가 어려워져 사건을 객관적으로 바라볼 수 없게 된다고 보았다. 따라서 브레히트가 아리스토텔레스에게 제기할 만한 의문으로 가장 적절한 것은 ②이다.

CHAPTER 03 2023년 하반기 기출복원문제

| 01 | 수리

01	02	03	04	05	06	07	08	09	10
③	①	④	③	④	②	③	①	⑤	⑤

01 정답 ③

• 전년 대비 2022년 데스크탑 PC의 판매량 증감률 : $\frac{4,700-5,000}{5,000}\times 100=\frac{-300}{5,000}\times 100=-6\%$

• 전년 대비 2022년 노트북의 판매량 증감률 : $\frac{2,400-2,000}{2,000}\times 100=\frac{400}{2,000}\times 100=20\%$

02 정답 ①

• 8명의 선수 중 4명을 뽑는 경우의 수 : ${}_8C_4=\frac{8\times 7\times 6\times 5}{4\times 3\times 2\times 1}=70$가지

• A, B, C를 포함하여 4명을 뽑는 경우의 수 : A, B, C를 제외한 5명 중 1명을 뽑으면 되므로 ${}_5C_1=5$가지

따라서 구하고자 하는 확률은 $\frac{5}{70}=\frac{1}{14}$이다.

03 정답 ④

2018년의 부품 수가 2017년보다 170−120=50개 늘었을 때, 불량품 수는 30−10=20개 늘었고, 2019년의 부품 수가 2018년보다 270−170=100개 늘었을 때, 불량품 수는 70−30=40개 늘었다. 그러므로 전년 대비 부품 수의 차이와 불량품 수의 차이 사이에는 5 : 2의 비례관계가 성립한다.

2022년 부품 수(A)를 x개, 2020년 불량품 수(B)를 y개라고 하면 2022년의 부품 수가 2021년보다 $(x-620)$개 늘었을 때, 불량품 수는 310−210=100개 늘었다.

즉, $(x-620):100=5:2 \rightarrow x-620=250$

$\therefore\ x=870$

2020년의 부품 수가 2019년보다 420−270=150개 늘었을 때, 불량품 수는 $(y-70)$개 늘었다.

즉, $150:(y-70)=5:2 \rightarrow y-70=60$

$\therefore\ y=130$

따라서 2022년 부품 수는 870개, 2020년 불량품 수는 130개이다.

04 정답 ③

남자가 소설을 대여한 횟수는 60회이고, 여자가 소설을 대여한 횟수는 80회이므로 $\frac{60}{80}\times100=75\%$이다.

오답분석

① 소설 전체 대여 횟수는 140회, 비소설 전체 대여 횟수는 80회이므로 옳다.
② 40세 미만의 전체 대여 횟수는 120회, 40세 이상의 전체 대여 횟수는 100회이므로 옳다.
④ 40세 미만의 전체 대여 횟수는 120회이고, 그중 비소설 대여는 30회이므로 $\frac{30}{120}\times100=25\%$이다.
⑤ 40세 이상의 전체 대여 횟수는 100회이고, 그중 소설 대여는 50회이므로 $\frac{50}{100}\times100=50\%$이다.

05 정답 ④

ㄱ. 자료를 통해 대도시 간 예상 최대 소요 시간은 모든 구간에서 주중이 주말보다 적게 걸림을 알 수 있다.
ㄴ. 주중 전국 교통량 중 수도권에서 지방으로 가는 교통량의 비율은 $\frac{4}{40}\times100=10\%$이다.
ㄹ. 서울 – 광주 구간 주중 소요 시간과 서울 – 강릉 구간 주말 소요 시간은 3시간으로 같다.

오답분석

ㄷ. 지방에서 수도권으로 가는 주말 예상 교통량은 주중 교통량의 $\frac{3}{2}=1.5$배이다.

06 정답 ②

ㄴ. 전년 대비 2021년 대형 자동차 판매량의 감소율은 $\frac{150-200}{200}\times100=-25\%$로 판매량은 전년 대비 30% 미만으로 감소하였다.
ㄷ. 2020 ~ 2022년 동안 SUV 자동차의 총판매량은 $300+400+200=900$천 대이고, 대형 자동차의 총판매량은 $200+150+100=450$천 대이다.

따라서 2020 ~ 2022년 동안 SUV 자동차의 총판매량은 대형 자동차 총판매량의 $\frac{900}{450}=2$배이다.

오답분석

ㄱ. 2020 ~ 2022년 동안 판매량이 지속적으로 감소하는 차종은 '대형' 1종류이다.
ㄹ. 2021년 대비 2022년에 판매량이 증가한 차종은 '준중형'과 '중형'이다. 두 차종의 증가율을 비교하면 준중형은 $\frac{180-150}{150}\times100=20\%$, 중형은 $\frac{250-200}{200}\times100=25\%$로 중형 자동차가 더 높은 증가율을 나타낸다.

07 정답 ③

- 2018년 대비 2019년 사고 척수의 증가율 : $\frac{2,400-1,500}{1,500}\times100=60\%$
- 2018년 대비 2019년 사고 건수의 증가율 : $\frac{2,100-1,400}{1,400}\times100=50\%$

08 정답 ①

연도별 사고 건수당 인명피해의 인원수를 구하면 다음과 같다.

- 2018년 : $\frac{700}{1,400}$=0.5명/건
- 2019년 : $\frac{420}{2,100}$=0.2명/건
- 2020년 : $\frac{460}{2,300}$=0.2명/건
- 2021년 : $\frac{750}{2,500}$=0.3명/건
- 2022년 : $\frac{260}{2,600}$=0.1명/건

따라서 사고 건수당 인명피해의 인원수가 가장 많은 연도는 2018년이다.

09 정답 ⑤

A제품을 n개 이어 붙일 때 필요한 시간이 a_n분일 때, 제품 $(n+1)$개를 이어 붙이는데 필요한 시간은 $(2a_n+n)$분이다.

그러므로 제품 n개를 이어 붙이는 데 필요한 시간은 다음과 같다.

- 6개 : 2×42+5=89분
- 7개 : 2×89+6=184분
- 8개 : 2×184+7=375분

따라서 제품 8개를 이어 붙이는 데 필요한 시간은 375분이다.

10 정답 ⑤

A규칙은 계차수열로 앞의 항에 +5를 하여 항과 항 사이에 +20, +25, +30, +35, +40, +45, …을 적용하는 수열이고, B규칙은 앞의 항에 +30을 적용하는 수열이다.

따라서 빈칸에 들어갈 a와 b의 총합이 처음으로 800억 원을 넘는 수는 a=410, b=420이다.

| 02 | 추리

01	02	03	04	05	06	07	08	09	10
④	②	④	③	③	⑤	②	④	③	⑤
11	12	13	14	15	16	17	18	19	20
④	②	①	⑤	③	④	⑤	④	②	④

01 정답 ④

'눈을 자주 깜빡인다.'를 A, '눈이 건조해진다.'를 B, '스마트폰을 이용할 때'를 C라 하면, 전제1과 전제2는 각각 ~A → B, C → ~A이므로 C → ~A → B가 성립한다. 따라서 빈칸에 들어갈 결론은 C → B인 '스마트폰을 이용할 때는 눈이 건조해진다.'이다.

02 정답 ②

'밤에 잠을 잘 잔다.'를 A, '낮에 피곤하다.'를 B, '업무효율이 오른다.'를 C, '성과급을 받는다.'를 D라고 하면, 전제1은 ~A → B, 전제3은 ~C → ~D, 결론은 ~A → ~D이다.
따라서 ~A → B → ~C → ~D가 성립하기 위해서 필요한 전제2는 B → ~C이므로 '낮에 피곤하면 업무효율이 떨어진다.'이다.

03 정답 ④

'전기가 통하는 물질'을 A, '금속'을 B, '광택이 있는 물질'을 C라고 하면, 전제1에 따라 모든 금속은 전기가 통하므로 B는 A에 포함되며, 전제2에 따라 C는 B의 일부에 포함된다. 이를 벤 다이어그램으로 표현하면 다음과 같다.

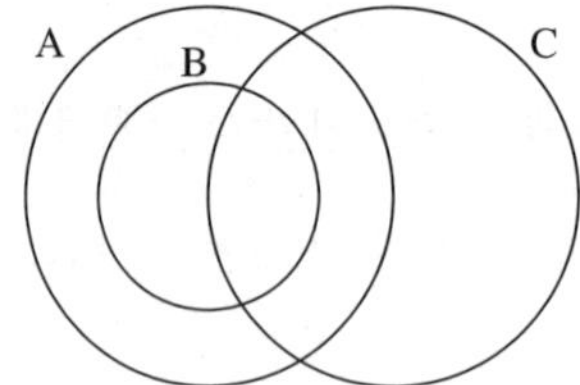

따라서 C에서 A부분을 제외한 부분이 존재하므로 '전기가 통하지 않으면서 광택이 있는 물질이 있다.'가 결론으로 적절하다.

04 정답 ③

A와 D의 진술이 모순되므로, A의 진술이 참인 경우와 거짓인 경우를 구한다.

i) A의 진술이 참인 경우
A의 진술에 따라 D가 부정행위를 하였으며, 거짓을 말하고 있다. B는 A의 진술이 참이므로 B의 진술도 참이며, B의 진술이 참이므로 C의 진술은 거짓이 되고, E의 진술은 참이 된다. 그러므로 부정행위를 한 사람은 C, D이다.

ii) A의 진술이 거짓인 경우
A의 진술에 따라 D는 참을 말하고 있고, B는 A의 진술이 거짓이므로 B의 진술도 거짓이 된다. B의 진술이 거짓이므로 C의 진술은 참이 되고, E의 진술은 거짓이 된다. 그러면 거짓을 말한 사람은 A, B, E이지만 조건에서 부정행위를 한 사람은 2명이므로 모순이 되어 옳지 않다.

따라서 A의 진술이 참인 경우에 의해 부정행위를 한 사람은 C, D이다.

05 정답 ③

주어진 조건을 정리하면 다음과 같다.

- 첫 번째 조건 : 삼선짬뽕
- 마지막 조건의 대우 : 삼선짬뽕 → 팔보채
- 다섯 번째 조건의 대우 : 팔보채 → 양장피

세 번째, 네 번째 조건의 경우 자장면에 대한 단서가 없으므로 전건 및 후건의 참과 거짓을 판단할 수 없다. 그러므로 탕수육과 만두도 주문 여부를 알 수 없다. 따라서 반드시 주문할 메뉴는 삼선짬뽕, 팔보채, 양장피이다.

06 정답 ⑤

두 번째 조건에 따라, B는 항상 1과 5 사이에 앉는다. E가 4와 5 사이에 앉으면 2와 3 사이에는 A, C, D 중 누구나 앉을 수 있다.

오답분석

① A가 1과 2 사이에 앉으면 네 번째 조건에 따라, E는 4와 5 사이에 앉는다. 그러면 C와 D는 3 옆에 앉게 되는데 이는 세 번째 조건과 모순이 된다.
② D가 4와 5 사이에 앉으면 네 번째 조건에 따라, E는 1과 2 사이에 앉는다. 그러면 C와 D는 3 옆에 앉게 되는데 이는 세 번째 조건과 모순이 된다.
③ C가 2와 3 사이에 앉으면 세 번째 조건에 따라, D는 1과 2 사이에 앉는다. 또한 네 번째 조건에 따라, E는 3과 4 사이에 앉을 수 없다. 따라서 A는 반드시 3과 4 사이에 앉는다.
④ E가 1과 2 사이에 앉으면 세 번째 조건의 대우에 따라, C는 반드시 4와 5 사이에 앉는다.

07 정답 ②

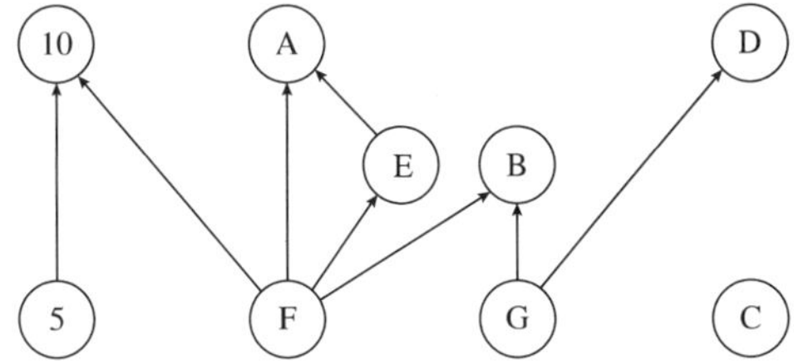

A, B, C를 제외한 빈칸에 적힌 수를 각각 D, E, F, G라고 하자.
F는 10의 약수이고 원 안에는 2에서 10까지의 자연수가 적혀있으므로 F는 2이다.
10을 제외한 2의 배수는 4, 6, 8이고, A는 E와 F의 공배수이다. 즉, A는 8, E는 4이고, B는 6이다.
6의 약수는 1, 2, 3, 6이므로 G는 3이고 D는 3의 배수이므로 9이며, 남은 7은 C이다.
따라서 A, B, C에 해당하는 수의 합은 8+6+7=21이다.

08 정답 ④

규칙은 가로로 적용된다.
첫 번째 도형을 180° 회전시킨 도형이 두 번째 도형이고, 두 번째 도형을 색 반전시킨 도형이 세 번째 도형이다.

09 정답 ③

규칙은 가로로 적용된다.
첫 번째 도형을 반으로 나눴을 때 왼쪽이 두 번째 도형이고, 첫 번째 도형의 오른쪽을 y축 대칭하고 시계 방향으로 90° 회전한 것이 세 번째 도형이다.

10 정답 ⑤

규칙은 가로로 적용된다.
16칸 안에 있는 도형들이 모두 오른쪽으로 한 칸씩 움직인다.

[11~14]

• 문자표

1	2	3	4	5	6	7	8	9
A	B	C	D	E	F	G	H	I
10	11	12	13	14	15	16	17	18
J	K	L	M	N	O	P	Q	R
19	20	21	22	23	24	25	26	
S	T	U	V	W	X	Y	Z	

• 규칙

☆ : 각 자릿수 +4, +3, +2, +1
♡ : 1234 → 4321
□ : 1234 → 4231
△ : 각 자릿수 +1, −1, +1, −1

11 정답 ④

US24 → 4S2U → 8V4V
　　　□　　　☆

12 정답 ②

KB52 → OE73 → 37EO
　　　☆　　　♡

13 정답 ①

1839 → 2748 → 8472 → 9381
　　　△　　　♡　　　△

14 정답 ⑤

J7H8 → 87HJ → 96II
　　　□　　　△

15 정답 ③

제시문은 2,500년 전 인간과 현대의 인간의 공통점을 언급하며 2,500년 전에 쓰인 『논어』가 현대에서 지니는 가치에 대하여 설명하고 있다. 따라서 (가) 『논어』가 쓰인 2,500년 전 과거와 현대의 차이점 – (마) 2,500년 전의 책인 『논어』가 폐기되지 않고 현대에서도 읽히는 이유에 대한 의문 – (나) 인간이라는 공통점을 지닌 2,500년 전 공자와 우리들 – (다) 2,500년의 시간이 흐르는 동안 인간의 달라진 부분과 달라지지 않은 부분에 대한 설명 – (라) 시대가 흐름에 따라 폐기될 부분을 제외하더라도 여전히 오래된 미래로서의 가치를 지니는 『논어』 순으로 나열하는 것이 적절하다.

16 정답 ④

먼저 다문화정책의 두 가지 핵심을 밝히고 있는 (다)가 가장 처음에 온 뒤 (다)의 내용을 뒷받침하기 위해 프랑스를 사례로 든 (가)를 그 뒤에 배치하는 것이 자연스럽다. 그 다음으로는 이민자에 대한 지원 촉구 및 다문화정책의 개선 등에 대한 내용이 이어지는 것이 글의 흐름상 적절하므로, 이민자에 대한 배려의 필요성을 주장하는 (라), 다문화정책의 패러다임 전환을 주장하는 (나) 순으로 나열하는 것이 적절하다.

17 정답 ⑤

면허를 발급하는 것은 면허 발급 방식이며, 보조금을 지급받는 것은 보조금 지급 방식으로 둘 사이의 연관성은 없다. 따라서 ⑤가 거짓이다.

오답분석

① 과거에는 공공 서비스가 경합성과 배제성이 모두 약한 사회 기반 시설 공급을 중심으로 제공되었다. 이런 경우 서비스 제공에 드는 비용은 주로 세금을 비롯한 공적 재원으로 충당을 하였다.
② 공공 서비스의 다양화와 양적 확대가 이루어지면서 행정 업무의 전문성 및 효율성이 떨어지는 문제점이 나타나기도 하였다.
③ 정부는 위탁 제도를 도입함으로써 정부 조직의 규모를 확대하지 않으면서 서비스의 전문성을 강화할 수 있었다.
④ 경쟁 입찰 방식의 경우 정부가 직접 공공 서비스를 제공할 때보다 서비스의 생산 비용이 절감될 수 있고, 정부의 재정 부담도 경감될 수 있었다.

18 정답 ④

㉠의 '고속도로'는 그래핀이 사용된 선로를 의미하며, ㉢의 '코팅'은 비정질 탄소로 그래핀을 둘러싼 것을 의미한다. ㉠의 그래핀은 전자의 이동속도가 빠른 대신 저항이 높고 전하 농도가 낮다. 연구팀은 이러한 그래핀의 단점을 해결하기 위해, 그래핀에 비정질 탄소를 얇게 덮어 저항을 감소시키고 전하 농도를 증가시키는 방법을 생각해냈다.

오답분석

① ㉡의 '도로'는 기존 금속 재질의 선로를 의미한다. 연구팀은 기존의 금속 재질(㉡) 대신 그래핀(㉠)을 반도체 회로에 사용하였다.
② 반도체 내에 많은 소자가 집적되면서 금속 재질의 선로(㉡)에 저항이 기하급수적으로 증가하였다.
③ 그래핀(㉠)은 구리보다 전기 전달 능력이 뛰어나고 전자 이동속도가 100배 이상 빠르다.
⑤ ㉠의 '고속도로'는 그래핀, ㉡의 '도로'는 금속 재질, ㉢의 '코팅'은 비정질 탄소를 의미한다.

19 정답 ②

제시문에서 필자는 3R 원칙을 강조하며 가장 필수적이고 최저한의 동물실험이 필요악임을 주장하고 있다. 특히 '보다 안전한 결과를 도출해내기 위한 동물실험은 필요악이며, 이러한 필수적인 의약실험조차 금지하려 한다는 것은 기술 발전 속도를 늦춰 약이 필요한 누군가의 고통을 감수하자는 이기적인 주장'이라는 대목을 통해 약이 필요한 이들을 위한 의약실험에 초점을 맞추고 있음을 확인할 수 있다. 따라서 ②의 주장처럼 생명과 큰 관련이 없는 동물실험을 비판의 근거로 삼는 것은 적절하지 않다.

20 정답 ④

포지티브 방식은 PR 코팅, 즉 감광액이 빛에 노출되었을 때 현상액에 녹기 쉽게 화학구조가 변하며, 네거티브 방식은 반대로 감광액이 빛에 노출되면 현상액에 녹기 어렵게 변한다.

오답분석

① 포토리소그래피는 PR층이 덮이지 않은 증착 물질을 제거하는 식각 과정 이후 PR층을 마저 제거한다. 이후 일련의 과정을 다시 반복하여 증착 물질을 원하는 형태로 패터닝하는 것이다.

② PR 코팅은 노광 과정 이후 현상액에 접촉했을 때 반응하여 사라지거나 남게 된다. 따라서 식각 과정 이전에 자신의 실수를 알아차렸을 것이다.

③ 포지티브 방식의 PR 코팅을 사용한 창우의 디스플레이 회로의 PR층과 증착 물질이 모두 사라졌다면, 증착 및 코팅 불량이나 PR 제거 실수와 같은 근본적인 오류를 제외할 경우 노광 과정에서 마스크가 빛을 가리지 못해 PR층 전부가 빛에 노출되었을 가능성이 높다.

⑤ 광수가 원래 의도대로 디스플레이 회로를 완성시키기 위해서는 최소 PR 코팅 이전까지 공정을 되돌릴 필요가 있다.

CHAPTER 04

2023년 상반기 기출복원문제

| 01 | 수리

01	02	03	04	05	06	07	08	09	10
⑤	③	④	②	②	③	③	④	③	③

01 정답 ⑤

작년 사원 수에서 줄어든 인원은 올해 진급한 사원(12%)과 퇴사한 사원(20%)이므로 이를 합하면 $400\times(0.12+0.2)=128$명이며, 작년 사원에서 올해도 사원인 사람은 $400-128=272$명이다. 또한 올해 사원 수는 작년 사원 수에서 6% 증가했으므로 $400\times1.06=424$명이 된다.

따라서 올해 채용한 신입사원은 $424-272=152$명임을 알 수 있다.

02 정답 ③

i) 7명의 학생이 원탁에 앉는 경우의 수 : $(7-1)!=6!$가지

ii) 7명의 학생 중 여학생 3명이 원탁에 이웃해서 앉는 경우의 수 : $[(5-1)!\times3!]$가지

따라서 7명의 학생 중 여학생 3명이 원탁에 이웃해서 앉는 확률은 $\frac{4!\times3!}{6!}=\frac{1}{5}$이다.

03 정답 ④

ㄷ. 2020 ~ 2022년에 사망자 수는 1,850명 → 1,817명 → 1,558명으로 감소하고 있고, 부상자 수는 11,840명 → 12,956명 → 13,940명으로 증가하고 있다.

ㄹ. 각 연도의 검거율을 구하면 다음과 같다.

- 2019년 : $\frac{12,606}{15,280}\times100=82.5\%$
- 2020년 : $\frac{12,728}{14,800}\times100=86\%$
- 2021년 : $\frac{13,667}{15,800}\times100=86.5\%$
- 2022년 : $\frac{14,350}{16,400}\times100=87.5\%$

따라서 검거율은 매년 높아지고 있다.

오답분석

ㄱ. 사고 건수는 2020년까지 감소하다가 2021년부터 증가하고 있고, 검거 수는 매년 증가하고 있다.

ㄴ. 2020년과 2021년의 사망률 및 부상률은 다음과 같다.

- 2020년 사망률 : $\frac{1,850}{14,800} \times 100 = 12.5\%$
- 2020년 부상률 : $\frac{11,840}{14,800} \times 100 = 80\%$
- 2021년 사망률 : $\frac{1,817}{15,800} \times 100 = 11.5\%$
- 2021년 부상률 : $\frac{12,956}{15,800} \times 100 = 82\%$

따라서 사망률은 2020년이 더 높지만 부상률은 2021년이 더 높다.

04 정답 ②

26 ~ 30세 응답자는 총 51명이다. 그중 4회 이상 방문한 응답자는 5+2=7명이고, 비율은 $\frac{7}{51} \times 100 \fallingdotseq 13.72\%$이므로 10% 이상이다.

오답분석

① 전체 응답자 수는 113명이다. 그중 20 ~ 25세 응답자는 53명이므로, 비율은 $\frac{53}{113} \times 100 \fallingdotseq 46.90\%$가 된다.

③ 주어진 자료만으로는 31 ~ 35세 응답자의 1인당 평균 방문 횟수를 정확히 구할 수 없다. 그 이유는 방문 횟수를 '1회', '2 ~ 3회', '4 ~ 5회', '6회 이상' 등 구간으로 구분했기 때문이다. 다만 구간별 최솟값으로 평균을 냈을 때, 평균 방문 횟수가 2회 이상이라는 점을 통해 2회 미만이라는 것은 옳지 않음을 알 수 있다.

{1, 1, 1, 2, 2, 2, 2, 4, 4} → 평균$=\frac{19}{9} \fallingdotseq 2.11$회

④ 응답자의 직업에서 학생과 공무원 응답자의 수는 51명이다. 즉, 전체 113명의 절반에 미치지 못하므로 비율은 50% 미만이다.

⑤ 주어진 자료만으로 판단할 때, 전문직 응답자 7명 모두 20 ~ 25세일 수 있으므로 비율은 $\frac{7}{113} \fallingdotseq 6.19\%$이 되어 5% 이상이 될 수 있다.

05 정답 ②

제시된 자료에 의하여 2020년부터 세계 전문 서비스용 로봇시장의 규모가 증가함을 알 수 있지만, 2022년에 세계 전문 서비스용 로봇 시장 규모가 전체 세계 로봇 시장 규모에서 차지하는 비중을 구하면 $\frac{4,600}{17,949} \times 100 \fallingdotseq 25.63\%$이다.

따라서 2022년 전체 세계 로봇 시장 규모에서 세계 전문 서비스용 로봇 시장 규모가 차지하는 비중은 27% 미만이므로 옳지 않은 설명이다.

오답분석

① 2022년 세계 개인 서비스용 로봇 시장 규모의 전년 대비 증가율은 $\frac{2,216-2,134}{2,134} \times 100 \fallingdotseq 3.8\%$이다.

③ 2022년 세계 제조용 로봇 시장 규모의 전년 대비 증가율은 $\frac{11,133-10,193}{10,193} \times 100 \fallingdotseq 9.2\%$이고, 제시된 자료에 의하여 2022년의 세계 제조용 로봇 시장의 규모가 세계 로봇 시장에서 가장 큰 규모를 차지하고 있음을 확인할 수 있다.

④ • 전년 대비 2022년의 국내 전문 서비스용 로봇 시장 생산 규모 증가율 : $\frac{2,629-1,377}{1,377} \times 100 \fallingdotseq 91.0\%$

- 2021년의 국내 전체 서비스용 로봇 시장 생산 규모 : 3,247+1,377=4,624억 원
- 2022년의 국내 전체 서비스용 로봇 시장 생산 규모 : 3,256+2,629=5,885억 원
- 전년 대비 2022년의 국내 전체 서비스용 로봇 시장 생산 규모 증가율 : $\frac{5,885-4,624}{4,624} \times 100 \fallingdotseq 27.3\%$

⑤ • 전년 대비 2022년의 국내 개인 서비스용 로봇 시장 수출 규모 감소율 : $\frac{944-726}{944}\times 100 ≒ 23.1\%$

• 2021년의 국내 전체 서비스용 로봇 시장 수출 규모 : 944+154=1,098억 원
• 2022년의 국내 전체 서비스용 로봇 시장 수출 규모 : 726+320=1,046억 원
• 전년 대비 2022년의 국내 전체 서비스용 로봇 시장 수출 규모 감소율 : $\frac{1{,}098-1{,}046}{1{,}098}\times 100 ≒ 4.7\%$

06 정답 ③

ㄱ. 한국, 독일, 영국, 미국 총 4곳이 전년 대비 2021년 연구개발비가 감소했다.
ㄷ. 전년 대비 2019년 한국, 중국, 독일의 연구개발비 증가율을 각각 구하면 다음과 같다.

• 한국 : $\frac{33{,}684-28{,}641}{28{,}641}\times 100 ≒ 17.6\%$

• 중국 : $\frac{48{,}771-37{,}664}{37{,}664}\times 100 ≒ 29.5\%$

• 독일 : $\frac{84{,}148-73{,}737}{73{,}737}\times 100 ≒ 14.1\%$

따라서 중국 – 한국 – 독일 순서로 증가율이 높다.

오답분석

ㄴ. 증가율을 계산해보는 방법도 있지만 연구개발비가 2배 이상 증가한 국가는 중국뿐이므로 중국의 증가율이 가장 높은 것을 알 수 있다.
따라서 증가율이 가장 높은 국가는 중국이고, 영국이 $\frac{40{,}291-39{,}421}{39{,}421}\times 100 ≒ 2.2\%$로 가장 낮다.

07 정답 ③

• 한국의 응용연구비 : 29,703×0.2=5,940.6백만 달러
• 미국의 개발연구비 : 401,576×0.6=240,945.6백만 달러
따라서 2021년 미국의 개발연구비는 한국의 응용연구비의 240,945.6÷5,940.6≒40배이다.

08 정답 ④

제시된 표를 통해 메모리 개발 용량은 1년마다 2배씩 증가함을 알 수 있다.
• 2004년 : 4,096×2=8,192MB
• 2005년 : 8,192×2=16,384MB
• 2006년 : 16,384×2=32,768MB
• 2007년 : 32,768×2=65,536MB
따라서 2007년에 개발한 반도체 메모리의 용량은 65,536MB이다.

09 정답 ③

제시된 표를 통해 석순의 길이가 10년 단위로 2cm, 1cm가 반복되면서 자라는 것을 알 수 있다.
• 2010년 : 16+2=18cm
• 2020년 : 18+1=19cm
• 2030년 : 19+2=21cm
• 2040년 : 21+1=22cm
• 2050년 : 22+2=24cm
따라서 2050년에 석순의 길이를 측정한다면 24cm일 것이다.

10 정답 ③

1997년부터 차례대로 3을 더하여 만든 수열은 1997, 2000, 2003, 2006, 2009, …이다.
따라서 제10회 세계 물 포럼은 제1회 세계 물 포럼으로부터 9번째 후에 개최되므로 $1997+3\times9=2024$년에 개최된다.

| 02 | 추리

01	02	03	04	05	06	07	08	09	10
②	①	④	②	⑤	②	③	③	⑤	④
11	12	13	14	15	16	17	18	19	20
①	④	③	④	⑤	②	②	④	③	②

01 정답 ②

'스테이크를 먹는다.'를 A, '지갑이 없다.'를 B, '쿠폰을 받는다.'를 C라 하면, 전제1과 결론은 각각 A → B, ~B → C이다. 이때, 전제1의 대우는 ~B → ~A이므로 결론이 참이 되려면 ~A → C가 필요하다. 따라서 빈칸에 들어갈 명제는 '스테이크를 먹지 않는 사람은 쿠폰을 받는다.'이다.

02 정답 ①

다이아몬드는 광물이고, 광물은 매우 규칙적인 원자 배열을 가지고 있다. 따라서 다이아몬드는 매우 규칙적인 원자 배열을 가지고 있다.

03 정답 ④

'음악을 좋아하다.'를 p, '상상력이 풍부하다.'를 q, '노란색을 좋아하다.'를 r이라고 하면, 전제1은 $p \rightarrow q$, 전제2는 $\sim p \rightarrow \sim r$이다. 이때, 전제2의 대우 $r \rightarrow p$에 따라 $r \rightarrow p \rightarrow q$가 성립한다. 따라서 $r \rightarrow q$이므로 빈칸에 들어갈 명제는 '노란색을 좋아하는 사람은 상상력이 풍부하다.'이다.

04 정답 ②

i) A의 진술이 참인 경우
A가 1위, C가 2위이면 B의 진술은 참이므로 B가 3위, D가 4위이다. 그러나 D가 C보다 순위가 낮음에도 C의 진술은 거짓이므로 제시된 조건에 위배된다.

ii) A의 진술이 거짓인 경우
제시된 조건에 따라 A의 진술이 거짓이라면 C는 3위 또는 4위인데, 자신보다 높은 순위의 사람에 대한 진술은 거짓이기 때문에 C는 3위, A는 4위이다. 따라서 B의 진술은 거짓이므로 D가 1위, B가 2위이다.

05 정답 ⑤

B와 D는 동시에 참말 혹은 거짓말을 한다. A와 C의 장소에 대한 진술이 모순되기 때문에 B와 D는 참말을 하고 있음이 틀림없다. 따라서 B, D와 진술 내용이 다른 E는 무조건 거짓말을 하고 있는 것이고, 거짓말을 하고 있는 사람은 2명이므로 A와 C 중 1명은 거짓말을 하고 있다. A가 거짓말을 하는 경우 A~C 모두 부산에 있었고, D는 참말을 하였으므로 범인은 E가 된다. C가 거짓말을 하는 경우 A~C는 모두 학교에 있었고, D는 참말을 하였으므로 범인은 역시 E가 된다.

06 정답 ②

주어진 조건을 정리하면 다음과 같다.

구분	A	B	C	D
꽃꽂이	×		○	
댄스	×	×	×	
축구			×	
농구		×	×	

A, B, C는 댄스 활동을 하지 않으므로 댄스 활동은 D의 취미임을 알 수 있다. 또한 B, C, D는 농구 활동을 하지 않으므로 A가 농구 활동을 취미로 한다는 것을 알 수 있다. 이를 정리하면 다음과 같다.

구분	A	B	C	D
꽃꽂이	×	×	○	×
댄스	×	×	×	○
축구	×	○	×	×
농구	○	×	×	×

오답분석

① B가 축구 활동을 하는 것은 맞지만, D는 댄스 활동을 한다.
③ A는 농구 활동을, B는 축구 활동을 한다.
④ B는 축구 활동을 하며, D는 댄스 활동을 한다.
⑤ A는 농구 활동을 하며, D는 댄스 활동을 한다.

07 정답 ③

B는 오전 10시에 출근하여 오후 3시에 퇴근하였으므로 처리한 업무는 4개이다. D는 B보다 업무가 1개 더 많았으므로 D의 업무는 5개이고, 오후 3시에 퇴근했으므로 출근한 시각은 오전 9시이다. K팀에서 가장 늦게 출근한 사람은 C이고, 가장 늦게 출근한 사람을 기준으로 오전 11시에 모두 출근하였으므로 C는 오전 11시에 출근하였으며 K팀에서 가장 늦게 퇴근한 사람은 A이고, 가장 늦게 퇴근한 사람을 기준으로 오후 4시에 모두 퇴근하였다고 했으므로 A는 오후 4시에 퇴근했다. 또한 A는 C보다 업무가 3개 더 많았으므로 C의 업무는 2개이다. 이를 정리하면 다음과 같다.

구분	A	B	C	D
업무 개수	5개	4개	2개	5개
출근 시각	오전 10시	오전 10시	오전 11시	오전 9시
퇴근 시각	오후 4시	오후 3시	오후 2시	오후 3시

따라서 C는 오후 2시에 퇴근했다.

오답분석

① A는 5개의 업무를 하고 퇴근했다.
② B의 업무는 A의 업무보다 적었다.
④ K팀에서 가장 빨리 출근한 사람은 D이다.
⑤ C가 D의 업무 중 1개를 대신 했다면 D가 C보다 빨리 퇴근했을 것이다.

08 정답 ③

B는 두 번째, F는 여섯 번째로 도착하였고, A가 도착하고 바로 뒤에 C가 도착하였으므로 A는 세 번째 또는 네 번째로 도착하였다. 그런데 D는 C보다 먼저 도착하였고 E보다 늦게 도착하였으므로 A는 네 번째로 도착하였음을 알 수 있다.
따라서 도착한 순서는 E－B－D－A－C－F이고, A는 네 번째로 도착하였으므로 토너먼트 배치표에 따라 최대 3번까지 경기를 하게 된다.

09 정답 ⑤

규칙은 가로로 적용된다.
첫 번째 도형의 색칠된 부분과 두 번째 도형의 색칠된 부분을 합치면 세 번째 도형이다.

10 정답 ④

규칙은 세로로 적용된다.
첫 번째 도형과 두 번째 도형을 합쳤을 때, 색이 변하지 않고 동일한 부분만을 나타낸 도형이 세 번째 도형이다.

[11~14]

- ○ : 1234 → 2341
- □ : 각 자릿수 +2, +2, +2, +2
- ☆ : 1234 → 4321
- △ : 각 자릿수 −1, +1, −1, +1

11 정답 ①

JLMP → LMPJ → NORL
　　　○　　　□

12 정답 ④

DRFT → FTHV → VHTF
　　　□　　　☆

13 정답 ③

8TK1 → 7UJ2 → UJ27
　　　△　　　○

14 정답 ④

F752 → 257F → 479H → 388I
　　　☆　　　□　　　△

15 정답 ⑤

제시문은 가격을 결정하는 요인과 이를 통해 도출할 수 있는 예상을 언급한다. 하지만 현실적인 여러 요인으로 인해 '거품 현상'이 나타나기도 하며 거품 현상이란 구체적으로 무엇인지를 설명하는 글이다. 따라서 (가) 수요와 공급에 의해 결정되는 가격 – (마) 상품의 가격에 대한 일반적인 예상 – (다) 현실적인 가격 결정 요인 – (나) 이로 인해 예상치 못하게 나타나는 거품 현상 – (라) 거품 현상에 대한 구체적인 설명 순으로 나열하는 것이 적절하다.

16 정답 ②

제시문은 조각보에 대한 설명으로 (나) 조각보의 정의, 클레와 몬드리안의 비교가 잘못된 이유 – (가) 조각보는 클레와 몬드리안보다 100여 년 이상 앞서 제작된 작품이며 독특한 예술성을 지니고 있음 – (다) 조각보가 아름답게 느껴지는 이유 순으로 나열하는 것이 적절하다.

17 정답 ②

제시문은 코젤렉의 '개념사'에 대한 정의와 특징에 대한 글이다. 따라서 (라) 개념에 대한 논란과 논쟁 속에서 등장한 코젤렉의 개념사 – (가) 코젤렉의 개념사와 개념에 대한 분석 – (나) 개념에 대한 추가적인 분석 – (마) 개념사에 대한 추가적인 분석 – (다) 개념사의 목적과 코젤렉의 주장 순으로 나열하는 것이 적절하다.

18 정답 ④

신경교 세포가 전체 뉴런을 조정하면서 기억력과 사고력을 향상시킨다는 가설하에, 인간의 신경교 세포를 갓 태어난 생쥐의 두뇌에 주입하는 실험을 하였다. 그리고 그 실험결과는 이 같은 가설을 뒷받침해주는 결과를 가져왔으므로 추론한 내용으로 적절하다.

오답분석

① 인간의 신경교 세포를 생쥐의 두뇌에 주입하였더니 쥐가 자라면서 주입된 인간의 신경교 세포도 성장했고, 이 세포들이 주위의 뉴런들과 완벽하게 결합되어 쥐의 두뇌 전체에 걸쳐 퍼지게 되었다고 하였다. 그러나 이 과정에서 쥐의 뉴런에 어떠한 영향을 주는지에 대해서는 언급하고 있지 않으므로 추론할 수 없는 내용이다.

②·③ 제시문의 실험은 인간의 신경교 세포를 쥐의 두뇌에 주입했을 때의 변화를 살펴본 것이지 인간의 뉴런 세포를 주입한 것이 아니므로 추론할 수 없는 내용이다.

⑤ 쥐에 주입된 인간의 신경교 세포는 그 기능을 그대로 간직한다고 하였으므로 추론한 내용으로 적절하지 않다.

19 정답 ③

레일리 산란의 세기는 보랏빛이 가장 강하지만 우리 눈은 보랏빛보다 파란빛을 더 잘 감지하기 때문에 하늘이 파랗게 보이는 것이다.

오답분석

①·②는 첫 번째 문단, ⑤는 마지막 문단의 내용을 통해 추론할 수 있다.

④ 빛의 진동수는 파장과 반비례하고, 레일리 산란의 세기는 파장의 네제곱에 반비례한다. 따라서 빛의 진동수가 2배가 되면 파장은 1/2배가 되고, 레일리 산란의 세기는 $2^4=16$배가 된다.

20 정답 ②

르네상스의 야만인 담론은 이전과는 달리 현실적 구체성을 띠고 있지만 전통 야만인관에 의해 각색되는 것은 여전하다.

CHAPTER 05

2022년 하반기 기출복원문제

| 01 | 수리

01	02	03	04	05	06	07	08	09	10
④	②	②	③	③	③	③	②	①	②

01 정답 ④

첫 번째 날 또는 일곱 번째 날에 총무부 소속 팀이 봉사활동을 하게 될 확률은 1에서 마케팅 소속 팀이 첫 번째 날과 일곱 번째 날에 봉사활동을 반드시 하는 확률을 제외한 것과 같다.

마케팅부의 5팀 중 첫 번째 날과 일곱 번째 날에 봉사활동 할 팀을 배치하는 순서의 경우의 수는 ${}_5P_2=5\times4=20$가지이고, 총무부 2팀을 포함한 5팀을 배치하는 경우의 수는 $5!$가지이므로 총 $20\times5!$가지이다.

첫 번째 날과 일곱 번째 날에 마케팅부 소속 팀이 봉사활동을 하는 확률은 $\frac{20\times5!}{7!}=\frac{20\times5\times4\times3\times2\times1}{7\times6\times5\times4\times3\times2\times1}=\frac{10}{21}$이므로

첫 번째 날 또는 일곱 번째 날에 총무부 소속 팀이 봉사활동을 하는 확률은 $1-\frac{10}{21}=\frac{11}{21}$이다.

따라서 $a-b=21-11=10$이다.

02 정답 ②

7회 말까지 B팀이 얻은 점수를 x점이라고 하자.

8·9회에서 A팀이 얻은 점수는 $(12-x)$점, B팀은 $(9-x)$점이라고 하면 다음과 같은 식이 성립한다.

$2(9-x)=12-x$

$\therefore x=6$

따라서 8·9회에서 B팀은 $9-6=3$점을 획득하였다.

03 정답 ②

전 직원의 주 평균 야간 근무 빈도는 직급별 사원 수를 알아야 구할 수 있는 값이다. 따라서 단순히 직급별 주 평균 야간 근무 빈도를 모두 더하여 평균을 구하는 것은 옳지 않다.

오답분석

① 자료를 통해 확인할 수 있다.

③ 0.2시간은 60분×0.2=12분이다. 따라서 4.2시간은 4시간 12분이다.

④ 대리는 주 평균 1.8일, 6.3시간의 야간 근무를 한다. 야근 1회 시 평균 6.3÷1.8=3.5시간 근무로 가장 긴 시간 동안 일한다.

⑤ 과장은 60분×4.8=288분(4시간 48분) 야간 근무를 하는데 60분의 3분의 2 즉, 40분 이상 채울 시 1시간으로 야간근무수당을 계산한다. 따라서 5시간으로 계산하여 주 평균 50,000원을 받는다.

04 정답 ③

• A기업

– 화물자동차 : 200,000+(1,000×5×100)+(100×5×100)=750,000원

– 철도 : 150,000+(900×5×100)+(300×5×100)=750,000원

– 연안해송 : 100,000+(800×5×100)+(500×5×100)=750,000원

• B기업

– 화물자동차 : 200,000+(1,000×1×200)+(100×1×200)=420,000원

– 철도 : 150,000+(900×1×200)+(300×1×200)=390,000원

– 연안해송 : 100,000+(800×1×200)+(500×1×200)=360,000원

따라서 A는 모든 수단의 운임이 같고, B는 연안해송이 가장 저렴하다.

05 정답 ③

미혼모 가구 수는 2019년까지 감소하다가 2020년부터 증가하였고, 미혼부 가구 수는 2018년까지 감소하다가 2019년부터 증가하였으므로 증감 추이가 바뀌는 연도는 같지 않다.

오답분석

① 한부모 가구 중 모자 가구 수의 전년 대비 증가율은 다음과 같다.
- 2018년 : 2,000÷1,600=1.25배
- 2019년 : 2,500÷2,000=1.25배
- 2020년 : 3,600÷2,500=1.44배
- 2021년 : 4,500÷3,600=1.25배

따라서 2020년을 제외하고 1.25배씩 증가하였다.

② 한부모 가구 중 모자 가구 수의 20%를 구하면 다음과 같다.
- 2017년 : 1,600×0.2=320천 명
- 2018년 : 2,000×0.2=400천 명
- 2019년 : 2,500×0.2=500천 명
- 2020년 : 3,600×0.2=720천 명
- 2021년 : 4,500×0.2=900천 명

따라서 부자 가구가 20%를 초과한 해는 2020년(810천 명), 2021년(990천 명)이다.

④ 2020년 미혼모 가구 수는 모자 가구 수의 $\frac{72}{3,600}\times100=2\%$이다.

⑤ 2018년 부자 가구 수는 미혼부 가구 수의 340÷17=20배이다.

06 정답 ③

ㄱ. 2018 ~ 2020년까지 전년 대비 세관 물품 신고 수가 증가와 감소를 반복한 것은 '증가 – 감소 – 증가'인 B와 D이다. 따라서 가전류와 주류는 B와 D 중 하나에 해당한다.

ㄴ. A ~ D의 전년 대비 2021년 세관 물품 신고 수의 증가량은 다음과 같다.
- A : 5,109−5,026=83만 건
- B : 3,568−3,410=158만 건
- C : 4,875−4,522=353만 건
- D : 2,647−2,135=512만 건

C가 두 번째로 증가량이 많으므로 담배류에 해당한다.

ㄷ. B, C, D를 제외하면 잡화류는 A임을 바로 알 수 있지만, 자료의 수치를 통해 A가 2018 ~ 2021년 동안 매년 세관 물품 신고 수가 가장 많음을 알 수 있다.

ㄹ. 2020년도 세관 물품 신고 수의 전년 대비 증가율을 구하면 다음과 같다.

• A : $\frac{5,026-4,388}{4,388}\times 100 \fallingdotseq 14.5\%$

• B : $\frac{3,410-3,216}{3,216}\times 100 \fallingdotseq 6.0\%$

• C : $\frac{4,522-4,037}{4,037}\times 100 \fallingdotseq 12.0\%$

• D : $\frac{2,135-2,002}{2,002}\times 100 \fallingdotseq 6.6\%$

D의 증가율이 세 번째로 높으므로 주류에 해당하고, ㄱ에 따라 B가 가전류가 된다.
따라서 A는 잡화류, B는 가전류, C는 담배류, D는 주류이다.

07 정답 ③

월평균 매출액이 35억 원이므로 연매출액은 35×12=420억 원이며, 연매출액은 상반기와 하반기 매출액을 합한 금액이다. 상반기의 월평균 매출액은 26억 원이므로 상반기 총매출액은 26×6=156억 원이고, 하반기 총매출액은 420−156=264억 원이다. 따라서 하반기 평균 매출액은 264÷6=44억 원이며, 상반기 때보다 44−26=18억 원 증가하였다.

08 정답 ②

2021년 4/4분기의 생활물가지수가 95.9포인트라면, 총합은 407포인트이므로 이를 4분기로 나누면 101.75포인트이다. 따라서 2020년 생활물가지수는 100.175포인트이므로 상승지수는 2포인트 미만이다.

오답분석

① 2020년 소비자물가지수 분기 총합이 401.4로, 1분기당 평균 100.35이므로 2018년 지수 100과 거의 같다고 할 수 있다.
③ 2018년 이후 분기마다 소비자물가지수와 생활물가지수가 약간씩 상승하고 있으므로 매년 상승했다.
④ 2020년에는 소비자물가지수가 생활물가지수보다 약 0.7포인트 높으므로 옳은 설명이다.
⑤ 전년 동기와 비교하여 상승 폭이 가장 클 때는 2018년 4/4분기 소비자물가지수(4.2%)이고, 가장 낮을 때는 2019년 2/4분기 생활물가지수(2.4%)와 2019년 3/4분기 소비자 물가지수(2.4%)이다.

09 정답 ①

• X조건에서 Z세균은 피보나치 수열의 계차로 번식한다.

구분	1일 차	2일 차	3일 차	4일 차	5일 차	6일 차	7일 차	8일 차	9일 차	10일 차
X조건에서의 Z세균	10	30	50	90	150	250	410	670	1,090	(A)
계차		20	20	40	60	100	160	260	420	680

따라서 (A)=1,090+680=1,770이다.

• Y조건에서 Z세균은 전날의 2배로 번식한다.

구분	1일 차	2일 차	3일 차	4일 차	5일 차	6일 차	7일 차	8일 차	9일 차	10일 차
Y조건에서의 Z세균	1	1×2^1	1×2^2	1×2^3	1×2^4	1×2^5	1×2^6	1×2^7	1×2^8	(B)

따라서 (B)=1×2^9=512이다.

10 정답 ②

최초 투입한 원유의 양을 aL라 하자.

- LPG를 생산하고 남은 원유의 양 : $(1-0.05a)=0.95a$L
- 휘발유를 생산하고 남은 원유의 양 : $0.95a(1-0.2)=0.76a$L
- 등유를 생산하고 남은 원유의 양 : $0.76a(1-0.5)=0.38a$L
- 경유를 생산하고 남은 원유의 양 : $0.38a(1-0.1)=0.342a$L

따라서 아스팔트의 생산량은 $0.342a\times0.04=0.01368a$L이고, 아스팔트는 최초 투입한 원유량의 $0.01368\times100=1.368\%$가 생산된다.

| 02 | 추리

01	02	03	04	05	06	07	08	09	10
③	②	①	④	④	④	⑤	①	②	②
11	12	13	14	15	16	17	18	19	20
④	⑤	⑤	②	①	②	③	③	③	⑤

01 정답 ③

'환율이 하락하다.'를 A, '수출이 감소한다.'를 B, 'GDP가 감소한다.'를 C, '국가 경쟁력이 떨어진다.'를 D라고 했을 때, 전제1은 A → D, 전제3은 B → C, 결론은 B → D이므로 결론이 참이 되려면 C → A라는 전제가 필요하다. 따라서 빈칸에 들어갈 명제는 C → A의 대우 명제인 '환율이 상승하면 GDP가 증가한다.'이다.

02 정답 ②

'공부를 열심히 한다.'를 A, '지식을 함양하지 않는다.'를 B, '아는 것이 적다.'를 C, '인생에 나쁜 영향이 생긴다.'를 D로 놓고 보면 전제1은 C → D, 전제3은 B → C, 결론은 ~A → D이므로 결론이 도출되기 위해서는 ~A → B가 필요하다. 따라서 빈칸에 들어갈 명제는 대우 명제인 '지식을 함양했다는 것은 공부를 열심히 했다는 뜻이다.'이다.

03 정답 ①

주어진 조건에 따라 시험 과목의 순서를 배치해보면 다음과 같다.

첫 번째	두 번째	세 번째	네 번째	다섯 번째	여섯 번째
ㅁ	ㄹ	ㄱ	ㄴ	ㅅ 또는 ㅂ	ㅂ 또는 ㅅ

따라서 S가 네 번째로 보게 될 시험 과목은 ㄴ이다.

04 정답 ④

먼저 첫 번째 조건과 두 번째 조건에 따라 6명의 신입 사원을 부서별로 1명, 2명, 3명으로 나누어 배치한다. 이때, 세 번째 조건에 따라 기획부에 3명, 구매부에 1명이 배치되므로 인사부에는 2명의 신입 사원이 배치된다. 또한 1명이 배치되는 구매부에는 마지막 조건에 따라 여자 신입 사원이 배치될 수 없으므로 반드시 1명의 남자 신입 사원이 배치된다. 남은 5명의 신입 사원을 기획부와 인사부에 배치하는 방법은 다음과 같다.

구분	기획부(3명)	인사부(2명)	구매부(1명)
경우 1	남자 1명, 여자 2명	남자 2명	남자 1명
경우 2	남자 2명, 여자 1명	남자 1명, 여자 1명	

따라서 경우 1에서는 인사부에 남자 신입 사원만 배치되므로 '인사부에는 반드시 여자 신입 사원이 배치된다.'의 ④는 옳지 않다.

05 정답 ④

B와 C의 말이 모순되므로 B와 C 중 1명은 반드시 진실을 말하고 다른 1명은 거짓을 말한다.

i) B가 거짓, C가 진실을 말하는 경우

B가 거짓을 말한다면 E의 말 역시 거짓이 되어 롤러코스터를 타지 않은 사람은 E가 된다. 그러나 A는 E와 함께 롤러코스터를 탔다고 했으므로 A의 말 또한 거짓이 된다. 이때, 조건에서 5명 중 2명만 거짓을 말한다고 했으므로 이는 성립하지 않는다.

ii) C가 거짓, B가 진실을 말하는 경우

B가 진실을 말한다면 롤러코스터를 타지 않은 사람은 D가 되며, E의 말은 진실이 된다. 이때, D는 B가 회전목마를 탔다고 했으므로 D가 거짓을 말하는 것을 알 수 있다. 따라서 거짓을 말하는 사람은 C와 D이며, 롤러코스터를 타지 않은 사람은 D이다.

06 정답 ④

A는 엘리베이터보다 계단이 더 가까운 곳에 살고 있으므로 1001호나 1002호에 살고 있고, C와 D는 계단보다 엘리베이터에 더 가까운 곳에 살고 있다고 하였으므로 1003호와 1004호에 살고 있다. 또한 D는 A 바로 옆에 살고 있으며, D는 1003호에 살고 있고, A는 1002호에 살고 있음을 알 수 있다. 이를 정리하면 다음과 같다.

계단	1001호	1002호	1003호	1004호	엘리베이터
	B	A	D	C	

따라서 B가 살고 있는 곳에서 엘리베이터 쪽으로는 3명이 살고 있으므로 ④는 항상 거짓이다.

07 정답 ⑤

제시된 단어는 유의 관계이다.

'간섭'은 '다른 사람의 일에 참견함'을 뜻하고, '참견'은 '자기와 별로 관계없는 일이나 말 따위에 끼어들어 쓸데없이 아는 체하거나 이래라저래라 함'을 뜻한다. 따라서 '간절히 바라고 구함'의 뜻인 '갈구'와 유의 관계인 단어는 '열렬하게 바람'의 뜻인 '열망'이다.

오답분석

① 관여 : 어떤 일에 관계하여 참여함
② 개입 : 자신과 직접적인 관계가 없는 일에 끼어 듦
③ 경외 : 공경하면서 두려워함
④ 관조 : 고요한 마음으로 사물이나 현상을 관찰하거나 비추어 봄

08 정답 ①

제시된 단어는 반의 관계이다.

'호평'은 '좋게 평함. 또는 그런 평판이나 평가'를 뜻하고, '악평'은 '나쁘게 평함. 또는 그런 평판이나 평가'를 뜻한다. 따라서 '보통 있는 일'의 뜻인 '예사'와 반의 관계인 단어는 '보통 수준보다 훨씬 뛰어나게'의 뜻인 '비범'이다.

오답분석

② 통상 : 특별하지 아니하고 예사임
③ 보통 : 특별하지 아니하고 흔히 볼 수 있음. 또는 뛰어나지도 열등하지도 아니한 중간 정도
④ 험구 : 남의 흠을 들추어 헐뜯거나 험상궂은 욕을 함
⑤ 인기 : 어떤 대상에 쏠리는 대중의 높은 관심이나 좋아하는 기운

09 정답 ②

아리스토텔레스에게는 물체의 정지 상태가 물체의 운동 상태와는 아무런 상관이 없었으며, 물체에 변화가 있어야만 운동한다고 이해했다.

오답분석

ㄱ. 이론적인 선입견을 배제한다면 일상적인 경험에 의거해 아리스토텔레스의 논리가 더 그럴듯하게 보일 수는 있다고 했지만, 뉴턴 역학이 적절하지 않다고 언급하지는 않았다.
ㄴ. 제시문의 두 번째 줄에서 '아리스토텔레스에 의하면 물체가 똑같은 운동 상태를 유지하기 위해서는 외부에서 끝없이 힘이 제공되어야만 한다.'고 하였다. 따라서 아리스토텔레스의 주장과 반대되는 내용이다.
ㄷ. 제시문만으로는 당시에 뉴턴이나 갈릴레오가 아리스토텔레스의 논리를 옳다고 판단했는지는 알 수 없다.

10 정답 ②

기계화・정보화의 긍정적인 측면보다는 부정적인 측면을 부각시키고 있는 제시문의 내용을 통해 기계화・정보화가 인간의 삶의 질 개선에 기여하고 있음을 경시한다고 지적할 수 있다.

11 정답 ④

제시문은 소음의 규제에 대한 이야기를 하고 있다. 따라서 소리가 시공간적 다양성을 담아내는 문화 구성 요소라는 주장을 통해 단순 소음 규제에 반박할 수 있다.

오답분석

① 관현악단 연주 사례를 통해 알 수 있는 사실이다.
②・③・⑤ 제시문의 내용과 부합하므로 반론으로 적절하지 않다.

12 정답 ⑤

자기 공명 방식이 상용화되기 위해서는 현재 사용되는 코일 크기로는 일반 가전제품에 적용할 수 없으므로 코일을 소형화해야 할 필요가 있다고 언급하였다.

오답분석

① 자기 유도 방식은 유도 전력을 이용하지만, 무선 전력 전송을 하기 때문에 철심을 이용하지 않는다.
② 자기 유도 방식은 전력 전송율이 높으나 1차 코일에 해당하는 송신부와 2차 코일에 해당하는 수신부가 수 센티미터 이상 떨어지거나 송신부와 수신부의 중심이 일치하지 않게 되면 전력 전송 효율이 급격히 저하된다.
③ 자기 유도 방식의 2차 코일은 교류 전류 방식이다.
④ 자기 공명 방식에서 2차 코일은 공진 주파수를 전달 받고, 1차 코일에서 공진 주파수를 만든다.

13 정답 ⑤

프리드먼의 항상소득가설은 일시적인 소득을 임시소득으로 보며, 소비에 직접적인 영향을 주지 않는다고 보았다.

오답분석

①・② 프리드먼의 항상소득가설에 대한 설명이다.
③ 프리드먼의 항상소득가설에 따르면 재난지원금은 임시소득으로 소비에 고려되지 않는다.
④ 케인스의 절대소득가설에 대한 설명이다.

14 정답 ②

규칙은 가로로 적용된다.
첫 번째 도형을 데칼코마니처럼 좌우로 펼친 도형이 두 번째 도형이고, 두 번째 도형을 수평으로 반을 잘랐을 때의 아래쪽 도형이 세 번째 도형이다.

15 정답 ①

규칙은 세로로 적용된다.
첫 번째 도형과 두 번째 도형을 겹쳤을 때, 생기는 면에 색을 칠한 도형이 세 번째 도형이다.

16 정답 ②

규칙은 가로로 적용된다.
첫 번째 도형을 시계 방향으로 90° 돌려서 두 번째 도형의 하단 중앙에 맞춰서 빼면 나오는 도형이 세 번째 도형이다.

[17~20]

- ♨ : 각 자릿수 +2, +1, +2, +1
- ◀ : 각 자릿수 −4, −3, −2, −1
- ◈ : 1234 → 4231

17 정답 ③

S4X8 → U5Z9 → 95ZU
　　♨　　　◈

18 정답 ③

W53M → S21L → L21S
　　◀　　　◈

19 정답 ③

T83I → V95J → R63I
　　♨　　　◀

20 정답 ⑤

6SD2 → 2PB1 → 1PB2 → 3QD3
　　◀　　　◈　　　♨

CHAPTER 06 2022년 상반기 기출복원문제

| 01 | 수리

01	02	03	04	05	06	07	08	09	10
④	②	①	⑤	③	④	④	③	⑤	②

01 정답 ④

네 사람이 모두 한 번씩 출장을 가고 그중 한 사람이 출장을 한 번 더 가면 된다. 네 사람을 A, B, C, D라고 하고 두 번 출장 가는 사람을 A라 하면 경우의 수는 $\frac{5!}{2}=60$가지이다.

따라서 네 사람이 적어도 한 번 이상씩 출장 갈 경우의 수는 $60\times4=240$가지이다.

02 정답 ②

작년 B부서의 신입사원 수를 x명이라고 하면 올해 A부서와 B부서의 신입사원 수는 각각 $55+5=60$명, $(x+4)$명이다.
올해 B부서의 신입사원 수의 1.2배가 A부서의 신입사원 수와 같으므로 다음과 같은 식이 성립한다.
$(x+4)\times1.2=60 \rightarrow x+4=50$
$\therefore x=46$
따라서 작년 B부서의 신입사원 수는 46명이다.

03 정답 ①

- 6개의 팀을 배치할 경우의 수 : $6\times5\times4\times3\times2\times1=720$가지
- A팀과 B팀이 2층에 들어갈 경우의 수 : $4\times3\times2\times1\times2=48$가지

따라서 A팀과 B팀이 2층에 들어갈 확률은 $\frac{48}{720}=\frac{1}{15}$이다.

04 정답 ⑤

두 제품 A와 B의 원가를 각각 a원, b원이라고 하면 다음과 같다.
- $a+b=50,000$
- $(a\times0.1+b\times0.12)\times5=28,200$

이를 정리하면 다음과 같다.
- $a+b=50,000$
- $5a+6b=282,000$

따라서 B의 원가는 $282,000-50,000\times5=32,000$원이다.

05 정답 ③

인사이동 전 A부서와 B부서의 인원을 각각 a명, b명이라고 하면 $a\times\frac{15}{100}=6$, $b\times\frac{12}{100}=6$이므로 $a=40$, $b=50$이다.
따라서 인사이동 전 두 부서의 인원 차이는 10명이다.

06 정답 ④

8명 중 3명을 선택하는 경우의 수는 ${}_8C_3=56$가지이고, 각 팀에서 1명씩 선택하는 경우의 수는 $4\times2\times2=16$가지이다.
따라서 이번 주 청소 당번이 각 팀에서 1명씩 뽑힐 확률은 $\frac{16}{56}=\frac{2}{7}$이다.

07 정답 ④

ㄱ. 휴대폰 A～D의 항목별 기본 점수를 계산하면 다음과 같다.

(단위 : 점)

구분	A	B	C	D
디자인	5	4	2	3
가격	2	3	4	5
해상도	3	4	5	2
음량	4	2	5	3
화면크기·두께	4	5	2	3
내장·외장메모리	2	3	4	5
합계	20	21	22	21

따라서 기본 점수가 가장 높은 휴대폰은 22점인 휴대폰 C이다.

ㄷ. 휴대폰 A～D의 항목별 고객평가 점수를 단순 합산하면 다음과 같다.

(단위 : 점)

구분	A	B	C	D
디자인	8	7	4	6
가격	4	6	7	8
해상도	5	6	8	4
음량	6	4	7	5
화면크기·두께	7	8	3	4
내장·외장메모리	5	6	7	8
합계	35	37	36	35

따라서 각 항목의 점수를 단순 합산한 점수가 가장 높은 휴대폰은 B이다.

ㄹ. 성능 점수인 해상도, 음량, 내장・외장메모리 항목의 점수를 제외한 디자인, 가격, 화면크기・두께 항목의 점수만을 단순 합산한 점수를 계산하면 다음과 같다.

(단위 : 점)

구분	A	B	C	D
디자인	8	7	4	6
가격	4	6	7	8
화면크기・두께	7	8	3	4
합계	19	21	14	18

따라서 휴대폰 B의 점수는 휴대폰 C 점수의 $\frac{21}{14}=1.5$배이다.

오답분석

ㄴ. 휴대폰 A ~ D의 성능 점수를 계산하면 다음과 같다.

(단위 : 점)

구분	A	B	C	D
해상도	3	4	5	2
음량	4	2	5	3
내장・외장메모리	2	3	4	5
합계	9	9	14	10

따라서 성능 점수가 가장 높은 휴대폰은 14점인 휴대폰 C이다.

08 정답 ③

먼저 표의 빈칸을 구하면 다음과 같다.

- A의 서류 점수 : $\frac{㉠+66+65+80}{4}=70.75$점

  ∴ ㉠=72
- A의 평균 점수 : $\frac{72+85+68}{3}=75$점

  ∴ ㉡=75
- C의 필기 점수 : $\frac{85+71+㉢+88}{4}=80.75$점

  ∴ ㉢=79
- C의 평균 점수 : $\frac{65+79+84}{3}=76$점

  ∴ ㉣=76

이에 따라 각 부서에 배치할 인원은 다음과 같다.

- 홍보팀 : 면접 점수가 85점으로 가장 높은 B가 배치될 것이다.
- 총무팀 : 평균 점수가 76점으로 가장 높은 C가 배치될 것이다.
- 인사팀 : A와 D의 서류 점수와 필기 점수의 평균을 구하면 A가 $\frac{72+85}{2}=78.5$점, D가 $\frac{80+88}{2}=84$점이므로, 인사팀에는 D가 적절하다.
- 기획팀 : 배치 순서가 가장 마지막이므로 A가 배치될 것이다.

09 정답 ⑤

2019 ~ 2021년 국가채무는 아래와 같다.

- 2019년 : 334.7+247.2+68.5+24.2+48.6=723.2조 원
- 2020년 : 437.5+256.4+77.5+27.5+47.7=846.6조 원
- 2021년 : 538.9+263.5+92.5+27.5+42.9=965.3조 원

ㄷ. 2020년 공적자금 등으로 인한 국가채무는 47.7조 원으로, 27.5조 원인 지방정부 순채무의 $\frac{47.7}{27.5}\times 100 ≒ 173\%$이므로 60% 이상 많음을 알 수 있다.

ㄹ. 한 해의 GDP는 'GDP$\times\left(\frac{\text{GDP 대비 국가채무 비율}}{100}\right)$=국가채무'이므로 국가채무와 GDP 대비 비율을 이용하여 도출할 수 있다.

2019년 GDP를 미지수 x라고 하자. 위 식에 각 항목을 대입하면 $x\times\frac{37.6}{100}$=723.2조 원이므로 2019년 GDP는 약 1,923.4조 원이 된다.

그리고 이렇게 도출한 GDP에서 외환시장안정용 국가채무가 차지하는 비율은 $\left(\frac{\text{외환시장안정용 국가채무}}{\text{GDP}}\right)\times 100=\frac{247.2}{1,923.4}\times 100 ≒ 12.9\%$이다.

동일한 방식으로 2020년 GDP를 y라 하였을 때 $y\times\frac{43.8}{100}$=846.6조 원이므로 2020년 GDP는 약 1,932.9조 원이 된다. 그중 2020년 외환시장안정용 국가채무가 차지하는 비율은 $\frac{256.4}{1,932.9}\times 100 ≒ 13.3\%$로 2019년의 12.9%보다 높으므로 옳은 설명이다.

오답분석

ㄱ. 2020년에 서민주거안정용 국가채무가 국가채무에서 차지하는 비중은 $\frac{77.5}{846.6}\times 100 ≒ 9.2\%$이며, 2021년에 서민주거안정용 국가채무가 국가채무에서 차지하는 비중은 $\frac{92.5}{965.3}\times 100 ≒ 9.6\%$이다. 따라서 2021년에 전년 대비 증가하였으므로 옳지 않은 설명임을 알 수 있다.

ㄴ. GDP 대비 국가채무 비율은 2020년과 2021년 모두 증가하였지만, 지방정부 순채무의 경우 2020년에는 전년 대비 증가하고, 2021년에는 전년과 불변이다.

10 정답 ②

환경 A에서 배양하는 세균은 1부터 $+2^1$, $+2^2$, $+2^3$, … 규칙으로 증가하고, 환경 B에서 배양하는 세균은 10부터 +10, +20, +30, … 규칙으로 증가한다.

환경 A의 세균이 더 많아질 때까지 정리하면 다음과 같다.

구분	1시간	2시간	3시간	4시간	5시간	6시간	7시간	8시간	9시간
환경 A	1	3	7	15	31	63	127	255	511
환경 B	10	20	40	70	110	160	220	290	370

따라서 9시간 후에 환경 A의 세균이 환경 B의 세균보다 더 많아진다.

| 02 | 추리

01	02	03	04	05	06	07	08	09	10
④	②	②	④	②	⑤	③	①	⑤	③

01 정답 ④

'수학을 좋아한다.'를 '수', '과학을 잘한다.'를 '과', '호기심이 많다.'를 '호'라고 하자.

구분	명제	대우
전제1	수 → 과	과× → 수×
전제2	호× → 과×	과 → 호

전제1과 전제2의 대우에 의해 수 → 과 → 호이다. 따라서 수 → 호 또는 호× → 수×이므로 빈칸에 들어갈 명제는 '호기심이 적은 사람은 수학을 좋아하지 않는다.'이다.

02 정답 ②

'물에 잘 번진다.'를 '물', '수성 펜이다.'를 '수', '뚜껑이 있다.'를 '뚜', '잉크 찌꺼기가 생긴다.'를 '잉'이라고 하자.

구분	명제	대우
전제1	물 → 수	수× → 물×
전제2	수 → 뚜	뚜× → 수×
전제3	물× → 잉	잉× → 물

전제1, 전제2의 대우와 전제3에 의해 뚜× → 수× → 물× → 잉이다. 따라서 뚜× → 잉이므로 빈칸에 들어갈 명제는 '뚜껑이 없는 펜은 잉크 찌꺼기가 생긴다.'이다.

03 정답 ②

각각의 명제를 벤 다이어그램으로 나타내면 다음과 같다.

전제1)

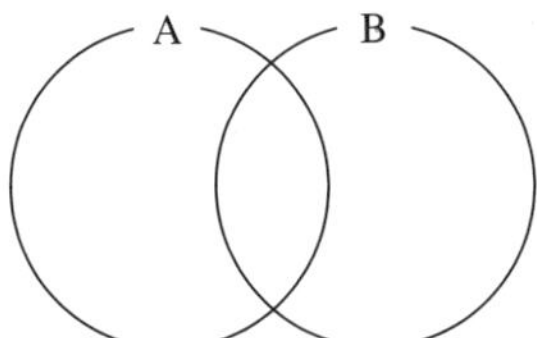

결론)

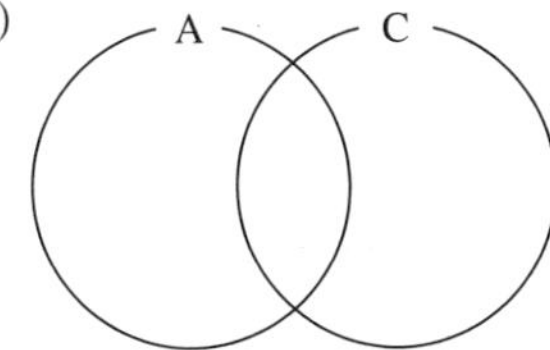

마지막 명제가 참이 되기 위해서는 A와 공통되는 부분의 B와 C가 연결되어야 하므로 B를 C에 모두 포함시켜야 한다. 따라서 빈칸에 들어갈 명제는 'B를 구매한 모든 사람은 C를 구매했다.'이다.

오답분석

다음과 같은 경우 성립하지 않는다.

①·③

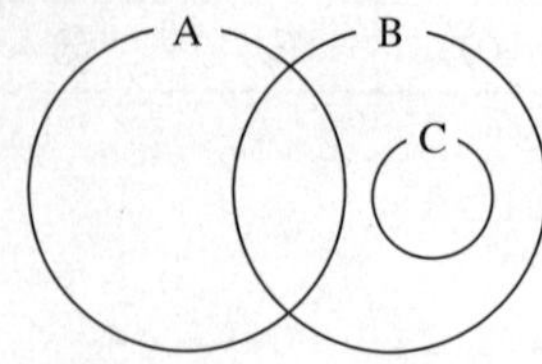

④

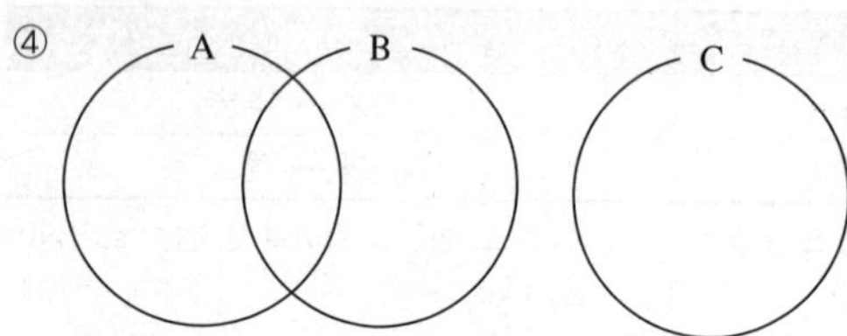

⑤

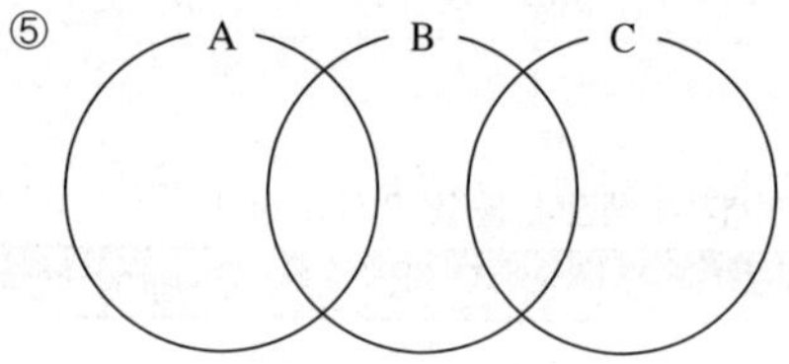

04 정답 ④

단 1명이 거짓말을 하고 있으므로 C와 D 중 1명은 반드시 거짓을 말하고 있다. 즉, C의 말이 거짓일 경우 D의 말은 참이 되며, D의 말이 참일 경우 C의 말은 거짓이 된다.

i) D의 말이 거짓일 경우

C와 B의 말이 참이므로, A와 D가 모두 신발 교환권 당첨자가 되어 모순이 된다.

ii) C의 말이 거짓일 경우

A는 신발 교환권 당첨자가 되지 않으며, 나머지 진술에 따라 D가 신발 교환권 당첨자가 된다.

따라서 C가 거짓을 말하고 있으며, 신발 교환권 당첨자는 D이다.

05 정답 ②

주어진 조건을 정리하면 다음과 같다.

구분	아메리카노	카페라테	카푸치노	에스프레소
A	○	×	×	×
B				○
C				×

오답분석

① · ⑤ 주어진 조건만으로는 C가 좋아하는 커피를 알 수 없다.

③ B는 에스프레소를 좋아하지만, C는 에스프레소를 좋아하지 않는다.

④ A와 B는 좋아하는 커피가 다르다고 했으므로, A는 에스프레소를 좋아하지 않는다. 또한 주어진 조건에서 A는 카페라테와 카푸치노도 좋아하지 않는다고 했으므로 A가 좋아하는 커피는 아메리카노이다.

06 정답 ⑤

조건에 따라 사용할 수 있는 숫자는 1, 5, 6을 제외한 나머지 2, 3, 4, 7, 8, 9의 총 6개이다. (한 자리 수)×(두 자리 수)=156이 되는 수를 알기 위해서는 156의 소인수를 구해보면 된다. $156=2^2\times3\times13$이고, 156이 되는 수의 곱 중에 조건을 만족하는 것은 2×78과 4×39이다. 따라서 선택지 중에 A팀 또는 B팀에 들어갈 수 있는 암호배열은 39밖에 없으므로 답은 ⑤이다.

07 정답 ③

A～D 4명의 진술을 정리하면 다음과 같다.

구분	진술 1	진술 2
A	C는 B를 이길 수 있는 것을 냈다.	B는 가위를 냈다.
B	A는 C와 같은 것을 냈다.	A가 편 손가락의 수는 B보다 적다.
C	B는 바위를 냈다.	A～D는 같은 것을 내지 않았다.
D	A, B, C 모두 참 또는 거짓을 말한 순서가 동일하다.	이 판은 승자가 나온 판이었다.

먼저 A～D는 반드시 가위, 바위, 보 세 가지 중 하나를 내야 하므로 그 누구도 같은 것을 내지 않았다는 C의 진술 2는 거짓이 된다. 따라서 C의 진술 중 진술 1은 참이 되므로 B가 바위를 냈다는 것을 알 수 있다. 이때, B가 가위를 냈다는 A의 진술 2는 참인 C의 진술 1과 모순되므로 A의 진술 중 진술 2가 거짓이 되는 것을 알 수 있다. 결국 A의 진술 중 진술 1이 참이 되므로 C는 바위를 낸 B를 이길 수 있는 보를 냈다는 것을 알 수 있다.

한편, 바위를 낸 B는 손가락을 펴지 않으므로 A가 편 손가락의 수가 자신보다 적었다는 B의 진술 2는 거짓이 된다. 그러므로 B의 진술 중 진술 1이 참이 되어 A는 C와 같은 보를 냈다는 것을 알 수 있다. 이를 바탕으로 A～C의 진술에 대한 참, 거짓 여부와 가위바위보를 정리하면 다음과 같다.

구분	진술 1	진술 2	가위바위보
A	참	거짓	보
B	참	거짓	바위
C	참	거짓	보

따라서 참 또는 거짓에 대한 A～C의 진술 순서가 동일하므로 D의 진술 1은 참이 되고, 진술 2는 거짓이 되어야 한다. 이때, 승자가 나오지 않으려면 D는 반드시 A～C와 다른 것을 내야 하므로 D가 혼자 가위를 낸 것을 알 수 있다.

오답분석

① B와 같은 것을 낸 사람은 없다.
② 보를 낸 사람은 2명이다.
④ B가 기권했다면 가위를 낸 D가 이기게 된다.
⑤ 바위를 낸 사람은 1명이다.

08 정답 ①

제시된 단어는 반의 관계이다.

'근면'은 부지런히 일하며 힘쓰는 것이고, '태만'은 열심히 하려는 마음이 없고 게으른 것이다. 따라서 '긴장'의 반의어는 '완화'이다.

- 긴장(緊張) : 마음을 조이고 정신을 바짝 차림
- 완화(緩和) : 긴장된 상태나 급박한 것을 느슨하게 함

오답분석

② 경직(硬直) : 몸 따위가 굳어서 뻣뻣하게 됨
③ 수축(收縮) : 부피나 규모가 줄어듦
④ 압축(壓縮) : 일정한 범위나 테두리를 줄임
⑤ 팽창(膨脹) : 부풀어서 부피가 커짐

09 정답 ⑤

제시된 단어는 유의 관계이다.

'고집'은 자기의 의견을 바꾸거나 고치지 않고 굳게 버티는 것이고, '집념'은 한 가지 일에 매달려 마음을 쏟는 것이다. 따라서 '정점'의 유의어는 '절정'이다.

- 정점(頂點) : 사물의 진행이나 발전이 최고의 경지에 달한 상태
- 절정(絕頂) : 사물의 진행이나 발전이 최고의 경지에 달한 상태

오답분석

① 제한(制限) : 일정한 한도를 정하거나 그 한도를 넘지 못하게 막음
② 경계(境界) : 사물이 어떠한 기준에 의하여 분간되는 한계
③ 한도(限度) : 한정된 정도
④ 절경(絕景) : 더할 나위 없이 훌륭한 경치

10 정답 ③

가해자의 징벌을 위해 부과되는 것은 벌금이다.

오답분석

① 불법 행위를 감행하기 쉬운 상황일수록 이를 억제하는 데에는 금전적 제재 수단이 효과적이다.
② 벌금은 형사적 제재이고, 과징금은 행정적 제재이다. 두 제재는 서로 목적이 다르므로 한 가지 행위에 대해 동시 적용이 가능하다.
④ 우리나라에서는 기업의 불법 행위에 대해 손해 배상 소송이 제기되거나 벌금이 부과되는 경우는 드물며, 과징금 등 행정적 제재 수단이 억제 기능을 수행하는 경우가 많다.
⑤ 행정적 제재인 과징금은 국가에 귀속되므로 피해자에게 직접적인 도움이 되지는 못한다.

CHAPTER 07

2021년 하반기 기출복원문제

| 01 | 수리

01	02	03	04	05	06	07	08	09	10
②	②	②	④	⑤	④	②	①	②	⑤
11	12	13	14						
④	④	②	②						

01 정답 ②

A가 가장 첫 번째 자리에 앉았으므로 남은 자리는 총 일곱 자리이다. 남은 일곱 자리에 B와 C가 붙어 앉을 수 있는 경우는 6가지이고, 나머지 다섯 자리에 D가 앉는 경우는 5가지이다. 또한 B와 C가 자리를 서로 바꾸어 앉는 경우도 생각해야 한다.
따라서 총 $6\times5\times2=60$가지이다.

02 정답 ②

공기청정기와 선풍기를 모두 구매한 사람은 20명이므로 공기청정기만을 구매한 사람은 100명이다. 공기청정기와 선풍기를 구매한 사람 수에서 2개를 모두 구매한 사람 수와 공기청정기만을 구매한 사람 수를 제외하면 선풍기만을 구매한 사람의 수를 구할 수 있다. 그러므로 선풍기만을 구매한 사람은 80명이다.
따라서 총매출액은 $100\times15+80\times7+20\times(15+7-2)=2,460$만 원이다.

03 정답 ②

전월 여자와 남자 직원 수를 각각 x, y명이라고 하면 전월 직원 수는 총 1,000명이므로 $x+y=1,000$이다. 이번 달에는 전월 대비 여자는 20% 증가했고, 남자는 10% 감소하여 총직원 수가 80명 증가했으므로 $0.2x-0.1y=80$이다. 그러므로 두 식을 정리하여 연립하면 다음과 같다.

$x+y=1,000 \cdots$ ㉠
$0.2x-0.1y=80 \rightarrow 2x-y=800 \cdots$ ㉡
㉠+㉡ $\rightarrow 3x=1,800$
$\therefore x=600,\ y=400$

따라서 전월 남자 직원 수는 400명이다.

04 정답 ④

1회차에 당첨된 1명은 2회차 추첨에서 제외되고, 2회차에 당첨된 다른 1명은 3회차 추첨에서 제외된다. 1회차에 당첨된 1명은 3회차 추첨에 다시 포함된다. 그러므로 A가 이번 달에 총 2번 당첨되려면 1회차와 3회차에 당첨되어야 함을 알 수 있다.
1, 2, 3회차에 10명의 참여자 중 당첨자를 추첨하는 경우의 수는 $10\times9\times9=90$가지이다.

A가 1회차에 당첨되고 2회차에는 A를 제외한 9명 중 1명이 당첨되며, 3회차에 다시 A가 당첨되는 경우의 수는 $1\times9\times1=9$가지이다.

따라서 이번 달에 A가 2번 당첨될 확률은 $\frac{1\times9\times1}{10\times9\times9}=\frac{1}{90}$이다.

05 정답 ⑤

20대가 적어도 1명 이상 포함될 경우는 전체의 경우에서 20대가 1명도 포함되지 않을 경우를 제외한 것과 같다.

전체의 경우의 수는 ${}_6C_2$가지이고 20대를 1명도 포함시키지 않고 2명을 뽑는 경우의 수는 30대에서 2명을 모두 뽑는 경우의 수와 같으므로 ${}_3C_2$가지이다. 그러므로 20대가 적어도 1명 이상 포함될 확률을 구하는 식은 다음과 같다.

$$\frac{{}_6C_2-{}_3C_2}{{}_6C_2}=\frac{15-3}{15}=\frac{12}{15}=\frac{4}{5}$$

따라서 구하고자 하는 확률은 $\frac{4}{5}$이다.

06 정답 ④

Y는 6시간 동안 1개를 생산하였으므로 60시간 동안에는 10개를 생산한다. Y와 Z가 함께 60시간 동안 21개를 생산하였으므로 Z는 11개를 생산하였다. 그러므로 X가 15시간 동안 1개, Y는 6시간 동안 1개, Z는 60시간 동안 11개를 생산한다.

따라서 X, Y, Z가 함께 360시간 동안 생산하는 S제품은 $360\div15\times1+360\div6\times1+360\div60\times11=24+60+66=150$개이다.

07 정답 ②

2019년의 인원수는 2018년 대비 25% 감소하였으므로 $300\times(1-0.25)$명이다.

2020년의 인원수는 2019년 대비 20% 증가하였으므로 $300\times(1-0.25)\times(1+0.2)$명이다.

따라서 2018년과 2020년의 인원수 차이는 $300-300\times(1-0.25)\times(1+0.2)=300-300\times0.75\times1.2=300-270=30$명이다.

08 정답 ①

- 10명인 S부서에서 3명을 뽑는 경우의 수 : ${}_{10}C_3$가지
- 6명인 제조팀에서 2명, 4명인 영업팀에서 1명이 뽑히는 경우의 수 : ${}_6C_2\times{}_4C_1$가지

따라서 S부서에서 3명을 뽑을 때 제조팀에서 2명, 영업팀에서 1명이 뽑힐 확률은 $\frac{{}_6C_2\times{}_4C_1}{{}_{10}C_3}=\frac{\frac{6\times5}{2\times1}\times4}{\frac{10\times9\times8}{3\times2\times1}}=\frac{15\times4}{120}=\frac{1}{2}$이다.

09 정답 ②

ㄴ. 기계장비 부문의 상대수준은 일본이다.

ㄷ. 한국의 전자 부문 투자액은 301.6억 달러, 전자 외 부문 투자액의 총합은 $3.4+4.9+32.4+16.4=57.1$억 달러로, $57.1\times6=342.6>301.6$이다. 따라서 6배 미만이므로 옳지 않은 설명이다.

오답분석

ㄱ. 제시된 자료를 통해 한국의 IT서비스 부문 투자액은 최대 투자국인 미국 대비 상대수준이 1.7%임을 알 수 있다.

ㄹ. 일본은 '전자 – 바이오 · 의료 – 기계장비 – 통신 서비스 – IT서비스' 순서이고, 프랑스는 '전자 – IT서비스 – 바이오 · 의료 – 기계장비 – 통신 서비스' 순서이다.

10 정답 ⑤

S사의 부서별 전년 대비 순이익의 증감률은 다음과 같다.

(단위 : %)

구분	리조트	보험	물류	패션	건설
2017년	60	0	25	50	20
2018년	150	25	60	0	50
2019년	25	50	25	400	100
2020년	20	40	20	−70	−50
2021년	15	0	25	200	100

따라서 2018년 건설 부서의 순이익은 전년 대비 50% 증가하였는데 ⑤번 그래프에서는 40%보다 낮으므로 옳지 않다.

11 정답 ④

(X상품 생산지수)=10일 때, (Y상품 생산지수)=52이므로

$52=a\times(10\div10)^2+b\times10 \rightarrow 52=a+10b$ ⋯ (가)

(X상품 생산지수)=20일 때, (Y상품 생산지수)=108이므로

$108=a\times(20\div10)^2+b\times20 \rightarrow 108=4a+20b \rightarrow 27=a+5b$ ⋯ (나)

(가)와 (나)를 연립하면

(가)−(나) → $a=2$, $b=5$ → (Y상품 생산지수)=2×[(X상품 생산지수)÷10]^2+5×(X상품 생산지수)

(X상품 생산지수)=30일 때, (Y상품 생산지수)=$2\times(30\div10)^2+5\times30=168$ ⋯ ㉡

(Y상품 생산지수)=300일 때, 300=2×[(X상품 생산지수)÷10]^2+5×(X상품 생산지수)

→ (X상품 생산지수)^2÷50+5×(X상품 생산지수)−300=0

→ (X상품 생산지수)^2+250×(X상품 생산지수)−15,000=0

→ {(X상품 생산지수)+300}{(X상품 생산지수)−50}=0

→ (X상품 생산지수)=50 ⋯ ㉠ (∵ X, Y상품의 생산지수는 양수)

따라서 ㉠=50, ㉡=168이다.

12 정답 ④

A회사와 B회사 매출액의 증감 규칙은 다음과 같다.

• A회사

3,500 5,000 6,400 7,700

+1,500 +1,400 +1,300

−100 −100

주어진 수열의 계차는 공차가 −100인 등차수열이다.

• B회사

1,500 2,100 2,700 3,300

+600 +600 +600

주어진 수열은 앞의 항에 +600을 하는 등차수열이다.

2020년을 기준으로 n년 후에 A회사의 매출액은 $7,700+\sum_{k=1}^{n}(1,300-100k)$백만 원이고, B회사의 매출액은 $3,300+600n$백만 원이다.

B회사 매출액이 A회사 매출액의 절반을 뛰어넘는 연도를 구하는 것이므로 다음과 같다.

$$\frac{7,700+\sum_{k=1}^{n}(1,300-100k)}{2}<3,300+600n$$

$\rightarrow -50n^2+1,250n+7,700<2\times(3,300+600n)$

$\left[\because \sum_{k=1}^{n}k=\frac{n(n+1)}{2},\ \sum_{k=1}^{n}m=nm\ (\text{단, } m\text{은 상수이다})\right]$

$\rightarrow -50n^2+1,250n+7,700<6,600+1,200n$

$\rightarrow -50n^2+50n+1,100<0$

$\rightarrow -50(n^2-n-22)<0$

$\rightarrow n^2-n-22>0$

$\therefore n\geq 6$

따라서 n이 6보다 크거나 같아야 n^2-n-22이 0보다 크므로 2020년으로부터 6년 후인 2026년에 B회사 매출액이 A회사 매출액의 절반을 뛰어넘는다.

직접 계산하는 방법으로 하면 A, B회사의 매출액은 다음과 같다.

(단위 : 백만 원)

구분	2020년	2021년	2022년	2023년	2024년	2025년	2026년
A회사	7,700	8,900	10,000	11,000	11,900	12,700	13,400
B회사	3,300	3,900	4,500	5,100	5,700	6,300	6,900

따라서 2026년에 B회사 매출액이 A회사 매출액의 절반을 뛰어넘는 것을 알 수 있다.

13 정답 ②

A사원과 B사원이 T상품에 가입시킨 고객 수의 증가 규칙은 다음과 같다.

• A사원

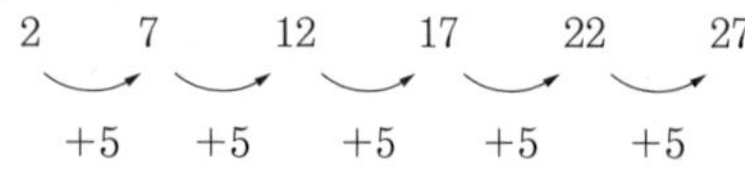

주어진 수열은 공차가 +5인 등차수열이다.

• B사원

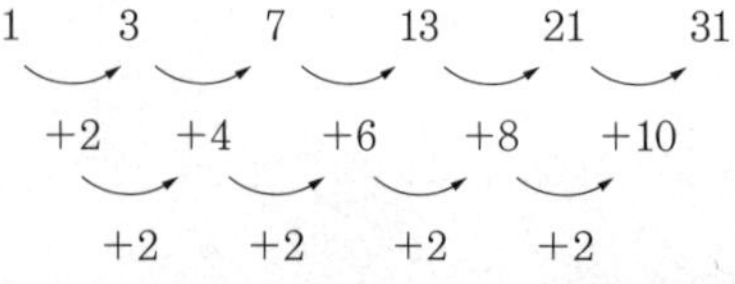

주어진 수열의 계차는 공차가 +2인 등차수열이다.

증가 규칙에 따라 12월에 A사원과 B사원이 가입시킨 고객 수를 구하면 다음과 같다.

(단위 : 명)

구분	6월	7월	8월	9월	10월	11월	12월
A사원	27	32	37	42	47	52	57
B사원	31	43	57	73	91	111	133

따라서 A사원과 B사원의 12월 성과금은 각각 114(=57×2)만 원, 266(=133×2)만 원이다.

14 정답 ②

X상품과 Y상품의 수익의 증가 규칙은 다음과 같다.

• A사원

25,000　26,000　27,000　28,000　29,000

+1,000　+1,000　+1,000　+1,000

주어진 수열은 공차가 +1,000인 등차수열이다.

• B사원

5,000　6,000　9,000　14,000　21,000

+1,000　+3,000　+5,000　+7,000

+2,000　+2,000　+2,000

주어진 수열의 계차는 공차가 +2,000인 등차수열이다.

2021년 5월을 기준으로 n달 후에 X상품의 수익은 $29,000+1,000n$천만 원이고, Y상품의 수익은 $21,000+\sum_{k=1}^{n}(7,000+2,000k)$천만 원이다.

Y상품 수익이 X상품 수익의 3배가 되는 달을 구하는 것이므로 식은 다음과 같다.

$21,000+\sum_{k=1}^{n}(7,000+2,000k)=3\times(29,000+1,000n)$

$\rightarrow 21,000+7,000n+1,000n(n+1)=87,000+3,000n$

$\rightarrow 1,000n^2+5,000n-66,000=0$

$\rightarrow n^2+5n-66=0$

$\rightarrow (n-6)(n+11)=0$

$\therefore n=6$($\because$ 2021년 5월 이후)

2021년 5월을 기준으로 6달 후인 2021년 11월에 Y상품 수익이 X상품 수익의 3배가 된다.

직접 계산하는 방법으로 하면 X상품과 Y상품의 수익은 다음과 같다.

(단위 : 천만 원)

구분	5월	6월	7월	8월	9월	10월	11월
X상품	29,000	30,000	31,000	32,000	33,000	34,000	35,000
Y상품	21,000	30,000	41,000	54,000	69,000	86,000	105,000

따라서 2021년 11월에 Y상품 수익이 X상품 수익의 3배가 되는 것을 알 수 있다.

| 02 | 추리

01	02	03	04	05	06	07	08	09	10
④	⑤	②	②	⑤	③	⑤	②	②	③
11	12	13	14	15	16	17	18	19	20
⑤	②	①	③	②	③	⑤	①	②	④
21	22	23	24	25	26	27			
③	⑤	②	①	③	④	⑤			

01 정답 ④

'연극을 좋아한다.'를 '연', '발레를 좋아한다.'를 '발', '영화를 좋아한다.'를 '영'이라고 하자.

구분	명제	대우
전제1	연 → 발	발× → 연×
전제2	영× → 발×	발 → 영

전제1과 전제2의 대우에 의해 연 → 발 → 영이다. 따라서 연 → 영이므로 빈칸에 들어갈 명제는 '연극을 좋아하면 영화를 좋아한다.'이다.

02 정답 ⑤

'부품을 만든다.'를 '부', '공장이 있다.'를 '공', '제조를 한다.'를 '제'라고 하자.

구분	명제	대우
전제1	부 → 공	공× → 부×
결론	부 → 제	제× → 부×

전제1이 결론으로 연결되려면, 전제2는 공 → 제가 되어야 한다. 따라서 빈칸에 들어갈 명제는 '공장이 있는 회사는 제조를 한다.'이다.

03 정답 ②

'와인을 좋아한다.'를 '와', '치즈를 좋아한다.'를 '치', '포도를 좋아한다.'를 '포'라고 하면 다음과 같이 벤 다이어그램으로 나타낼 수 있다.

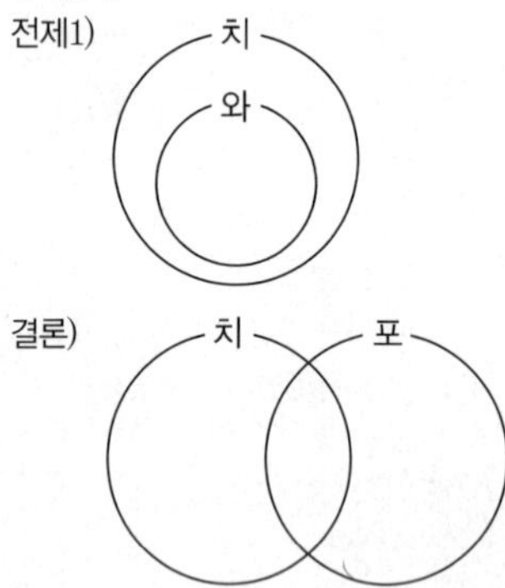

그러므로 결론이 참이 되기 위해서는 '와'와 공통되는 '치'의 부분과 '포'가 연결되어야 한다. 즉, 다음과 같은 벤 다이어그램이 성립할 때 결론이 참이 될 수 있으므로 전제2에 들어갈 명제는 어떤 와 → 포이거나 어떤 포 → 와이다. 따라서 빈칸에 들어갈 명제는 '와인을 좋아하는 어떤 회사원은 포도를 좋아한다.'이다.

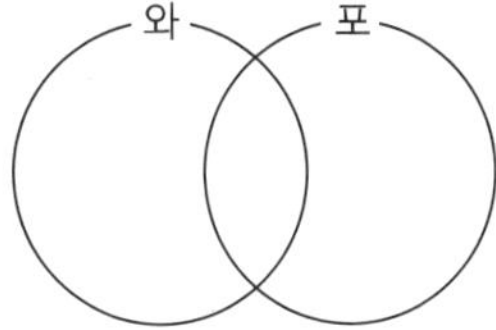

04 정답 ②

'연극을 좋아하는 아이'를 '연', '드라마를 보는 아이'를 '드', '영화를 보는 아이'를 '영'이라고 하면, 전제1과 전제2를 다음과 같이 벤 다이어그램으로 나타낼 수 있다.

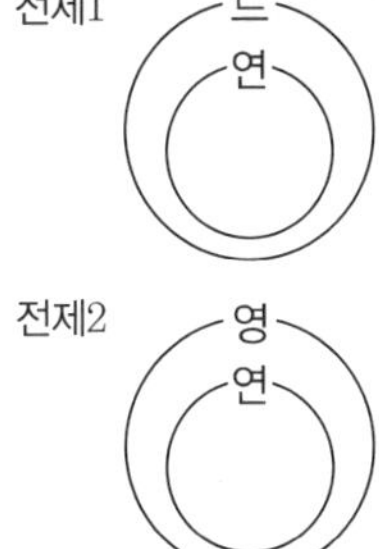

이를 정리하면 다음과 같은 벤 다이어그램이 성립한다.

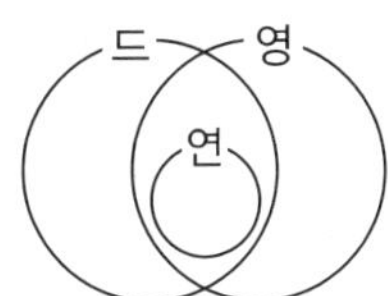

따라서 '영화를 보는 어떤 아이는 드라마를 본다.'라는 결론이 도출된다.

오답분석

⑤

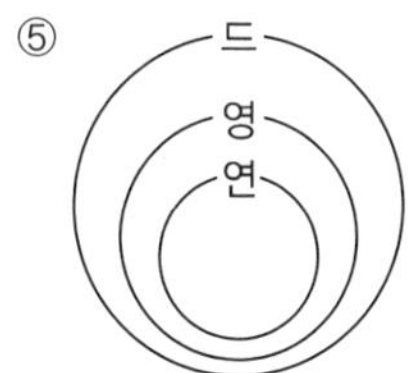

이 경우에는 성립하지 않으므로 적절하지 않다.

05 정답 ⑤

'C언어를 한다.'를 'C', '파이썬을 한다.'를 '파', 'Java를 한다.'를 'J'라고 하자.

구분	명제	대우
전제1	C → 파	파× → C×
전제2	J → C	C× → J×

전제2와 전제1에 의해 J → C → 파이다. 따라서 J → 파이므로 빈칸에 들어갈 명제는 'Java를 하는 사원은 파이썬을 한다.'의 대우명제인 ⑤이다.

06 정답 ③

E는 B보다 먼저 포장을 완료했고 B는 보관함 2열, E는 보관함 3행에 넣어졌으므로 B는 8번 보관함, E는 7번 보관함에 넣어졌다. 그리고 D는 A보다 한 행 아래, C보다 왼쪽 열에 넣어졌고, C는 두 번째로 포장이 완료되었으므로 A → C → D 순서로 포장이 완료되었음을 알 수 있다. 또한 짝수 번의 보관함에는 한 개의 상품만 넣어졌으므로 8번에 넣어진 B를 제외하고는 모두 홀수 번의 보관함에 넣어졌다.
따라서 A는 1번 보관함, C는 3번 보관함, D는 5번 보관함에 넣어졌다.

07 정답 ⑤

C는 가장 마지막에 출근하였으므로 여섯 번째로 출근했고, 케냐 커피를 마셨다. F는 바로 앞에 출근한 사원이 마신 커피와 다른 종류의 커피를 마셨으므로 네 번째로 출근했고 케냐 커피를 마셨다. A와 B는 연이어 출근하였고 B는 E보다 나중에 출근하였으므로 E는 첫 번째로 출근했다. 이를 정리하면 다음과 같다.

구분	에티오피아 커피			케냐 커피		
	첫 번째	두 번째	세 번째	네 번째	다섯 번째	여섯 번째
경우 1	E	A	B	F	D	C
경우 2	E	B	A	F	D	C

따라서 A와 B는 두 번째, 세 번째로 연이어 출근했고, D는 다섯 번째로 출근했다.

08 정답 ②

첫 번째와 세 번째 조건에 의해 F>(A, B)>E이고, 두 번째와 네 번째 조건까지 고려하면 다음과 같다.

구분	첫 번째	두 번째	세 번째	다섯 번째	여섯 번째	일곱 번째
경우 1	F	C	A	B	D	E
경우 2	F	C	B	A	D	E
경우 3	F	A	C	B	E	D
경우 4	F	A	D	B	E	C
경우 5	F	B	C	A	E	D

따라서 E가 맨 끝에 서 있는 경우는 경우 1, 2이므로 C는 F 바로 뒤에 서 있다.

오답분석

① 경우 4에서 D는 E와 떨어져 있다.
③ 경우 3, 4에서 A는 C보다 앞에 서 있다.
④ 경우 5에서 E가 여섯 번째로 서 있지만 A는 B보다 뒤에 서 있다.
⑤ 경우 3, 4에서 A가 F 바로 뒤에 서 있지만 B는 다섯 번째에 서 있다.

09 정답 ②

D가 첫 번째 경기에 출전했으므로 1, 2번 자리에 배치되었고, F는 두 번째 경기에 출전했으므로 3, 4번 자리에 배치되었다.
D는 결승전에 진출했고 B는 준결승전에서 패배하였으므로 B와 D는 준결승전에서 만났다.
D는 1, 2번 자리에 배치되었으므로 B는 3, 4번 자리에 배치되었다.
준결승에서 만난 G와 E는 5, 6, 7번 자리에 배치되었다.
따라서 준결승에 진출한 4명은 B, D, E, G이므로 C는 1라운드에서 승리할 수 없다.

오답분석

① D는 결승전에 진출했고, G와 E는 준결승에서 만났으므로 G가 E를 이긴다면 D와 결승전에서 만날 수도 있다.
③ 5, 6, 7번 자리에 배치된 G와 E가 준결승에서 만났으므로 A는 부전승으로 준결승전에 출전할 수 없다.

④ B와 F는 3, 4번 자리에 배치되었으므로 1라운드에서 만났다.
⑤ G나 E가 7번 자리에 배치될 수 있으므로 A와 C는 경기를 3번 했다.

10 정답 ③

각 직무의 담당자는 2명이고 C와 D가 담당하는 직무는 서로 다르므로 A와 B가 담당하는 직무는 서로 다르다. B는 공정설계 직무를 담당하므로 A는 공정설계 직무를 담당하지 않고, D는 설비기술 직무를 담당하므로 C는 설비기술 직무를 담당하지 않는다. 또한 D가 회로설계 직무를 담당하면 C는 공정설계와 품질보증 직무를 담당하며, A와 C는 1개의 직무를 함께 담당하고 A는 공정설계를 담당하지 않으므로 A와 C는 품질보증 직무를 함께 담당한다.

구분	공정설계	설비기술	회로설계	품질보증
A	×			○
B	○			×
C	○	×	×	○
D	×	○	○	×

오답분석

① B가 회로설계 직무를 담당하면 A는 설비기술과 품질보증 직무를 담당한다. A와 C가 1개의 직무를 함께 담당해야 하므로 C는 품질보증 직무를 담당하고, C와 D가 담당하는 직무는 서로 다르므로 D는 품질보증 직무를 담당하지 않는다.

구분	공정설계	설비기술	회로설계	품질보증
A	×	○	×	○
B	○	×	○	×
C		×		○
D		○		×

② A가 설비기술 직무를 담당하지 않으면 회로설계와 품질보증 직무를 담당한다. A와 C는 1개의 직무를 함께 담당하므로 C는 회로설계와 품질보증 직무 중 1개의 직무를 담당한다.

구분	공정설계	설비기술	회로설계	품질보증
A	×	×	○	○
B	○	○	×	×
C		×		
D		○		

④ C가 품질보증 직무를 담당하지 않으면 공정설계와 회로설계 직무를 담당한다. A와 C는 1개의 직무를 함께 담당하므로 A는 회로설계 직무를 담당한다. A와 B는 담당하는 직무가 서로 다르므로 B는 회로설계 직무를 담당하지 않는다.

구분	공정설계	설비기술	회로설계	품질보증
A	×		○	
B	○		×	
C	○	×	○	×
D	×	○	×	○

⑤ B가 설비기술 직무를 담당하지 않으면 A는 설비기술 직무를 담당한다. A는 회로설계와 품질보증 직무 중 1개의 직무를 담당할 수 있으므로 회로설계 직무를 담당하지 않는지는 알 수 없다.

구분	공정설계	설비기술	회로설계	품질보증
A	×	○		
B	○	×		
C		×		
D		○		

11 정답 ⑤

가장 작은 숫사가 석힌 카드를 가지고 있다는 A와 A가 가지고 있는 카드의 숫자보다 작은 수가 적힌 카드를 가지고 있다는 E의 진술이 서로 모순된다.

i) A의 진술이 거짓일 때

A가 가진 카드에 적힌 숫자는 1이 아니며, C의 진술에 의해 A는 2가 적힌 카드를 가지고 있다. E의 진술에 의해 E는 1이 적힌 카드를 가지고 있고, D의 진술에 의해 D는 0이 적힌 카드를 가지고 있다. 하지만 카드에는 1부터 5까지의 자연수가 적혀있다고 하였으므로 모순이다.

ii) E의 진술이 거짓일 때

A는 1이 적힌 카드를 가지고 있고, C의 진술에 의해 C는 2가 적힌 카드를 가지고 있다. B는 C보다는 큰 수이고 5보다는 작은 수가 적힌 카드를 가지고 있으므로 3 또는 4가 적힌 카드를 가지고 있다. D의 진술에 의해 D는 E보다 1만큼 작은 수가 적힌 카드를 가지고 있으므로 D와 E는 각각 4, 5 또는 3, 4가 적힌 카드를 가지고 있다. 그러므로 B는 3, D는 4, E는 5가 적힌 카드를 가지고 있다.

따라서 가장 큰 숫자가 적힌 카드를 가지고 있는 사람은 E이다.

12 정답 ②

i) A의 진술이 거짓일 때

A는 거짓을 말했으므로 나팀이고, A와 C는 같은 팀이 아니다. C는 나팀이 아니므로 E가 나팀이라는 C의 말은 참이고, E는 나팀이므로 B가 나팀이 아니라는 진술은 거짓이다. B가 나팀이므로 한 팀은 2명 이하로 구성되어 있다는 전제에 모순된다.

ii) A의 진술이 참일 때

A는 진실을 말했으므로 A와 C는 같은 팀이고 나팀이 아니다. C도 진실을 말했으므로 E는 나팀이다. E는 나팀이므로 B는 나팀이 아니라는 E의 진술은 거짓이며, B는 나팀이므로 B의 진술은 거짓이다.

따라서 A와 C는 가팀, B와 E는 나팀, D는 다팀이다.

13 정답 ①

규칙은 세로로 적용된다.

첫 번째 도형과 두 번째 도형을 합쳤을 때 검은색과 검은색, 흰색과 흰색이 합쳐지는 부분은 흰색, 검은색과 흰색이 합쳐지는 부분은 검은색으로 표현된 것이 세 번째 도형이다.

14 정답 ③

규칙은 가로로 적용된다.

원은 시계 방향으로 한 칸씩 이동하면서 해당 칸의 색으로 바뀐다. 원이 위치한 칸의 색은 항상 흰색이고, 원이 다른 칸으로 이동하면 원래 색으로 바뀐다.

15 정답 ②

규칙은 가로로 적용된다.

첫 번째 도형을 시계 반대 방향으로 90° 회전한 것이 두 번째 도형이고, 이를 180° 회전한 것이 세 번째 도형이다.

[16~19]

- △ : 각 자릿수 +1, −1, +2, −2
- ○ : 1234 → 2143
- □ : 각 자릿수 +1, −1, −1, +1
- ☆ : 1234 → 1324

16 정답 ③

BROW → CQQU → QCUQ
(△) (○)

17 정답 ⑤

QWXE → RVWF → RWVF
(□) (☆)

18 정답 ①

GKHE → GHKE → HGEK
(☆) (○)

19 정답 ②

XOST → YNUR → ZMTS
(△) (□)

[20~23]

- △ : 각 자릿수 +1, +2, +1, +2
- ○ : 1234 → 4321
- □ : 각 자릿수 +0, +1, +0, −1
- ☆ : 1234 → 1324

20 정답 ④

HLJW → HMJV → HJMV
(□) (☆)

21 정답 ③

SEMV → TGNX → TNGX
(△) (☆)

PART 2 기출복원문제 정답 및 해설

22 정답 ⑤

EHFP → PFHE → QHIG
○ △

23 정답 ②

ALVK → AMVJ → JVMA
□ ○

24 정답 ①

제시된 단어는 반의 관계이다.
'조잡하다'는 '말이나 행동 따위가 거칠고 품위가 없다.'라는 뜻으로 '자세하고 꼼꼼하다.'라는 뜻의 '치밀하다'와 반의 관계이다. 따라서 '활동 범위나 세력을 넓혀 나아가다.'라는 뜻을 가진 '진출하다'와 반의 관계인 단어는 '거두어들이거나 걷어치우다.'라는 뜻의 '철수하다'이다.

오답분석

② 자립하다 : 남에게 의지하지 않고 스스로 서다.
③ 인식하다 : 사물을 분별하고 판단하여 알다.
④ 막론하다 : 이것저것 따지고 가려 말하지 아니하다.
⑤ 분별하다 : 서로 다른 일이나 사물을 구별하여 가르다.

25 정답 ③

아보카도는 실내 온도에서 3일 정도밖에 보관되지 않는다.

26 정답 ④

전자식 보정은 광학식 보정보다 성능은 떨어지지만 가격이 저렴한 장점이 있으므로 상황에 따라 적절하게 선택하여 활용하는 것이 좋다.

오답분석

① 광학식 보정은 전자식 보정보다는 가격이 높다는 단점이, 성능이 우수하다는 장점이 있다.
② 전자식 보정은 사진을 찍은 후 떨림을 보정하는 기술이므로 사진을 찍기 전까지는 보정되는 정도를 확인할 수 없다.
③ 거치대를 이용하여 사진을 찍는 경우에는 손떨림이 없으므로 보정 기술이 거의 필요 없다. 따라서 광학식 보정보다는 전자식 보정을 선택하는 것이 가격 면에서 이득이다.
⑤ 광학식 보정은 손이 떨리는 방향과 반대 방향으로 렌즈를 이동시켜 흔들림을 상쇄하는 기술이므로 손이 왼쪽으로 떨리면 렌즈를 오른쪽으로 이동시켜 흔들림을 상쇄한다.

27 정답 ⑤

해시 함수 3은 해시 값이 02와 03으로 다르지만 입력 값이 같으므로 해시 함수라고 할 수 없다.

오답분석

① 입력 값과 해시 함수 1에 의해 대응하는 해시 값이 서로 다르므로 해시 충돌이 발생하지 않았다.
② 해시 함수 2는 입력 값 B와 C에 대응하는 해시 값이 02로 같으므로 해시 충돌이 발생했다.
③ 해시 함수 3은 해시 함수라고 할 수 없으므로 암호로 사용될 수 없다.
④ 주어진 자료만으로 판단했을 때 해시 함수 2는 해시 충돌이 발생했고, 해시 함수 1은 해시 충돌이 발생하지 않았으므로 해시 함수 2보다는 해시 함수 1이 검색 비용이 적게 들 것이다.

CHAPTER
08 2021년 상반기 기출복원문제

| 01 | 수리

01	02	03	04	05	06	07	08	09	10
②	②	③	④	④	③	①	②	④	④

01 정답 ②

스마트패드만 구입한 고객의 수를 x명, 스마트패드와 스마트폰을 모두 구입한 고객의 수를 y명이라고 하자.
스마트폰만 구입한 고객은 19명이고, S사에서 스마트패드와 스마트폰을 구매한 고객은 총 69명이므로 $x+y+19=69$이다.
한 달 동안 S사의 매출액은 4,554만 원이므로 $80\times x+91\times y+17\times 19=4,554$이다.
두 식을 정리하여 연립하면 다음과 같다.
$x+y=50$ … ㉠
$80x+91y=4,231$ … ㉡
$\therefore$ $x=29$, $y=21$
따라서 스마트패드와 스마트폰을 모두 구입한 고객의 수는 21명이다.

02 정답 ②

20대, 30대, 40대 직원 수를 각각 a, b, c명이라고 하자.
20대가 30대의 50%이므로 $a=b\times 50\%=b\times \frac{1}{2}$이다.
40대가 30대보다 15명이 많으므로 $c=b+15$이다.
총 직원의 수는 100명이므로 $a+b+c=100$이고, 앞서 구한 식을 이용하여 b에 대한 식으로 만들면 $b\times \frac{1}{2}+b+b+15=100$이다.
따라서 $b=34$이므로 30대 직원은 총 34명이다.

03 정답 ③

투자금	100억 원	
주식 종류	A	B
수익률	10%	6%
수익금	7억 원	

100억 원을 A와 B에 분산투자하므로 A에 투자하는 금액을 x억 원이라고 하고, B에 투자하는 금액을 y억 원이라 하자.
$x+y=100 \rightarrow y=100-x$

PART 2 기출복원문제 정답 및 해설

A의 수익률 10%, B의 수익률 6%로 7억 원의 수익을 내면 다음과 같다.

$x \times 10\% + (100-x) \times 6\% = 7$

$\rightarrow 0.1x + 0.06(100-x) = 7$

$\rightarrow 10x + 6(100-x) = 700$

$\rightarrow 10x + 600 - 6x = 700$

$\rightarrow 4x = 100$

$\therefore x = 25$

따라서 7억 원의 수익을 내기 위해서 A에 투자할 금액은 25억 원이다.

04 정답 ④

고급반 가, 나, 다 수업은 이어서 개설되므로 하나의 묶음으로 생각한다. 고급반 가, 나, 다 수업이 하나의 묶음 안에서 개설되는 경우의 수는 3!가지이다.

초급반 A, B, C수업은 이어서 개설되지 않으므로 6개 수업을 순차적으로 개설하는 방법은 다음과 같이 2가지 경우가 있다.

초급반 A, B, C	고급반 가, 나, 다	초급반 A, B, C	초급반 A, B, C

초급반 A, B, C	초급반 A, B, C	고급반 가, 나, 다	초급반 A, B, C

2가지 경우에서 초급반 A, B, C수업의 개설 순서를 정하는 경우의 수는 3!가지이다.

따라서 6개 수업을 순차적으로 개설하는 경우의 수는 $3! \times 2 \times 3! = 72$가지이다.

05 정답 ④

- 전체 경우

구분	1년	2년	3년
조장 가능 인원	6명	5명(첫 번째 연도 조장 제외)	5명(두 번째 연도 조장 제외)

연임이 불가능할 때 3년 동안 조장을 뽑는 경우의 수는 $6 \times 5 \times 5$가지이다.

- A가 조장을 2번 하는 경우

구분	1년	2년	3년
조장	1명 (A)	5명 (A 제외 5명 중 1명)	1명 (A)

연임은 불가능하므로 3년 동안 A가 조장을 2번 할 수 있는 경우는 첫 번째와 마지막에 조장을 하는 경우이다. 그러므로 A가 조장을 2번 하는 경우의 수는 $1 \times 5 \times 1$가지이다.

$$\therefore \frac{1 \times 5 \times 1}{6 \times 5 \times 5} = \frac{1}{30}$$

따라서 연임은 불가능할 때 올해부터 3년 동안 A가 조장을 2번 할 확률은 $\frac{1}{30}$이다.

06 정답 ③

인천과 세종의 여성 공무원 비율은 다음과 같다.

- 인천 : $\frac{10,500}{20,000} \times 100 = 52.5\%$
- 세종 : $\frac{2,200}{4,000} \times 100 = 55\%$

따라서 비율 차이는 $55 - 52.5 = 2.5\%p$이다.

① 남성 공무원 수가 여성 공무원 수보다 많은 지역은 서울, 경기, 부산, 광주, 대전, 울산, 강원, 경상, 제주로 총 9곳이다.
② 광역시의 남성 공무원 수와 여성 공무원 수의 차이는 다음과 같다.
- 인천 : 10,500−9,500=1,000명
- 부산 : 7,500−5,000=2,500명
- 대구 : 9,600−6,400=3,200명
- 광주 : 4,500−3,000=1,500명
- 대전 : 3,000−1,800=1,200명
- 울산 : 2,100−1,900=200명

따라서 차이가 가장 큰 광역시는 대구이다.
④ 수도권(서울, 경기, 인천)과 광역시(인천, 부산, 대구, 광주, 대전, 울산)의 공무원 수는 다음과 같다.
- 수도권 : 25,000+15,000+20,000=60,000명
- 광역시 : 20,000+12,500+16,000+7,500+4,800+4,000=64,800명

따라서 차이는 64,800−60,000=4,800명이다.
⑤ 제주의 전체 공무원 중 남성 공무원의 비율은 $\frac{2,800}{5,000}\times 100=56\%$이다.

07 정답 ①

대부분의 업종에서 2019년 1분기보다 2019년 4분기의 영업이익이 더 높지만, 철강업에서는 2019년 1분기(10,740억 원)가 2019년 4분기(10,460억 원)보다 높다.

오답분석

② 2020년 1분기 영업이익이 전년 동기(2019년 1분기) 대비 영업이익보다 높은 업종은 다음과 같다.
- 반도체(40,020 → 60,420)
- 통신(5,880 → 8,880)
- 해운(1,340 → 1,660)
- 석유화학(9,800 → 10,560)
- 항공(−2,880 → 120)

③ 2020년 1분기 영업이익이 적자가 아닌 업종 중 영업이익이 직전 분기(2019년 4분기) 대비 감소한 업종은 건설(19,450 → 16,410), 자동차(16,200 → 5,240), 철강(10,460 → 820)이다.
④ 2019년 1, 4분기에 흑자였다가 2020년 1분기에 적자로 전환된 업종은 디스플레이, 자동차부품, 조선, 호텔로 4개이다.
⑤ 항공업은 2019년 1분기(−2,880억 원)와 4분기(−2,520억 원) 모두 적자였다가 2020년 1분기(120억 원)에 흑자로 전환되었다.

08 정답 ②

제시된 식으로 응시자와 합격자 수를 계산하였을 때 다음과 같다.

(단위 : 명)

구분	2016년	2017년	2018년	2019년	2020년
응시자	2,810	2,660	2,580	2,110	2,220
합격자	1,310	1,190	1,210	1,010	1,180

응시자 중 불합격자 수는 응시자에서 합격자 수를 뺀 값으로 연도별 수치는 다음과 같다.
- 2016년 : 2,810−1,310=1,500명
- 2017년 : 2,660−1,190=1,470명
- 2018년 : 2,580−1,210=1,370명
- 2019년 : 2,110−1,010=1,100명
- 2020년 : 2,220−1,180=1,040명

제시된 수치는 접수자 수에서 합격자 수를 뺀 값으로 옳지 않은 그래프이다.

오답분석

① 미응시자 수는 접수자 수에서 응시자 수를 제외한 값이다.

- 2016년 : 3,540−2,810=730명
- 2017년 : 3,380−2,660=720명
- 2018년 : 3,120−2,580=540명
- 2019년 : 2,810−2,110=700명
- 2020년 : 2,990−2,220=770명

09 정답 ④

(운동시간)=1일 때, (운동효과)=4이므로

$4=a\times1-b^2$ ⋯ (가)

(운동시간)=2일 때, (운동효과)=62이므로

$62=a\times2-\frac{b^2}{2}$ ⋯ (나)

(가)와 (나)를 연립하면 2(가)−(나) → $a=40$, $b^2=36$

→ (운동효과)=40×(운동시간)−$\frac{36}{(\text{운동시간})}$

(운동시간)=3일 때

(운동효과)=$40\times3-\frac{36}{3}=108$=㉠

(운동시간)=4일 때

(운동효과)=$40\times4-\frac{36}{4}=151$=㉡

따라서 ㉠=108, ㉡=151이다.

10 정답 ④

A제품과 B제품 매출액의 증감 규칙은 다음과 같다.

- A제품

100 → 101 → 103 → 107 → 115 (+1, +2, +4, +8)

주어진 수열은 $+2^0$, $+2^1$, $+2^2$, $+2^3$, ⋯인 수열이다.

2020년을 기준으로 n년 후의 A제품 매출액은 $115+\sum_{k=1}^{n}2^{k+3}$억 원이다.

- B제품

80 → 78 → 76 → 74 → 72 (−2, −2, −2, −2)

주어진 수열은 앞의 항에 −2를 하는 수열이다.

2020년을 기준으로 n년 후의 B제품 매출액은 $72-2n$억 원이다.

2020년을 기준으로 n년 후 두 제품의 매출액의 합은 $(115+\sum_{k=1}^{n}2^{k+3}+72-2n)$억 원이다.

300억 원을 초과하는 연도를 구하라고 하였으므로 $115+\sum_{k=1}^{n}2^{k+3}+72-2n>300$인 n값을 구한다.

$$115+\sum_{k=1}^{n}2^{k+3}+72-2n>300 \rightarrow 187+2^4\sum_{k=1}^{n}2^{k-1}-2n>300 \rightarrow 187+2^4\times\frac{2^n-1}{2-1}-2n>300$$

$$\rightarrow 187+2^4\times2^n-16-2n>300 \rightarrow 16\times2^n-2n>129$$

이를 정리하면 다음과 같다.

n	$16\times2^n-2n$
1	30
2	60
3	122
4	248

따라서 2020년을 기준으로 4년 후에 매출액이 300억 원을 초과하므로 2024년이다.

| 02 | 추리

01	02	03	04	05	06	07	08	09	10
③	④	①	④	②	②	⑤	③	②	②
11	12	13	14	15	16	17	18	19	20
②	④	③	⑤	⑤	③	⑤	⑤	③	①
21	22	23	24	25					
④	⑤	③	②	②					

01 정답 ③

'대한민국에 산다.'를 '대', '국내 여행을 간다.'를 '국', '김치찌개를 먹는다.'를 '김'이라고 하자.

구분	명제	대우
전제1	대 → 국	국× → 대×
전제2	김× → 국×	국 → 김

전제1과 전제2의 대우에 의해 대 → 국 → 김이다. 따라서 대 → 김이므로 빈칸에 들어갈 명제는 '대한민국에 사는 사람은 김치찌개를 먹는다.'이다.

02 정답 ④

'작곡가를 꿈꾼다.'를 '작', 'TV 시청을 한다.'를 'T', '안경을 썼다.'를 '안'이라고 하자.

구분	명제	대우
전제1	작 → T	T× → 작×
결론	안× → 작×	작 → 안

전제1의 대우가 결론으로 연결되려면, 전제2는 안× → T×가 되어야 한다. 따라서 빈칸에 들어갈 명제는 '안경을 쓰지 않은 사람은 TV 시청을 하지 않는다.'이다.

03 정답 ①

'피아노를 배운다.'를 '피', '바이올린을 배운다.'를 '바', '필라테스를 배운다.'를 '필'이라고 하자.

구분	명제	대우
전제2	바 → 필	필× → 바×
결론	피 → 필	필× → 피×

전제2가 결론으로 연결되려면, 전제1은 피 → 바가 되어야 한다. 따라서 빈칸에 들어갈 명제는 '피아노를 배우는 사람은 바이올린을 배운다.'이다.

04 정답 ④

'커피를 좋아한다.'를 '커', '와인을 좋아한다.'를 '와', '생강차를 좋아한다.'를 '생'이라고 하자.

구분	명제	대우
전제1	커× → 와×	와 → 커
결론	커× → 생	생× → 커

전제1이 결론으로 연결되려면, 전제2는 와× → 생이 되어야 한다. 따라서 빈칸에 들어갈 명제는 '와인을 좋아하지 않으면, 생강차를 좋아한다.'이다.

05 정답 ②

'유행에 민감하다.'를 '유', '고양이를 좋아한다.'를 '고', '쇼핑을 좋아한다.'를 '쇼'라고 하면 다음과 같은 벤 다이어그램으로 나타낼 수 있다.

전제1

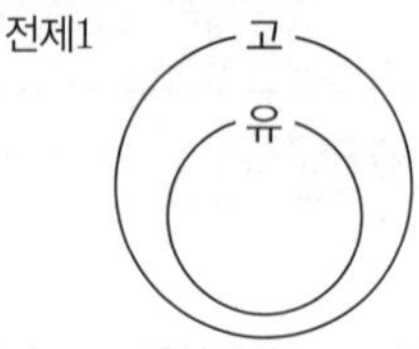

결론

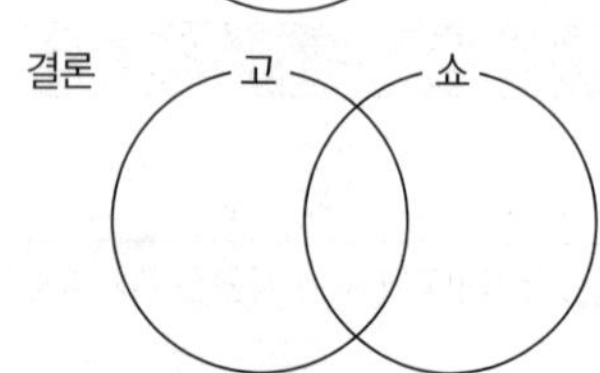

결론이 참이 되기 위해서는 '유'와 공통되는 '고'의 부분과 '쇼'가 연결되어야 한다. 즉, 다음과 같은 벤 다이어그램이 성립할 때 결론이 참이 될 수 있으므로 전제2에 들어갈 명제는 어떤 유 → 쇼이거나 어떤 쇼 → 유이다. 따라서 빈칸에 들어갈 명제는 '유행에 민감한 어떤 사람은 쇼핑을 좋아한다.'이다.

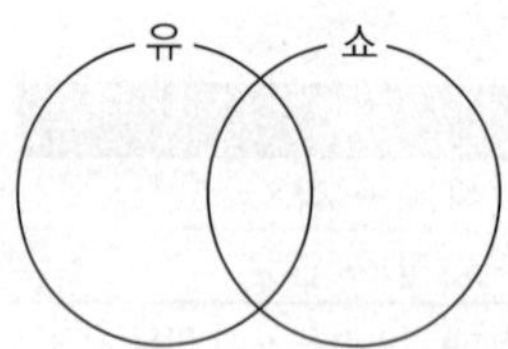

06 정답 ②

C 혼자 딸기맛을 선택했고, A와 D는 서로 같은 맛을 선택했으므로 A와 D는 바닐라맛 또는 초코맛을 선택했음을 알 수 있다. 또한 B와 E는 서로 다른 맛을 선택했고, 마지막에 주문한 E는 인원 초과로 선택한 아이스크림을 먹지 못했으므로 E는 A, D와 같은 맛을 선택했다. 이를 정리하면 다음과 같다.

구분	A	B	C	D	E
경우 1	바닐라맛	초코맛	딸기맛	바닐라맛	바닐라맛
경우 2	초코맛	바닐라맛	딸기맛	초코맛	초코맛

따라서 C가 딸기맛이 아닌 초코맛을 선택했어도 B는 C와 상관없이 아이스크림을 먹을 수 있으므로 ②는 항상 거짓이다.

07 정답 ⑤

B는 검은색 바지를, C는 흰색 셔츠를 입어보았고, 티셔츠를 입어본 사람은 바지를, 코트를 입어본 사람은 셔츠를 입어보지 않았다. B는 티셔츠를 입어보지 않았고, C는 코트를 입어보지 않았다.

종류	티셔츠		바지		코트		셔츠	
색상	검은색	흰색	검은색	흰색	검은색	흰색	검은색	흰색
A			×					×
B	×	×	○	×				×
C			×		×	×	×	○
D			×					×

코트는 A, B가, 티셔츠는 A, C가 입어보았고, 검은색 코트와 셔츠는 A와 D가 입어보았으므로 검은색 코트는 A가 입어본 것을 알 수 있다. 또, 검은색 셔츠는 D가, 흰색 코트는 B, 흰색 바지는 D가 입어보았음을 알 수 있다.

종류	티셔츠		바지		코트		셔츠	
색상	검은색	흰색	검은색	흰색	검은색	흰색	검은색	흰색
A			×	×	○	×	×	×
B	×	×	○	×	×	○	×	×
C			×	×	×	×	×	○
D	×	×	×	○	×	×	○	×

같은 색상으로 입어본 사람은 2명이라고 하였으므로, A는 검은색 티셔츠를, C는 흰색 티셔츠를 입어보았음을 알 수 있다.

종류	티셔츠		바지		코트		셔츠	
색상	검은색	흰색	검은색	흰색	검은색	흰색	검은색	흰색
A	○	×	×	×	○	×	×	×
B	×	×	○	×	×	○	×	×
C	×	○	×	×	×	×	×	○
D	×	×	×	○	×	×	○	×

따라서 D는 흰색 바지와 검은색 셔츠를 입었다.

08 정답 ③

B가 세 번째에 뽑은 카드에 적힌 숫자를 a라고 하면 A가 세 번째에 뽑은 카드에 적힌 숫자는 $a+1$이고, B가 첫 번째에 뽑은 카드에 적힌 숫자는 $a-1$이다.

또한 첫 번째, 두 번째, 세 번째에 A가 뽑은 카드에 적힌 숫자는 B가 뽑은 카드에 적힌 숫자보다 1만큼 크므로 A가 첫 번째로 뽑은 카드에 적힌 숫자는 $a-2$이다.

또한 B가 두 번째에 뽑은 카드에 적힌 숫자를 b라고 하면, A가 두 번째에 뽑은 카드에 적힌 숫자는 $b+1$이다.

구분	첫 번째	두 번째	세 번째
A	a	$b+1$	$a+1$
B	$a-1$	b	a

A와 B는 같은 숫자가 적힌 카드를 한 장 뽑았고, 그 숫자는 2라고 하였으므로 $a=2$이다.

구분	첫 번째	두 번째	세 번째
A	2	$b+1$	3
B	1	b	2

2가 적힌 카드를 제외하고 A, B가 뽑은 카드에 적힌 숫자가 달라야 하므로 $b=4$임을 알 수 있다.

구분	첫 번째	두 번째	세 번째
A	2	5	3
B	1	4	2

따라서 A와 B가 뽑은 카드에 적힌 숫자의 합 중 가장 큰 조합은 A가 두 번째, B가 두 번째인 경우이다.

09 정답 ②

B는 3번 콘센트를 사용하고, A와 E, C와 D는 바로 옆 콘센트를 이용하므로 B를 기준으로 A와 E, C와 D가 이용한 콘센트가 나뉜다. 또한 D는 5번 콘센트를 이용하지 않고, A는 1번이나 5번 콘센트를 이용하므로 다음과 같이 3가지 경우가 나온다.

구분	1번 콘센트 (작동 ○)	2번 콘센트 (작동 ○)	3번 콘센트 (작동 ○)	4번 콘센트 (작동 ○)	5번 콘센트 (작동 ×)
경우 1	A	E	B	D	C
경우 2	D	C	B	E	A
경우 3	C	D	B	E	A

따라서 C가 B의 바로 옆 콘센트를 이용하는 것은 경우 2이므로 A의 휴대폰에는 전원이 켜지지 않는다.

오답분석

① C의 휴대폰에 전원이 켜지지 않는 것은 C가 5번 콘센트를 이용하는 경우 1이므로, E는 2번 콘센트를 이용한다.

③ E가 4번 콘센트를 이용하는 것은 경우 2, 3이므로, C는 B의 바로 옆 콘센트를 이용할 수도 있고 그렇지 않을 수도 있다.

④ A의 휴대폰에 전원이 켜지지 않는 것은 A가 5번 콘센트를 이용하는 경우 2, 3이므로, D는 1번 콘센트를 이용할 수도 있고 그렇지 않을 수도 있다.

⑤ D가 2번 콘센트를 이용하는 것은 경우 3이므로, E는 4번 콘센트를 이용하고 휴대폰에 전원이 켜진다.

10 정답 ②

A가 가 마을에 살고 있다고 가정하면, B 또는 D도 가 마을에 살고 있고, F가 가 마을에 살고 있다고 했으므로 C, E는 나 마을에 살고 있음을 알 수 있다. 그러므로 C가 A, E 중 1명은 나 마을에 살고 있다고 말한 것 또한 진실이므로 모순이다.

A가 나 마을에 살고 있다고 가정하면, B, D 중 1명은 가 마을에 살고 있다는 말은 거짓이므로 B, D는 나 마을에 살고 있다. 따라서 A, B, D가 나 마을에 살고 있으므로 나머지 C, E, F는 가 마을에 살고 있음을 알 수 있다.

11 정답 ②

제시된 단어는 반의 관계이다.
'영겁'은 '영원한 세월'의 뜻으로 '아주 짧은 동안'이라는 뜻인 '순간'과 반의 관계이다. 따라서 '훌륭하고 귀중함'의 뜻을 가진 '고귀'와 반의 관계인 단어는 '격이 낮고 속됨'이라는 뜻인 '비속'이다.

오답분석

① 숭고 : 뜻이 높고 고상함
③ 고상 : 고귀한 인상
④ 존귀 : 지위나 신분이 높고 귀함
⑤ 신성 : 고결하고 거룩함

12 정답 ④

제시된 단어는 반의 관계이다.
'팽대'는 '세력이나 기운 따위가 크게 늘어나거나 퍼짐'의 뜻으로 '세력이나 기운, 사업 따위가 약화됨. 또는 그런 세력'이라는 뜻인 '퇴세'와 반의 관계이다. 따라서 '그릇된 것이나 묵은 것을 버리고 새롭게 함'의 뜻을 가진 '쇄신'과 반의 관계인 단어는 '예로부터 해오던 방식이나 수법을 좇아 그대로 행함'이라는 뜻인 '답습'이다.

오답분석

① 진보 : 정도나 수준이 나아지거나 높아짐
② 은폐 : 덮어 감추거나 가리어 숨김
③ 세파 : 모질고 거센 세상의 어려움
⑤ 개혁 : 제도나 기구 따위를 새롭게 뜯어고침

13 정답 ③

'임대'는 '자기 물건을 남에게 돈을 받고 빌려줌'이라는 뜻이므로 '남에게 물건을 빌려서 사용함'이라는 뜻인 '차용'과 반의 관계이고, 나머지는 유의 관계이다.

오답분석

① • 참조 : 참고로 비교하고 대조하여 봄
  • 참고 : 살펴서 도움이 될 만한 재료로 삼음
② • 숙독 : 글의 뜻을 생각하면서 차분하게 읽음
  • 탐독 : 어떤 글이나 책 따위를 열중하여 읽음
④ • 정세 : 일이 되어 가는 형편
  • 상황 : 일이 되어 가는 과정
⑤ • 분별 : 서로 다른 일이나 사물을 구별하여 가름
  • 인식 : 사물을 분별하고 판단하여 앎

14 정답 ⑤

'겸양하다'는 '겸손한 태도로 남에게 양보하거나 사양하다.'라는 뜻이므로 '잘난 체하며 남을 업신여기는 데가 있다.'는 뜻인 '거만하다'와 반의 관계이고, 나머지는 유의 관계이다.

오답분석

① • 옹호하다 : 두둔하고 편들어 지키다.
  • 편들다 : 어떤 편을 돕거나 두둔하다.
② • 상정하다 : 어떤 정황을 가정적으로 생각하여 단정하다.
  • 가정하다 : 사실이 아니거나 또는 사실인지 아닌지 분명하지 않은 것을 임시로 인정하다.

③ • 혁파하다 : 묵은 기구, 제도, 법령 따위를 없애다.
• 폐지하다 : 실시하여 오던 제도나 법규, 일 따위를 그만두거나 없애다.
④ • 원용하다 : 자기의 주장이나 학설을 세우기 위하여 문헌이나 관례 따위를 끌어다 쓰다.
• 인용하다 : 남의 말이나 글을 자신의 말이나 글 속에 끌어 쓰다.

15 정답 ⑤

규칙은 세로로 적용된다.
첫 번째 도형을 색 반전한 것이 두 번째 도형이고, 이를 시계 반대 방향으로 90° 회전한 것이 세 번째 도형이다.

16 정답 ③

규칙은 가로로 적용된다.
첫 번째 도형을 시계 반대 방향으로 90° 회전한 것이 두 번째 도형이고, 이를 시계 방향으로 45° 회전한 것이 세 번째 도형이다.

17 정답 ⑤

규칙은 세로로 적용된다.
첫 번째 도형을 180° 회전한 것이 두 번째 도형이고, 이를 색 반전한 것이 세 번째 도형이다.

[18~21]

• △ : 각 자릿수 0, +1, −1, +1
• ○ : 1234 → 4123
• ☆ : 각 자릿수 −1, 0, 0, +1
• □ : 1234 → 2314

18 정답 ⑤

QE1O → E1QO → D1QP
□ ☆

19 정답 ③

JW37 → JX28 → 8JX2
△ ○

20 정답 ①

UNWD → UOVE → OVUE
△ □

21 정답 ④

6753 → 5754 → 5845
☆ △

22 정답 ⑤

제시문에 따르면 의료용 3D프린팅 기술의 안전성 검증의 과정에서 전체적 동식물 유전자 조작에 대한 부정적 견해를 유발할 수 있다.

오답분석

① 3D프린터는 재료와 그 크기에 따라 사람의 치아나 피부, 자동차까지 다양한 사물을 인쇄할 수 있다.
② 3D프린터 기술의 발전에 따라 환자의 필요한 장기를 인쇄함으로써 별도의 장기기증자를 기다리지 않아도 될 것이다.
③ 피부를 직접 환자에게 인쇄하기 위해서는 피부 세포와 콜라겐 섬유소 등으로 구성된 바이오 잉크가 필요하다.
④ 환자 본인의 세포에서 유래된 바이오 잉크를 사용했느냐에 따라 거부 반응의 유무가 달라지기 때문에 같은 바이오 잉크를 사용한다 하더라도 거부 반응이 발생할 수 있다.

23 정답 ③

제시문을 통해 산업 및 가정에서 배출된 생활폐기물을 바이오매스 자원으로 활용하여 에너지를 생산하기 위한 화이트 바이오 연구가 진행되고 있음을 알 수 있다.

오답분석

① 바이오매스를 살아있는 유기물로 정의하는 생태학과 달리, 산업계에서는 산업용 폐자재나 가축의 분뇨, 생활폐기물과 같이 죽은 유기물이라 할 수 있는 유기성 폐자원 또한 바이오매스로 정의하고 있다.
② 산업계는 미생물을 활용한 화이트 바이오를 통해 온실가스 배출, 악취 발생, 수질오염 등 환경적 문제를 해결할 것으로 기대하고 있다.
④ 보건 및 의료 분야의 바이오 산업인 레드 바이오나 농업 및 식량 분야의 그린 바이오보다 늦게 발전을 시작했다는 점에서 앞선 두 바이오 산업에 비해 규모가 작을 것임을 추측할 수 있다.
⑤ 화이트 바이오 산업이 대체하려는 기존 화학 산업의 경우 화석원료를 이용하는 제조방식으로 인한 이산화탄소 배출이 문제가 되고 있음을 추측할 수 있다.

24 정답 ②

제시문은 현재의 정치, 경제적 구조로는 제로섬적인 요소를 지니는 경제 문제에 전혀 대처할 수 없다고 하였다. 그리고 이러한 특성 때문에 평균적으로는 사회를 더 잘살게 해주는 해결책이라고 할지라도 사람들은 자신이 패자가 될 경우에 줄어들 수입을 보호하기 위해 경제적 변화가 일어나는 것을 막거나 이러한 정책이 시행되는 것을 막기 위해 싸울 것이라는 내용을 담고 있다. 따라서 이 글이 비판의 대상으로 삼는 것은 앞서 언급한 '평균적으로 사회를 더 잘살게 해주는 해결책'을 지지하는 것이 되어야 하므로 ②가 가장 적절하다.

25 정답 ②

그린 컨슈머는 환경과 건강을 위한 소비자로 소비자가 할 수 있는 Refuse, Reduce, Reuse, Recycle 등을 활동한다. 과대 포장 공정 같은 경우는 소비자가 직접 조정할 수 있는 것이 아니고 기업이 행하여야 할 행동이다.

오답분석

① 카페에 텀블러를 가지고 가서 일회용품 소비를 줄이고, 물품을 구입할 때 필요 없는 것을 사지 않는 것은 그린 컨슈머의 행동이다.
③ 패션업계도 환경을 생각하는 것에 동참한다면 옷을 만들 때 친환경적인 것을 고려하고 알리는 컨셔스 패션 활동을 할 것이다.
④ 필환경 시대가 아니라고 생각한다면 그린 컨슈머의 활동을 안 할 것이고, 이는 지금과 생활과 같을 것이다.
⑤ S씨는 집에 쌓여있는 필요 없는 잡동사니를 보고 그린 컨슈머에 동참하였으므로 불필요한 물건을 사는 것 등에서 쓰레기 생산에 관여했다고 느꼈을 것이다.

CHAPTER

09 2020년 하반기 기출복원문제

| 01 | 수리

01	02	03	04	05	06	07	08	09	10
③	②	④	③	②	②	④	⑤	③	⑤

01 정답 ③

주어진 정보를 표로 나타내고 미지수를 설정하면 다음과 같다.

구분	소금물 1		소금물 2		섞은 후
농도	25%	+	10%	=	$\frac{55}{y}\times 100$
소금의 양	$200\times\frac{25}{100}=50$g		$x\times 0.1$g		55g
소금물의 양	200g		xg		yg

섞기 전과 섞은 후의 소금의 양과 소금물의 양으로 다음과 같이 식을 세울 수 있다.

$50+x\times 0.1=55$

$200+x=y$

$\therefore x=50,\ y=250$

따라서 섞은 후의 소금물의 농도는 $\frac{55}{y}\times 100=\frac{55}{250}\times 100=22\%$이다.

02 정답 ②

(이익)=(할인가)−(원가)이므로 이익이 생산비용보다 같거나 많아야 손해를 보지 않을 수 있다.

S사에서 생산하는 A상품의 개수를 x개라고 하면 다음과 같다.

(A상품 1개당 할인가)=300×(1−25%)=225원

(A상품 1개당 이익)=(A상품 1개당 할인가)−(A상품 1개당 원가)=225−200=25원

(생산비용)=10억 원=1,000,000,000원

(A상품 x개의 이익)≥(생산비용)

$25\times x\geq 1{,}000{,}000{,}000$

$\therefore x\geq 40{,}000{,}000$

따라서 A상품을 4천만 개 이상 생산해야 손해를 보지 않는다.

03 정답 ④

20억 원을 투자하였을 때 기대수익은 (원가)×(기대수익률)로 구할 수 있다. 기대수익률은 [(수익률)×(확률)의 합]으로 구할 수 있으므로 기대수익은 (원가)×[(수익률)×(확률)의 합]이다.
20×[10%×50%+0%×30%+(−10%)×20%]=0.6억 원이므로 기대수익은 0.6억 원=6,000만 원이다.
또한 (원가)+(수익)을 구하여 마지막에 (원가)를 빼서 (수익)을 구하는 방법도 있다.
[(원가)+(수익)]은 20×(110%×50%+100%×30%+90%×20%)=20.6억 원이다.
따라서 기대수익은 20.6−20=0.6억 원=6,000만 원이다.

04 정답 ③

일의 양을 1이라고 하고 A, B, C가 각자 혼자 일을 하였을 때 걸리는 기간을 각각 a, b, c일이라고 하면 다음과 같다.

- A가 혼자 하루에 할 수 있는 일의 양 : $\frac{1}{a}$
- B가 혼자 하루에 할 수 있는 일의 양 : $\frac{1}{b}$
- C가 혼자 하루에 할 수 있는 일의 양 : $\frac{1}{c}$

A, B, C 모두 혼자 일했을 때의 능률과 함께 일을 하였을 때의 능률이 같다고 하였으므로 다음과 같다.

- A, B, C가 하루에 할 수 있는 일의 양 : $\frac{1}{a}+\frac{1}{b}+\frac{1}{c}=\frac{1}{6}$ ⋯ ㉠
- A, B가 하루에 할 수 있는 일의 양 : $\frac{1}{a}+\frac{1}{b}=\frac{1}{12}$ ⋯ ㉡
- B, C가 하루에 할 수 있는 일의 양 : $\frac{1}{b}+\frac{1}{c}=\frac{1}{10}$ ⋯ ㉢

B가 혼자 일을 하였을 때 걸리는 기간을 구하는 문제이므로 ㉠, ㉡, ㉢을 다음과 같이 연립할 수 있다.

- ㉡+㉢ → $\frac{1}{a}+\frac{2}{b}+\frac{1}{c}=\frac{1}{12}+\frac{1}{10}=\frac{11}{60}$
- (㉡+㉢)−㉠ → $\frac{1}{a}+\frac{2}{b}+\frac{1}{c}-\left(\frac{1}{a}+\frac{1}{b}+\frac{1}{c}\right)=\frac{11}{60}-\frac{1}{6} \rightarrow \frac{1}{b}=\frac{1}{60}$

따라서 B가 혼자 일을 하면 60일이 걸린다.

05 정답 ②

은경이는 총 9장의 손수건을 구매했으므로 B손수건 3장을 제외한 나머지 A, C, D손수건을 각각 $\frac{9-3}{3}$=2장씩 구매하였다. 먼저 3명의 친구들에게 서로 다른 손수건을 3장씩 나눠 줘야하므로 B손수건을 1장씩 나눠준다. 나머지 A, C, D손수건을 서로 다른 손수건으로 2장씩 나누면 (A, C), (A, D), (C, D)로 묶을 수 있으므로 이 세 묶음을 3명에게 나눠주는 방법은 3!=3×2=6가지가 나온다.
따라서 은경이가 친구 3명에게 종류가 다른 손수건 3장씩 나눠주는 경우의 수는 6가지이다.

06 정답 ②

A사와 B사로부터 동일한 양의 부품을 공급받는다고 하였으므로 x개라고 하자.

구분	A사	B사
개수	x개	x개
불량률	0.1%	0.2%
선별률	50%	80%

S사가 선별한 A사 부품의 개수는 x×50%개, B사 부품의 개수는 x×80%개다.

S사가 선별한 부품 중 불량품의 개수는 A사는 $x\times50\%\times0.1\%$개, B사는 $x\times80\%\times0.2\%$개다.

S사가 선별한 부품 중 불량품의 개수는 $x\times50\%\times0.1\%+x\times80\%\times0.2\%$개이므로 하자가 있는 제품이 B사 부품일 확률은 다음과 같다.

$$\frac{x\times80\%\times0.2\%}{x\times50\%\times0.1\%+x\times80\%\times0.2\%}=\frac{x\times80\times0.2}{x\times50\times0.1+x\times80\times0.2}=\frac{16}{5+16}=\frac{16}{21}$$

따라서 하자가 있는 제품이 B사 부품일 확률은 $\frac{16}{21}$이다.

07 정답 ④

지방 전체 주택 수의 10%(1,115×0.1=111.5만 호) 이상을 차지하는 수도권 외(지방) 지역은 부산, 경북, 경남이다. 이 중 지방 주택보급률인 109%보다 낮은 지역은 부산(103%)이며, 부산의 주택보급률과 전국 주택보급률의 차이는 약 104−103=1%p이다.

오답분석

① 전국 주택보급률(104%)보다 낮은 지역은 수도권(서울, 인천, 경기), 지방에는 부산, 대전이 있다.

② 수도권 외(지방) 지역 중 주택 수가 가장 적은 지역은 12만 호인 세종이며, 세종의 주택보급률 109%보다 높은 지역은 울산, 강원, 충북, 충남, 전북, 전남, 경북, 경남으로 총 여덟 곳이다.

③ 가구 수가 주택 수보다 많은 지역은 주택보급률이 100% 미만인 서울이며, 전국에서 가구 수가 두 번째로 많다.

⑤ 주택 수가 가구 수의 1.1배 이상인 지역은 주택보급률이 110% 이상인 지역을 말한다. 울산, 강원, 충북, 충남, 전북, 전남, 경북, 경남에서 가구 수가 세 번째로 적은 지역인 충북의 주택보급률은 지방 주택보급률보다 약 113−109=4%p 높다.

08 정답 ⑤

ㄷ. 출산율은 2017년까지 계속 증가하였으며, 2018년에는 감소하였다.

ㄹ. 출산율과 남성 사망률의 차이는 2014년부터 2018년까지 각각 18.2%p, 20.8%p, 22.5%p, 23.7%p, 21.5%p로 2017년이 가장 크다.

오답분석

ㄱ. 2014년 대비 2018년의 전체 인구수의 증감률은 $\frac{12,808-12,381}{12,381}\times100≒3.4\%$이다.

ㄴ. 가임기 여성의 비율과 출산율은 서로 증감 추이가 다르다.

09 정답 ③

㉡ 전체 인구수는 계속하여 증가하고 있다.

㉣ 여성 사망률이 가장 높았던 해는 7.8%로 2017년이다.

㉤ 2018년은 출산율이 계속 증가하다가 감소한 해이다.

따라서 옳지 않은 내용은 총 3개이다.

10 정답 ⑤

첫 항은 220개이고 n시간($n\geq1$) 경과할 때마다 2^{n-1}개가 증가한다. n시간 경과했을 때의 세포 수를 a_n개라고 하면

$a_n=220+\sum_{k=1}^{n}2^{k-1}$이고 $\sum_{k=1}^{n}2^{k-1}=\frac{2^n-1}{2-1}=2^n-1$이므로 $a_n=220+2^n-1=219+2^n$이다.

따라서 9시간 경과 후인 a_9는 $219+2^9=219+512=731$개이다.

| 02 | 추리

01	02	03	04	05	06	07	08	09	10
②	①	③	②	⑤	⑤	②	⑤	④	①
11	12	13	14	15	16	17			
①	④	⑤	①	⑤	④	②			

01 정답 ②

'야근을 하는 사람'을 A, 'X분야의 업무를 하는 사람'을 B, 'Y분야의 업무를 하는 사람'을 C라고 하면, 전제1과 전제2는 다음과 같이 벤 다이어그램으로 나타낼 수 있다.

전제1)

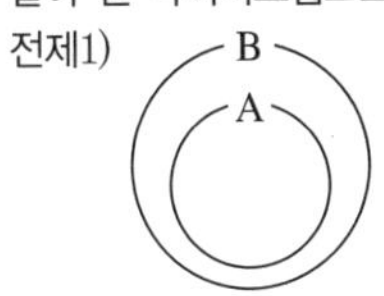

전제2)

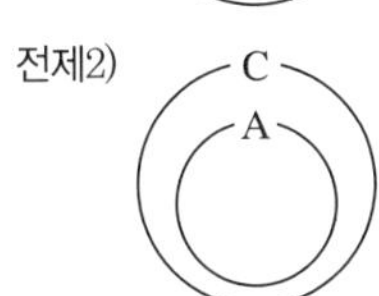

이를 정리하면 다음과 같은 벤 다이어그램이 성립한다.

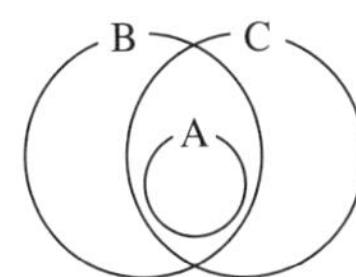

따라서 빈칸에 들어갈 명제는 'Y분야의 업무를 하는 어떤 사람은 X분야의 업무를 한다.'이다.

02 정답 ①

K씨는 2020년 상반기에 입사하였으므로 K씨의 사원번호 중 앞의 두 자리는 20이다. 또한 K씨의 사원번호는 세 번째와 여섯 번째 자리의 수가 같다고 하였으므로 세 번째와 여섯 번째 자리의 수를 x, 나머지 네 번째, 다섯 번째 자리의 수는 차례로 y, z라고 하자.

구분	첫 번째	두 번째	세 번째	네 번째	다섯 번째	여섯 번째
사원번호	2	0	x	y	z	x

사원번호 여섯 자리의 합은 9이므로 $2+0+x+y+z+x=9$이다. 이를 정리하면 $2x+y+z=7$이다. K씨의 사원번호 자리의 수는 세 번째와 여섯 번째 자리의 수를 제외하고 모두 다르다는 것을 주의하며 1부터 대입해보면 다음과 같다.

구분	x	y	z
경우 1	1	2	3
경우 2	1	3	2
경우 3	2	0	3
경우 4	2	3	0
경우 5	3	0	1
경우 6	3	1	0

따라서 네 번째 조건에 따라 y와 z자리에는 0이 올 수 없으므로 경우 1, 경우 2만 성립하고 K씨의 사원번호는 '201231'이거나 '201321'이다.

오답분석

② '201321'은 가능한 사원번호이지만 문제에서 항상 참인 것을 고르라고 하였으므로 답이 될 수 없다.
③ K씨의 사원번호는 '201231'이거나 '201321'이다.
④ 사원번호 여섯 자리의 합이 9가 되어야 하므로 K씨의 사원번호는 '211231'이 될 수 없다.
⑤ K씨의 사원번호 네 번째 자리의 수가 다섯 번째 자리의 수보다 작다면 '201231'과 '201321' 중 K씨의 사원번호로 옳은 것은 '201231'이다.

03 정답 ③

1행과 2행에 빈자리가 한 곳씩 있고 a자동차는 대각선을 제외하고 주변에 주차된 차가 없다고 하였으므로 a자동차는 1열이나 3열에 주차되어 있다. 또한 b자동차와 c자동차는 바로 옆에 주차되어 있다고 하였으므로 같은 행에 주차되어 있다.
그리고 1행과 2행에 빈자리가 한 곳씩 있다고 하였으므로 b자동차와 c자동차가 주차된 행에는 a자동차와 d자동차가 주차되어 있을 수 없다. 그러므로 a자동차와 d자동차는 같은 행에 주차되어 있다. 이를 정리하면 다음과 같다.

• 경우 1

a		d
	b	c

• 경우 2

a		d
	c	b

• 경우 3

d		a
b	c	

• 경우 4

d		a
c	b	

따라서 a자동차는 2열에 주차되어 있다는 ③은 항상 거짓이다.

오답분석

① 경우 1, 4에서는 b자동차의 앞 주차공간이 비어있지만, 경우 2, 3에서는 b자동차의 앞 주차공간에 d자동차가 주차되어 있으므로 항상 거짓은 아니다.
② 경우 1, 4에서는 c자동차의 옆 주차공간에 빈자리가 없지만, 경우 2, 3에서는 c자동차의 옆 주차공간에 빈자리가 있으므로 항상 거짓은 아니다.
④ 경우 1, 2, 3, 4에서 모두 a자동차와 d자동차는 1행에 주차되어 있으므로 항상 참이다.
⑤ 경우 1, 4에서는 d자동차와 c자동차가 같은 열에 주차되어 있지만, 경우 2, 3에서는 d자동차와 c자동차가 같은 열에 주차되어 있지 않으므로 항상 거짓은 아니다.

04 정답 ②

가장 최근에 입사한 사람이 D이므로 D의 이름은 가장 마지막인 다섯 번째에 적혔다. C와 D의 이름은 연달아 적히지 않았으므로 C의 이름은 네 번째에 적힐 수 없다. 또한 E는 C보다 먼저 입사하였으므로 E의 이름은 C의 이름보다 앞에 적는다. 그러므로 C의 이름은 첫 번째에 적히지 않았다. 이를 정리하면 다음과 같이 3가지 경우가 나온다.

구분	첫 번째	두 번째	세 번째	네 번째	다섯 번째
경우 1	E	C			D
경우 2	E		C		D
경우 3		E	C		D

여기서 경우 2와 경우 3은 A와 B의 이름이 연달아서 적혔다는 조건에 부합하지 않고, 경우 1만 성립하므로 정리하면 다음과 같다.

구분	첫 번째	두 번째	세 번째	네 번째	다섯 번째
경우 1	E	C	A	B	D
경우 2	E	C	B	A	D

따라서 E의 이름은 첫 번째에 적혀서 가장 먼저 입사하였으므로 B가 E보다 먼저 입사하였다는 ②는 항상 거짓이다.

오답분석

① C의 이름은 두 번째로 적혔고, A의 이름은 세 번째나 네 번째에 적혔으므로 항상 참이다.
③ E의 이름은 첫 번째에 적혔고, C의 이름은 두 번째로 적혔으므로 항상 참이다.
④ A의 이름은 세 번째에 적히면 B의 이름은 네 번째에 적혔고, A의 이름이 네 번째에 적히면 B의 이름은 세 번째에 적혔다. 따라서 참일 수도 거짓일 수도 있다.
⑤ B의 이름은 세 번째 또는 네 번째에 적혔고, C는 두 번째에 적혔으므로 항상 참이다.

05 정답 ⑤

제시된 단어는 유의 관계이다.
'변변하다'는 '지체나 살림살이가 남보다 떨어지지 아니하다.'는 뜻으로 '살림살이가 모자라지 않고 여유가 있다.'라는 뜻인 '넉넉하다'와 유의 관계이다. 따라서 '여럿이 떠들썩하게 들고일어나다.'는 뜻을 가진 '소요(騷擾)하다'와 유의 관계인 단어는 '시끄럽고 어수선하다.'라는 뜻인 '소란하다'이다.

오답분석

① 치유하다 : 치료하여 병을 낫게 하다.
② 한적하다 : 한가하고 고요하다.
③ 공겸하다 : 삼가는 태도로 겸손하게 자기를 낮추다.
④ 소유하다 : 가지고 있다.

06 정답 ⑤

제시된 단어는 유의 관계이다.
'공시하다'는 '일정한 내용을 공개적으로 게시하여 일반에게 널리 알리다.'는 뜻으로 '세상에 널리 퍼뜨려 모두 알게 하다.'라는 뜻인 '반포하다'와 유의 관계이다. 따라서 '서로 이기려고 다투며 덤벼들다.'는 뜻을 가진 '각축하다'와 유의 관계인 단어는 '같은 목적에 대하여 이기거나 앞서려고 서로 겨루다.'라는 뜻인 '경쟁하다'이다.

오답분석

① 공들이다 : 어떤 일을 이루는 데 정성과 노력을 많이 들이다.
② 통고하다 : 서면(書面)이나 말로 소식을 전하여 알리다.
③ 독점하다 : 혼자서 모두 차지하다.
④ 상면하다 : 서로 만나서 얼굴을 마주 보다.

07 정답 ②

제시된 단어는 반의 관계이다.
'침착하다'는 '행동이 들뜨지 아니하고 차분하다.'는 뜻으로 '말이나 행동이 조심성 없이 가볍다.'라는 뜻인 '경솔하다'와 반의 관계이다. 따라서 '곱고 가늘다.'라는 뜻을 가진 '섬세하다'와 반의 관계인 단어는 '거칠고 나쁘다.'라는 뜻인 '조악하다'이다.

오답분석

① 찬찬하다 : 동작이나 태도가 급하지 않고 느릿하다.
③ 감분(感憤)하다 : 마음속 깊이 분함을 느끼다.
④ 치밀하다 : 자세하고 꼼꼼하다.
⑤ 신중하다 : 매우 조심스럽다.

08 정답 ⑤

제시된 단어는 유의 관계이다.
'겨냥하다'는 '목표물을 겨누다.'는 뜻으로 '목표나 기준에 맞고 안 맞음을 헤아려 보다.'라는 뜻인 '가늠하다'와 유의 관계이다. 따라서 '기초나 터전 따위를 굳고 튼튼하게 하다.'는 뜻을 가진 '다지다'와 유의 관계인 단어는 '세력이나 힘을 더 강하고 튼튼하게 하다.'라는 뜻인 '강화하다'이다.

오답분석

① 진거하다 : 앞으로 나아가다.
② 겉잡다 : 겉으로 보고 대강 짐작하여 헤아리다.
③ 요량하다 : 앞일을 잘 헤아려 생각하다.
④ 약화하다 : 세력이나 힘이 약해지다.

09 정답 ④

'유지(維持)'는 '어떤 상태나 상황을 그대로 보존하거나 변함없이 계속하여 지탱함'이라는 뜻으로 '상당히 어렵게 보존하거나 유지하여 나감'이라는 뜻인 '부지(扶持 / 扶支)'와 유의 관계이고, 나머지는 반의 관계이다.

오답분석

① • 황혼 : 해가 지고 어스름해질 때. 또는 그때의 어스름한 빛
  • 여명 : 희미하게 날이 밝아 오는 빛. 또는 그런 무렵
② • 유별 : 여느 것과 두드러지게 다름
  • 보통 : 특별하지 아니하고 흔히 볼 수 있음
③ • 낭설 : 터무니없는 헛소문
  • 진실 : 거짓이 없는 사실
⑤ • 서막 : 일의 시작이나 발단
  • 결말 : 어떤 일이 마무리되는 끝

10 정답 ①

규칙은 가로로 적용된다.
두 번째는 첫 번째 도형을 시계 반대 방향으로 120° 회전시킨 도형이고, 세 번째는 두 번째 도형을 시계 방향으로 60° 회전시킨 도형이다.

[11~14]

• ▼ : 1234 → 4321
• △ : 각 자릿수 −1, +1, −1, +1
• ● : 각 자릿수 0, −1, 0, −1
• □ : 1234 → 1324

11 정답 ①

ㅅㄴㄹㅁ → ㅁㄹㄴㅅ → ㅁㄴㄹㅅ
　　　　 ▼　　　　 □

12 정답 ④

isog → irof → hsng
　　　●　　　　△

13 정답 ⑤

wnfy → yfnw → yenv
　　　▼　　　　●

14 정답 ①

ㅈㄹㅋㄷ → ㅈㅋㄹㄷ → ㅇㅌㄷㄹ
　　　　□　　　　　△

15 정답 ⑤

제시문에 따르면 케플러식 망원경은 상의 상하좌우가 뒤집힌 도립상을 보여주며, 갈릴레이식 망원경은 상의 상하좌우가 같은 정립상을 보여준다.

오답분석

① 최초의 망원경은 네덜란드의 안경 제작자인 한스 리퍼쉬(Hans Lippershey)에 의해 만들어졌지만, 이 최초의 망원경 발명에는 리퍼쉬의 아들이 발견한 렌즈 조합이 계기가 되었다.
② 갈릴레오는 초점거리가 긴 볼록렌즈를 망원경의 대물렌즈로 사용하고, 초점 거리가 짧은 오목렌즈를 초점면 앞에 놓아 접안렌즈로 사용하였다.
③ 갈릴레오는 자신이 발명한 망원경으로 금성의 각크기가 변한다는 것을 관측함으로써 금성이 지구를 중심으로 공전하는 것이 아니라 태양을 중심으로 공전하고 있다는 것을 증명하였다.
④ 케플러식 망원경은 장초점의 볼록렌즈를 대물렌즈로 하고, 단초점의 볼록렌즈를 초점면 뒤에 놓아 접안렌즈로 사용한 구조이다.

16 정답 ④

제시문에서는 비타민D의 결핍으로 인해 발생하는 건강문제를 근거로 신체를 태양빛에 노출하여 건강을 유지해야 한다고 주장하고 있다. 따라서 태양빛에 노출되지 않고도 충분한 비타민D 생성이 가능하다는 근거가 있다면 제시문에 대한 반박이 되므로 ④가 가장 적절하다.

오답분석

① 태양빛에 노출될 경우 피부암 등의 질환이 발생하는 것은 사실이나, 이것이 비타민D의 결핍을 해결하는 또 다른 방법을 제시하거나 제시문에서 주장하는 내용을 반박하고 있지는 않다.
② 비타민D는 칼슘과 인의 흡수 외에도 흉선에서 면역세포를 생산하는 작용에 관여하고 있다. 따라서 칼슘과 인의 주기적인 섭취만으로는 문제를 해결할 수 없으며, 제시문에 대한 반박이 되지 못한다.
③ 제시문에서는 비타민D 보충제에 대해 언급하고 있지 않다. 따라서 비타민D 보충제가 태양빛 노출을 대체할 수 있을지 판단하기 어렵다.
⑤ 제시문에서는 자외선 차단제를 사용했을 때 중파장 자외선이 어떻게 작용하는지 언급하고 있지 않다. 또한 자외선 차단제를 사용한다는 사실이 태양빛에 노출되어야 한다는 제시문의 주장을 반박한다고는 보기 어렵다.

17 정답 ②

제시문에서는 제품의 굽혀진 곡률을 나타내는 R의 값이 작을수록 패널이 받는 폴딩 스트레스가 높아진다고 언급하고 있다. 따라서 1.4R의 곡률인 S전자의 인폴딩 폴더블 스마트폰은 H기업의 아웃폴딩 스마트폰보다 곡률이 작을 것이므로 폴딩 스트레스가 높다고 할 수 있다.

오답분석

① H기업은 아웃폴딩 패널을 사용하였다.
③ 동일한 인폴딩 패널이라고 해도 S전자의 R값이 작으며, R값의 차이에 따른 개발 난이도는 제시문에서 확인할 수 없다.
④ 인폴딩 패널은 아웃폴딩 패널보다 상대적으로 곡률이 작아 개발 난이도가 높다. 따라서 아웃폴딩 패널을 사용한 H기업의 폴더블 스마트폰의 R값이 인폴딩 패널을 사용한 A기업의 폴더블 스마트폰보다 작을 것이라고 보기엔 어렵다.
⑤ 제시문에서 여러 층으로 구성된 패널을 접었을 때 압축응력과 인장응력이 동시에 발생한다고는 언급하고 있으나 패널의 수가 스트레스와 연관된다는 사실은 확인할 수 없다. 따라서 S전자의 폴더블 스마트폰의 R값이 작은 이유라고는 판단하기 어렵다.

CHAPTER 10

2020년 상반기 기출복원문제

| 01 | 수리

01	02	03	04	05	06	07	08		
③	⑤	②	④	⑤	③	③	①		

01 정답 ③

처음 5% 소금물의 양을 xg이라고 하면 다음과 같은 식이 성립한다.

$$\frac{\frac{5}{100}\times x+40}{x+40}\times 100=25$$

$\rightarrow 5x+4,000=25x+1,000$

$\rightarrow 20x=3,000$

$\therefore x=150$

따라서 처음 5% 소금물의 양은 150g이다.

02 정답 ⑤

욕조에 물을 가득 채웠을 때 물의 양을 1이라고 하면 A탱크는 1분에 $\frac{1\times 75\%}{18}=\frac{0.75}{18}$ 만큼 채울 수 있고 B탱크는 1분에 $\frac{0.75}{18}\times 1.5$만큼 채울 수 있다.

A탱크가 15분간 욕조를 채운 양은 $\frac{0.75}{18}\times 15$이므로 욕조를 가득 채우기까지 남은 양은 $1-\frac{0.75}{18}\times 15$이다.

그러므로 남은 양을 B탱크가 채웠을 때 걸리는 시간을 구하는 식은 다음과 같다.

$$\frac{1-\frac{0.75}{18}\times 15}{\frac{0.75}{18}\times 1.5}=\frac{18-0.75\times 15}{0.75\times 1.5}=\frac{18-11.25}{1.125}=\frac{6.75}{1.125}=6\text{분이다.}$$

따라서 남은 양을 B탱크가 채웠을 때, 걸리는 시간은 6분이다.

03 정답 ②

대리는 X프로젝트와 Z프로젝트를 선택할 수 있으며, 사원은 Y프로젝트와 Z프로젝트를 선택할 수 있으므로, 대리와 사원은 한 사람당 2가지의 선택권이 있다.

따라서 대리 2명, 사원 3명이 프로젝트를 선택하여 진행하는 경우의 수는 $(2\times 2)\times(2\times 2\times 2)=2^2\times 2^3=2^5=32$가지이다.

04 정답 ④

A가 목적지까지 이동하는 거리와 걸리는 시간을 계산하면 다음과 같다.

• 이동거리 : $0.8+36\times\frac{8}{60}=5.6\text{km}$

• 소요시간 : 12분+8분=20분

따라서 자전거를 이용해 같은 시간 동안 같은 경로로 이동할 때 평균 속력은 $5.6\div20=0.28\text{km/분}$이다.

05 정답 ⑤

X경로의 거리를 $x\text{km}$, Y경로의 거리를 $y\text{km}$, A의 이동 속력을 $r\text{km/h}$, B의 이동 속력은 $z\text{km/h}$라 하자.

$\frac{x}{r}=\frac{x}{z}+1 \cdots$ ㉠

$\frac{x}{r}+1=\frac{y}{z} \cdots$ ㉡

$x+160=y$이므로 ㉡에 대입하면 $\frac{x}{r}+1=\frac{x+160}{z}$이고,

㉠과 연립하면 $\frac{x}{z}+1+1=\frac{x+160}{z} \rightarrow \frac{x}{z}+2=\frac{x}{z}+\frac{160}{z} \rightarrow 2=\frac{160}{z}$

$\therefore z=80$

따라서 B의 이동 속력은 80km/h이다.

06 정답 ③

영희가 철수보다 높은 수가 적힌 카드를 뽑는 경우는 다음과 같다.

구분	철수	영희
카드에 적힌 수	1	2～9
	2	3～9
	…	…
	8	9

따라서 영희가 철수보다 큰 수가 적힌 카드를 뽑는 모든 경우의 수는 1부터 8까지의 합이므로 $\frac{8\times9}{2}=36$가지이다.

07 정답 ③

이벤트에 당첨될 확률을 구하는 식은 다음과 같다.

• 처음 주사위를 던져서 당첨이 될 확률 : $\frac{1}{6}$

• 처음 주사위를 던져서 5, 6이 나오고, 가위바위보를 하여 당첨될 확률 : $\frac{2}{6}\times\frac{1}{3}$

• 처음 주사위를 던져서 5, 6이 나오고, 가위바위보를 하여 비겨서 다시 가위바위보를 하여 당첨될 확률 : $\frac{2}{6}\times\frac{1}{3}\times\frac{1}{3}$

따라서 이벤트에 당첨될 확률은 $\frac{1}{6}+\frac{2}{6}\times\frac{1}{3}+\frac{2}{6}\times\frac{1}{3}\times\frac{1}{3}=\frac{17}{54}$이다.

08 정답 ①

작년 직원 중 안경을 쓴 사람을 x명, 안경을 쓰지 않은 사람을 y명이라고 하면 $x+y=45$이므로 $y=45-x$이다. 또한 올해는 작년보다 $58-45=13$명 증가하였으므로 구하는 식은 다음과 같다.

$x\times0.2+(45-x)\times0.4=13$

$\rightarrow -0.2x=13-45\times0.4$

$\rightarrow -0.2x=-5$

$\therefore x=25$

따라서 올해 입사한 사람 중 안경을 쓴 사람의 수는 $x\times0.2=25\times0.2=5$명이다.

| 02 | 추리

01	02	03	04	05	06	07	08	09	10
②	④	③	⑤	④	①	②	②	④	③
11	12								
①	①								

01 정답 ②

②는 반의 관계이고, 나머지는 유의 관계이다.

- 엄정(嚴正) : 엄격하고 바름
- 해이 : 긴장이나 규율 따위가 풀려 마음이 느슨함

02 정답 ④

④는 유의 관계이고, 나머지는 반의 관계이다.

- 판이하다 : 비교 대상의 성질이나 모양, 상태 따위가 아주 다르다.
- 다르다 : 비교가 되는 두 대상이 서로 같지 아니하다.

오답분석

① • 득의 : 일이 뜻대로 이루어져 만족해하거나 뽐냄
  • 실의 : 뜻이나 의욕을 잃음

② • 엎어지다 : 서 있는 사람이나 물체 따위가 앞으로 넘어지다.
  • 자빠지다 : 뒤로 또는 옆으로 넘어지다.

③ • 화해 : 싸움하던 것을 멈추고 서로 가지고 있던 안 좋은 감정을 풀어 없앰
  • 결렬 : 교섭이나 회의 따위에서 의견이 합쳐지지 않아 각각 갈라서게 됨

⑤ • 고상 : 품위나 몸가짐이 속되지 아니하고 훌륭함
  • 저열 : 품격이 낮고 보잘것없는 특성이나 성질

03 정답 ③

제시된 단어는 유의 관계이다.
'뇌까리다'와 '지껄이다'는 각각 '아무렇게나 되는대로 마구 지껄이다.'와 '약간 큰 소리로 떠들썩하게 이야기하다.'는 뜻의 유의 관계이다. 따라서 빈칸에는 '복되고 길한 일이 일어날 조짐이 있다.'는 뜻의 '상서롭다'와 유의 관계인 '운이 좋거나 일이 상서롭다.'는 뜻의 '길하다'가 오는 것이 적절하다.

오답분석

① 망하다 : 개인, 가정, 단체 따위가 제 구실을 하지 못하고 끝장이 나다.
② 성하다 : 물건이 본디 모습대로 멀쩡하다.
④ 실하다 : 실속 있고 넉넉하다.
⑤ 달하다 : 일정한 표준, 수량, 정도 따위에 이르다.

04 정답 ⑤

제시된 단어는 유의 관계이다.
'초췌하다'와 '수척하다'는 각각 '병, 근심, 고생 따위로 얼굴이나 몸이 여위고 파리하다.'와 '몸이 몹시 야위고 마른 듯하다.'는 뜻의 유의 관계이다. 따라서 빈칸에는 '능력이나 품성 따위를 길러 쌓거나 갖춤'이란 뜻의 '함양'과 유의 관계인 '길러 자라게 함'이란 뜻의 '육성'이 오는 것이 적절하다.

오답분석

① 집합 : 사람들을 한곳으로 모으거나 모임
② 활용 : 충분히 잘 이용함
③ 결실 : 일의 결과가 잘 맺어짐
④ 도출 : 어떤 생각이나 결론, 반응 따위를 이끌어냄

05 정답 ④

'피자를 좋아하는 사람'을 p, '치킨을 좋아하는 사람'을 q, '감자튀김을 좋아하는 사람'을 r, '나'를 s라고 하면, 전제1은 $p \rightarrow q$, 전제2는 $q \rightarrow r$, 전제3은 $s \rightarrow p$이다. 따라서 $s \rightarrow p \rightarrow q \rightarrow r$이 성립되어 빈칸에 들어갈 명제는 '나는 감자튀김을 좋아한다.'이다.

06 정답 ①

'갈매기'를 p, '육식을 하는 새'를 q, '바닷가에 사는 새'를 r, '헤엄을 치는 새'를 s라고 하면, 전제1은 $p \rightarrow q$, 전제3은 $r \rightarrow p$, 결론은 $s \rightarrow q$이다. 따라서 $s \rightarrow r$이 빈칸에 들어가야 $s \rightarrow r \rightarrow p \rightarrow q$가 되어 결론인 $s \rightarrow q$가 성립된다. 따라서 참인 명제의 대우 역시 참이므로 빈칸에 들어갈 명제는 '바닷가에 살지 않는 새는 헤엄을 치지 않는다.'이다.

07 정답 ②

조건대로 원탁에 인원을 배치할 경우 A를 기준으로 오른쪽으로 돌았을 때 'A – D – F – B – C – E'와 'A – D – F – C – B – E' 두 가지 경우의 수가 생긴다. 따라서 두 경우에서 A와 D는 늘 붙어있으므로 ②가 항상 참이다.

08 정답 ②

네 사람이 진실을 말하고 있으므로 거짓말을 하는 사람이 한 명만 발생하는 경우를 찾아내면 된다. 확실하게 순서를 파악할 수 있는 C, D, E의 증언대로 자리를 배치할 경우 A는 첫 번째, C는 두 번째, D는 세 번째로 줄을 서게 된다. 이후 A와 B의 증언대로 남은 자리에 배치할 경우 B의 증언에서 모순이 발생하게 된다. 따라서 B의 증언은 A의 증언과도 모순이 생기므로 거짓말을 한 사람은 B임을 알 수 있다.

09 정답 ④

셔츠를 구입한 정을 기준으로 주어진 조건을 풀어내면 다음과 같다.

- 정은 셔츠를 구입했으므로, 치마와 원피스를 입지 않는 을은 바지를 구입하게 된다.
- 갑은 셔츠와 치마를 입지 않으므로 을이 구입한 바지 대신 원피스를 고르게 된다.
- 병은 원피스, 바지, 셔츠 외에 남은 치마를 구입하게 된다.

따라서 ④가 가장 적절하다.

10 정답 ③

오골계는 살과 가죽, 뼈 등이 검은 것 외에도 일반 닭에 비해 발가락 수가 5개로 하나 더 많기 때문에 일반 닭과 큰 차이가 없다고 보기는 어렵다.

오답분석

① 검은색 털을 지닌 오계와 달리 오골계는 흰색이나 붉은 갈색의 털을 지니고 있어 털의 색으로도 구분이 가능하다.
② 손질된 오골계와 오계 고기는 살과 가죽, 뼈가 모두 검정이기 때문에 구분이 쉽지 않을 것이다.
④ 오계의 병아리는 일반 병아리와 달리 털이 검은색이며 발가락 수가 다르기 때문에 구분하기가 쉽다고 할 수 있다.
⑤ 오계는 야생성이 강하고 사육기간이 길어 기르는 것이 쉽지 않은 데다 동의보감에서 약효와 쓰임새가 기록되어 있는 것을 통해 식재보다는 약용으로 더 많이 쓰였을 것으로 짐작할 수 있다.

11 정답 ①

규칙은 세로로 적용된다.
두 번째 도형은 첫 번째 도형을 시계 방향으로 90° 돌린 도형이고, 세 번째 도형은 두 번째 도형을 좌우 반전시킨 도형이다.

12 정답 ①

규칙은 가로로 적용된다.
두 번째 도형은 첫 번째 도형을 좌우 대칭하여 합친 도형이고, 세 번째 도형은 두 번째 도형을 시계 방향으로 90° 돌린 도형이다.

CHAPTER

11 2019년 하반기 기출복원문제

| 01 | 수리

01	02	03	04	05	06	07			
①	⑤	③	④	⑤	②	⑤			

01 정답 ①

전체 일의 양을 1이라고 할 때 A, B, C직원이 각각 1분 동안 혼자 할 수 있는 일의 양을 각각 a, b, c라고 하자.

$a=\frac{1}{120}$

$a+b=\frac{1}{80} \rightarrow b=\frac{1}{80}-\frac{1}{120}=\frac{1}{240}$

$b+c=\frac{1}{60} \rightarrow c=\frac{1}{60}-\frac{1}{240}=\frac{1}{80}$

$\therefore a+b+c=\frac{1}{120}+\frac{1}{240}+\frac{1}{80}=\frac{2+1+3}{240}=\frac{1}{40}$

따라서 A, B, C직원이 함께 건조기 1대의 모터를 교체하는 데 걸리는 시간은 40분이다.

02 정답 ⑤

작년에 입사한 남자 신입사원 수를 x명, 여자 신입사원 수를 y명이라고 하면 다음과 같다.

$x+y=55 \cdots$ ㉠

$1.5x+0.6y=60 \cdots$ ㉡

㉠과 ㉡을 연립하면 다음과 같다.

$\therefore x=30,\ y=25$

따라서 올해 여자 신입사원 수는 $25\times0.6=15$명이다.

03 정답 ③

A는 8일마다 $\frac{1}{2}$씩 포장할 수 있으므로 24일 후에 남은 물품의 수는 다음과 같다.

(단위 : 개)

처음	8일 후	16일 후	24일 후
512	256	128	64

B가 처음 받은 물품의 개수를 x개라고 하자.

24일 후에 B에게 남은 물품의 개수는 64개이고 2일마다 $\frac{1}{2}$씩 포장하므로 24일 동안 12번을 포장한다.

$x\times\left(\frac{1}{2}\right)^{12}=64 \rightarrow x\times2^{-12}=2^{6} \rightarrow x=2^{6+12}$

따라서 B는 처음에 2^{18}개의 물품을 받았다.

04 정답 ④

동전을 던져서 앞면이 나오는 횟수를 x회, 뒷면이 나오는 횟수를 y회라고 하자.

$x+y=5 \cdots$ ㉠

0에서 출발하여 동전의 앞면이 나오면 +2만큼 이동하고, 뒷면이 나오면 −1만큼 이동하므로

$2x-y=4 \cdots$ ㉡

㉠과 ㉡을 연립하면

$\therefore x=3,\ y=2$

따라서 동전의 앞면이 나올 확률과 뒷면이 나올 확률은 각각 $\frac{1}{2}$이므로 동전을 던져 수직선 위의 A가 4로 이동할 확률은

${}_5C_3\left(\frac{1}{2}\right)^3\left(\frac{1}{2}\right)^2=\frac{5}{16}$이다.

05 정답 ⑤

3월의 개체 수는 1월과 2월의 개체 수를 합한 것과 같고, 4월의 개체 수는 2월과 3월을 합한 것과 같다. 즉, 물고기의 개체 수는 피보나치수열로 증가하고 있다.

n을 월이라고 하고, A물고기의 개체 수를 a_n이라고 하자.

$a_1=1,\ a_2=1,\ a_n=a_{n-1}+a_{n-2}(n\geq 3)$

(단위 : 마리)

구분	1월	2월	3월	4월	5월	6월	7월	8월	9월	10월	11월	12월
개체 수	1	1	2	3	5	8	13	21	34	55	89	144

따라서 12월의 A물고기 수는 144마리이다.

06 정답 ②

중국의 의료 빅데이터 예상 시장 규모의 전년 대비 성장률을 구하면 다음과 같다.

구분	2015년	2016년	2017년	2018년	2019년	2020년	2021년	2022년	2023년	2024년
성장률(%)	−	56.3	90.0	60.7	93.2	64.9	45.0	35.0	30.0	30.0

따라서 ②의 그래프가 적절하다.

07 정답 ⑤

ㄱ. 2017년 대비 2019년 의사 수의 증가율은 $\frac{11.40-10.02}{10.02}\times 100 \fallingdotseq 13.77\%$이며, 간호사 수의 증가율은 $\frac{19.70-18.60}{18.60}\times 100$ $\fallingdotseq 5.91\%$이다.

따라서 의사 수의 증가율은 간호사 수의 증가율보다 13.77−5.91=7.86%p 높다.

ㄷ. 2010 ~ 2014년 동안 의사 한 명당 간호사 수를 구하면 다음과 같다.

- 2010년 : $\frac{11.06}{7.83}\fallingdotseq 1.41$명
- 2011년 : $\frac{11.88}{8.45}\fallingdotseq 1.41$명
- 2012년 : $\frac{12.05}{8.68}\fallingdotseq 1.39$명
- 2013년 : $\frac{13.47}{9.07}\fallingdotseq 1.49$명
- 2014년 : $\frac{14.70}{9.26}\fallingdotseq 1.59$명

따라서 2014년도의 의사 한 명당 간호사 수가 약 1.59명으로 가장 많다.

ㄹ. 2013 ~ 2016년까지 간호사 수 평균은 $\frac{13.47+14.70+15.80+18.00}{4}\fallingdotseq 15.49$만 명이다.

PART 2 기출복원문제 정답 및 해설

오답분석

ㄴ. 2011～2019년 동안 전년 대비 의사 수 증가량이 2천 명 이하인 해는 2014년이다. 2014년의 의사와 간호사 수의 차이는 14.7－9.26＝5.44만 명이므로 5만 명 이상이다.

| 02 | 추리

01	02	03	04	05	06				
③	②	②	①	②	④				

01 정답 ③

제시된 단어는 유의 관계로, '만족하다'의 유의어는 '탐탁하다'이다.

02 정답 ②

'돛단배'는 '바람'의 힘으로 움직이고, '전등'은 '전기'의 힘으로 빛을 낸다.

03 정답 ②

'오디'는 뽕나무의 열매이고, '뽕잎'은 뽕나무의 잎이다.

오답분석

①·③·④·⑤는 앞의 단어가 뒤의 단어의 재료가 된다. 즉, 재료와 가공품의 관계이다.

• 견사(絹絲) : 깁이나 비단을 짜는 명주실

04 정답 ①

제시된 단어는 반의 관계로, '괄시(恝視)'는 '업신여겨 하찮게 대함'이고, '후대(厚待)'는 '아주 잘 대접함'이다.

오답분석

②·③·④·⑤는 유의 관계이다.

05 정답 ②

첫 번째 조건과 두 번째 조건에 따라 물리학과 학생은 흰색만 좋아하는 것을 알 수 있으며, 세 번째 조건과 네 번째 조건에 따라 지리학과 학생은 흰색과 빨간색만 좋아하는 것을 알 수 있다. 전공별로 좋아하는 색을 정리하면 다음과 같다.

경제학과	물리학과	통계학과	지리학과
검은색, 빨간색	흰색	빨간색	흰색, 빨간색

이때 검은색을 좋아하는 학과는 경제학과뿐이므로 C가 경제학과임을 알 수 있으며, 빨간색을 좋아하지 않는 학과는 물리학과뿐이므로 B가 물리학과임을 알 수 있다. 따라서 항상 참이 되는 것은 ②이다.

06 정답 ④

규칙은 가로로 적용된다.

첫 번째 도형의 색칠된 부분과 두 번째 도형의 색칠된 부분이 겹치는 부분을 색칠한 도형이 세 번째 도형이 된다.

CHAPTER

12 2019년 상반기 기출복원문제

| 01 | 수리

01	02	03	04	05	06	07			
①	③	④	④	②	③	⑤			

01 정답 ①

1팀에 속한 사람이 모두 만나 한 번씩 경기하는 횟수는 $5+4+3+2+1=15$번이고, 마찬가지로 2팀에 속한 사람이 경기하는 횟수는 $6+5+4+3+2+1=21$번이다.

각 팀의 1, 2등이 본선에 진출하여 경기하는 횟수는 2명씩 준결승 경기 각각 2번, 결승전 1번, 3·4위전 1번으로 총 4번이다.

따라서 경기를 관람하는데 필요한 총 비용은 $(21+15)\times20,000+4\times30,000=720,000+120,000=840,000$원이다.

02 정답 ③

A는 0, 2, 3을 뽑았으므로 320이 만들 수 있는 가장 큰 세 자리 숫자이다. 이처럼 5장 중 3장의 카드를 뽑는데 카드의 순서를 고려하지 않고 뽑는 전체 경우의 수는 ${}_5C_2=10$가지이다.

B가 이기려면 4가 적힌 카드를 뽑거나 1, 2, 3의 카드를 뽑아야 한다.

4가 적힌 카드를 뽑는 경우의 수는 4가 한 장을 차지하고 나머지 2장의 카드를 뽑아야 하므로 ${}_4C_2=6$가지이고, 1, 2, 3카드를 뽑는 경우는 1가지이다.

따라서 B가 이길 확률은 $\frac{7}{10}\times100=70\%$이다.

03 정답 ④

O사원이 걸어간 거리는 $1.8\times0.25=0.45$km이고, 자전거를 탄 거리는 $1.8\times0.75=1.35$km이다. 3km/h와 30km/h를 각각 분단위로 환산하면 각각 0.05km/분, 0.5km/분이다. 이를 기준으로 이동시간을 계산하면 O사원이 걸은 시간은 $\frac{0.45}{0.05}=9$분이고, 자전거를 탄 시간은 $\frac{1.35}{0.5}=2.7$분이다. 즉, 총 이동시간은 $9+2.7=11.7$분이고, 0.7분을 초로 환산하면 $0.7\times60=42$초이다.

따라서 O사원이 출근하는 데 걸린 시간은 11분 42초이다.

04 정답 ④

증발하기 전 농도가 15%인 소금물의 양을 xg이라고 하자.

이 소금물의 소금의 양은 $0.15x$g이고, 5% 증발했으므로 증발한 후의 소금물의 양은 $0.95x$g이다. 또한, 농도가 30%인 소금물의 소금의 양은 $200\times0.3=60$g이므로 소금물의 양을 구하는 식은 다음과 같다.

$\frac{0.15x+60}{0.95x+200}=0.2 \rightarrow 0.15x+60=0.2(0.95x+200)$

$\rightarrow 0.15x+60=0.19x+40 \rightarrow 0.04x=20$

$\therefore x=500$

따라서 증발 전 농도가 15%인 소금물의 양은 500g이다.

05 정답 ②

A금붕어, B금붕어가 팔리는 일을 n일이라고 하고, 남은 금붕어의 수를 각각 a_n, b_n이라고 하자.

A금붕어는 하루에 121마리씩 감소하고 있으므로 $a_n=1,675-121(n-1)=1,796-121n$이다.

$1,796-121\times10=1,796-1,210=586$

그러므로 10일 차에 남은 A금붕어는 586마리이다.

B금붕어는 매일 3, 5, 9, 15, …마리씩 감소하고 있고, 계차의 차는 2, 4, 6, …이다.

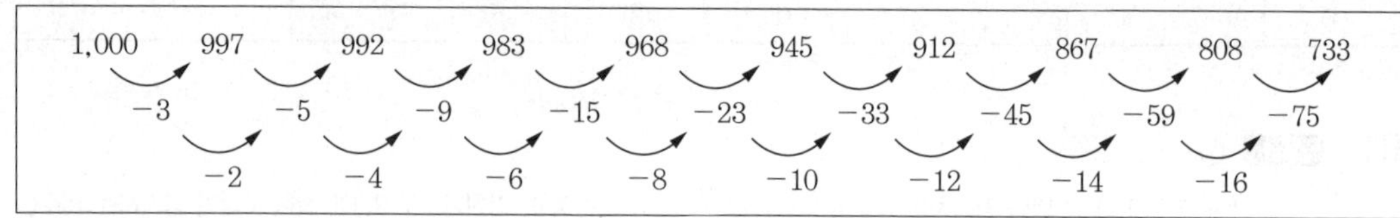

그러므로 10일 차에 남은 B금붕어는 733마리이다.

따라서 A금붕어는 586마리, B금붕어는 733마리가 남았다.

06 정답 ③

ㄴ. 국가채권 중 조세채권의 전년 대비 증가율은 다음과 같다.

- 2015년 : $\frac{30-26}{26}\times100 \fallingdotseq 15.4\%$
- 2017년 : $\frac{38-34}{34}\times100 \fallingdotseq 11.8\%$

따라서 조세채권의 전년 대비 증가율은 2015년이 2017년보다 높다.

ㄷ. 융자회수금의 국가채권과 연체채권의 총합이 가장 높은 해는 142조 원으로 2017년이다. 연도별 경상 이전수입의 국가채권과 연체채권의 총합을 구하면 각각 15, 15, 17, 18조 원이므로 2017년이 가장 높다.

오답분석

ㄱ. 2014년 총 연체채권은 27조 원으로 2016년 총 연체채권의 80%인 $36\times0.8=28.8$조 원보다 작다.

ㄹ. 2014년 대비 2017년 경상 이전수입 중 국가채권의 증가율은 $\frac{10-8}{8}\times100=25\%$이며, 경상 이전수입 중 연체채권의 증가율은 $\frac{8-7}{7}\times100 \fallingdotseq 14.3\%$로 국가채권 증가율이 더 높다.

07 정답 ⑤

강수량의 증감 추이를 나타내면 다음과 같다.

1월	2월	3월	4월	5월	6월	7월	8월	9월	10월	11월	12월
–	증가	감소	증가	감소	증가	증가	감소	감소	감소	감소	증가

이와 동일한 추이를 보이는 그래프는 ⑤이다.

오답분석

① 증감 추이는 같지만 4월의 강수량이 50mm 이하로 표현되어 있다.

| 02 | 추리

01	02	03	04	05					
⑤	③	②	①	④					

01 정답 ⑤

제시된 단어는 반의 관계이다.
'응분'은 '어떤 정도나 분수에 맞음'을 의미하며, '과분'은 '분수에 넘침'을 의미하고, '겸양하다'는 '겸손한 태도로 양보하거나 사양하다.'라는 의미이며, '젠체하다'는 '잘난 체하다.'라는 의미이다.

02 정답 ③

제시된 단어는 반의 관계이다.
'칠칠하다'는 '성질이나 일 처리가 반듯하고 야무지다.'라는 의미이고, '널널하다'와 '너르다'는 모두 '공간이 넓다.' 또는 '어떤 일이 여유가 있다.'라는 의미이다.

오답분석

② • 낙찰 : 경매나 경쟁 입찰 등에서 물건이나 일이 어떤 사람이나 단체에 가도록 결정됨
 • 유찰 : 입찰 결과 낙찰이 결정되지 않고 무효로 돌아감
④ • 가축 : 집에서 기르는 짐승
 • 야수 : 사람에게 길들지 않은 사나운 야생의 짐승

03 정답 ②

A는 B와 C를 범인으로 지목하고, D는 C를 범인으로 지목하고 있다. A의 진술은 진실인데 D는 거짓일 수 없으므로 A와 D의 진술이 모두 진실인 경우와, A의 진술이 거짓이고 D의 진술은 참인 경우, 그리고 A와 D의 진술이 모두 거짓인 경우로 나누어 볼 수 있다.

i) A와 D의 진술이 모두 진실인 경우
B와 C가 범인이므로 B와 C가 거짓을 말해야 하며, A, D, E는 반드시 진실을 말해야 한다. 그런데 E가 거짓을 말하고 있으므로 2명만 거짓을 말해야 한다는 조건에 부합하지 않는다.

ii) A의 진술은 거짓, D의 진술은 진실인 경우
B는 범인이 아니고 C만 범인이므로 B는 진실을 말하고, B가 범인이 아니라고 한 E도 진실을 말한다. 그러므로 A와 C가 범인이다.

iii) A와 D의 진술이 모두 거짓일 경우
범인은 A와 D이고, B, C, E는 모두 진실이 된다.

따라서 A와 C 또는 A와 D가 동시에 범인이 될 수 있다.

04 정답 ①

6명이 앉은 테이블은 빈자리가 없고, 4명이 앉은 테이블에만 빈자리가 있으므로 첫 번째, 세 번째 조건에 따라 A, I, F는 4명이 앉은 테이블에 앉아 있음을 알 수 있다. 4명이 앉은 테이블에서 남은 자리는 1개뿐이므로 두 번째, 다섯 번째, 여섯 번째 조건에 따라 C, D, G, H, J는 6명이 앉은 테이블에 앉아야 한다. 마주보고 앉는 H와 J를 6명이 앉은 테이블에 먼저 배치하면 G는 H의 왼쪽 또는 오른쪽 자리에 앉고, C와 D는 J를 사이에 두고 앉아야 한다. 이때 네 번째 조건에 따라 어떤 경우에도 E는 6명이 앉은 테이블에 앉을 수 없으므로, 4명이 앉은 테이블에 앉아야 한다. 그러므로 4명이 앉은 테이블에는 A, E, F, I가 앉고, 6명이 앉은 테이블에는 B, C, D, G, H, J가 앉는다. 이를 정리하면 다음과 같다.

i) 4명이 앉은 테이블

A와 I 사이에 빈자리가 하나 있고, F는 양 옆 중 오른쪽 자리만 비어 있으며 다음과 같이 4가지 경우의 수가 발생한다.

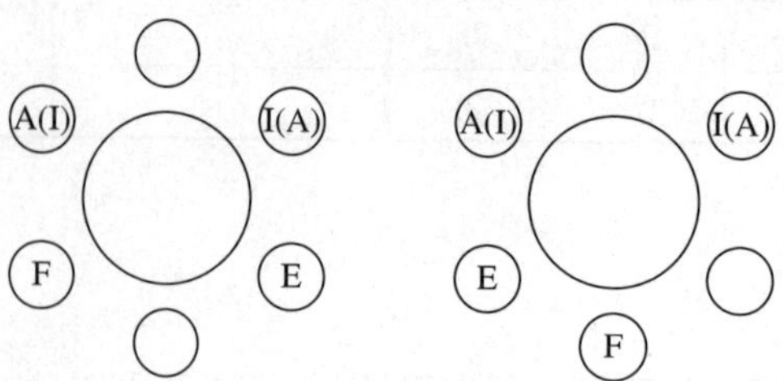

ii) 6명이 앉은 테이블

H와 J가 마주본 상태에서 G가 H의 왼쪽 또는 오른쪽 자리에 앉고, C와 D는 J를 사이에 두고 앉으며 다음과 같이 4가지 경우의 수가 발생한다.

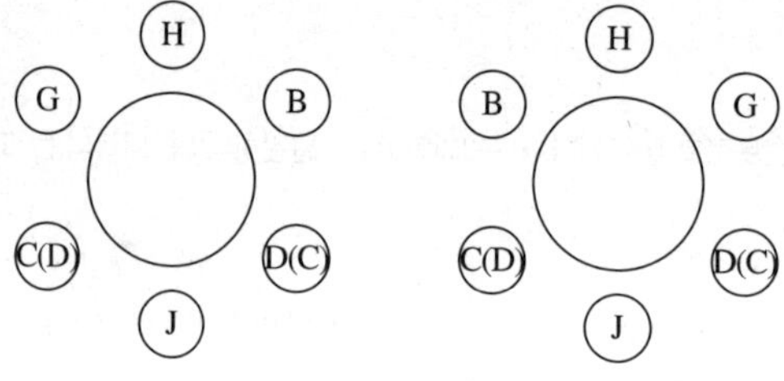

따라서 어떤 경우에도 A와 B는 다른 테이블이므로, ①은 항상 거짓이다.

05 정답 ④

규칙은 세로로 적용된다.

첫 번째 도형과 두 번째 도형의 색칠된 부분을 합치면 세 번째 도형이 된다.

CHAPTER

13 2018년 하반기 기출복원문제

| 01 | 수리

01	02	03	04	05	06				
③	③	④	①	⑤	④				

01 정답 ③

8팀이 리그전으로 경기를 하려면 ${}_8\mathrm{C}_2=\frac{8\times7}{2}=28$번의 경기를 해야 한다.

또한, 상위 4개 팀이 토너먼트로 경기를 할 경우 준결승전 2번, 결승전 1번을 해야 하므로 경기는 3번 진행된다.

따라서 모든 경기를 보기 위해 티켓에 들어가는 비용은 28×1만 원+3×2만 원=34만 원이다.

02 정답 ③

어떤 프로젝트를 진행하는 일의 양을 1이라고 하고, B사원이 혼자 프로젝트를 시작해서 끝내기까지의 시간을 x시간이라고 하면, 2시간 동안 A사원과 B사원이 함께 한 일의 양은 $\left(\frac{1}{4}+\frac{1}{x}\right)\times2$이고, A사원이 40분 동안 혼자서 한 일의 양은 $\frac{1}{4}\times\frac{40}{60}$이다.

B사원이 혼자서 프로젝트를 진행했을 때, 걸리는 시간의 식을 세우면 다음과 같다.

$\left(\frac{1}{4}+\frac{1}{x}\right)\times2+\frac{1}{4}\times\frac{40}{60}=1 \rightarrow \frac{x+4}{2x}+\frac{1}{4}\times\frac{2}{3}=1$

$\rightarrow \frac{x+4}{2x}=\frac{5}{6}$

$\rightarrow 4x=24$

$\therefore x=6$

따라서 B사원 혼자서 프로젝트를 수행했을 때 끝내기까지 걸리는 시간은 6시간이다.

03 정답 ④

A세포와 B세포의 배양 후 경과일 수를 각각 a일, b일이라 하면, A세포는 a일 후 4^a개, B세포는 b일 후 3^b개로 늘어난다. 각 세포의 개수에 대한 부등식을 세우면 다음과 같다($\log5=1-\log2=1-0.30=0.70$).

- A세포 : 1개$\times4^a\geq250$개

  $\rightarrow a\times\log4\geq\log250$

  $\rightarrow a\times2\log2\geq1+2\log5$

  $\rightarrow a\geq\frac{1+1.40}{0.60}$

  $\therefore a\geq4$

• B세포 : 2개×3^b ≥ 250개

→ $\log 2 + b \times \log 3 \geq \log 250$

→ $b \times \log 3 \geq 1 + 2\log 5 - \log 2$

→ $b \geq \frac{1+1.40-0.30}{0.48}$

∴ $b \geq 4.375$

따라서 각 세포가 250개 이상이 되는 것은 A세포는 4일, B세포는 5일 후부터이다.

04 정답 ①

모니터의 가격을 k원이라 하자.

불량률이 10%일 때와 불량률이 15%일 때의 매출액이 적어도 같아야 하므로, 다음과 같은 식이 성립한다.

k×0.85×(모니터 생산량)=17만 원×0.9×(모니터 생산량)

∴ $k = \frac{17 \times 0.9}{0.85} = 18$

따라서 이번 달의 모니터 한 대당 가격은 최소 18만 원으로 해야 지난달보다 매출액이 떨어지지 않는다.

05 정답 ⑤

달러 환율이 가장 낮은 달은 1월이고, 가장 높은 달은 10월이다.

따라서 1월의 엔화 환율은 10월의 엔화 환율 대비 $\frac{946-1,003}{1,003} \times 100 \fallingdotseq -5.7\%$이므로 5% 이상 낮다.

오답분석

① 1월의 엔화 환율 946원/100엔은 2월의 엔화 환율 990원/100엔 대비 $\frac{946-990}{990} \times 100 \fallingdotseq -4.4\%$이므로 5% 미만 이득이다.

② 달러 환율은 6월과 8월에 전월 대비 감소하였다.

③ 월별로 달러 환율과 엔화 환율의 차를 구하면 다음과 같다.

- 1월 : 1,065−946=119원
- 2월 : 1,090−990=100원
- 3월 : 1,082−1,020=62원
- 4월 : 1,070−992=78원
- 5월 : 1,072−984=88원
- 6월 : 1,071−980=91원
- 7월 : 1,119−1,011=108원
- 8월 : 1,117−1,003=114원
- 9월 : 1,119−1,004=115원
- 10월 : 1,133−1,003=130원

따라서 달러 환율과 엔화 환율의 차가 가장 큰 것은 10월이다.

④ 전월 대비 7월의 달러 환율 증가율은 $\frac{1,119-1,071}{1,071} \times 100 \fallingdotseq 4.5\%$이고, 전월 대비 10월의 달러 환율 증가율은 $\frac{1,133-1,119}{1,119} \times 100 \fallingdotseq 1.3\%$이므로 4배인 5.2%에 못 미친다.

06 정답 ④

2015년부터 2017년까지 경기 수가 계속 증가하는 종목은 배구와 축구 두 종류이다.

오답분석

① 농구의 전년 대비 2015년 경기 수 감소율은 $\frac{403-413}{413} \times 100 \fallingdotseq -2.4\%$이며, 2018년 전년 대비 증가율은 $\frac{410-403}{403} \times 100 \fallingdotseq 1.7\%$이다. 절대값으로 비교하면 전년 대비 2015년 경기 수 감소율이 더 크다.

② 2014 ~ 2018년의 경기 수 총합을 구하면 다음과 같다.

- 2014년 : 413+432+226+228=1,299회
- 2015년 : 403+442+226+230=1,301회
- 2016년 : 403+425+227+231=1,286회
- 2017년 : 403+433+230+233=1,299회
- 2018년 : 410+432+230+233=1,305회

따라서 경기 수 총합이 가장 많았던 연도는 2018년이다.

③ 5년 동안의 야구와 축구 경기 수의 평균은 다음과 같다.

• 야구 : (432+442+425+433+432)÷5=432.8회

• 축구 : (228+230+231+233+233)÷5=231.0회

따라서 야구의 평균 경기 수는 432.8회이고, 이는 축구의 평균 경기 수인 231.0회의 약 1.87배로 2배 이하이다.

⑤ 2014～2018년 경기 수 평균은 농구는 406.4회, 야구 432.8회, 배구 227.8회, 축구 231회이다.
따라서 2018년 경기 수가 이보다 적은 스포츠는 야구뿐이다.

| 02 | 추리

01	02	03	04	05	06				
②	①	⑤	③	⑤	②				

01 정답 ②

제시된 단어는 한자성어와 한자성어에 등장하는 동물의 관계이다.
'용호상박(龍虎相搏)'은 '용과 호랑이가 서로 싸운다.'는 의미이고, '토사구팽(兎死狗烹)'은 '토끼를 잡으면 사냥하던 개는 쓸모가 없어져 삶아 먹는다.'는 의미이다.

02 정답 ①

제시된 단어는 한자성어와 한자성어에 포함된 색깔의 관계이다.
'동가홍상(同價紅裳)'은 '같은 값이면 붉은 치마'라는 뜻으로 붉을 홍(紅)자가 포함되고, '청렴결백(淸廉潔白)'은 '마음이 맑고 깨끗하여 욕심이 없음'이라는 뜻으로 흰 백(白)자가 포함된다.

오답분석

② 청렴결백의 청(淸)은 '맑을 청'으로, '푸를 청(靑)'과는 다르다.

03 정답 ⑤

'돈'은 '지갑' 안에 들어있는 내용물이지, 지갑의 재료는 아니다.

오답분석

①·②·③·④는 재료 – 결과물의 관계이다.

04 정답 ③

홍차를 주문한 사람은 2명이었으나, 주문 결과 홍차가 1잔이 나왔으므로 홍차의 주문이 잘못된 것임을 알 수 있다. 즉, E는 본래 홍차를 주문하였으나, 직원의 실수로 딸기주스를 받았다. 또한 커피는 총 2잔이 나왔으므로 D는 녹차가 아닌 커피를 주문한 것임을 알 수 있다. A, B, C, D, E의 주문 내용을 정리하면 다음과 같다.

A	B	C	D	E
홍차	커피	녹차	커피	홍차(딸기주스로 주문됨)

따라서 녹차를 주문한 사람은 C이다.

05 정답 ⑤

모든 조건을 조합하면 다음과 같이 두 가지 경우의 수가 있음을 알 수 있다.

i)

영업2팀

벽	김팀장						복도
	강팀장	이대리	유사원	김사원	박사원	이사원	

영업1팀

ii)

영업2팀

벽	김팀장						복도
	강팀장	이대리	김사원	박사원	이사원	유사원	

영업1팀

따라서 두 가지 경우 강팀장과 이대리의 자리는 항상 인접하므로 항상 참인 것은 ⑤이다.

오답분석

① 두 가지 경우에서 유사원과 이대리의 자리는 인접할 수도, 그렇지 않을 수도 있다.
② 두 가지 경우에서 박사원의 자리는 유사원의 자리보다 왼쪽에 있을 수도, 그렇지 않을 수도 있다.
③ 두 가지 경우에서 이사원의 자리는 복도 옆에 위치할 수도, 그렇지 않을 수도 있다.
④ 두 가지 경우에서 김사원과 유사원의 자리는 인접할 수도, 그렇지 않을 수도 있다.

06 정답 ②

어떤 글에 대한 논리적인 반박은 그 글의 중심 주장이 성립할 수 없다는 것을 증명하는 것이다. 따라서 제시문의 주장이 성립할 수 없다는 근거를 제시해야 한다. 제시문의 중심 주장은 '아마란스를 쌀 대신 대량으로 재배해야 한다.'이고, ②는 아마란스를 쌀 대신 대량으로 재배할 수 없다는 근거가 되므로 가장 논리적인 반박이라고 할 수 있다.

오답분석

① 마지막 문단에서 '백미 대신 동일한 양의 아마란스를 섭취하는 것은 ~ 체중 조절에 훨씬 유리하다.'라고 하였으므로, 아마란스를 과량으로 섭취했을 때 체중이 증가한다는 것은 논리적인 반박으로 볼 수 없다.
③ · ④ · ⑤ 제시문의 주장이 성립할 수 없다는 근거를 제시하지 않았으므로 논리적인 반박으로 볼 수 없다.

CHAPTER 14

2018년 상반기 기출복원문제

| 01 | 수리

01	02	03							
④	③	④							

01 정답 ④

스마트폰을 사용하지 않고 충전만 한 시간을 x분, 사용하면서 충전한 시간을 y분이라고 하자.

$x+y=48 \cdots$ ㉠

$2x+y=100-20 \cdots$ ㉡

㉠과 ㉡을 연립하여 풀면 다음과 같다.

$\therefore x=32,\ y=16$

따라서 충전 중 스마트폰을 사용한 시간은 16분이다.

02 정답 ③

농도 10%인 소금물의 양을 xg이라 하자.

$\frac{0.1x+3.2}{x+40}\times100=9.2 \rightarrow 0.1x+3.2=0.092(x+40)$

$\rightarrow 0.008x=0.48$

$\therefore x=60$

따라서 농도 10% 소금물의 양은 60g이다.

03 정답 ④

(속력)$=\frac{\text{(거리)}}{\text{(시간)}}$이므로 평균 속력과 관련하여 식을 세우면 $\frac{20}{\frac{10}{20}+\frac{10}{x}}$이다.

$24=\frac{400x}{10x+200}$

$\rightarrow 400x=240x+4,800$

$\rightarrow 160x=4,800$

$\therefore x=30$

따라서 운동장 나머지 반은 시속 30km로 달렸다.

| 02 | 추리

01	02	03	04	05					
③	①	②	③	②					

01 정답 ③

제시된 단어는 한자성어와 한자성어에 나오는 동물의 관계이다.
'마이동풍(馬耳東風)'은 '말 귀에 봄바람'이라는 뜻으로 남의 말을 귀담아 듣지 않고 흘려버리는 것을 말한다. 제시된 두 단어 중 말은 마이동풍에 등장하는 동물이고, '서당 개 삼 년이면 풍월을 읊는다.'는 의미의 '당구풍월(堂狗風月)'에 등장하는 동물은 개이므로 빈칸에 들어갈 단어는 '개'이다.

02 정답 ①

'수필'은 '문학'에 포함되는 개념이고, '포유류'에 포함되는 개념은 '박쥐'이다.

오답분석

②·③·④·⑤ 펭귄은 조류, 도마뱀은 파충류, 상어는 어류, 개구리는 양서류에 해당한다.

03 정답 ②

'다독 – 정독'을 제외한 나머지는 모두 유의 관계를 이루고 있다.
• 다독(多讀) : 많이 읽음
• 정독(精讀) : 뜻을 새기며 자세히 읽음

오답분석

④ '파견(派遣)'과 '파송(派送)'은 '일정한 업무를 주고 사람을 보냄'을 뜻한다.
⑤ '우수리'는 '물건 값을 제하고 거슬러 받는 잔돈'을 뜻한다.

04 정답 ③

B는 파란색 모자를 쓰지 않았고, C는 파란색 모자를 보고 있는 입장이므로 파란색 모자를 쓸 수 있는 사람은 A뿐이다. 주어진 조건에 따라 나올 수 있는 경우는 다음과 같다.
i) B(노란색) – A(파란색) – C(빨간색)
ii) B(빨간색) – A(파란색) – C(노란색)
iii) A(파란색) – C(노란색) – B(빨간색)
iv) A(파란색) – C(빨간색) – B(노란색)
따라서 그 어떤 경우에도 B는 노란색 모자를 쓰고 두 번째에 서 있을 수 없다.

05 정답 ②

세 번째 문단에 따르면 심장 질환 예방에 도움을 주는 것은 맥주의 원료인 홉과 맥아이다.

오답분석

① 제시문의 전체적인 내용을 통해 확인할 수 있다.
③ 여섯 번째 문단에 따르면 맥주 효모는 탈모 개선에 도움이 된다고 하였으므로 탈모 환자에게 도움이 될 것이라 추론할 수 있다.
④ 두 번째 문단과 세 번째 문단을 통해 확인할 수 있다.
⑤ 여덟 번째 문단에 따르면 맥주의 효소가 여드름 등의 피부 트러블을 예방하는 데 도움이 된다고 하였으므로 여드름으로 고민 중인 사람들에게 추천해 줄 수 있다.

PART 3

2개년 주요기업 기출복원문제

정답 및 해설

PART
3 2개년 주요기업 기출복원문제

| 01 | 언어

01	02	03	04	05	06	07	08	09	10	11	12	13	14	15	16	17	18	19	20
⑤	③	①	③	④	③	②	⑤	②	④	①	②	③	②	⑤	③	④	④	⑤	②
21	22	23	24	25															
④	③	③	③	①															

01 정답 ⑤

제시문은 안티고네의 비극적 죽음을 통해 개인의 신념과 사회적 법이 상충할 때의 모습을 보여주며 인간이 도덕적 선택을 하기 위해서는 어떤 선택을 해야 하는지 의문점을 던지는 글이다. 여기서 안티고네가 한 행동은 개인의 신념으로서 가족의 시신을 장례하는 보편적인 가치인 자연법에 따라 행동한 결과이다. 반면 크레온의 명령은 왕권에 의한 명령으로 국가나 사회가 제정한 실정법이다. 그러므로 크레온이 안티고네를 붙잡아 가둔 것은 실정법에 따라 행동한 결과이므로 글의 주제로 가장 적절한 것은 '자연법과 실정법 사이의 상충과 도덕적인 인간의 선택'이다.

오답분석

① 안티고네 이야기는 에테오클래스와 폴리네이케스 사이의 테베 내전을 배경으로 하고 있으나 글의 핵심 주제는 아니다.
② 개인의 양심과 사회적 질서가 상충하는 것이 주제이며, 각각의 차이점을 분석하는 글은 아니다.
③ 글의 내용과 상관없는 내용이다.
④ 개인의 의무 및 국가의 권위에 대한 내용은 글에 포함되어 있지 않다.

02 정답 ③

'최고의 진리는 언어 이전, 혹은 언어 이후의 무언(無言)의 진리이다.', '동양 사상의 정수(精髓)는 말로써 말이 필요 없는 경지'라고 한 부분을 보았을 때, '동양 사상은 언어적 지식을 초월하는 진리를 추구한다.'가 제시문의 주제로 가장 적절하다.

03 정답 ①

제시문은 사주분석 중 특히 타고난 체형과 체질을 파악해 미리 내 몸의 어느 부분이 약하고 강한지를 알고 그에 맞는 건강관리를 통해 질병을 예방하자는 내용이므로 '사주로 건강 관리하기'가 글의 제목으로 가장 적절하다.

오답분석

② 제시문은 사주의 길흉화복 중 특별히 건강에 관련된 것에 중점을 두고 있으므로 글의 제목으로는 지나치게 광범위하다.
③ 제시문은 사주로 음양오행을 배합하여 알 수 있는 정보 중 건강에 대해 한정적으로 언급하고 있으므로 글의 제목으로는 적절하지 않다.
④ 제시문은 사주 분석으로 질병을 치료하는 것이 아닌, 사주로 내 몸 중 어느 부분이 강하고 약한지 예측하여 미리 건강관리를 하여 질병을 예방하자는 내용이므로 글의 제목으로 적절하지 않다.
⑤ 제시문은 사주 분석으로 체형 및 체질을 개선하는 것이 아닌, 타고난 체형과 체질을 파악해 이것을 토대로 건강관리를 하자는 내용이므로 글의 제목으로 적절하지 않다.

04 정답 ③

제시문은 성인 ADHD에 대한 소개와 증상, 원인, 치료법 등을 설명하는 글이다. 먼저 ADHD에 대해 설명하고 있는 (다) 문단이 첫 번째 문단으로 가장 적절하다. 이후 성인 ADHD의 특징적인 증상에 대해 설명하는 (마) 문단이 이어지는 것이 자연스럽다. 다음으로 성인 ADHD의 원인을 설명하는 (라) 문단과 이에 대한 치료법을 소개하는 (가) 문단이 이어져야 한다. 마지막으로 글의 결론을 서술한 (나) 문단이 이어져야 한다. 따라서 (다) – (마) – (라) – (가) – (나) 순으로 나열하는 것이 가장 적절하다.

05 정답 ④

제시문은 예전과는 달라진 덕후에 대한 사회적 시선과 그와 관련된 소비 산업에 대해 이야기하고 있다. 따라서 (다) 덕후의 어원과 더 이상 숨기지 않아도 되는 존재로의 변화 – (가) 달라진 사회 시선과 일본의 오타쿠와 다른 독자적 존재로서 진화해가는 한국 덕후 – (나) 진화된 덕후들을 공략하기 위해 발달하고 있는 산업 순으로 나열하는 것이 가장 적절하다.

06 정답 ③

제시문은 관객이 영화를 보면서 흐름을 지각하는 것을 제대로 설명하지 못하는 동일시 이론에 대해 문제를 제기하고 이를 칸트의 무관심성을 통해 설명할 수 있다고 제시한다. 이어서 관객이 영화의 흐름을 생동감 있게 체험할 수 있는 이유로 '방향 공간'과 '감정 공간'을 제시하고 이에 대한 설명을 한 뒤 이것이 관객이 영화를 지각할 수 있는 원리가 될 수 있음을 정리하며 마치고 있는 글이다. 따라서 (나) 영화를 보면서 흐름을 지각하는 것을 제대로 설명하지 못하는 '동일시 이론' – (가) 영화 흐름의 지각에 대해 설명할 수 있는 칸트의 '무관심성' – (라) 영화의 생동감을 체험할 수 있게 하는 '방향 공간' – (마) 영화의 생동감을 체험할 수 있게 하는 또 다른 이유인 '감정 공간' – (다) 관객이 영화를 지각하는 과정에 대한 정리 순으로 나열하는 것이 가장 적절하다.

07 정답 ②

제시문은 나무를 가꾸기 위해 고려해야 하는 사항에 대해 서술하는 글이다. 먼저 고려해야 할 사항들을 나열하고 그중 제일 먼저 생육조건에 대해 설명하는 (가) 문단이 첫 번째 문단으로 적절하다. 그 다음으로 (라) 문단은 나무를 양육할 때 주로 저지르는 실수로 나무 간격을 촘촘하게 심는 것을 언급하고 있으므로 그 이유를 설명하는 (다) 문단이 다음으로 이어지는 것이 적절하며 (나) 문단 또 다른 식재 계획 시 주의점에 대해서 이야기하고 있으므로 (다) 문단 뒤에 이어져야 한다. 따라서 (가) – (라) – (다) – (나) 순으로 나열하는 것이 가장 적절하다.

08 정답 ⑤

우리나라의 낮은 장기 기증률은 전통적 유교 사상 때문이라고 주장하고 있는 A와 달리, B는 이에 대하여 다양한 원인을 제시하고 있다. 따라서 A의 주장에 대해 반박할 수 있는 내용으로 ⑤가 가장 적절하다.

09 정답 ②

제시문에서 '당분 과다로 뇌의 화학적 균형이 무너져 정신에 장애가 왔다고 주장'한 것과 '정제한 당의 섭취를 원천적으로 차단'한 실험 결과를 토대로 추론하면 빈칸에 들어갈 내용은 '과다한 정제당 섭취가 반사회적 행동을 유발할 수 있다.'로 귀결된다. 따라서 빈칸에 들어갈 내용으로 ②가 가장 적절하다.

10 정답 ④

최초의 2차 전지인 납축전지는 내연기관 자동차의 시동을 걸 때 사용하는 전지이나, 전기 자동차에서의 사용 여부는 서술되어 있지 않다. 실제로 전기 자동차는 시동 및 주행을 위해 리튬 이온 전지를 사용하고 있으며 일반적으로 납축전지는 사용하지 않는다.

오답분석

①·③ 마지막 문단에서 2차 전지는 지속 가능한 미래를 위한 필수적인 기술로 다양한 산업 분야의 혁신을 이끌어낼 것이라고 서술하고 있으므로 그 중요성을 강조하고 있다.
② 2차 전지의 과방전은 전지의 손상을 일으키며 과충전은 폭발의 위험이 있다고 하였으므로 과충전 및 과방전은 2차 전지의 성능 및 수명을 단축시킴을 알 수 있다.
⑤ 2차 전지에 전기를 공급하면 이온이 전해질을 통해 분리막을 넘어 이동하므로 극 사이에서 이온의 이동이 전기를 발생시킴을 알 수 있다.

11 정답 ①

1형 당뇨는 유전적 요인에 의해 췌장에서 인슐린 분비 자체에 문제가 생겨 발생하는 당뇨병이다. 반면 2형 당뇨는 비만, 운동부족 등 생활 습관적 요인에 의해 인슐린 수용체가 부족하거나 인슐린 저항성이 생겨 발생하는 당뇨병이다. 따라서 나쁜 생활 습관은 2형 당뇨를 유발할 수 있다.

오답분석

② 2형 당뇨 초기에는 생활 습관 개선이나 경구 혈당강하제를 통해 혈당을 관리할 수 있지만, 지속될 경우 인슐린 주사가 필요할 수 있다.
③ 당뇨병은 혈액 속에 남은 포도당이 글리코겐으로 변환되지 못하고 잔류하여 소변을 통해 배출되는 병이다.
④ 2020년 기준 한국인 당뇨 유병자는 약 600만 명이며, 이 중 90%가 2형 당뇨를 앓고 있으므로 약 540만 명(600만×0.9)이다.
⑤ 포도당이 글리코겐으로 세포에 저장되기 위해서는 췌장에서 분비한 인슐린이 세포의 겉에 있는 인슐린 수용체와 결합해야 한다.

12 정답 ②

후추나 천초는 고추가 전래되지 않았던 조선 전기까지의 주요 향신료였으며, 19세기 이후 고추가 향신료로서 절대적인 우위를 차지하면서 후추나 천초의 지위가 달라졌다고 하였다. 하지만 후추나 천초가 김치에 쓰였다는 언급은 없다. 따라서 ②는 추론한 내용으로 적절하지 않다.

13 정답 ③

이소크라테스는 영원불변하는 보편적 지식의 무용성을 주장했을 뿐, 존재 자체를 부정했다는 내용은 제시문에서 추론한 내용으로 적절하지 않다.

오답분석

① 플라톤의 이데아론은 삶과 행위의 구체적이고 실제적인 일상이 무시된 채 본질적이고 이념적인 영역을 추구하고 있다는 비판을 받고 있다.
② 물질만능주의는 모든 관계를 돈과 같은 가치에 연관시켜 생각하는 행위로, 탐욕과 사리사욕을 위한 교육에 매진하는 소피스트들과 일맥상통하는 면이 있다.
④ 이소크라테스는 이데아론의 무용성을 주장하면서 동시에 비도덕적이고 지나치게 사리사욕을 위한 소피스트들의 교육을 비판했다.
⑤ 이소크라테스는 삶과 행위의 문제를 이론적이고도 실제적으로 해석하면서도, 도덕이나 정당화의 문제보다는 변화하는 실제적 행위만 추구한 소피스트들을 비판했기에 훌륭한 말(실제적 문제)과 미덕(도덕과 정당화)을 추구했음을 알 수 있다.

14 정답 ②

마지막 문단에서 과거제 출신의 관리들이 공동체에 대한 소속감이 낮고 출세 지향적이었다는 내용을 확인할 수 있다.

오답분석

① 첫 번째 문단에서 황종희가 '벽소'와 같은 옛 제도를 되살리는 방법으로 과거제를 보완하자고 주장했다는 내용을 볼 수 있다. 따라서 벽소는 과거제를 없애고자 등장한 새로운 제도가 아니라 과거제를 보완하고자 되살린 옛 제도이므로 적절하지 않다.
③ 두 번째 문단에서 과거제는 학습 능력 이외의 인성이나 실무 능력을 평가할 수 없다는 이유로 시험의 익명성에 대한 회의도 있었다고 하였으므로 적절하지 않다.
④ 마지막 문단에서 과거제를 통해 임용된 관리들은 승진을 위해서 빨리 성과를 낼 필요가 있었다. 그러나 지역사회를 위해 장기적인 정책을 추진하기보다 가시적이고 단기적인 결과만을 중시하는 부작용을 가져왔다고 하였으므로 적절하지 않다.
⑤ 첫 번째 문단에서 고염무는 관료제의 상층에는 능력주의적 제도를 유지하되, 지방관인 지현들은 그 지위를 평생 유지시켜 주고 세습의 길까지 열어 놓는 방안을 제안했다고 했으므로 적절하지 않다.

15 정답 ⑤

아인슈타인의 광량자설은 빛이 파동이면서 동시에 입자인 이중적인 본질을 가지고 있다는 것을 의미하는 것으로, 뉴턴의 입자설과 토머스 영의 파동성설을 모두 포함한다.

오답분석

① 뉴턴의 가설은 그의 권위에 의해 오랫동안 정설로 여겨졌지만, 토머스 영의 겹실틈 실험에 의해 다른 가설이 생겨났다.
② 겹실틈 실험은 한 개의 실틈을 거쳐 생긴 빛이 다음 설치된 두 개의 겹실틈을 지나가게 해서 스크린에 나타나는 무늬를 관찰하는 것이다.
③ 일자 형태의 띠가 두 개 나타나면 빛이 입자임은 맞으나, 겹실틈 실험 결과 보강 간섭이 일어난 곳은 밝아지고 상쇄 간섭이 일어난 곳은 어두워지는 간섭무늬가 연속적으로 나타났다.
④ 토머스 영의 겹실틈 실험은 빛의 파동성을 증명하였고, 이는 명백한 사실이었으므로 아인슈타인은 빛이 파동이면서 동시에 입자인 이중적인 본질을 가지고 있다는 것을 증명하였다.

16 정답 ③

제시문에서 학자는 순수한 태도로 진리를 탐구해야 한다고 하였으므로 ③은 적절하지 않다.

17 정답 ④

어빙 피셔의 교환방정식 'MV=PT'에서 V는 화폐유통속도를 나타낸다. 따라서 사이먼 뉴컴의 교환방정식인 'MV=PQ'에서 사용하는 V(Velocity), 즉 화폐유통속도와 동일하며 대체되어 사용되지 않는다.

오답분석

① 교환방정식 'MV=PT'는 화폐수량설의 기본모형인 거래모형이며, 'MV=PY'는 소득모형으로 사용된다.
② 사이먼 뉴컴의 교환방정식 'MV=PQ'에서 Q(Quantity)는 상품 및 서비스의 수량이다.
③ 어빙 피셔의 화폐수량설은 최근 총거래 수 T(Trade)를 총생산량 Y로 대체하여 사용하고 있다.
⑤ 어빙 피셔는 사이먼 뉴컴의 교환방정식을 인플레이션율과 화폐공급의 증가율 간 관계를 나타내는 이론인 화폐수량설로 재탄생시켰다.

18 정답 ④

오답분석

①은 두 번째 문장, ②는 제시문의 흐름, ③·⑤는 마지막 문장에서 각각 확인할 수 있다.

19 정답 ⑤

⑤는 제시문에서 알 수 없는 내용이므로 적절하지 않다.

오답분석

① 마지막 문단에서 우리나라의 3D프린팅 건축 기술은 아직 제도적 한계와 기술적 한계가 있음을 알 수 있다.
② 두 번째 문단에서 전통 건축 기술에 비해 3D프린팅 건축 기술은 건축 폐기물 및 CO_2 배출량 감소 등 환경오염이 적음을 알 수 있다.
③ 네 번째 문단에서 코로나19 사태로 인한 인력 수급난을 해소할 수 있음을 알 수 있다.
④ 첫 번째 문단에서 미국 텍사스 지역에서 3D프린팅 건축 기술을 이용한 주택이 완공되었음을 알 수 있다.

20 정답 ②

체내 활성산소의 농도와 생물체의 수명이 비례한다는 내용은 제시문에서 확인할 수 없으므로 ②는 적절하지 않다.

오답분석

④ 마지막 문단을 통해서 활성산소로 인해 죽지는 않으나 서서히 노화될 뿐임을 알 수 있다.

21 정답 ④

제시문은 분자 상태의 수소와 산소가 결합하여 물이 되는 과정을 설명한 것으로 수소 분자와 산소 분자가 원자로 분해되고, 분해된 산소 원자 하나와 수소 원자 두 개가 결합하여 물이라는 화합물이 생성된다고 했다. 따라서 산소 분자와 수소 분자가 '각각' 물이 된다는 ④는 적절하지 않다.

22 정답 ③

제시문의 논지는 인간과 자연의 진정한 조화이다. 따라서 자연과 공존하는 삶을 주장하고 있는 ③이 추론한 내용으로 가장 적절하다.

23 정답 ③

첫 번째 문단에서 오늘날 우리가 부르는 애국가의 노랫말은 외세의 침략으로 나라가 위기에 처해있던 1907년을 전후하여 조국애와 충성심을 북돋우기 위하여 만들어졌음을 알 수 있다. 따라서 1896년 『독립신문』에 현재의 노랫말이 게재되지 않았음을 알 수 있다.

오답분석

① 두 번째 문단에서 1935년 해외에서 활동 중이던 안익태가 오늘날 우리가 부르고 있는 국가를 작곡하였고, 이 곡은 해외에서만 퍼져나갔다고 하였으므로 1940년에 해외에서는 애국가 곡조를 들을 수 있었다.
② 네 번째 문단에서 국기강하식 방송, 극장에서의 애국가 상영 등은 1980년대 후반 중지되었다고 하였으므로 1990년대 초반까지 애국가 상영이 의무화되었다는 말은 적절하지 않다.
④ 마지막 문단에서 연주만 하는 의전행사나 시상식·공연 등에서는 전주곡을 연주해서는 안 된다고 하였으므로 적절하지 않다.

24 정답 ③

보기의 내용은 독립신문이 일반 민중들을 위해 순 한글을 사용해 배포됐고, 상하귀천 없이 누구나 새로운 소식을 전달해 준다는 내용이다. 따라서 보기를 추론한 내용으로 ③이 가장 적절하다.

25 정답 ①

ㄱ. 화장품 시장에서 동물 및 환경 보호를 위해 친환경 성분의 원료를 구매해 이용하는 것은 녹색소비에 해당한다.
ㄴ. 자신이 거주하는 지역에서 생산한 농산물을 소비하는 것은 로컬소비에 해당한다.
ㄷ. 환경오염을 유발하는 폐어망 및 폐페트병을 재활용하여 또 다른 자원으로 사용한 제품을 구매하는 것은 녹색소비에 해당한다.
ㄹ. 제3세계란 개발도상국들을 총칭하는 것으로 D카페의 제3세계 원두 직수입은 이들의 경제성장을 위한 공정무역 소비에 해당한다.
ㅁ. E사는 아시아 국가의 빈곤한 여성 생산자들의 경제적 자립을 위해 상품을 수입하여 판매하므로 이는 공정무역 소비에 해당한다.

| 02 | 수리

01	02	03	04	05	06	07	08	09	10	11	12	13	14	15	16	17	18	19	20
①	②	②	④	②	③	④	②	⑤	⑤	④	①	⑤	⑤	③	③	④	②	③	③
21	22	23	24	25	26	27	28	29	30	31	32	33	34	35	36	37	38	39	40
③	②	⑤	①	④	①	②	③	①	①	④	②	②	④	①	④	③	②	⑤	②
41	42	43	44	45	46	47	48	49	50										
①	④	②	④	①	⑤	④	②	④	②										

01 정답 ①

구분	A매장	B매장
판매가	$\left(1-\frac{14}{100}\right)a=\frac{86}{100}a$	$\left(1-\frac{20}{100}\right)a=\frac{80}{100}a$
총수입	$\frac{86}{100}a\times50=43a$	$\frac{80}{100}a\times80=64a$
이익	$43a-50\times700=43a-35,000$	$64a-80\times700=64a-56,000$

$43a-35,000=64a-56,000$

$\rightarrow 21a=21,000$

$\therefore a=1,000$

따라서 각 자리의 수를 모두 더한 값은 1이다.

02 정답 ②

B만 합격한다는 것은 A와 C는 불합격한다는 뜻이므로 B만 합격할 확률을 구하는 식은 다음과 같다.

$\left(1-\frac{1}{3}\right)\times\frac{1}{4}\times\left(1-\frac{1}{5}\right)=\frac{2}{15}$

따라서 B만 합격할 확률은 $\frac{2}{15}$이다.

03 정답 ②

(집에서 마트까지 걸은 시간)+(물건을 구매하는 시간)+(마트에서 집까지 걸은 시간)=2시간 30분이다.

집에서 마트까지의 거리를 $x$km라고 하면 다음과 같은 식이 성립한다.

$\frac{x}{4}+\frac{2}{3}+\frac{x}{6}=\frac{5}{2}$

$\rightarrow \frac{5}{12}x=\frac{11}{6}$

$\therefore x=\frac{22}{5}=4.4$

따라서 집에서 마트까지의 거리는 4.4km이다.

04 정답 ④

토마토의 개수를 x개, 배의 개수를 y개라고 하면 다음과 같은 식이 성립한다.

$120\times x+450\times y=6,150-990$

→ $4x+15y=172$ ⋯ ㉠

$90\times x+210\times y=3,150-300$

→ $3x+7y=95$ ⋯ ㉡

㉠과 ㉡을 연립하면 다음과 같다.

$\therefore\ x=13,\ y=8$

따라서 바구니 안에 배는 8개가 들어있다.

05 정답 ②

5명이 노란색 원피스 2벌, 파란색 원피스 2벌, 초록색 원피스 1벌 중 1벌씩 선택하는 경우의 수를 구하기 위해 먼저 5명을 2명, 2명, 1명으로 이루어진 3개의 팀으로 나누어야 한다. 이때 팀을 나누는 경우의 수는 다음과 같다.

${}_5C_2\times{}_3C_2\times{}_1C_1\times\frac{1}{2!}=\frac{5\times4}{2}\times3\times1\times\frac{1}{2}=15$가지

따라서 2벌인 원피스의 색깔은 노란색과 파란색 2가지이므로 각자 1벌씩 고를 수 있는 경우의 수는 총 $15\times2=30$가지이다.

06 정답 ③

두 사람이 각각 헤어숍에 방문하는 간격인 10과 16의 최소공배수 80을 일주일 단위로 계산하면 11주 3일($80\div7=11\cdots3$)이 된다. 따라서 두 사람은 일요일의 3일 후인 수요일에 다시 만난다.

07 정답 ④

올라갈 때 달린 거리를 $x$km라고 하면 다음과 같은 식이 성립한다.

$\frac{x}{10}+\frac{x+10}{20}=5$

→ $2x+x+10=100$

→ $3x=90$

$\therefore\ x=30$

따라서 올라갈 때 달린 거리는 30km이다.

08 정답 ②

- 강을 올라갈 때 걸리는 시간 : $\frac{35}{12-2}=\frac{35}{10}=3$시간 30분
- 강을 내려갈 때 걸리는 시간 : $\frac{35}{12+2}=\frac{35}{14}=2$시간 30분

따라서 보트를 타고 강을 왕복할 때 걸리는 시간은 총 6시간이다.

09 정답 ⑤

A～E 다섯 명이 월요일에서 금요일까지 한 명씩 당직 근무를 하는 경우의 수는 $5!=5\times4\times3\times2\times1=120$가지이다.
이 중 D는 금요일, E는 수요일에 당직 근무를 할 경우의 수는 D와 E를 제외한 나머지 3명을 월요일, 화요일, 목요일에 배정하는 것과 같으므로 $3!=3\times2\times1=6$가지이다.

따라서 구하고자 하는 확률은 $\frac{3!}{5!}=\frac{6}{120}=\frac{1}{20}$이다.

10 정답 ⑤

50g을 덜어낸 뒤 남아있는 소금물의 양은 50g이고, 농도는 20%이다. 이때 남아있는 소금의 양은 다음과 같다.

(소금의 양)=(농도)×(남아있는 소금물의 양)$=\frac{20}{100}\times50=10$g

농도를 10%로 만들기 위해 더 넣은 물의 양을 xg이라고 하면 식은 다음과 같다.

$\frac{10}{50+x}\times100=10\%$

$\therefore\ x=50$

따라서 농도 10%의 소금물을 만들기 위해 필요한 물의 양은 50g이다.

11 정답 ④

A열차의 길이를 xm라 하면 A열차의 속력은 $\frac{258+x}{18}$m/s, B열차의 길이는 80m이므로 B열차의 속력은 $\frac{144+80}{16}=14$m/s이다.
두 열차가 마주보는 방향으로 달려 완전히 지나는 데 9초가 걸렸으므로 9초 동안 두 열차가 달린 거리의 합은 두 열차의 길이의 합과 같다.

$\left(\frac{258+x}{18}+14\right)\times9=x+80$

$\rightarrow \frac{258+x}{2}+126=x+80$

$\rightarrow 510+x=2x+160$

$\therefore\ x=350$

따라서 A열차의 길이는 350m이다.

12 정답 ①

올라간 거리를 $x$km라 하면 내려온 거리는 $(x+2)$km이고, 올라간 시간과 내려간 시간이 같으므로 다음과 같은 식이 성립한다.

$\frac{x}{4}=\frac{x+2}{6}$

$\rightarrow 3x=2(x+2)$

$\therefore\ x=4$

따라서 내려올 때 걸린 시간은 $\frac{4+2}{6}=1$시간이다.

13 정답 ⑤

첫 번째 이벤트에서 같은 조였던 사람은 두 번째 이벤트에서 같은 조가 될 수 없다고 하였으므로 보기에 주어진 각 조의 조원들은 첫 번째 이벤트에서 모두 다른 조일 수밖에 없다. 그러므로 첫 번째 이벤트의 각 조에서 두 조원씩은 이미 1, 4조에 배정되었고 나머지 두 조원씩 8명을 2, 3조에 배정해야 한다. 두 번째 이벤트의 2, 3조 역시 첫 번째 이벤트에서 같은 조였던 사람은 두 번째 이벤트에서 같은 조가 될 수 없으므로 각 조에서 1명씩을 뽑아 배정해야 한다. 한 조를 정하고 나면 나머지 한 조는 자동으로 정해지므로 ${}_2C_1 \times {}_2C_1 \times {}_2C_1 \times {}_2C_1$라는 식을 세울 수 있다.

따라서 조를 정할 수 있는 경우의 수는 $2\times2\times2\times2=16$가지이다.

14 정답 ⑤

어느 학생이 B문제를 맞힐 확률을 p라 하면 다음과 같은 식이 성립한다.

$$\left(1-\frac{3}{5}\right)\times p=\frac{24}{100}$$

$$\rightarrow \frac{2}{5}p=\frac{6}{25}$$

$$\therefore\ p=\frac{3}{5}$$

따라서 A문제는 맞히고, B문제는 맞히지 못할 확률은 $\left(1-\frac{3}{5}\right)\times\left(1-\frac{3}{5}\right)=\frac{4}{25}$이므로 16%이다.

15 정답 ③

전체 일의 양을 1이라고 하고, A～C가 하루에 할 수 있는 일의 양을 각각 $\frac{1}{a}$, $\frac{1}{b}$, $\frac{1}{c}$라고 하면 다음과 같은 식이 성립한다.

$$\frac{1}{a}+\frac{1}{b}=\frac{1}{12}\ \cdots ㉠$$

$$\frac{1}{b}+\frac{1}{c}=\frac{1}{6}\ \cdots ㉡$$

$$\frac{1}{c}+\frac{1}{a}=\frac{1}{18}\ \cdots ㉢$$

㉠, ㉡, ㉢을 모두 더한 다음 2로 나누면 3명이 하루에 할 수 있는 일의 양을 구할 수 있다.

$$\frac{1}{a}+\frac{1}{b}+\frac{1}{c}=\frac{1}{2}\left(\frac{1}{12}+\frac{1}{6}+\frac{1}{18}\right)=\frac{1}{2}\left(\frac{3+6+2}{36}\right)=\frac{11}{72}$$

따라서 72일 동안 3명이 끝낼 수 있는 일의 양은 $\frac{11}{72}\times72=11$이므로, 전체 일의 양의 11배이다.

16 정답 ③

제시된 수열은 앞의 항에 38을 빼는 수열이다.

따라서 (　)$=193-38=155$이다.

17 정답 ④

제시된 수열은 정수 부분이 +2씩, 분자는 +4씩 증가하고, 분모는 (정수)×(분자)−2를 하는 수열이다.

따라서 (　)$=(4+2)\left\{\frac{7+4}{(4+2)\times(7+4)-2}\right\}=6\frac{11}{64}$이다.

18 정답 ②

n번째 항일 때 $n(n+1)(n+2)$인 수열이다.
따라서 ( )$=5\times6\times7=210$이다.

19 정답 ③

나열된 수를 각각 A, B, C라고 하면 다음과 같은 식이 성립한다.
$\underline{A\ B\ C} \rightarrow B^A=C$
따라서 $3^4=81$이므로 ( )$=4$이다.

20 정답 ③

$\times(-2)$와 $+$(3의 배수)를 번갈아 가면서 적용하는 수열이다.
따라서 ( )$=(-2)+12=10$이다.

21 정답 ③

앞의 항에 -20, -19, -18, -17, -16, …인 수열이다.
따라서 ( )$=43-17=26$이다.

22 정답 ②

홀수 항은 -3, -5, -7, …이고, 짝수 항은 2^2, 4^2, 6^2, …인 수열이다.
따라서 ( )$=8^2=64$이다.

23 정답 ⑤

분자는 $+3$, $+2$, $+1$, $+0$, …이고, 분모는 -7, -6, -5, -4, …인 수열이다.
따라서 ( )$=\frac{33+0}{340-4}=\frac{33}{336}$이다.

24 정답 ①

앞의 항에 $\times7-1$, $\times7$, $\times7+1$, $\times7+2$, …인 수열이다.
따라서 ( )$=0.2\times7-1=0.4$이다.

25 정답 ④

앞의 항에 $+4$, $+4\times3$, $+4\times3^2$, $+4\times3^3$, $+4\times3^4$, …인 수열이다.
따라서 ( )$=489+4\times3^5=1,461$이다.

26 정답 ①

홀수 항은 $\times2+1.1$, $\times2+1.2$, $\times2+1.3$, …이고, 짝수 항은 $\times2-1.1$인 수열이다.
따라서 ( )$=0.3\times2-1.1=-0.5$이다.

27 정답 ②

앞의 두 항의 합이 다음 항이 되는 피보나치수열이다.
따라서 ( )=5+8=13이다.

28 정답 ③

나열된 수를 각각 A, B, C라고 하면 다음과 같은 식이 성립한다.
$\underline{A\ B\ C} \rightarrow C=(A-B)\times2$
따라서 ( )$=19-\frac{10}{2}=14$이다.

29 정답 ①

나열된 수를 각각 A, B, C라고 하면 다음과 같은 식이 성립한다.
$\underline{A\ B\ C} \rightarrow A\times C=B$
따라서 ( )$=\frac{12}{3}=4$이다.

30 정답 ①

홀수 항은 $\times\frac{3}{2}$, 짝수 항은 $\times\frac{4}{3}$을 적용하는 수열이다.
따라서 ( )$=432\times\frac{3}{4}=324$이다.

31 정답 ④

나열된 수를 각각 A, B, C라고 하면 다음과 같은 식이 성립한다.
$\underline{A\ B\ C} \rightarrow 2B-A=C$
따라서 ( )$=43\times2-36=50$이다.

32 정답 ②

각 항에 0.1, 0.15, 0.2, 0.25, …씩 더하는 수열이다.
따라서 ( )=1.1+0.3=1.4이다.

33 정답 ②

분자는 −5, −6, −7, …씩 더하고, 분모는 +11, +22, +33, …씩 더하는 수열이다.
따라서 분자는 −19+9=−28, 분모는 121+55=176이므로 ( )$=-\frac{28}{176}$이다.

34 정답 ④

각 행은 인접한 두 수의 차이가 일정한 수열이다.

1행 : 1 → 3 → 5 → 7
+2 +2 +2

2행 : 11 → 15 → 19 → 23
+4 +4 +4

3행 : 30 → 35 → 40 → 45
+5 +5 +5

4행 : 62−74=−12이므로 앞의 항에 12씩 빼는 수열임을 알 수 있다.

98 → (86) → 74 → 62
−12 −12 −12

따라서 ( )=98−12=86이다.

35 정답 ①

진료비의 25% 이하가 약품비라면 (약품비)×4<(진료비)이다. 하지만 2020년의 경우 210,000×4=840,000>820,000이다. 따라서 (약품비)×4>(진료비)이므로 2020년의 약품비는 진료비의 25% 이상이다.

오답분석

② 2023년 약품비는 2018년 대비 $\frac{260,000-180,000}{180,000}\times100=\frac{80,000}{180,000}\times100=\frac{4}{9}\times100\fallingdotseq44\%$ 증가하였다.

③ 진료비는 2022년까지 100조 원 미만이었지만, 2023년에 100조 원을 초과하였다.

④ 2019 ~ 2023년 진료비의 전년 대비 증가액은 각각 다음과 같다.

- 2019년 : 810,000−750,000=60,000억 원
- 2020년 : 820,000−810,000=10,000억 원
- 2021년 : 890,000−820,000=70,000억 원
- 2022년 : 980,000−890,000=90,000억 원
- 2023년 : 1,050,000−980,000=70,000억 원

따라서 진료비의 전년 대비 증가액은 2022년이 가장 크다.

⑤ 2019 ~ 2023년 약품비의 전년 대비 증가액은 다음과 같다.

- 2019년 : 200,000−180,000=20,000억 원
- 2020년 : 210,000−200,000=10,000억 원
- 2021년 : 220,500−210,000=10,500억 원
- 2022년 : 245,000−220,500=24,500억 원
- 2023년 : 260,000−245,000=15,000억 원

따라서 약품비의 전년 대비 증가액은 2020년이 가장 작다.

36 정답 ④

수입량이 많은 곡식을 순서대로 나열하면 귀리 – 콩 – 쌀 – 보리 – 수수이고, 수출량이 많은 곡식을 순서대로 나열하면 쌀 – 콩 –보리 – 귀리 – 수수이다. 따라서 수수는 수입량과 수출량 모두 가장 적은 곡식이다.

오답분석

① 수입량이 가장 많은 곡식은 귀리이다.
② 수출량이 가장 많은 곡식은 쌀이다.
③ 제시된 자료로는 알 수 없다.
⑤ 콩은 수입량과 수출량 모두 두 번째로 많은 곡식이다.

37 정답 ③

전년 대비 업체 수가 가장 많이 증가한 해는 103개가 증가한 2022년이며, 생산 금액이 가장 많이 늘어난 해는 402,017백만 원이 증가한 2023년이다.

오답분석

① 조사기간 동안 업체 수는 해마다 증가했으며, 품목 수도 꾸준히 증가했다.
② 증감률 전체 총합이 27.27%이며, 이를 7로 나누면 약 3.89%이다.
④ 전년 대비 2020～2023년 운영 인원의 증감률 추이와 품목 수의 증감률 추이는 '증가－증가－증가－감소'로 같다.
⑤ 전체 계산을 하면 정확하겠지만 시간이 없을 때는 각 항목의 격차를 어림잡아 계산해야 한다. 즉, 품목 수의 증감률은 업체 수에 비해 한 해(2023년)만 뒤처져 있으며 그 외에는 모두 앞서고 있으므로 옳다.

38 정답 ②

미술과 수학을 신청한 학생의 비율 차이는 16－14＝2%p이고, 신청한 전체 학생은 200명이므로 수학을 선택한 학생 수는 미술을 선택한 학생 수보다 200×0.02＝4명 더 적다.

39 정답 ⑤

투자한 100,000원에 대한 주가 등락률과 그에 따른 주식가격을 계산하면 다음과 같다.

구분	1월 3일	1월 4일	1월 5일	1월 6일	1월 9일
등락률	×1.1	×1.2	×0.9	×0.8	×1.1
주식가격	100,000×1.1 ＝110,000	110,000×1.2 ＝132,000	132,000×0.9 ＝118,800	118,800×0.8 ＝95,040	95,040×1.1 ＝104,544

오답분석

① 1월 5일 주식가격은 118,800원이므로, 매도할 경우 118,800－100,000＝18,800원 이익이다.
②·④ 1월 6일 주식 가격은 95,040원이므로, 매도할 경우 100,000－95,040＝4,960원 손실이며, 1월 2일 대비 주식가격 감소율(이익률)은 $\frac{100,000-95,040}{100,000} \times 100 = 4.96\%$이다.
③ 1월 4일 주식가격은 132,000원이므로, 매도할 경우 이익률은 $\frac{132,000-100,000}{100,000} \times 100 = 32\%$이다.

40 정답 ②

- 2023년 50대 선물환거래 금액 : 1,980×0.306＝605.88억 원
- 2024년 50대 선물환거래 금액 : 2,084×0.297＝618.948억 원

따라서 2023년 대비 2024년 50대 선물환거래 금액 증가량은 618.948－605.88＝13.068억 원으로 13억 원 이상이다.

오답분석

① 2023～2024의 전년 대비 10대의 선물환거래 금액 비율 증감 추이는 '증가－감소'이고, 20대는 '증가－증가'이다.
③ 2022～2024년의 40대 선물환거래 금액은 다음과 같다.
  - 2022년 : 1,920×0.347＝666.24억 원
  - 2023년 : 1,980×0.295＝584.1억 원
  - 2024년 : 2,084×0.281＝585.604억 원

  따라서 2024년의 40대 선물환거래 금액은 전년 대비 매년 지속적으로 감소하지 않았다.
④ 2024년 10～40대 선물환거래 금액 총비율은 2.5＋13＋26.7＋28.1＝70.3%로 2023년 50대 비율의 2.5배인 30.6×2.5＝76.5%보다 낮다.

41 정답 ①

메달 및 상별 점수를 표로 정리하면 다음과 같다.

구분	금메달	은메달	동메달	최우수상	우수상	장려상
총개수(개)	40	31	15	41	26	56
개당 점수(점)	3,200÷40=80	2,170÷31=70	900÷15=60	1,640÷41=40	780÷26=30	1,120÷56=20

따라서 금메달은 80점, 은메달은 70점, 동메달은 60점임을 알 수 있다.

오답분석

② 경상도가 획득한 메달 및 상의 총개수는 4+8+12=24개이며, 가장 많은 지역은 13+1+22=36개인 경기도이다.
③ 동메달이 아닌 장려상이 16+18+22=56개로 가장 많은 것을 알 수 있다.
④ 울산에서 획득한 메달 및 상의 총점은 (3×80)+(7×30)+(18×20)=810점이다.
⑤ 장려상을 획득한 지역은 대구, 울산, 경기도이며 세 지역 중 금·은·동메달의 총개수가 가장 적은 지역은 금메달만 2개인 대구이다.

42 정답 ④

국민연금 전체 운용수익률은 연평균기간이 짧을수록 5.24% → 3.97% → 3.48% → −0.92%로 감소하고 있다.

오답분석

① 2023년 운용수익률에서 기타부문은 흑자를 기록했고, 공공부문은 알 수 없다.
② 금융부문 운용수익률은 연평균기간이 짧을수록 감소하고 있다.
③ 공공부문의 경우 11년 연평균(2013～2023년)의 수치만 있으므로 알 수 없다.
⑤ 기간별 연평균으로 분류하여 수익률을 나타내므로 매년 증가하고 있는지는 알 수 없다.

43 정답 ②

이산화탄소의 농도가 계속해서 증가하고 있는 것과 달리 오존전량은 2016～2019년까지 차례로 감소하고 있다.

오답분석

① 이산화탄소의 농도는 2016년 387.2ppm에서 시작하여 2022년 395.7ppm으로 해마다 증가했다.
③ 2022년 오존전량은 335DU로, 2016년의 331DU보다 4DU 증가했다.
④ 2022년 이산화탄소 농도는 2017년의 388.7ppm에서 395.7ppm으로 7ppm 증가했다.
⑤ 오존전량은 2017년에는 1DU, 2018년에는 2DU, 2019년에는 3DU 감소하였으며, 2022년에는 8DU 감소하였다.

44 정답 ④

우리나라는 30개의 회원국 중에서 OECD 순위가 매년 20위 이하이므로 상위권이라 볼 수 없다.

오답분석

① 우리나라의 CPI는 2020년에 5.6으로 가장 높아 가장 청렴했다고 볼 수 있다.
② 2021년에 39위를 함으로써 처음으로 30위권에 진입했다.
③ 청렴도는 2016년에 4.5점으로 가장 낮고, 2022년과의 차이는 5.4−4.5=0.9점이다.
⑤ 제시된 자료를 통해 쉽게 확인할 수 있다.

45 정답 ①

ㄱ. 해외연수 경험이 있는 지원자 합격률은 $\frac{53}{53+414+16}\times100 \fallingdotseq 11\%$이다. 그러므로 해외연수 경험이 없는 지원자 합격률인 $\frac{11+4}{11+37+4+139}\times100 \fallingdotseq 7.9\%$보다 높다.

ㄴ. 인턴 경험이 있는 지원자의 합격률은 $\frac{53+11}{53+414+11+37}\times100 \fallingdotseq 12.4\%$로 인턴 경험이 없는 지원자의 합격률인 $\frac{4}{16+4+139}\times100 \fallingdotseq 2.5\%$보다 높다.

오답분석

ㄷ. 인턴 경험과 해외연수 경험이 모두 있는 지원자 합격률(11.3%)은 인턴 경험만 있는 지원자 합격률(22.9%)보다 낮다.
ㄹ. 인턴 경험과 해외연수 경험이 모두 없는 지원자와 인턴 경험만 있는 지원자 간 합격률 차이는 22.9−2.8=20.1%p이다.

46 정답 ⑤

ㄷ. 부모와 자녀의 직업이 모두 A일 확률은 $\frac{1}{10}\times\frac{45}{100}$, 즉 $0.1\times\frac{45}{100}$이다.

ㄹ. (자녀의 직업이 A일 확률)$=\left(\frac{1}{10}\times\frac{45}{100}\right)+\left(\frac{4}{10}\times\frac{5}{100}\right)+\left(\frac{5}{10}\times\frac{1}{100}\right)=\frac{7}{100}$

따라서 부모의 직업이 A일 확률은 $\frac{10}{100}$이므로 자녀의 직업이 A일 확률이 더 낮다.

오답분석

ㄱ. (자녀의 직업이 C일 확률)$=\left(\frac{1}{10}\times\frac{7}{100}\right)+\left(\frac{4}{10}\times\frac{25}{100}\right)+\left(\frac{5}{10}\times\frac{49}{100}\right)=\frac{352}{1,000}=\frac{44}{125}$
ㄴ. '부모의 직업이 C일 때, 자녀의 직업이 B일 확률'을 '자녀의 직업이 B일 확률'로 나누면 구할 수 있다.

47 정답 ④

2022년도 휴대전화 스팸 수신량은 2021년보다 0.34−0.33=0.01통 많으며, 2023년에는 2021년보다 0.33−0.32=0.01통이 적다.
따라서 증가량과 감소량이 0.01통으로 같음을 알 수 있으므로 옳은 설명이다.

오답분석

① 2019년의 이메일 스팸 수신량은 1.16통으로 휴대전화 스팸 수신량의 2.5배인 약 1.33통보다 적으므로 옳지 않은 설명이다.
② 2021년부터 2023년까지 휴대전화 스팸 수신량은 2022년도 증가하고 다음 해에 감소했으나 이메일 스팸 수신량은 계속 감소했으므로 옳지 않은 설명이다.
③ 전년 대비 이메일 스팸 수신량 감소율은 2021년에 $\frac{1.48-1.06}{1.48}\times100 \fallingdotseq 28.4\%$, 2022년에 $\frac{1.06-1.00}{1.06}\times100 \fallingdotseq 5.7\%$로 2021년 감소율이 2022년의 약 5배이므로 옳지 않은 설명이다.
⑤ 이메일 스팸수신량이 가장 많은 해는 2020년이 맞지만 휴대전화 스팸 수신량이 가장 적은 해는 2023년이므로 옳지 않은 설명이다.

48 정답 ②

제시된 그래프에서 선의 기울기가 가파른 구간은 2013 ~ 2014년, 2014 ~ 2015년, 2017 ~ 2018년이다. 2014년, 2015년, 2018년 물이용부담금 총액의 전년 대비 증가폭을 구하면 다음과 같다.

- 2014년 : 6,631−6,166=465억 원
- 2015년 : 7,171−6,631=540억 원
- 2018년 : 8,108−7,563=545억 원

따라서 물이용부담금 총액이 전년 대비 가장 많이 증가한 해는 2018년이다.

오답분석

ㄱ. 제시된 자료를 통해 확인할 수 있다.

ㄷ. 2022년 금강유역 물이용부담금 총액 : 8,661×0.2=1,732.2억 원

∴ 2022년 금강유역에서 사용한 물의 양 : 1,732.2억 원÷160원/m^3 ≒ 10.83억m^3

ㄹ. 2022년 물이용부담금 총액의 전년 대비 증가율 : $\frac{8,661-8,377}{8,377}\times 100 \fallingdotseq 3.39\%$

49 정답 ④

ㄴ. 무료급식소 봉사자 중 40·50대는 274+381=655명으로 전체 1,115명의 절반 이상이다.

ㄹ. 노숙자쉼터 봉사자는 800명으로 이 중 30대는 118명이다. 따라서 노숙자쉼터 봉사자 중 30대가 차지하는 비율은 $\frac{118}{800}\times 100$ =14.75%이다.

오답분석

ㄱ. 전체 보육원 봉사자는 총 2,000명으로 이 중 30대 이하 봉사자는 148+197+405=750명이다. 따라서 전체 보육원 봉사자 중 30대 이하가 차지하는 비율은 $\frac{750}{2,000}\times 100=37.5\%$이다.

ㄷ. 전체 봉사자 중 50대의 비율은 $\frac{1,600}{5,000}\times 100=32\%$이고, 20대의 비율은 $\frac{650}{5,000}\times 100=13\%$이다. 따라서 전체 봉사자 중 50대의 비율은 20대의 약 $\frac{32}{13}=2.5$배이다.

50 정답 ②

ㄱ. 주화 공급량이 주화 종류별로 각각 200만 개씩 증가했을 때, 평균 주화 공급량은 다음과 같다.

$\frac{10,023+200\times 4}{4}=\frac{10,823}{4}=2,705.75$만 개

ㄷ. • 평균 주화 공급량 : $\frac{10,023}{4}=2,505.75$만 개

• 주화 공급량 증가량 : 3,469×0.1+2,140×0.2+2,589×0.2+1,825×0.1=1,475.2만 개

• 증가한 평균 주화 공급량 : $\frac{10,023+1,475.2}{4}=2,874.55$만 개

따라서 2,505.75×1.15>2,874.55이므로, 증가율은 15% 이하이다.

오답분석

ㄴ. • 10원 주화의 공급기관당 공급량 : $\frac{3,469}{1,519}\fallingdotseq 2.3$만 개

• 500원 주화의 공급기관당 공급량 : $\frac{1,825}{953}\fallingdotseq 1.9$만 개

따라서 10원 주화의 공급기관당 공급량이 500원 주화보다 더 많다.

ㄹ. 총 주화 공급액이 변하면 주화 종류별 공급량 비율도 당연히 변화한다.

| 03 | 추리

01	02	03	04	05	06	07	08	09	10	11	12	13	14	15	16	17	18	19	20
③	②	⑤	②	③	③	④	③	②	⑤	③	⑤	⑤	②	⑤	③	⑤	②	④	②

01 정답 ③

주어진 명제와 이의 대우를 정리하면 '진달래를 좋아함 → 감성적 → 보라색을 좋아함 → 백합을 좋아하지 않음'이다. 따라서 '진달래를 좋아하는 사람은 보라색을 좋아한다.'는 반드시 참이다.

02 정답 ②

창조적인 기업은 융통성이 있고, 융통성이 있는 기업 중의 일부는 오래간다. 따라서 '창조적인 기업이 오래 갈지 아닐지 알 수 없다.'는 반드시 참이다.

03 정답 ⑤

참인 명제는 그 대우 명제도 참이므로 두 번째 명제의 대우 명제인 '배를 좋아하지 않으면 귤을 좋아하지 않는다.' 역시 참이다. 이를 첫 번째, 세 번째 명제와 연결하면 '사과를 좋아함 → 배를 좋아하지 않음 → 귤을 좋아하지 않음 → 오이를 좋아함'이 성립한다. 따라서 '사과를 좋아하면 오이를 좋아한다.'는 반드시 참이다.

04 정답 ②

제시된 내용을 정리하면 다음과 같다.
P : 원숭이를 좋아한다.
Q : 코끼리를 좋아한다.
R : 낙타를 좋아한다.
S : 토끼를 좋아한다.
• 원숭이를 좋아하면 코끼리를 좋아한다. : P → Q
• 낙타를 좋아하면 코끼리를 좋아하지 않는다. : R → ~Q
• 토끼를 좋아하면 원숭이를 좋아하지 않는다. : S → ~P
A : 코끼리를 좋아하면 토끼를 좋아한다. : 추론할 수 없음
B : 낙타를 좋아하면 원숭이를 좋아하지 않는다. : R → ~Q → ~P
따라서 B만 옳다.

05 정답 ③

A : 수요일에는 혜진, 수연, 태현이가 휴가 중이고, 목요일에는 수연, 지연, 태현이가 휴가 중이므로 수요일과 목요일에 휴가 중인 사람의 수는 3명으로 같다.
B : 태현이는 수요일부터 금요일까지 휴가이다.
따라서 A, B 모두 옳다.

06 정답 ③

각각의 조건을 수식으로 비교해 보면 다음과 같다.
C>D, F>E, H>G>C, G>D>F
∴ H>G>C>D>F>E
따라서 A, B 모두 옳다.

07 정답 ④

먼저 거짓말은 한 사람만 하는데 진희와 희정의 말이 서로 다르므로, 둘 중 한 명이 거짓말을 하고 있음을 알 수 있다. 이때, 반드시 진실인 아름의 말에 따라 진희의 말은 진실이 되므로 결국 희정이가 거짓말을 하고 있음을 알 수 있다. 따라서 영화관에는 아름 – 진희 – 민지 – 희정 – 세영 순서로 도착하였으므로, 가장 마지막에 도착한 사람은 세영이다.

08 정답 ③

세 번째 조건에 따라 E와 B 사이에 2명이 있으므로 E와 B의 위치는 다음과 같이 두 가지 경우가 존재한다.

i) E – ○ – ○ – B – ○

두 번째 조건에 따라 A와 D 사이에 1명이 있어야 하므로 A와 D는 왼쪽에서 세 번째나 다섯 번째에 위치한다. 그러므로 남은 두 번째 자리는 C가 위치하므로 네 번째 조건에 따라 D는 세 번째, A는 다섯 번째에 위치한다.

ii) ○ – E – ○ – ○ – B

두 번째 조건에 따라 A와 D 사이에 1명이 있어야 하므로 A와 D는 왼쪽에서 첫 번째나 세 번째에 위치한다. 그러므로 남은 네 번째 자리는 C가 자리하게 되지만, 네 번째 조건에 따라 C의 오른쪽에 D가 위치할 수 없으므로 불가능한 경우이다.

따라서 E – C – D – B – A 순서로 줄을 서며, D는 왼쪽에서 세 번째에 위치하게 된다.

09 정답 ②

민수가 철수보다, 영희가 철수보다, 영희가 민수보다 숨은 그림을 더 많이 찾았다. 따라서 영희 – 민수 – 철수 순서로 숨은 그림을 많이 찾았다.

10 정답 ⑤

회사원 K씨가 월요일에 먹는 영양제는 비타민 B와 칼슘, 마그네슘 중 하나이다. 마그네슘의 경우 비타민 D보다 늦게 먹고, 비타민 B보다는 먼저 먹어야 하므로 마그네슘과 비타민 B는 월요일에 먹을 수 없다. 그러므로 K씨가 월요일에 먹는 영양제는 칼슘이다. 또한 비타민 B는 화요일 또는 금요일에 먹을 수 있는데, 화요일에 먹게 될 경우 마그네슘을 비타민 B보다 먼저 먹을 수 없게 되므로 비타민 B는 금요일에 먹는다. 나머지 조건에 따라 K씨가 요일별로 먹는 영양제를 정리하면 다음과 같다.

월	화	수	목	금
칼슘	비타민 C	비타민 D	마그네슘	비타민 B

따라서 회사원 K씨가 월요일에는 칼슘, 금요일에는 비타민 B를 먹는 것을 알 수 있다.

11 정답 ③

만약 갑의 말이 진실이면 을의 말은 거짓, 병의 말은 진실, 정의 말도 진실, 무의 말은 거짓이 되어 진실을 말한 사람이 3명이 되므로 1명만 진실을 말한다는 조건에 맞지 않는다. 그러므로 갑의 말은 거짓이다. 또한 을이나 무의 말이 진실이라면 병의 말이 진실이 되므로 이 역시 1명만 진실을 말한다는 조건에 어긋나 을과 무의 말 역시 거짓이다. 병의 말이 진실이라면 을의 말은 거짓, 정의 말은 진실이 되므로 병의 말도 역시 거짓이다.

따라서 진실을 말한 사람은 정이고, 갑, 을, 병, 무의 말은 모두 거짓이 되므로 병이 범인임을 알 수 있다.

12 정답 ⑤

재은이가 요일별로 달린 거리를 표로 정리하면 다음과 같다.

월	화	수	목
200－50＝150m	200m	200－30＝170m	170＋10＝180m

따라서 재은이가 목요일에 화요일보다 20m 적게 달린 것을 알 수 있다.

13 정답 ⑤

대화 내용을 살펴보면 영석이의 말에 선영이가 동의했으므로 영석과 선영은 진실 혹은 거짓을 함께 말한다. 이때 지훈은 선영이가 거짓말만 한다고 하였으므로 반대가 된다. 그리고 동현의 말에 정은이가 부정했기 때문에 둘 다 진실일 수 없다. 하지만 정은이가 둘 다 좋아한다는 경우의 수가 있으므로 둘 모두 거짓일 수 있다. 또한 마지막 선영이의 말로 선영이가 진실일 경우에는 동현과 정은은 모두 거짓만을 말하게 된다. 이에 따른 경우의 수를 표로 정리하면 다음과 같다.

구분	경우 1	경우 2	경우 3
동현	거짓	거짓	진실
정은	거짓	진실	거짓
선영	진실	거짓	거짓
지훈	거짓	진실	진실
영석	진실	거짓	거짓

따라서 경우 1에서와 같이 지훈이 거짓을 말할 때, 진실만을 말하는 사람은 선영, 영석이 된다.

14 정답 ②

먼저 A사원의 말이 거짓이라면 A사원과 D사원 두 명이 3층에서 근무하게 되고, 반대로 D사원의 말이 거짓이라면 3층에는 아무도 근무하지 않게 되므로 조건에 어긋난다. 결국 A사원과 D사원은 진실을 말하고 있음을 알 수 있다. 또한 C사원의 말이 거짓이라면 아무도 홍보팀에 속하지 않으므로 C사원도 진실을 말하고 있음을 알 수 있다.

따라서 거짓말을 하고 있는 사람은 B사원이며, 이때 B사원은 총무팀 소속으로 6층에서 근무하고 있다.

15 정답 ⑤

A ~ E의 진술에 따르면 B와 D의 진술은 반드시 동시에 참이나 거짓이 되어야 하며, A와 B의 진술 역시 동시에 참이나 거짓이 되어야 한다. 이때 B의 진술이 거짓일 경우, A와 D의 진술 모두 거짓이 되므로 2명이 거짓을 말한다는 조건에 어긋난다. 그러므로 진실을 말하고 있는 심리상담사는 A, B, D이며, 거짓을 말하고 있는 심리상담사는 C와 E가 된다. 따라서 진실을 말하고 있는 B와 D의 진술에 따라 근무시간에 자리를 비운 사람은 C가 된다.

16 정답 ③

진술의 진실 여부를 고려할 때 가능한 선발 경우는 다음과 같다.

- 경우 1
  G가 선발되었을 경우, 첫 번째, 두 번째 진술이 거짓이다. 이에 따라 나머지 진술이 참이어야 한다. D가 선발되는 경우를 제외하고는 나머지 진술이 참일 수 없다. 그러므로 D와 G가 선발된다.
- 경우 2
  B, C, D 중에서 1명만 선발되지 않고 2명이 선발될 경우, 네 번째, 다섯 번째 진술이 거짓이다. 이에 따라 나머지 진술이 참이어야 한다. 그러므로 C, D가 선발된다.

따라서 항상 선발되는 사람은 D이다.

17 정답 ⑤

주어진 조건에 따라 앞서 달리고 있는 순서대로 나열하면 'A－D－C－E－B'가 된다.

따라서 이 순위대로 변동 없이 결승점까지 달린다면 C는 4등이 아닌 3등을 할 것이므로 ⑤는 반드시 거짓이다.

18 정답 ②

먼저 B의 진술이 거짓일 경우 A와 C는 모두 프로젝트에 참여하지 않으며, C의 진술이 거짓일 경우 B와 C는 모두 프로젝트에 참여한다. 그러므로 B와 C의 진술은 동시에 거짓이 될 수 없으므로 둘 중 한 명의 진술은 반드시 참이 된다.

i) B의 진술이 참인 경우

A는 프로젝트에 참여하지 않으며, B와 C는 모두 프로젝트에 참여한다. B와 C 모두 프로젝트에 참여하므로 D는 프로젝트에 참여하지 않는다.

ii) C의 진술이 참인 경우

A의 진술은 거짓이므로 A는 프로젝트에 참여하지 않으며, B는 프로젝트에 참여한다. C는 프로젝트에 참여하지 않으나, B가 프로젝트에 참여하므로 D는 프로젝트에 참여하지 않는다.

따라서 어떤 경우든 반드시 프로젝트에 참여하는 사람은 B이다.

19 정답 ④

네 번째와 다섯 번째 결과를 통해 실용성 영역과 효율성 영역에서는 모든 제품이 같은 등급을 받지 않았음을 알 수 있으므로 두 번째 결과에 나타난 영역은 내구성 영역이다.

구분	A	B	C	D	E
내구성	3	3	3	3	3
효율성			2	2	
실용성		3			

내구성과 효율성 영역에서 서로 다른 등급을 받은 C, D제품과 내구성 영역에서만 3등급을 받은 A제품, 1개의 영역에서만 2등급을 받은 E제품은 첫 번째 결과에 나타난 제품에 해당하지 않으므로 결국 모든 영역에서 3등급을 받은 제품은 B제품임을 알 수 있다. 다섯 번째 결과에 따르면 효율성 영역에서 2등급을 받은 제품은 C, D제품뿐이므로 E제품은 실용성 영역에서 2등급을 받았음을 알 수 있다. 또한 A제품은 효율성 영역에서 2등급과 3등급을 받을 수 없으므로 1등급을 받았음을 알 수 있다.

구분	A	B	C	D	E
내구성	3	3	3	3	3
효율성	1	3	2	2	
실용성		3			2

이때, A와 C제품이 받은 등급의 총합은 서로 같으므로 결국 A와 C제품은 실용성 영역에서 각각 2등급과 1등급을 받았음을 알 수 있다.

구분	A	B	C	D	E
내구성	3	3	3	3	3
효율성	1	3	2	2	1 또는 3
실용성	2	3	1	1 또는 2	2
총합	6	9	6	6 또는 7	6 또는 8

D제품은 실용성 영역에서 1등급 또는 2등급을 받을 수 있으므로 반드시 참이 아닌 것은 ④이다.

20 정답 ②

조건에 따라 A ~ D의 사무실 위치를 정리하면 다음과 같다.

구분	2층	3층	4층	5층
경우 1	부장	B과장	대리	A부장
경우 2	B과장	대리	부장	A부장
경우 3	B과장	부장	대리	A부장

따라서 B가 과장이므로 대리가 아닌 A는 부장이다.

오답분석

① A부장 외의 또 다른 부장은 2층, 3층 또는 4층에 근무한다.
③ 대리는 3층 또는 4층에 근무한다.
④ B는 2층 또는 3층에 근무한다.
⑤ C의 직위는 알 수 없다.

합격의
공식
시대에듀
SDEDU

"오늘 당신의 노력은 아름다운 꽃의 물이 될 것입니다."

그러나, 이 꽃을 볼 때 사람들은 이 꽃의 아름다움과 향기만을 사랑하고 칭찬하였지, 이 꽃을 그렇게 아름답게 어여쁘게 만들어 주는 병 속의 물은 조금도 생각지 않는 것이 보통입니다.

만일 이 꽃병 속에 들어 있는 물을 죄다 쏟아 버리고 빈 병에다 이 꽃을 꽂아 보십시오.

아무리 아름답고 어여쁜 꽃이기로서니 단 한 송이의 꽃을 피울 수 있으며, 단 한 번이라도 꽃 향기를 날릴 수 있겠습니까?

우리는 여기서 아무리 본바탕이 좋고 아름다운 꽃이라도 보이지 않는 물의 숨은 힘이 없으면 도저히 그 빛과 향기를 자랑할 수 없는 것을 알았습니다.

– 방정환의 「우리 뒤에 숨은 힘」 중 –

아이들이 답이 있는 질문을 하기 시작하면 그들이 성장하고 있음을 알 수 있다.

-존 J. 플롬프-

2025 최신판 시대에듀 기출이 답이다
삼성 온라인 GSAT 7개년 기출+무료삼성특강

개정13판1쇄 발행	2025년 03월 20일 (인쇄 2025년 02월 13일)
초 판 발 행	2018년 02월 05일 (인쇄 2017년 11월 27일)
발 행 인	박영일
책 임 편 집	이해욱
편 저	SDC(Sidae Data Center)
편 집 진 행	안희선 · 신주희
표지디자인	하연주
편집디자인	양혜련 · 장성복
발 행 처	(주)시대고시기획
출 판 등 록	제10-1521호
주 소	서울시 마포구 큰우물로 75 [도화동 538 성지 B/D] 9F
전 화	1600-3600
팩 스	02-701-8823
홈 페 이 지	www.sdedu.co.kr

I S B N	979-11-383-8871-9 (13320)
정 가	23,000원

기출이 답이다

GSAT

온라인 삼성직무적성검사

7개년 기출복원문제 + 기출유형 완전 분석 + 무료삼성특강

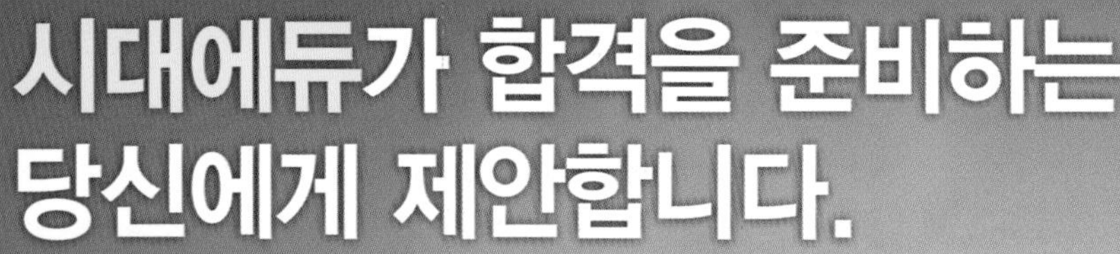
시대에듀가 합격을 준비하는
당신에게 제안합니다.